Special Thanks to

세상이 아무리 바쁘게 돌아가더라도
책까지 아무렇게나 빨리 만들 수는 없습니다.

길벗은 독자 여러분이
가장 쉽게, 가장 빨리 배울 수 있는 책을
한 권 한 권 정성을 다해 만들겠습니다.

독자의 1초를 아껴주는 정성을 만나보세요.

홈페이지의 '독자광장'에서 책을 함께 만들 수 있습니다.

(주)도서출판 길벗 www.gilbut.co.kr
길벗이지톡 www.eztok.co.kr
길벗스쿨 www.gilbutschool.co.kr

이 책은 포토샵 CC/CS6/CS5를 다루고 있으며, 버전에 따라 일부 지원하지 않는 기능이 있을 수도 있습니다. 각 페이지에 표시된 지원 버전을 확인하시기 바랍니다. 이 책의 예제는 CC의 패널 이미지와 메뉴 이미지를 사용하였지만, 항목과 위치는 버전마다 다르기 때문에 주의해야 합니다.

이 책은 포토샵을 능숙하게 다루는데 유용하게 사용할 수 있는 다양한 기법과 주제를 설명하고 있습니다. 각 주제에 관련된 샘플 파일은 섹션 번호와 같은 폴더 안에 저장되어 있습니다.

• 샘플 파일 저작권에 대해

다운로드한 샘플 파일은 이 책의 학습 용도로만 사용할 수 있습니다. 모든 다운로드 데이터는 저작물이며 코드, 그래픽, 사진의 일부 또는 전체 이미지를 공개하거나 변경하여 사용할 수 없습니다.

• 경고 화면에 대해

다운로드한 샘플 파일을 열 때 '일부 문자 레이어에 찾을 수 없는 글꼴이 포함되어 있습니다. 벡터 방식으로 출력하기 위해서는 대체 글꼴이 필요합니다.'라는 경고 메시지가 표시될 수 있습니다. 이 경고 메시지는 파일에서 사용된 글꼴이 컴퓨터에 설치되어 있지 않기 때문에 나타납니다. 〈OK〉 버튼을 클릭하면 컴퓨터에 설치되어 있는 글꼴로 대체되며 책 본문의 캡처 이미지와는 다소 다를 수 있지만 작업을 진행하는 데는 문제없습니다.

샘플 파일 다운로드

URL http://www.gilbut.co.kr/

이 책에 사용한 샘플 데이터는 길벗 홈페이지에서 다운로드할 수 있습니다. 홈페이지에 접속한 후 검색란에 "Photoshop 10년 사용할 수 있는 테크닉 사전"을 입력하고 〈검색〉 버튼을 클릭합니다. 도서소개 항목에 도서가 표시되면 〈부록/학습자료〉 버튼을 클릭합니다. 부록/학습자료 항목에서 부록 데이터를 다운로드하고 압축을 풀어 사용합니다.

※ 샘플 파일을 이용하려면 사용 중인 컴퓨터에 해당 버전의 포토샵이 설치되어 있어야 합니다.

초보탈출 케이 지음 / 에이미 역

Photoshop

10년 사용할 수 있는 포토샵 사진

PHOTOSHOP

CC/CS6/CS5

Photoshop,
10년 사용할 수 있는 테크닉 사전

초판 발행 · 2017년 1월 25일
초판 3쇄 발행 · 2020년 4월 20일

지은이 · 후지모토 케이(藤本圭)
발행인 · 이종원
발행처 · (주)도서출판 길벗
출판사 등록일 · 1990년 12월 24일
주소 · 서울시 마포구 월드컵로 10길 56(서교동)
대표 전화 · 02)332-0931 | **팩스** · 02)322-0586
홈페이지 · www.gilbut.co.kr | **이메일** · gilbut@gilbut.co.kr

기획 및 책임 편집 · 정미정(jmj@gilbut.co.kr) | **제작** · 이준호, 손일순, 이진혁
웹마케팅 · 조승모, 차명환, 지하영 | **영업마케팅** · 임태호, 전선하 | **영업관리** · 김명자 | **독자지원** · 송혜란, 홍혜진

번역 · 앤미디어(master@nmediabook.com) | **전산편집** · 앤미디어
CTP 출력 및 인쇄 · 벽호 | **제본** · 벽호

ISBN 979-11-6050-071-4 03000
(길벗 도서번호 006896)

값 22,000원

독자의 1초를 아껴주는 정성 길벗출판사
길벗 IT실용서, IT/일반 수험서, IT전문서, 경제실용서, 취미실용서, 건강실용서, 자녀교육서
더퀘스트 인문교양서, 비즈니스서
길벗이지톡 어학단행본, 어학수험서
길벗스쿨 국어학습서, 수학학습서, 유아학습서, 어학학습서, 어린이교양서, 교과서

페이스북 · www.facebook.com/gilbutzigy
네이버 포스트 · post.naver.com/gilbutzigy

머리말

이 책은 포토샵으로 아이디어를 표현하고 싶지만 사용 방법을 모르는 사용자들을 위한 책입니다. 포토샵은 사진 보정 프로그램 중에서도 가장 강력한 프로그램이지만, 한편으로는 기능이 많고 다양하기 때문에 자신에게 필요한 기능이 무엇인지 알 수 없는 어려움도 있습니다.

이 책은 이러한 문제를 해결하기 위해 포토샵 작업이 원활해질 수 있도록 사용 목적별로 기능을 정리하고 최대한 알기 쉽게 설명했습니다. 또한 연관을 지어 이해할 수 있도록 본문에 나온 내용과 관련된 중요한 페이지를 '관련'으로 본문 아래에 추가했습니다. 이번 개정에서는 포토샵에서 자주 사용되는 기본 기능을 1장에 모아 두었습니다. 처음 포토샵을 사용하는 분이나 아직 포토샵을 다루는데 익숙하지 않은 사용자는 먼저 1장에서 기본 사용법을 익히고 다음 단계로 넘어가면 원활하게 진행할 수 있습니다.

또 예제에서 사용한 이미지와 전혀 다른 이미지에도 응용할 수 있도록 각 설정값과 단계별 절차, 원리를 지면이 허락하는 한도 내에서 최대한 자세하게 설명했습니다. 때문에 초보자뿐 아니라 어느 정도 포토샵을 다룰 줄 아는 중상급자 분들도 읽을 만한 가치가 있는 책이라고 생각합니다. 실제로 여러분이 사진을 편집할 때 도움이 되었으면 좋겠습니다.

이미지를 향상시키는 원리나 방법은 포토샵 버전에 상관없이 앞으로도 계속 활용할 수 있습니다. 지금 배우면 제목처럼 '10년 동안 사용할 수 있는 테크닉 사전'까지는 아니더라도 10년 후에도 충분히 유용하게 사용할 수 있는 기술이 될 것이라 생각합니다.

이 책의 또 다른 큰 특징 중 하나는 책 내용을 이해하는데 도움이 되도록 다운로드 데이터가 준비되어 있다는 것입니다. 다운로드 데이터는 레이어가 포함된 이미지, 설정값, 액션으로 구성되어 있으며, 각 작업 단계가 어떻게 진행되었는지 알 수 있는 작업 단계별 레이어도 남아 있습니다. 책 페이지에서는 설명할 수 없었던 이미지와 해설도 포함되어 있으니 초보자는 기능을 익히고, 중상급자는 더 발전된 작품을 만드는데 사용하기 바랍니다.

이 책을 집필하는 동안 내용 확인 작업과 원고를 평가하고 보조해 주시는 등 많은 분들께서 도와주셨습니다. 이 자리를 빌어 도움을 주신 분들과 격려해주신 분들께 감사 인사를 전하고 싶습니다. 감사합니다.

마지막으로 이 책이 여러분의 작업에 조금이라도 도움이 되면 좋겠습니다. 10년 후, 여러분의 책상에 이 책이 놓여 있기를 바랍니다.

Photoshop
Contents

제 1 장 기본 기능

선택 영역 · 알파 채널

리터치 · 색상 보정

제 7 장 환경 설정 · 색상 관리

제 8 장 인쇄 · Web

도구 목록

아이콘	도구 이름	설명	단축키
	이동	레이어, 가이드, 도형, 선택 영역 안의 픽셀을 이동합니다.	V
A 사각형	사각형 선택	사각형의 선택 영역을 만들 때 사용합니다. 옵션에서 크기나 패더 값을 설정할 수 있습니다.	M
	원형 선택	원형의 선택 영역을 만들 때 사용합니다. 옵션에서 크기나 패더 값을 설정할 수 있습니다.	
	가로선 선택	1픽셀 가로선 형태로 선택합니다.	없음
	세로선 선택	1픽셀 세로선 형태로 선택합니다.	
B	올가미	드래그하여 불규칙한 형태의 선택 영역을 만듭니다.	L
	다각형 올가미	클릭한 지점이 꼭짓점이 되는 다각형 형태의 선택 영역을 만듭니다.	
	자석 올가미	드래그하면 이미지 경계선을 따라 선택 영역을 만듭니다.	
C	빠른 선택	클릭하거나 드래그한 부분을 기준으로 빠르게 영역을 선택합니다.	W
	마술봉	클릭한 부분을 기준으로 비슷한 색상의 영역을 선택 영역으로 만듭니다.	
D	자르기	자를 영역을 지정하여 이미지를 원하는 크기로 변경합니다.	C
	원근 자르기 (CS6 이상)	원근감이 표현되도록 이미지를 자릅니다. (CS5 이전에는 자르기 도구 옵션에서 사용할 수 있습니다.)	
	분할	이미지에서 이미지를 분할할 때 사용합니다.	
	분할 선택	분할한 이미지를 선택하거나 분할 이미지의 종류를 변경할 때 사용합니다.	
E	스포이트	클릭한 지점의 색을 전경색으로 설정합니다.	I
	3D 재질 스포이트	CC에서 새롭게 추가된 고성능 스포이트 도구입니다.	
	색상 샘플러	클릭한 지점의 RGB 값을 Info 패널에 표시합니다.	
	자	드래그한 대각선의 길이나 각도를 Info 패널에 표시합니다.	
	주석	이미지에 주석을 입력할 때 사용합니다. 주석은 PSD나 TIFF, PDF 파일에서도 유지됩니다.	
	계산	클릭한 지점에 번호를 매깁니다. Measurement Log 패널에서 확인할 수 있습니다.	
F	스팟 힐링 브러시	클릭이나 드래그한 부분과 비슷한 색을 덮어 이미지를 수정합니다.	J
	힐링 브러시	Alt (option)를 누른 채 클릭한 위치를 샘플로 이미지를 수정합니다.	
	패치	선택한 영역을 이동해서 이미지를 수정합니다. 미리 선택 영역을 만든 다음 패치 도구를 사용할 수도 있습니다.	
	콘텐츠 인식 이동	선택한 영역이나 드래그한 부분을 이동합니다. 이동하면 원래 장소는 Content-Aware Fill 효과로 채워집니다.	
	레드 아이	촬영할 때 생긴 적목 현상을 수정합니다.	
G	브러시	이미지를 전경색으로 칠합니다. 마스크에 사용하는 경우도 있습니다.	B
	연필	연필로 그린 듯한 터치를 적용할 때 사용합니다.	
	컬러 리플레이스먼트	이미지의 휘도는 변경하지 않은 채 전경색으로 색조를 바꿉니다.	
	혼합 브러시	드래그한 곳의 색을 번지게 하거나 이미지 픽셀과 전경색을 혼합시킵니다.	
H	스탬프	Alt (option)를 누른 채 클릭한 위치를 샘플로 이미지의 픽셀을 바꿉니다.	S
	패턴 스탬프	드래그한 곳에 원하는 패턴을 채웁니다.	
I	히스토리 브러시	드래그한 곳을 History 패널에서 지정한 작업까지 되돌립니다.	Y
	아트 히스토리 브러시	히스토리 브러시에 여러 가지 페인트 스타일을 설정할 수 있습니다.	
J	지우개	이미지를 지워서 투명하게 만듭니다. Background 레이어일 경우 배경색으로 변경합니다.	E
	백그라운드 지우개	Background 레이어를 자동적으로 일반 레이어로 변경하여 드래그한 부분을 투명하게 만듭니다.	
	매직 지우개	클릭한 포인트와 비슷한 톤인 부분을 지웁니다.	

아이콘	도구 이름	설명	단축키
K	그레이디언트	드래그한 영역을 그러데이션으로 채웁니다. 그러데이션은 Gradient Editor에서 설정합니다.	G
	페인트 통	클릭한 지점과 비슷한 톤인 영역을 전경색으로 채웁니다.	
	3D 재료 드롭	3D 개체의 재료를 읽거나 적용합니다.	
L	블러	드래그한 영역의 픽셀을 균일하게 만들어 픽셀 영역을 흐리게 만듭니다.	없음
	샤픈	드래그한 영역의 픽셀 톤을 제어해서 선명하게 만듭니다.	
	손가락	드래그한 영역을 이동시켜 이미지를 문지르듯 왜곡합니다.	
M	닷지	드래그한 영역의 픽셀을 밝게 만듭니다.	O
	번	드래그한 영역의 픽셀을 어둡게 만듭니다.	
	스펀지	드래그한 영역의 채도를 제어합니다.	
N	펜	클릭한 지점을 기준으로 패스를 만듭니다.	P
	프리폼 펜	드래그한 지점을 패스로 설정합니다.	
	앵커 포인트 추가	패스 위를 클릭해 앵커 포인트를 추가합니다. 패스를 세밀하게 조정할 때 사용합니다.	없음
	앵커 포인트 삭제	클릭한 앵커 포인트를 삭제합니다.	
	포인트 변환	앵커 포인트를 클릭해서 곡선을 직선으로 변경합니다.	
O	가로쓰기 문자	가로쓰기 문자 레이어가 추가됩니다. 기존 문자 레이어를 선택할 경우에도 사용합니다.	T
	세로쓰기 문자	세로쓰기 문자 레이어가 추가됩니다. 기존 문자 레이어를 선택할 경우에도 사용합니다.	
	가로쓰기 선택 영역 문자	가로쓰기 문자 도구와 같은 방법으로 문자 형태의 선택 영역을 만듭니다.	
	세로쓰기 선택 영역 문자	세로쓰기 문자 도구와 같은 방법으로 문자 형태의 선택 영역을 만듭니다.	
P	패스 선택	Paths 패널에서 선택된 패스를 클릭하거나 드래그하면 패스가 선택되어 앵커 포인트가 표시됩니다.	A
	직접 선택	패스선 기준점을 선택하여 수정할 때 사용합니다.	
Q	사각형	사각형 패스나 셰이프 레이어, 색이 채워진 영역을 만듭니다.	U
	둥근 사각형	둥근 사각형 패스나 셰이프 레이어, 색이 채워진 영역을 만듭니다. 모서리 각도는 옵션에서 설정할 수 있습니다.	
	원형	원형 패스나 셰이프 레이어, 색이 채워진 영역을 만듭니다.	
	다각형	다각형 패스나 셰이프 레이어, 색이 채워진 영역을 만듭니다. 각의 개수는 옵션에서 설정할 수 있습니다.	
	선	직선 패스나 셰이프 레이어, 색이 채워진 영역을 만듭니다. 굵기는 옵션에서 설정할 수 있습니다.	
	사용자 셰이프	등록된 형태의 패스나 셰이프 레이어, 색이 칠해진 영역을 만듭니다.	
R	손	이미지 표시 영역을 이동합니다.	H
	회전 보기	이미지 표시를 회전합니다.	R
S	돋보기	이미지 표시를 확대, 축소합니다.	Z
	기본 흑백 설정	전경색을 검은색으로, 배경색을 흰색으로 설정합니다(퀵 마스크, 알파 채널 편집할 때 반대로 설정됩니다).	D
	색상 교체	현재 설정된 전경색과 배경색을 교체합니다.	X
	전경색	컬러 피커에서 전경색을 설정할 수 있습니다.	없음
	배경색	컬러 피커에서 배경색을 설정할 수 있습니다.	없음
	보기 모드	퀵 마스크 모드와 이미지 편집 모드로 전환할 수 있습니다.	Q
	스크린 전환 모드	윈도우나 배경 표시 방법을 전환합니다. 메뉴에서 [View] → Screen Mode 내용을 전환합니다.	F

※ 단축키를 누르면 다른 도구로 전환할 수 있습니다. Shift를 누른 상태에서 단축키를 누르면 같은 계열 도구로 전환됩니다.

패널 목록

각 패널에는 각 패널에 관련된 다양한 기능을 사용할 수 있는 '패널 메뉴'가 준비되어 있습니다. 패널 메뉴는 패널의 오른쪽 위에 있는 버튼을 클릭하면 표시할 수 있습니다. 또, 각 패널에는 여러 가지 기능에 맞춰 프리셋이 준비되어 있습니다.

✣ 대상 편집 패널

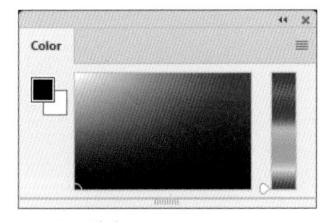

●Color 패널
배경색과 전경색을 표시하고 설정할 수 있습니다.

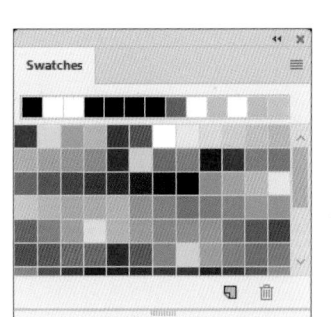

●Swatches 패널
전경색이나 배경색, 컬러 피커에서 만든 색을 등록하거나 불러낼 수 있습니다. DIC나 PANTONE 컬러가 프리셋으로 준비되어 있습니다.

●Styles 패널
레이어 스타일을 프리셋으로 저장할 수 있습니다. 저장한 레이어 스타일은 클릭해서 레이어에 적용할 수 있습니다. 레이어 효과만 저장할 수도 있습니다.

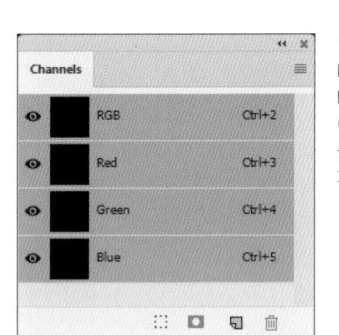

●Channels 패널
RGB 이미지의 경우 Red 채널, Green 채널, Blue 채널이 있고, 제일 위에 RGB 합성 채널이 있습니다. 그 네 개 채널 외에도 선택 영역을 이미지로 저장, 편집하기 위한 채널인 알파 채널이 있습니다.

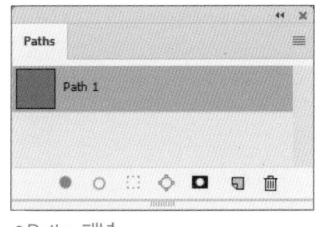

●Paths 패널
패스를 레이어나 패널과 마찬가지로 저장, 편집할 수 있습니다. 패스에는 저장된 패스, 작업용 패스, 벡터 마스크 패스 총 세 가지가 있습니다. 작업용 패스는 저장된 패스가 되기 전까지의 일시적인 상태입니다. 또한, 벡터 마스크 패스는 셰이프 레이어를 선택했을 때 표시됩니다.

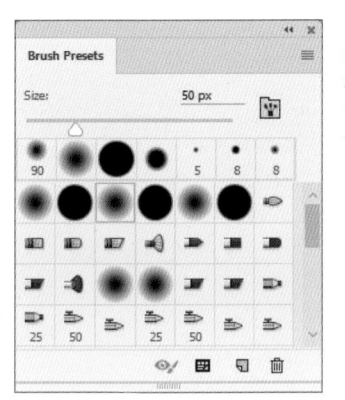

●Brush Presets 패널
Brush 패널에서 설정한 Size, Hardness, Shape 등의 설정을 프리셋으로 저장할 수 있습니다. 이 패널은 CS5 이상에서 사용할 수 있습니다. CS4 이전에서는 Brush 패널의 Brush Preset 영역에서 동일한 작업을 할 수 있습니다.

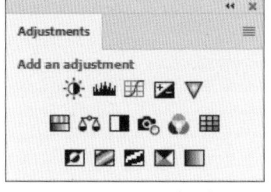

●Adjustments 패널 (CC)
조정 레이어를 클릭 한 번으로 추가할 수
있는 패널입니다. CC에서 새롭게 추가되
었습니다. 이 패널의 아이콘을 클릭하면
해당 조정 레이어가 이미지에 추가되고
Properties 패널에 내용이 표시됩니다.

●Brush 패널
브러시 도구나 스탬프 도구 같은 페인트 계열 도구의 브러시 설정을 할
수 있습니다. 설정 내용은 Size, Hardness, Brush Tip Shape만이 아
닌 Shape Dynamics나 Scattering 등 다양한 항목을 설정할 수 있습
니다.

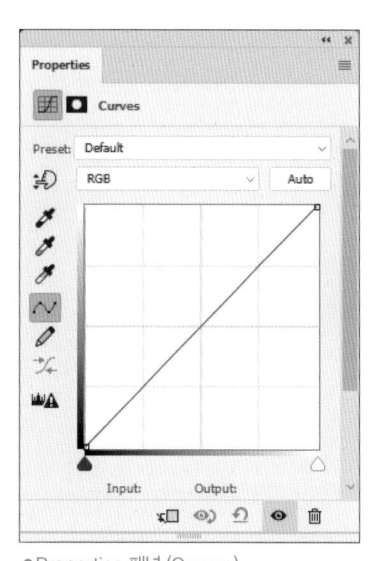

●Properties 패널 (Curves)
CS5 이전 버전은 색상 조정 패널입니다. 대부분
의 조정 레이어와 그 프리셋을 이 패널에서 만들
고 편집할 수 있습니다. 조정 레이어가 이미 있는
경우엔 조정 레이어를 선택해서 설정 화면을 표시
할 수 있습니다.

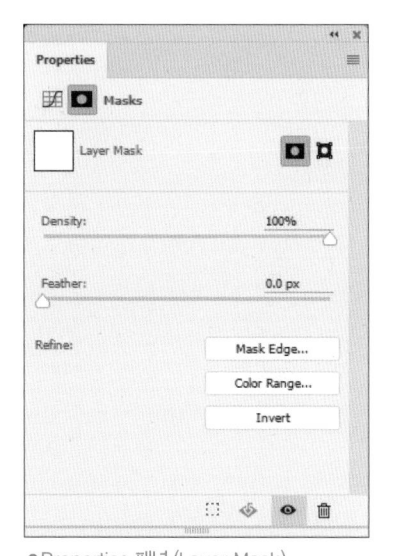

●Properties 패널 (Layer Mask)
CS5 이전 버전은 Mask 패널입니다. 픽셀 마스크
와 벡터 마스크 편집이 가능합니다. 대화상자를 사
용하지 않고 패널 안에서 마스크를 편집할 수 있
기 때문에 다른 작업을 하면서 마스크 편집을 할
수 있습니다. 또 내용을 확정해서 일반 마스크로
이용할 수 있습니다.

✤ 정보 확인 패널

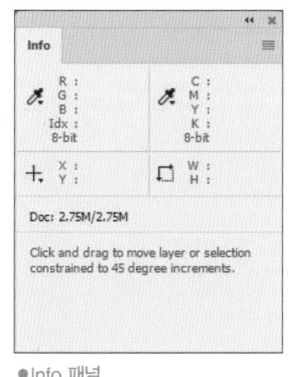

●Info 패널
이미지에 관련된 여러 가지 정보(선택 영역의 크기나 포인터 위치의 색 정보, 위치 정보 등)를 표시합니다. 색상 샘플러나 자 도구의 측정 값도 표시됩니다.

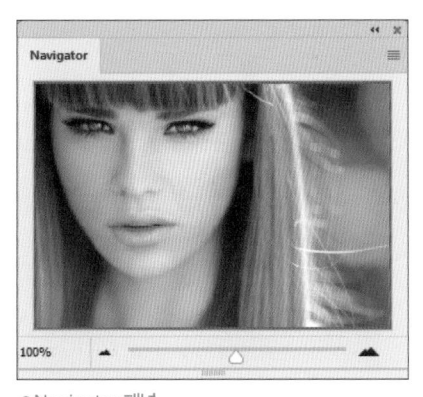

●Navigator 패널
현재 이미지가 섬네일로 표시됩니다. 표시 영역이 붉게 표시되고 드래그해서 표시 위치를 변경할 수 있습니다. 또한, 수치 입력, 슬라이더, 버튼 세 가지 방법으로 이미지를 확대, 축소할 수도 있습니다. 이 패널 자체를 크게 표시하면 서브 뷰 패널로 사용할 수 있습니다.

●Layers 패널
레이어 상태 및 설정을 확인하거나 편집할 수 있습니다. 블렌딩 모드를 변경할 수 있기 때문에 마스크와 연계해서 활용할 수 있습니다. 여러 장의 레이어를 레이어 그룹이라는 폴더 상태로 관리할 수 있습니다.

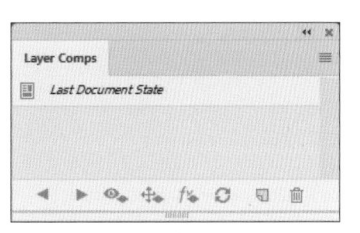

●Layer Comps 패널
레이어의 상태를 저장합니다. 이 기능을 이용하면 여러 장의 디자인 시안을 빠르게 전환할 수 있습니다.

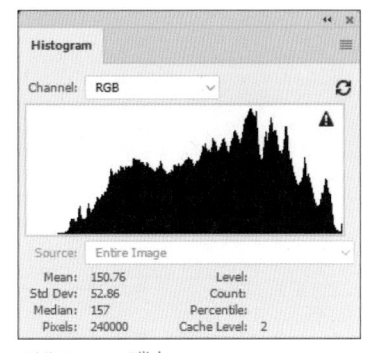

●Histogram 패널
이미지의 히스토그램(전 채널이나 각 컬러 채널 색 분포)을 표시합니다.

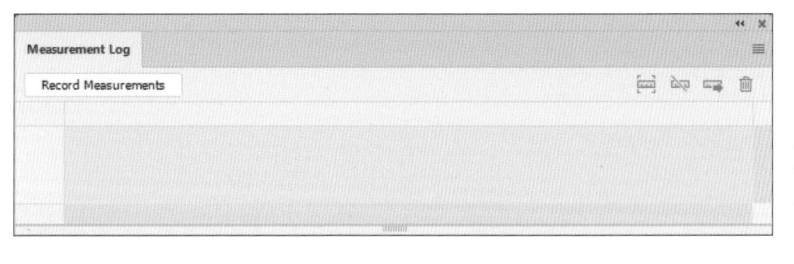

●Measurement Log 패널
올가미 도구나 자동 선택 도구에서 선택한 영역의 높이, 폭, 면적을 측정하고 계산 도구로 클릭한 위치를 계산합니다.

✥ 문자 제어 패널

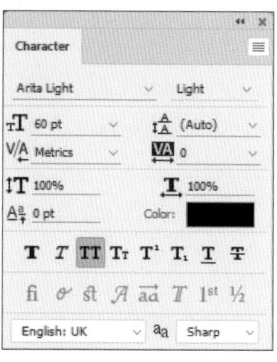

●Character 패널
문자의 폰트, 크기, 스타일 등 여러 가지 옵션을 설정할 수 있습니다. 문자 설정은 이 패널 뿐 아니라 옵션 바나 Notes 패널에서도 설정할 수 있습니다.

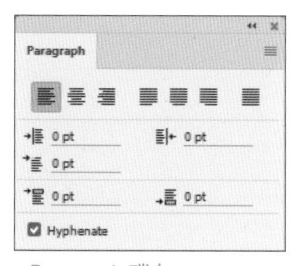

●Paragraph 패널
문자의 단락, 배치, 정렬, 서식 등을 설정할 수 있습니다. 금칙 처리 및 자간 설정도 가능합니다.

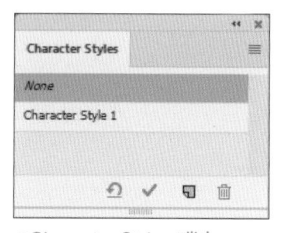

●Character Styles 패널
Character 패널에서 설정한 주요 항목을 프리셋으로 저장할 수 있습니다.

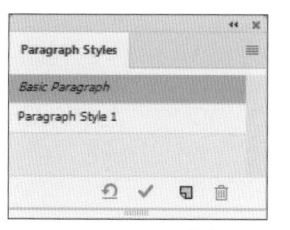

●Paragraph Styles 패널
Paragraph 패널에서 설정한 주요 항목을 프리셋으로 저장할 수 있습니다.

✥ 작업 실행 제어 패널

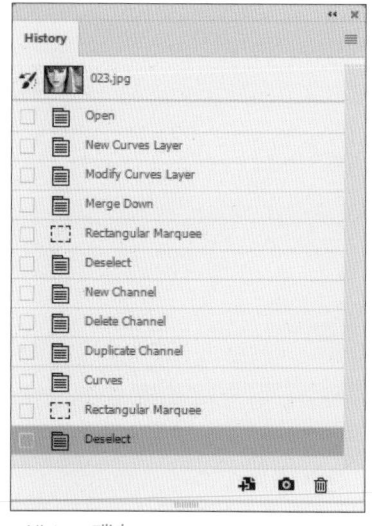

●History 패널
작업 내역을 순서대로 목록화해서 표시합니다. 이 기능을 사용하면 이미지를 이전 상태로 되돌리거나 부분적으로 수정할 수 있습니다. 이미지 파일을 연 시점이나 원하는 상태를 스냅샷으로 저장할 수 있습니다.

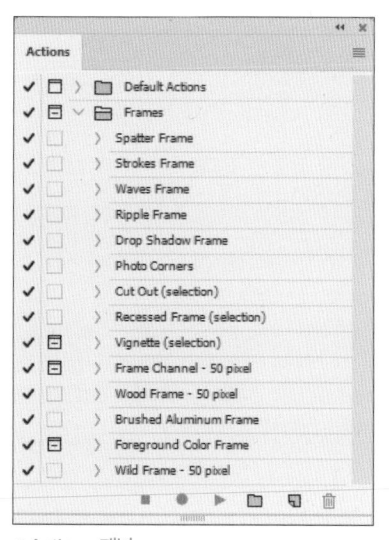

●Actions 패널
액션이라는 포토샵의 자동화 기능을 기록, 실행, 편집할 수 있습니다.

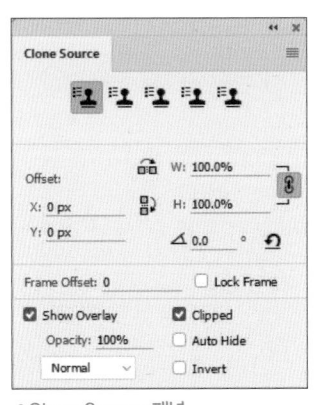

● Clone Source 패널
스탬프 도구나 힐링 브러시 도구가 사용할 샘플 소스를 5개까지
설정할 수 있습니다. 또한, 수치를 지정해 샘플 소스를 이동, 확대,
축소, 회전시킬 수 있습니다. 표시 방법을 정할 수도 있습니다.

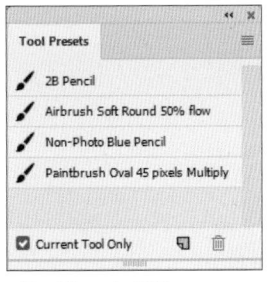

● Tool Presets 패널
브러시 도구나 스탬프 도구의 설정값을 모아서 저장, 편집하고 불러
올 수 있습니다.

❖ 기타 패널

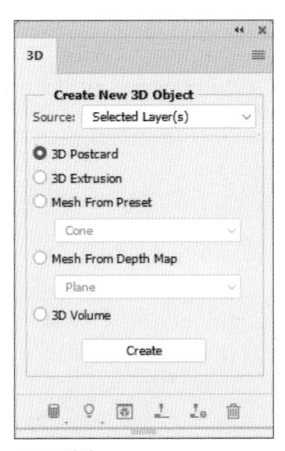

● 3D 패널
3D 레이어를 선택한 경우 3D 파일 컴포넌트가 표시됩니다.

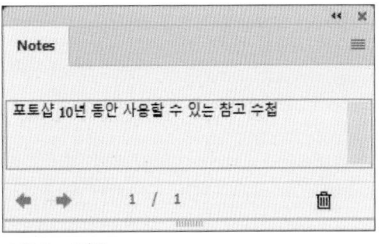

● Notes 패널
사진에 주석을 추가하거나 저장할 수 있습니다. 주석은 레이어가 아
닌 이미지 자체에 아이콘으로 표시됩니다.

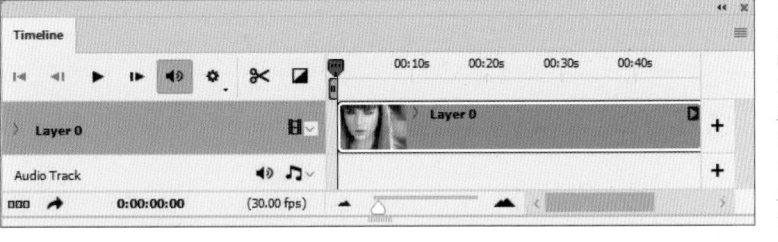

● Timeline 패널
비디오를 타임라인으로 제어합니
다. 또한, 오디오 트랙을 편집하
거나 재생할 수 있습니다. 불투명
도를 제어할 수 있습니다. 이 패
널은 CS6에만 준비되어 있습니
다. CS5 이전에는 유사한 기능으
로 Animation 패널이 준비되어
있습니다.

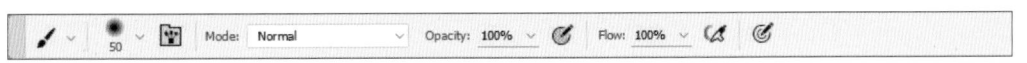

● Options
Tools 패널에서 선택한 여러 도구의 옵션을 설정할 수 있습니다.

제 1 장

기본 기능

{001} 파일 열기

파일을 열기 위해서는 포토샵 메뉴에서 [File] → Open을 실행하여 대화상자가 표시되면 이미지 파일을 선택합니다.

step 1

❶ 메뉴에서 [File] → Open을 실행하여 [Open] 대
화상자를 표시합니다.

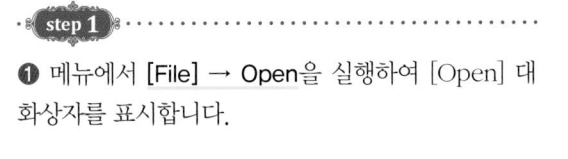

단축키 | 파일 열기
Win Ctrl+O Mac ⌘+O

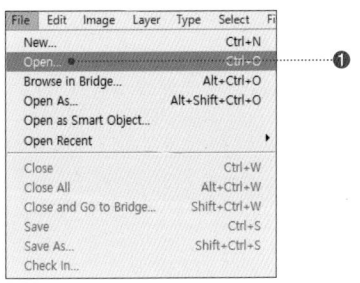

step 2

❷ [Open] 대화상자에서 원하는 파일을 선택하고,
❸ 〈열기〉 버튼을 클릭합니다.
❹ [Open] 대화상자에 섬네일이 표시됩니다. 오른쪽
아래 풀다운 메뉴에서 원하는 파일 포맷을 선택하면
해당하는 파일만 표시됩니다.

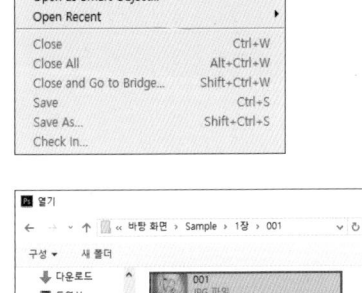

Tip

다른 이미지가 열려있는 상태에서 새로운 이미지를 열면 CS3 이전 버전에서는 새로운 창이 열리지만 CS4 이상 버전에서는 탭으로 열립니다.
❺ CS4 이상의 버전에서도 CS3 이전처럼 새로운 창으로 이미지를 열려면 메뉴에서 [Edit] → Preferences → Workspace를 실행하고
'Open Documents as Tabs'의 체크를 해제합니다.
❻ 이미지를 탭으로 합치지 않으려면 'Enable Floating Document Window Docking'의 체크를 해제합니다.

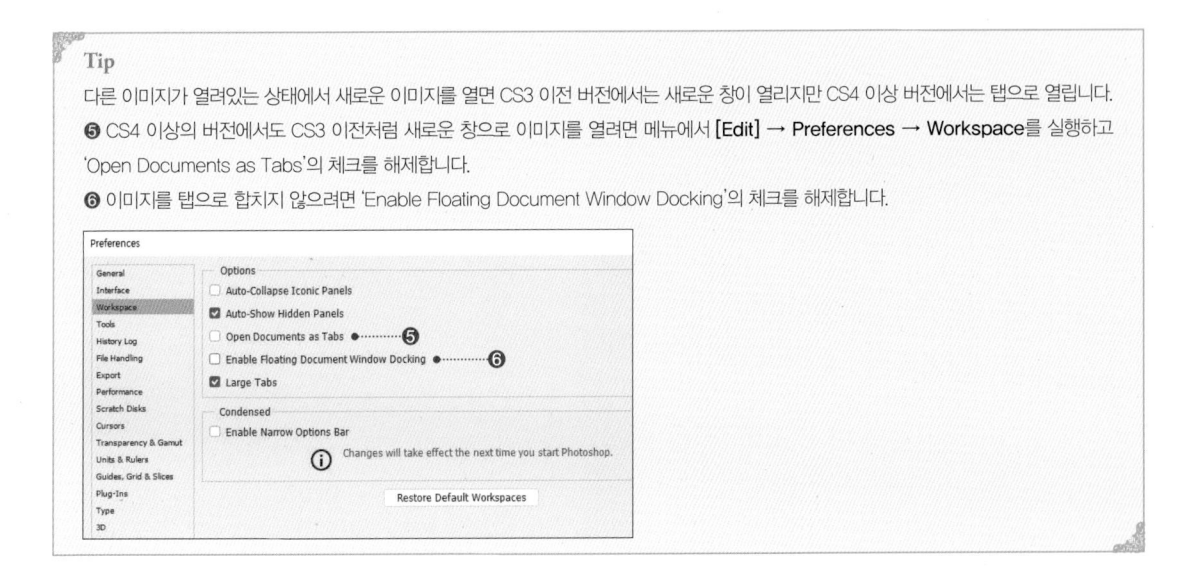

관련 여러 이미지를 비교하면서 열기 : P.19 포맷 종류 : P.25 이미지 저장하기 : P.24

{002} 여러 이미지를 비교하면서 열기

이미지들을 비교하면서 열려면 포토샵에서 제공하는 '어도비 브리지'를 이용합니다. 브리지는 다른 어도비 프로그램과 연동할 수도 있습니다.

step 1

메뉴에서 [File] → Browse in Bridge를 실행하여 어도비 브리지를 실행합니다.

❶ 브리지가 실행되면 즐겨찾기나 폴더를 선택해서 원하는 파일을 찾습니다.

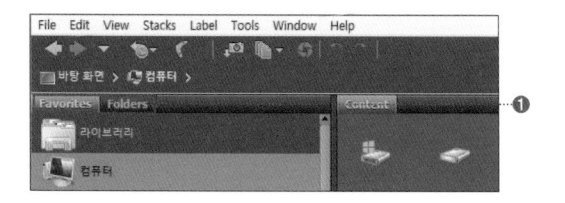

step 2

❷ 이미지가 저장되어 있는 폴더를 선택하면 가운데 컨텐츠 영역에 폴더 안의 이미지가 표시됩니다. [Ctrl]을 누른 채 클릭하면 여러 이미지를 선택할 수 있습니다. ❸ 이미지를 선택하면 해당 이미지가 미리보기에 표시됩니다.

step 3

❹ 여러 이미지를 비교하면서 확인하려면 창 상단에 있는 표시 형식에서 필름 스트립 화면을 선택합니다. 미리보기는 상단에, 콘텐츠는 하단에 표시되며 각각의 이미지가 크게 표시됩니다.

step 4

❺ 미리보기 크기는 패널 경계 부분을 드래그하여 조정할 수 있습니다. 탭을 드래그해서 각 패널의 위치를 변경할 수 있습니다.

❻ 또한 미리보기의 이미지를 클릭하여 이미지를 부분적으로 확대하여 볼 수 있습니다. 더 상세하게 비교하고 싶은 경우 유용하게 사용할 수 있습니다.

원하는 이미지가 결정되면 콘텐츠의 섬네일을 더블 클릭하거나, **마우스 오른쪽 버튼 클릭 → 연결 프로그램**을 실행하여 이미지를 엽니다.

> **Tip**
> 브리지에는 기본 설정과 슬라이드 필름 이외에도 출력이나 메타 데이터 등의 표시 방법을 제공합니다. ❼ 창 상단에 있는 ▼ 버튼에서 선택할 수 있습니다.

관련 파일 열기 : P.18   RAW 파일을 포토샵으로 가져오기 : P.20

{003} RAW 파일을 포토샵으로 가져오기

포토샵에 포함되어 있는 Camera Raw 기능을 사용하면 RAW 파일을 보정하면서 포토샵으로 가져올 수 있습니다. 일반적으로 이러한 작업을 'Raw 현상'이라고 합니다.

· step 1 ·

RAW 파일을 열려면 디지털 카메라의 하드웨어 정보를 바탕으로 다양한 설정을 해야 합니다. 포토샵의 Camera Raw는 이런 설정을 쉽게 할 수 있는 기능입니다. RAW 파일을 일반 이미지 파일로 불러올 수 있습니다.

❶ Camera Raw를 사용하려면 메뉴에서 **[File]** → **Open**을 실행해 [Open] 대화상자를 표시하고 Raw 파일을 선택한 다음 〈열기〉 버튼을 클릭합니다.

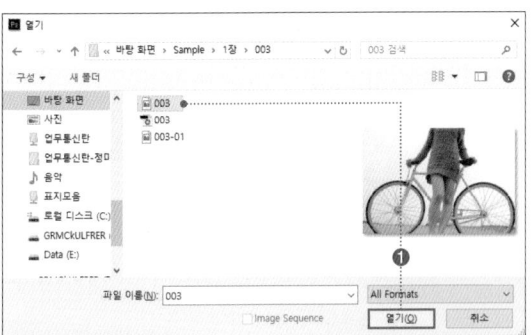

· step 2 ·

❷ [Camera Raw] 대화상자가 나타나면 'Basic' 아이콘을 클릭합니다. ❸ 〈Auto〉 버튼을 누르면 버튼 아래에 있는 모든 설정이 자동 설정됩니다. 취소하려면 〈Default〉 버튼을 누릅니다. 기본값으로 돌아가서 수동으로 설정합니다.

❹ 우선 White Balance 영역에서 무채색 픽셀의 Temperature와 Tint를 보정합니다. Temperature에서 이미지의 주황색과 파란색 값을 조정하고, Tint에서 초록색과 자주색 값을 조정합니다. 예제에서는 이미지의 흰 부분을 보면서 Temperature를 '4650'으로, Tint를 '−2'로 설정했습니다.

◎ 'White Balance' 영역 설정 항목

항목	설명
White Balance **목록**	화이트 밸런스 방법을 지정합니다. Basic에서는 촬영할 때 설정이 선택되어 있습니다. 별도로 'Auto', 'Daylight', 'Flash' 등을 지정할 수 있습니다.
Temperature	값을 높이면 색 온도가 높은 촬영 상황에 맞도록 주황색으로 보정되고, 값을 낮추면 색 온도가 낮은 촬영 상황에 맞도록 파랗게 보정됩니다.
Tint	값을 높이면 자주색으로 보정되고, 값을 낮추면 초록색으로 보정됩니다.

❺ Tone Control 영역에서는 이미지의 톤이나 콘트라스트 등 색조와 관련 없는 영역을 보정합니다. 먼저 Exposure에서 밝기를 조정하고 콘트라스트 이외의 값을 설정합니다.

이미지의 밝은 부분은 Highlights에서, 어두운 부분은 Shadows에서 조정합니다. 또한 가장 밝은 부분은 Whites에서, 가장 어두운 부분은 Blacks에서 조정합니다. 이 시점에서 전체 이미지의 콘트라스트가 부족하거나 너무 강할 경우에는 Contrast를 사용해 전체적인 명암을 조정합니다. 다시 밝기를 확인하고 필요한 경우 Exposure와 밝기를 조정합니다.

예제에서는 Exposure를 '+1.00', Contrast를 '+10', Highlights를 '+20', Shadows를 '−30', Whites를 '+10', Blacks를 '−80'으로 설정했습니다.

❻ 마지막으로 선명도와 채도 영역에서 이미지의 Clarity와 Saturation을 조정합니다. Clarity는 이미지의 농담이 있는 부분의 대비입니다. 선명도와 비슷하지만 더 넓은 범위에서 작용합니다. Saturation은 색상의 강도입니다.

예제에서는 Clarity를 '0', Vibrance를 '+60'으로 설정했습니다.

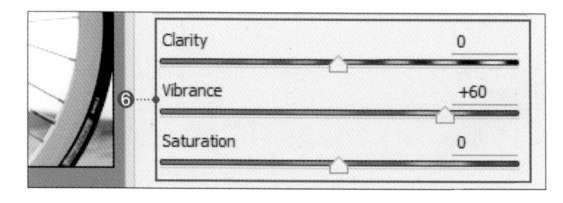

Tip

RAW 현상할 데이터가 Camera Raw의 대응 기종에 포함되지 않은 경우 RAW 현상을 할 수 없는 경우가 있습니다. 이런 경우에는 먼저 Camera Raw를 최신 버전으로 업데이트하기 바랍니다.

CS5 이전 버전에서는 설정이 약간 다릅니다. CS5 이전의 설정 항목 및 설정 내용은 아래 표를 참조하기 바랍니다.

◎ 'Tone Control' 영역 설정 항목(CS6 이후)

항목	내용
Exposure	전체 이미지의 밝기를 조정합니다. 이 기능은 하이라이트 부분에 큰 효과를 줍니다.
Contrast	전체 이미지의 명암을 조절합니다. 이 값은 다른 항목을 설정한 후 지정하기 바랍니다.
Highlights	이미지의 중간보다 밝은 부분을 중심으로 밝기를 조절합니다. 더 밝은 부분을 조절하려면 Whites를 사용합니다.
Shadows	이미지의 중간보다 어두운 부분을 중심으로 밝기를 조절합니다. 더 어두운 부분을 조절하려면 Blacks를 사용합니다.
Whites	이미지의 가장 밝은 부분의 밝기를 조절합니다.
Blacks	이미지의 가장 어두운 부분의 밝기를 조절합니다.

◎ 'Tone Control' 영역 설정 항목(CS5)

항목	내용
Exposure	전체 이미지의 밝기를 조절합니다. 이 기능은 하이라이트 부분에 큰 효과를 줍니다.
Recovery	너무 밝은 하이라이트 톤을 복원합니다.
Fill Light	가장 어두운 부분을 변경하지 않고 그림자 부분의 디테일을 복원합니다.
Blacks	촬영 시 어두운 영역에서 현상 후 가장 어두워지는 부분을 어느 영역으로 지정할 것인지를 설정합니다.
Brightness	전체 이미지의 밝기를 조절하지만 Exposure와는 반대로 하이라이트는 고정되고 섀도 부분만 밝아집니다.
Contrast	전체 이미지의 명암을 조절합니다. 이 값은 다른 항목을 설정한 다음 지정하기 바랍니다.

◎ '선명도와 채도' 영역 설정 항목

항목	설명
Clarity	콘트라스트를 부분적으로 제어합니다. 언샤픈 마스크와 비슷합니다. 이 항목은 미리보기를 100% 이상으로 설정한 후 가장자리와 디테일을 살펴보면서 설정합니다.
Vibrance	채도를 제어하는 설정입니다. 채도가 낮은 부분에 대한 효과가 많아지므로 채도를 많이 올려도 이미지는 크게 거칠어지지 않습니다.
Saturation	이미지의 전체 채도를 조절합니다. 채도를 높이면 이미지가 선명해지지만 화질이 깨질 수 있으므로, Vibrance를 조절한 다음 설정하는 것이 좋습니다.

❼ 포토샵 이미지로 열 때는 〈Open Image〉 버튼을 클릭합니다.

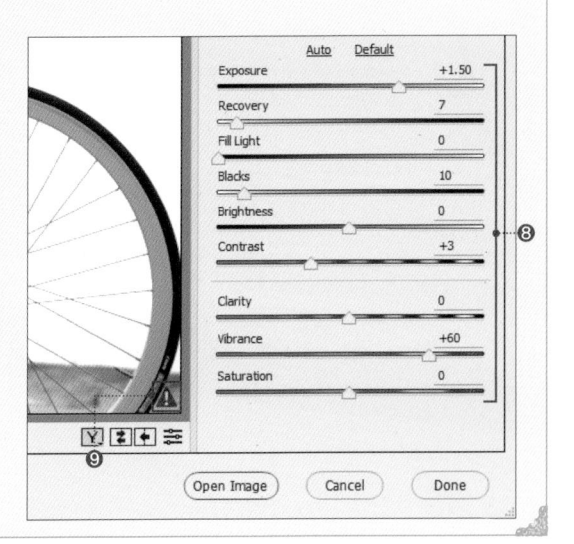

RAW 데이터에는 촬영 시의 모든 정보가 남아 있습니다. 따라서 언뜻 보면 너무 어두워서 깨져있거나 너무 밝아져서 이미지에 남아있지 않은 부분도 데이터에는 남아있을 수 있습니다. 따라서 모든 현상 작업이 여기에서 소개한 바와 같이 각 입력상자를 한 번만 설정하고 끝나는 것은 아닙니다. 다양한 설정을 시도해 이미지에 맞는 RAW 현상을 해봅니다.

Tip

포토샵 CS6에서 Camera Raw의 설정 항목이 그 전까지의 버전과는 많이 달라졌습니다. ❽ 이전 버전의 Camera Raw에서 현상한 데이터를 포토샵 CS6 이후 Camera Raw에서 열면 설정 항목이 이전 버전과 같은 내용이 될 수 있습니다. ❾ 사진의 오른쪽 아래에 [!] 아이콘이 표시됩니다. 이러한 경우 이전 버전의 설정 항목 채 작업을 계속하는 것도 가능하지만, 새로운 버전의 Camera Raw에서 현상을 실시하고 싶은 경우는 [!] 아이콘을 클릭하여 최신 버전의 Camera Raw로 전환할 수 있습니다. 또한 이전 버전으로 돌아가려면 Camera Calibration 아이콘을 클릭하여 Process 메뉴에서 버전을 변경합니다.

제
1
장

**기
본
기
능**

{004} 새 파일 만들기

새로운 파일을 만들 때는 이미지의 크기, 해상도, 색상 모드 등을 설정해야 합니다. 새 파일을 만든 다음 변경할 수도 있지만, 기본 설정 항목에 대해서 이해하는 것이 필요합니다.

step 1

메뉴에서 [File] → New를 실행하여 [New] 대화상자를 표시합니다.

❶ 각 항목에 필요한 값을 입력하고 〈OK〉 버튼을 클릭하면 새로운 이미지 파일이 열립니다. 각 설정 항목에 대해서는 아래 표를 참조하기 바랍니다.

단축키 새 파일 생성
Win Ctrl+N **Mac** ⌘+N

New	❶
Name: Untitled-2	OK
Document Type: Default Photoshop Size	Cancel
Size:	Save Preset...
Width: 16 Centimeters	Delete Preset...
Height: 12 Centimeters	
Resolution: 300 Pixels/Inch	
Color Mode: RGB Color 8 bit	
Background Contents: White	
Advanced	Image Size:
Color Profile: Working RGB: sRGB IEC61966-2.1	7.66M
Pixel Aspect Ratio: Square Pixels	

◎ [New] 대화상자 설정 항목

항목	내용
Name	새 파일의 파일명을 지정합니다.
Document Type	표준 크기를 선택하면 자동으로 이미지 크기와 해상도가 설정됩니다. 예를 들어 'Web'을 선택하면 해상도가 '72'로 설정됩니다. 'International Paper', 'U.S. Paper', 'Photo' 등을 선택할 수 있습니다.
Size	Document Type에서 선택한 내용에 따라 크기를 선택합니다. 예를 들어 Document Type에서 'International Paper'를 선택한 경우 'A4'나 'B5' 등의 용지 크기를 선택할 수 있습니다.
Width · Height	이미지의 폭과 높이를 지정합니다. 단위를 변경할 수 있습니다.
Resolution	이미지의 해상도를 지정합니다. 단위 선택도 가능합니다. 일반적으로 Web 용 이미지의 경우 '72'를, 인쇄용 이미지의 경우 '350'정도로 설정합니다.
Color Mode	색상 모드를 선택합니다. 일반적으로 Web 용 이미지의 경우 'RGB' 색상을, 인쇄용 이미지의 경우 'CMYK' 색상을 선택합니다. 이미지의 bit 수에 16 bit/채널을 선택하면 톤 점프를 일으켜 파일 크기가 커지기 때문에 주의가 필요합니다. 또 파일 크기가 커져도 이미지가 아름다워지는 것은 아닙니다.
Background Contents	Background 레이어의 색상을 지정합니다. 'White', 'Background Color', 'Transparent' 중 하나를 선택할 수 있습니다. 'Transparent'를 선택하면 Background 레이어가 아닌 Layer 1이 됩니다.
Color Profile	Color Profile 및 Pixel Aspect Ratio는 〈Advanced〉 버튼을 클릭하면 표시됩니다. 잘 모르는 경우 RGB 색상은 'sRGB IEC61966-2.1'을, CMYK 색상에서는 'U.S. Web Coated(SWOP) v2'를 선택합니다(자세한 내용은 P.338 참조).
Pixel Aspect Ratio	픽셀의 가로 세로 비율을 선택합니다. 일반적으로 'Square Pixels(정사각형 픽셀)'를 선택합니다.
〈Cancel〉 버튼	파일의 신규 작성을 취소합니다.
〈Save Preset〉 버튼	각 설정값을 저장합니다. 자주 사용하는 설정을 저장해두면 편리하게 사용할 수 있습니다.

관련 캔버스 크기 변경하기 : P.34   이미지 해상도 변경하기 : P.33   컬러 프로파일 : P.336   이미지 저장하기 : P.24

{005} 이미지 저장하기

이미지 파일은 메뉴에서 [File] → Save를 실행하여 저장할 수 있습니다. 현재 파일 포맷과 다른 포맷으로 저장하거나 복사해서 저장할 경우 [File] → Save As를 실행합니다.

step 1

저장 방법에 따라 여러 가지 옵션이 표시되는 경우도 있지만 이번 예제에서는 PSD 형식의 저장 방법을 위주로 설명합니다.

❶ 이미지를 연 상태로 메뉴에서 [File] → Save를 실행합니다.

단축키 파일 저장
Win Ctrl + S Mac ⌘ + S

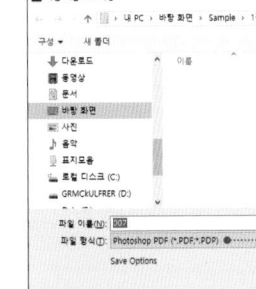

step 2

포토샵으로 저장한 적이 있는 이미지인 경우 같은 조건에서 저장되고, 포토샵에서 저장한 적이 없는 이미지를 저장하면 자동으로 Save As가 실행되어 [다른 이름으로 저장] 대화상자가 나타납니다.

❷ 파일 이름과 위치를 지정하고 ❸ 파일 형식에서 저장할 포맷을 선택합니다. ❹ 설정 내용을 확인한 다음 〈저장〉 버튼을 클릭합니다.

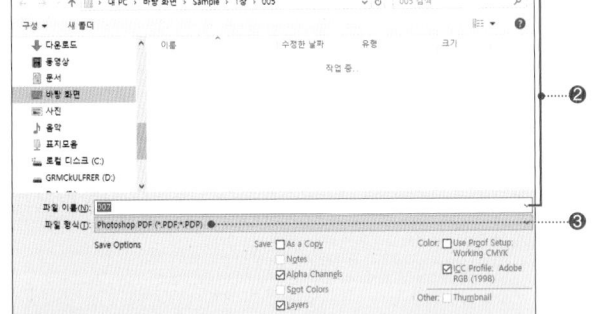

◎ [Save As] 대화상자 설정 항목

항목	내용
As a Copy	체크하면 파일 사본이 저장됩니다. 또한 레이어를 사용한 이미지에 JPEG 형식을 지정하는 등 이미지의 상태를 그대로 보존할 수 없는 형식을 선택하면 자동으로 체크 표시됩니다.
Alpha Channels	체크 표시를 해제하면 알파 채널이 삭제됩니다.
Layers	체크 표시를 해제하면 숨겨진 레이어는 삭제되고, 표시된 레이어는 통합되어 레이어가 없는 상태로 저장됩니다.
Notes	체크 표시를 해제하면 주석이 삭제됩니다.
Spot Colors	체크 표시를 해제하면 Spot Colors가 삭제됩니다.
Color	현재 사용 중인 Color Profile(P.336)을 포함한 채로 저장합니다. 특별한 이유가 없으면 체크 표시해둡니다.

{006} 파일 포맷의 차이 이해하기

포토샵은 다양한 포맷(파일 형식)의 이미지를 다룰 수 있습니다. 각 파일 형식의 특징을 이해하고 최적의 포맷을 선택할 수 있어야 합니다.

· 개요 · ‥‥‥‥‥‥‥‥‥‥‥‥‥‥‥‥‥‥‥‥

이미지 편집 포맷(파일 형식)에 따라 기능이 제한되는 것은 아니지만, 저장할 때는 적절한 파일 포맷을 선택해야 합니다. 잘못된 파일 포맷을 선택하면 모든 기능이 그대로 저장되지 않을 수도 있으므로 주의해야 합니다.

❶ 포맷을 지정하여 파일을 저장하려면 메뉴에서 [File] → Save As를 실행합니다. 그러나 DNG 형식은 Camera Raw에서만 저장이 가능합니다. 또 저장할 때 RAW DATA 형식은 선택할 수 없습니다.

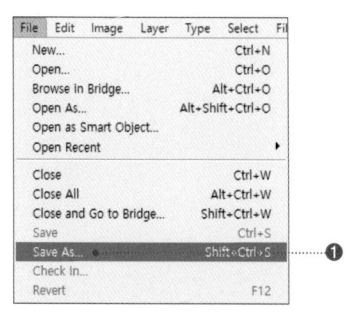

단축키	다른 이름으로 저장
Win Ctrl+Shift+S	**Mac** ⌘+Shift+S

◎ 포맷 종류

항목	내용
PDS PSB	PSD(Photoshop Data)는 기본 포토샵 파일 포맷입니다. 모든 기능을 유지하면서 저장할 수 있습니다. 다른 어도비 제품과 호환할 수 있고, 일러스트레이터나 인디자인 등 많은 어도비 프로그램에서 직접 가져올 수 있습니다. PSB는 PSD와 비슷하지만 2GB 이상의 큰 파일을 다룰 수 있습니다.
TIFF	TIFF는 많은 응용 프로그램에서 읽을 수 있는 범용성이 높은 파일 포맷입니다. 레이어(P.132) 및 불투명도(P.153) 주석 등의 기능도 유지할 수 있습니다. 포토샵 기능을 유지해야 하지만 PSD 형식을 사용할 수 없는 경우에 유효한 파일 형식입니다. 또한 4GB 파일 크기와 8bit, 16bit, 32bit 이미지에도 대응하고 있습니다. 그러나 포토샵 7.0은 2GB 파일까지 밖에 취급할 수 없기 때문에 주의가 필요합니다.
JPEG	JPEG는 사진처럼 그러데이션이 풍부한 이미지를 압축하여 저장하는 표준 파일 포맷입니다. 포토샵에서는 품질을 12단계로 선택할 수 있습니다. 알파 채널(P.113) 및 레이어는 유지할 수 없지만 파일 크기가 대체적으로 작기 때문에(최고 화질을 선택해도 PSD의 1/3 ~ 1/2 정도), 웹용이나 인쇄 포맷에 적합합니다. 그러나 '손실 압축'라는 종류의 압축 방식이므로 저장을 반복할 때마다 화질이 낮아집니다. 따라서 몇 번이나 편집 · 저장을 반복하는 경우는 주의가 필요합니다.
RAW DATA	디지털 카메라의 촬영 데이터는 CCD나 CMOS 등 이미지 센서로부터 받은 데이터를 자신의 연산에 의해 이미지 데이터로 변환하고 있습니다. 즉, 촬영한 모든 정보가 남아있는 그대로(RAW)의 데이터가 존재합니다. 그 RAW 데이터를 이미지 파일로 취급할 수 있도록 변환하는 것을 'RAW 현상(P.20)'이라고 합니다.
DNG	DNG(Digital Negative)는 어도비가 개발한 파일 포맷으로 카메라 제조 업체간에 호환되지 않는 RAW 데이터에 호환성을 갖게 하는 표준 파일 포맷입니다. 포토샵에서 RAW 현상 시의 설정을 그대로 저장할 수 있기 때문에 RAW 현상을 하기 전에 다양한 버전을 만드는 경우에 매우 유용합니다.
PDF	PDF는 PC의 문서 방식으로 자주 사용되는 형식 중 하나입니다. Mac OSX에서 표준 파일 포맷으로 지원되고 있습니다. PDF 형식의 특징은 페이지 구조를 가질 수 있는 점과 다른 응용 프로그램과 연동할 수 있는 옵션들이 있는 것입니다. 저장할 때 'Photoshop Editing'에 체크 표시하면 PSD 형식과 마찬가지로 포토샵에서 다시 편집할 수 있습니다.
EPS	EPS는 Postscript 형식의 일종으로 이미지 세터나 DTP 소프트와 궁합이 잘 맞아 Postscript 오류를 일으키지 않는 파일 포맷입니다. 래스터와 벡터 데이터, 포토샵 패스를 유지할 수 있는 것이 가장 큰 특징입니다.

{007} PDF로 저장하기

[다른 이름으로 저장] 대화상자에서 PDF 형식을 선택하면 다시 편집이 가능한 'Photoshop PDF' 형식으로 저장할 수 있습니다. PDF는 다양한 환경에서 열 수 있는 범용성이 높은 파일 포맷입니다.

개요

오른쪽 그림처럼 포토샵의 다양한 기능을 사용한 이미지를 포토샵 PDF 형식으로 저장하는 방법을 설명합니다.

포토샵 PSD 형식은 환경에 따라 열 수 없는 경우도 있으나 PDF 형식으로 저장하면 포토샵 기능을 남긴 채 대부분의 환경에서 이미지를 확인할 수 있습니다.

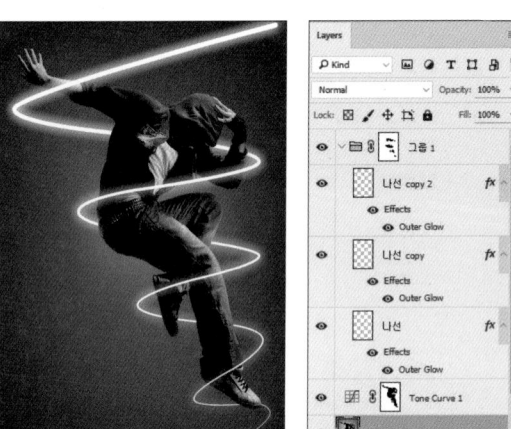

step 1

메뉴에서 [File] → Save As를 실행하여 ❶ [다른 이름으로 저장] 대화상자를 표시합니다. 파일 형식을 'Photoshop PDF'로 지정하고 ❷ 나중에 다시 편집할 수 있도록 'Alpha Channels'와 'Layers'에 체크 표시합니다. 이미지에 알파 채널과 레이어가 포함되지 않는 경우 체크되지 않습니다. ❸ 설정한 다음 〈저장〉 버튼을 클릭합니다.

단축키	다른 이름으로 저장
Win Ctrl+Shift+S	**Mac** ⌘+Shift+S

step 2

❹ 주의 메시지가 표시되면 〈OK〉 버튼을 클릭합니다.

> **Tip**
> 이 대화상자는 PDF 형식으로 저장할 때 항상 표시됩니다. 대화상자를 표시하지 않으려면 대화상자의 왼쪽 하단의 'Don't Show Again'에 체크 표시하고 〈OK〉 버튼을 클릭합니다.

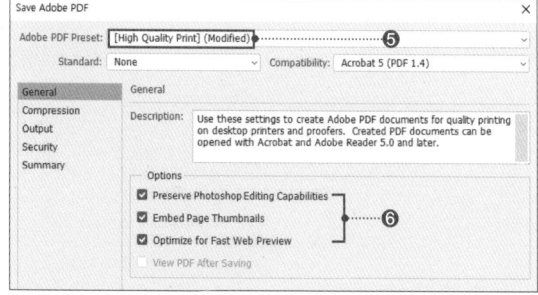

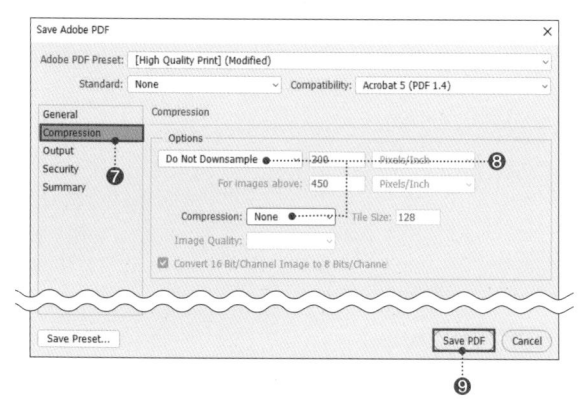

· step 3 · ·

❺ [Save Adobe PDF] 대화상자에서 Adobe PDF Preset을 'High Quality Print'로 지정하고 ❻ 'Preserve Photoshop Editing Capabilities'와 'Embed Page Thumbnails'에 체크 표시합니다.

· step 4 · ·

❼ Compression을 선택하고 ❽ Options 영역에서 'Do Not Downsample'을 선택한 다음 Compression을 'None'으로 지정합니다. ❾ 내용을 확인하고 〈Save PDF〉 버튼을 클릭합니다.

◎ 'Options' 영역 설정 항목

항목	내용
Do Not Downsample	이미지를 압축하지 않기 때문에 화질을 유지하면서 저장할 수 있습니다. 일반적으로 이 설정을 사용합니다.
Average Downsampling To	이미지를 압축할 때 'Bi-Linear 방법'을 사용합니다. Bi-Linear 방법은 화질이 좋아지지는 않지만 처리 속도가 빠른 것이 특징입니다. 특별한 이유가 없다면 사용하지 않습니다.
Subsampling To	이미지를 압축할 때 'Nearest Neighbors 방법'을 사용합니다. Nearest Neighbors 방법은 픽셀을 그대로 축소하기 때문에 도트 그림이나 아이콘 등의 외형을 우선하는 경우 사용합니다.
Bicubic Downsampling To	이미지를 압축할 때 'Bicubic 방법'을 사용합니다. Bicubic 방법은 각 픽셀뿐만 아니라 픽셀 주위의 색상과 톤도 고려하여 색상을 보완하는 가장 정확한 보완 방법입니다. 따라서 압축할 때 특별한 이유가 없으면 이 설정을 사용합니다.

· step 5 · ·

호환성에 관련된 대화상자가 표시됩니다. ❿ 〈Yes〉 버튼을 클릭해 저장합니다. ⓫ 저장한 파일을 PDF 호환 소프트웨어에서 열면 레이어가 없는 PDF 이미지로 열리고, 포토샵에서 열면 PSD 파일과 마찬가지로 다시 편집할 수 있는 파일로 열립니다.

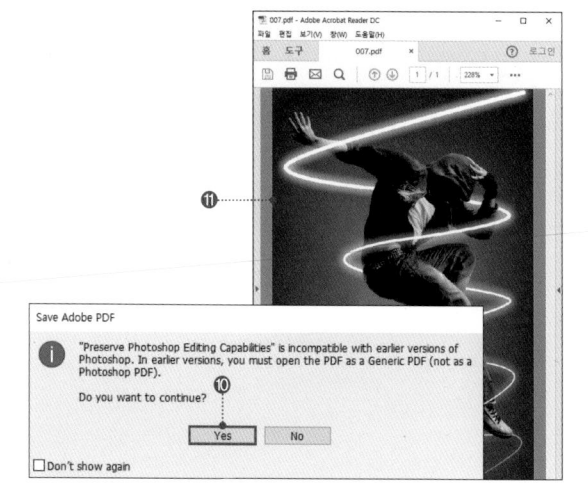

관련 이미지 저장하기 : P.24 포맷 종류 : P.25 여러 장의 PSD 파일을 PDF로 정리하기 : P.28

{ 008 } 여러 장의 PSD 파일을 PDF로 정리하기

이미지를 선택하고 PDF 슬라이드 쇼 기능으로 내보내면 여러 PSD 파일을 하나의 PDF 파일에 통합할 수 있습니다.

· **step 1** ·

CS6 이상에서는 ❶ 메뉴에서 [File] → Automate → PDF Presentation을 실행하여 [PDF Presentation] 대화상자를 표시합니다.

> **Tip**
> CS5의 경우 어도비 브리지에서 이미지를 선택하고 메뉴에서
> [Window] → Workspace → Output(Ctrl + F4)을 실행한
> 다음 〈저장〉 버튼을 클릭합니다. PDF 파일 설정은 출력 탭에
> 서 실시합니다.

· **step 2** ·

❷ 'Add Open Files'에 체크 표시하거나, ❸〈Browse〉 버튼을 클릭해 파일을 선택합니다. 이미지의 순서를 바꾸려면 파일 이름을 드래그해서 교체합니다. ❹ 또한 반드시 Save As를 'Multi-Page Document'로 지정합니다. ❺ 내용을 확인한 다음 〈Save〉 버튼을 클릭해 [다른 이름으로 저장] 대화상자를 표시하고 파일 이름과 위치를 지정한 후 〈저장〉 버튼을 클릭합니다.

· **step 3** ·

[Save Adobe PDF] 대화상자가 표시되면 ❻ Adobe PDF Preset을 'High Quality Print'로 선택하고 ❼ 'Preserve Photoshop Editing Capabilities'의 체크 표시를 해제한 다음, 'Optimize for Fast Web Preview'에 체크 표시합니다. 각 항목을 설정한 다음 설정 내용을 확인하고 〈Save PDF〉 버튼을 클릭합니다.

> **Tip**
> 이 항목에서 소개한 방법과 Save As에서 Photoshop PDF를
> 선택하는 방법은 PDF로 출력된 결과 파일에 차이가 있으므로
> 주의하기 바랍니다.

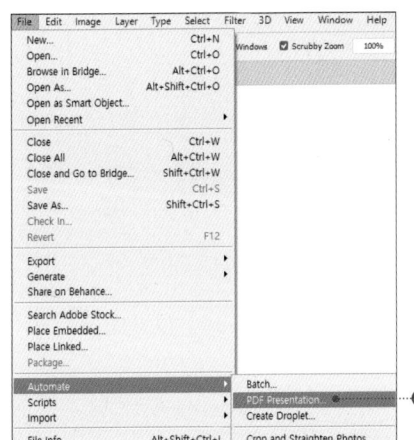

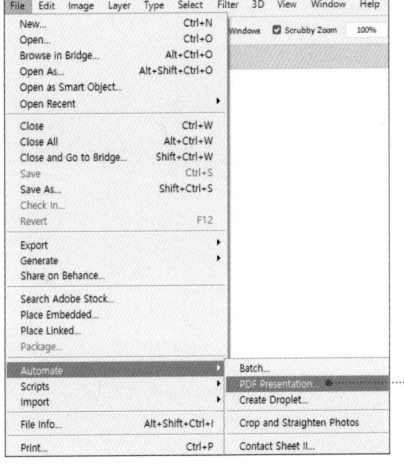

> PDF로 내보낸 이미지가 표시되는 크기는 원본 이미지의 해상도와 관련
> 이 있습니다. 이미지의 크기나 해상도를 변경하려면 이미지 해상도 변경
> 하기(P.33)을 참고하기 바랍니다.

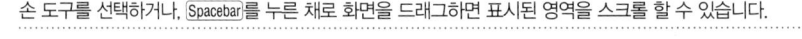

제
1
장

기본
기능

{009} 표시 영역을 스크롤 하기

손 도구를 선택하거나, Spacebar 를 누른 채로 화면을 드래그하면 표시된 영역을 스크롤 할 수 있습니다.

· **step 1** ·

❶ 표시된 영역을 스크롤 하기 위해서는 Tools 패널에서 손 도구를 선택하거나, ❷ Spacebar 를 누르면서 화면 위를 드래그합니다.

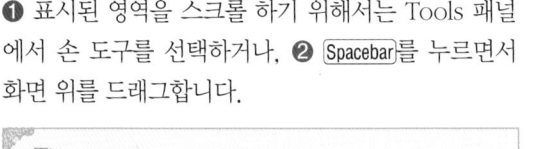

> **Tip**
> 위의 내용대로 포토샵에서는 작업 중에 Spacebar 를 누르면 포인터를 일시적으로 손 도구로 변경할 수 있습니다. 이 방법이 효율적으로 작업을 진행할 수 있기 때문에 특별한 이유가 없는 한 Spacebar 를 사용하는 것을 추천합니다.

· **step 2** ·

❸ 표시된 영역의 스크롤은 Navigator 패널에서 드래그하여 사용할 수도 있습니다. 다른 도구를 선택한 상태에서 Navigator 패널에 포인터를 이동하면 일시적으로 손 도구로 전환됩니다. Navigator 패널의 빨간 테두리는 현재 표시되고 있는 영역입니다.
이 방법을 사용하면 전체 확대된 이미지를 확인하면서 표시 위치를 변경할 수 있습니다.

· **step 3** ·

❹ 확대 보기 중에 H 를 눌러 드래그하면 원래 표시 영역을 나타내는 가이드가 표시됩니다(드래그를 종료하면 원래 화면 크기로 돌아갑니다). 이 기능을 사용하면 Navigator 패널과 마찬가지로 전체 이미지와 확대한 부분을 비교하면서 표시 영역을 스크롤 할 수 있습니다.

> **Tip**
> 메뉴에서 [Edit] → Preferences → Tools(CC 2014 이전 버전에는 General)를 실행하여 [Preferences] 대화상자를 표시하고 Options 영역에서 'Enable Flick Panning'에 체크 표시하면 Flick Panning 기능이 활성화됩니다. Flick Panning 기능을 사용하면 드래그할 때 스크롤이 부드럽게 멈추지만 이 기능을 사용하려면 Open GL 또는 Open CL을 지원하는 그래픽 카드가 필요합니다. 또한 [Edit] → Preferences → Performance를 실행하고 'Open GL' 또는 'Use Graphics Processor'에 체크 표시해야 합니다.

관련 이미지의 배율과 위치 맞추기 : P.30 화면 회전하기 : P.31

{010} 이미지의 배율과 위치를 맞춰 여러 이미지 비교하기

'Match All' 명령을 실행하면 여러 이미지의 배율과 위치를 정렬하여 쉽게 비교할 수 있습니다.

· **step 1** ·········

❶ 비교하려는 이미지를 열고, 메뉴에서 [Window]
→ Arrange → Tile을 실행합니다. 열려있는 이미지
가 정렬되지만 배율과 위치가 제각각입니다.

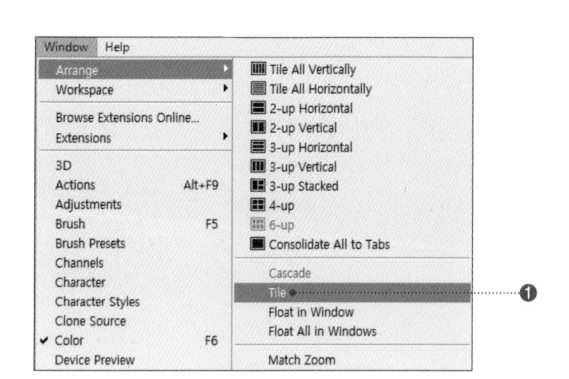

· **step 2** ·········

❷ 배율과 위치를 정렬하려면 메뉴에서 [Window] →
Arrange → Match All을 실행합니다. ❸ 이제 모든
이미지가 같은 배율, 같은 위치에 표시됩니다.
파일이 탭으로 열려있을 경우 메뉴에서 [Window] →
Arrange → Float All in Windows를 실행합니다.

Tip

여러 이미지가 열려있을 때 이미지 표시의 크기를 조절하거나
모든 이미지를 동시에 스크롤하고 싶다면 [Shift]를 누른 상태에
서 각 작업을 수행합니다. ❹ 또한 손 도구 선택 시 옵션 바에
표시되는 Scroll All Windows와 ❺ 줌 도구 선택 시 옵션 바
에 표시되는 'Zoom All Windows'에 체크 표시하면 [Shift]를 누
르면서 조작한 것과 마찬가지로 열려있는 모든 이미지에 대해
동시에 작업을 실행할 수 있습니다. 이를 선택하면 [Shift]를 누를
필요가 없습니다.

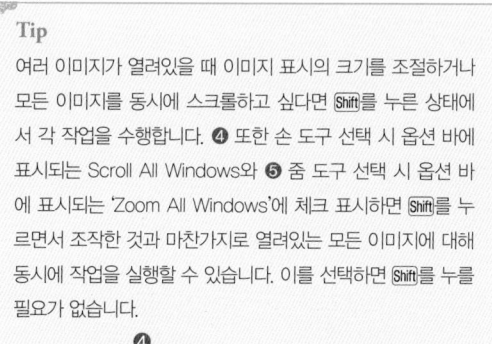

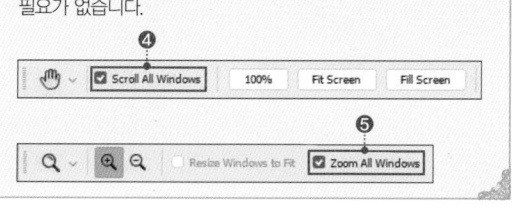

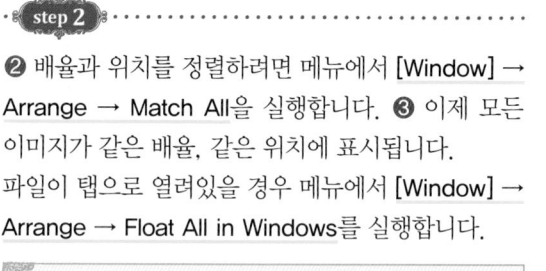

011 화면 회전하기

데이터를 변경하지 않고 화면에 보이는 캔버스만 회전시키려면 회전 보기 도구를 사용합니다.

 개요

오른쪽 그림처럼 손으로 그려서 스캔한 일러스트를 펜 태블릿 등으로 수정할 때 쓰기 편한 쪽에 맞게 캔버스를 회전하려면 회전 보기 도구를 사용합니다. 회전 보기 도구를 사용하면 실제 이미지는 회전하지 않고 보이는 화면만 회전할 수 있기 때문에 화질이 깨지지 않습니다. 줌 도구로 이미지를 확대·축소하는 것과 비슷합니다.

화질을 떨어트리고 싶지 않거나 나중에 다시 되돌리고 싶을 때 회전 보기 도구를 사용하여 화면만 회전시킵니다.

 **step 1**

❶ Tools 패널에서 회전 보기 도구를 선택하고 ❷ 화면을 드래그해서 회전합니다. ❸ 옵션 바에서 회전 각도를 지정할 수 있습니다.

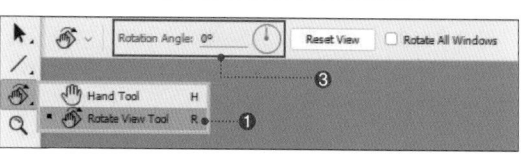

> **Tip**
> 이 기능을 사용하려면 미리 메뉴에서 [Edit] → Preferences → **Performance**를 실행하여 [Preferences] 대화상자를 표시한 다음 Graphics Process Settings 영역(CS5 이전 버전에서는 GPU Settings 영역)에 있는 'Open GL' 또는 'Use Graphics Processor'에 체크 표시해야 합니다.

 **step 2**

❹ 화면이 회전하면 가이드나 그리드도 함께 회전합니다. ❺ 선택한 영역은 원래 형태 그대로 이미지에 남아 있습니다.

관련 표시 영역을 스크롤 하기 : P.29 이미지의 배율과 위치 맞추기 : P.30 레이어를 상하좌우로 반전하기 : P.139

{012} 이미지 크기 확인하기

이미지 크기는 [Image Size] 대화상자에서 확인할 수 있습니다. 이미지의 해상도와 출력 크기도 확인할 수 있습니다.

step 1

❶ 메뉴에서 [Image] → Image Size를 실행하여 [Image Size] 대화상자를 표시합니다.

단축키	[Image Size] 대화상자 표시
Win	Ctrl + Alt + I Mac ⌘ + option + I

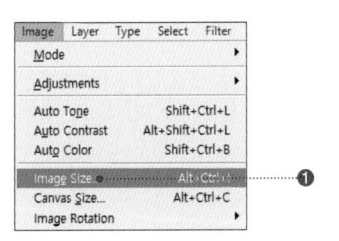

step 2

❷ [Image Size] 대화상자의 Dimensions(CS6 이전은 Pixel Dimensions)에서 이미지 크기를 확인할 수 있습니다. 목록에서 표시 단위를 선택할 수 있습니다 (pixel, % 등).

❸ Document Size 영역은 해상도에 따라 크기가 표시됩니다(cm 등). 값을 지정해서 변경할 때 여기에 숫자를 입력해 설정합니다.

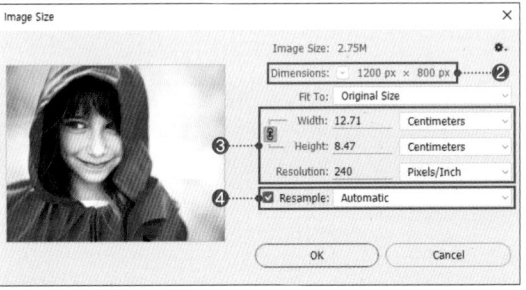

Tip
CC와 CS6 이전 버전은 대화상자 디자인이 다르지만 기본 조작 방법은 동일합니다.

Tip
❹ 'Resample'에 체크 표시하면 치수(픽셀 수 영역)가 고정됩니다. 그 상태에서 Document Size 영역의 너비와 높이 해상도를 변경하면 현재의 픽셀 그대로 크기만 바뀝니다.
Resample 내용은 이미지 해상도 변경(P.33)을 참조하기 바랍니다.

⊰ Variation ⊱

❺ 이미지의 픽셀 수와 해상도는 이미지 창의 왼쪽 아랫부분을 클릭해도 확인할 수 있습니다. [Image Size] 대화상자를 여는 것보다 더 쉽고 효율적이므로 값을 변경할 필요 없이 픽셀 수와 해상도를 확인할 경우 이 방법을 사용합니다.

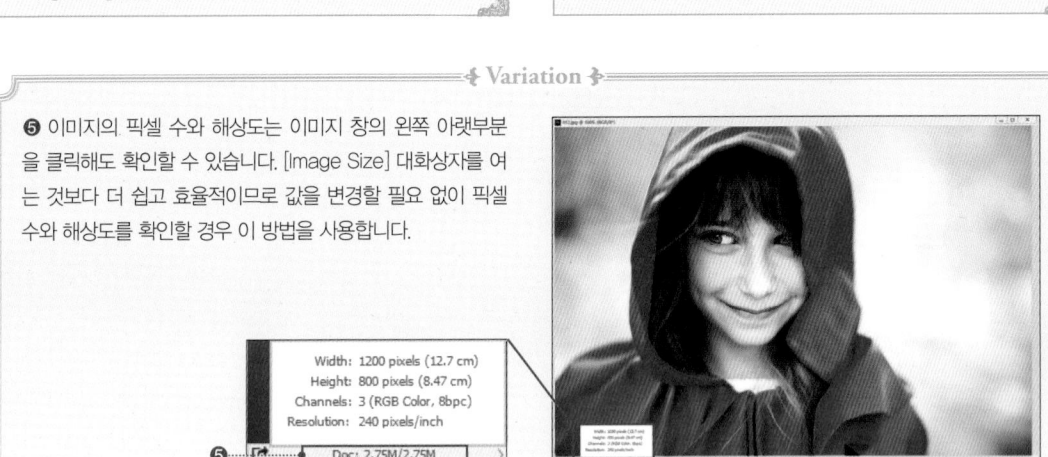

Width: 1200 pixels (12.7 cm)
Height: 800 pixels (8.47 cm)
Channels: 3 (RGB Color, 8bpc)
Resolution: 240 pixels/inch

❺ Doc: 2.75M/2.75M

013 │ 이미지 해상도 변경하기

이미지가 너무 크면 메뉴에서 [Image] → Image Size를 실행해 해상도를 변경합니다. 해상도를 낮추면 파일 크기도 작아집니다.

· step 1 ·

메뉴에서 [Image] → Image Size를 실행해 [Image Size] 대화상자를 표시합니다.

예제에서는 원본 이미지의 25% 크기로 변경하겠습니다. [Image Size] 대화상자에서 다음 항목을 설정합니다.

● CC의 경우
· ❶ 체인 아이콘과 'Resample' 사용하기
· ❷ Resample에서 'Automate' 선택하기
· ❸ 너비와 높이 단위를 %로 변경하고 값을 '25'로 입력하기

● CS6 이전의 경우
· ❹ 'Constrain Proportions' 및 'Resample Image'에 체크 표시하기
· ❺ 'Bicubic Automatic(CS5 이전 'Bicubic Sharper(best for reduction)')'를 선택하기
· ❻ Document Size 영역의 너비와 높이 단위를 %로 변경하고 값을 '25'로 설정하기

위와 같이 설정한 다음 〈OK〉 버튼을 클릭해서 크기를 조절합니다.

◎ CC 대화상자

◎ CS6 이전의 대화상자

◎ [Image Size] 대화상자 설정 목록

항목	내용
Scale Styles	레이어 스타일이 사용되는 경우(P.159), 이미지에 맞게 효과를 함께 확대, 축소합니다.
체인 아이콘 (CS6 이전 Constrain Proportions)	이미지의 가로 세로 비율을 고정합니다. 'Resample Image'에 체크 표시되어 있는 경우에만 사용할 수 있습니다.
Resample (CS6 이전 Resample Image)	체크하면 실제 이미지 크기가 변경됩니다.
Automate (CC)	이미지와 크기 조정 내용을 고려하여 최적의 방법이 선택됩니다. CC는 특별한 이유가 없는 한 이 항목을 선택합니다.
Bicubic Automatic (CS6)	Bicubic은 각 픽셀뿐만 아니라 주변 픽셀의 색상과 톤도 고려하여 색상을 보완하는 가장 정확한 보완 방법입니다. 특히 Bicubic Automatic은 이미지와 배율을 바탕으로 한 최적의 설정입니다. CS6에서는 특별한 이유가 없는 한 이 방법을 선택합니다.
기타 선택 항목	포토샵에는 그 밖에도 부드러운 그러데이션과 확대, 축소에 적합한 Bicubic이나, Nearest Neighbor(픽셀을 그대로 복제하는 방법), Bilinear(주위의 픽셀을 평균하여 보완 방법) 등이 준비되어 있지만 일반적으로 이 항목을 선택하는 일은 별로 없습니다.
Preserve Detail (enlargement)(CC)	확대할 때 가장 좋은 방법입니다. Reduce Noise 슬라이더를 조절해 노이즈를 줄일 수 있습니다.

관련 이미지 크기 확인하기 : P.32 캔버스 크기 변경하기 : P.34 이미지 자르기 : P.35

{014} 캔버스 크기 변경하기

캔버스 크기는 메뉴에서 [Image] → Canvas Size를 실행하여 변경할 수 있습니다. 캔버스 크기를 변경해도 이미지의 해상도가 변경되거나, 크기가 조정되는 것은 아닙니다.

step 1

❶ 메뉴에서 [Image] → Canvas Size를 실행하여 [Canvas Size] 대화상자를 표시합니다.

step 2

❷ 대화상자 윗부분에 현재 파일 크기가 표시되어 있습니다. ❸ 값을 확인하고 캔버스 크기를 변경할 기준 위치를 정합니다. ❹ 'Relative'에 체크 표시하면 원본 이미지를 기준으로 크기를 지정할 수 있습니다. ❺ 이때 'Background' 레이어가 있는 상태에서 원본 이미지보다 큰 값을 지정하면 여백은 Canvas extension color에 지정된 색으로 채워집니다. 'Background' 레이어가 없으면 투명해집니다.

원본 이미지보다 작은 값을 설정하면 기준 위치를 중심으로 지정 값을 넘는 부분은 잘립니다.

Canvas extension color를 'Black'으로 지정한 후 원래 크기보다(800×800pixel) 큰 값을 지정한 경우. 기준점은 오른쪽 아래로 설정한 상태입니다.

원래 크기(800×800pixel)보다 작은 값을 지정한 경우. 튀어 나온 부분은 잘리게 됩니다.

'Relative'에 체크 표시하고 폭을 '8%', 높이를 '8%'로 지정한 경우. 원래 크기를 기준으로 8%만큼 넓어집니다.

015 이미지 자르기

이미지를 자르려면 자르기 도구를 사용합니다. 자르기를 확정하기 전이면 자를 범위를 다시 설정할 수 있습니다.

step 1

❶ Tools 패널에서 자르기 도구를 선택해 ❷ 화면을 드래그합니다.

Tip
CS6 이상에서는 드래그를 하지 않아도 자르기 도구를 선택한 시점에서 이미지 주위에 여덟 개의 핸들이 표시됩니다.
그러나 큰 이미지에서 일부만 자를 경우 드래그해서 영역을 맞춰놓으면 효율적으로 작업을 진행할 수 있습니다.

step 2

❸ 드래그한 영역에 여덟 개의 핸들이 표시됩니다. 각 핸들을 조절해서 자를 영역을 결정합니다.

step 3

❹ 자를 영역을 결정하고 화면을 더블클릭하거나, 옵션 바의 체크 표시를 클릭해 이미지를 자릅니다. 잘린 상태로 이미지가 표시됩니다.

Tip
❺ 자를 때 삭제되는 범위를 Shield라고 부릅니다. 이 영역의 표시 상태나 표시 색, 불투명도는 옵션 바의 추가 옵션 설정에서 지정할 수 있습니다.

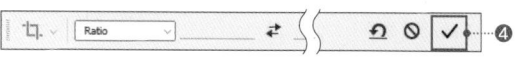

관련 크기를 지정해서 자르기 : P.36 이미지 일부 삭제하기 : P.37

016 크기를 지정해서 자르기

이미지 크기를 지정해서 자를 경우 자르기 도구의 옵션 바에서 크기를 지정한 다음 자를 영역을 선택합니다.

step 1

❶ CC 및 CS5 이전 버전에서는 Tools 패널에서 자르기 도구를 선택하고 ❷ 옵션 바에서 해상도를 설정한 후 ❸ 폭과 높이를 설정합니다. 예제에서는 폭을 '12cm', 높이를 '8cm'로 설정했습니다.

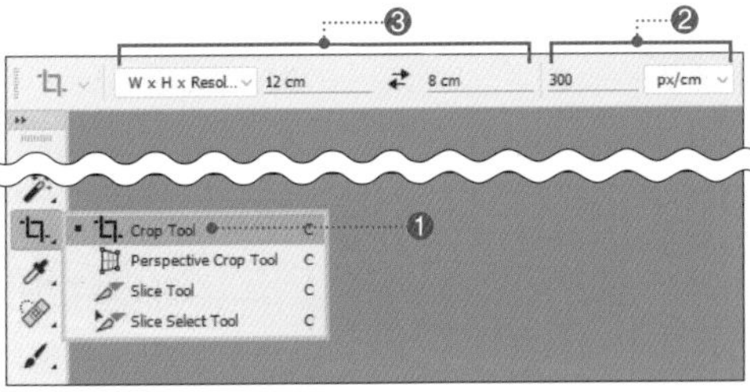

Tip

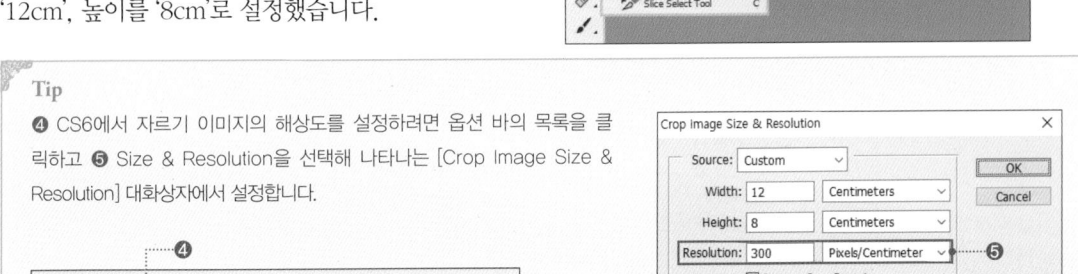

❹ CS6에서 자르기 이미지의 해상도를 설정하려면 옵션 바의 목록을 클릭하고 ❺ Size & Resolution을 선택해 나타나는 [Crop Image Size & Resolution] 대화상자에서 설정합니다.

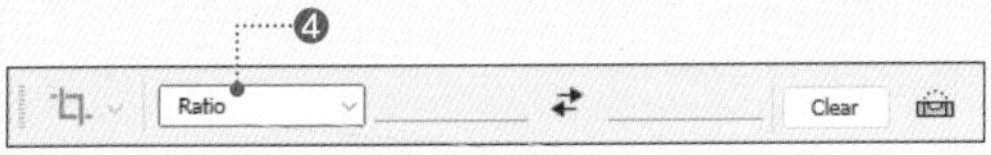

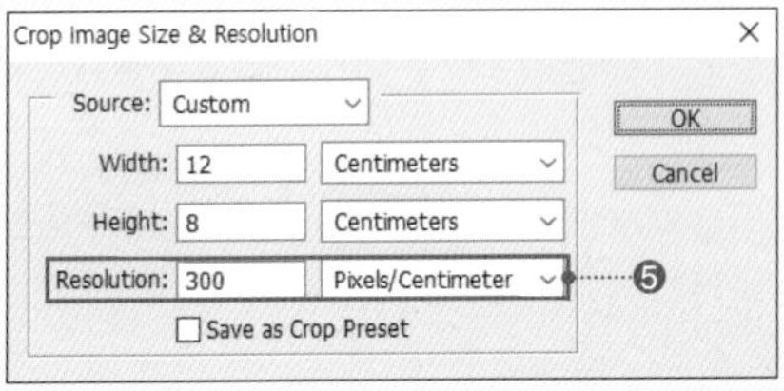

step 2

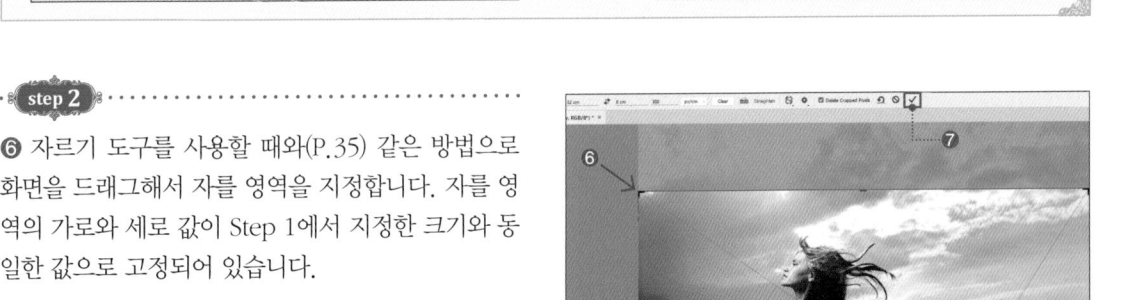

❻ 자르기 도구를 사용할 때와(P.35) 같은 방법으로 화면을 드래그해서 자를 영역을 지정합니다. 자를 영역의 가로와 세로 값이 Step 1에서 지정한 크기와 동일한 값으로 고정되어 있습니다.

step 3

❼ 자를 영역을 결정하고 화면을 더블클릭하거나, 옵션 바 오른쪽에 위치한 체크 표시를 클릭해 이미지를 자릅니다.

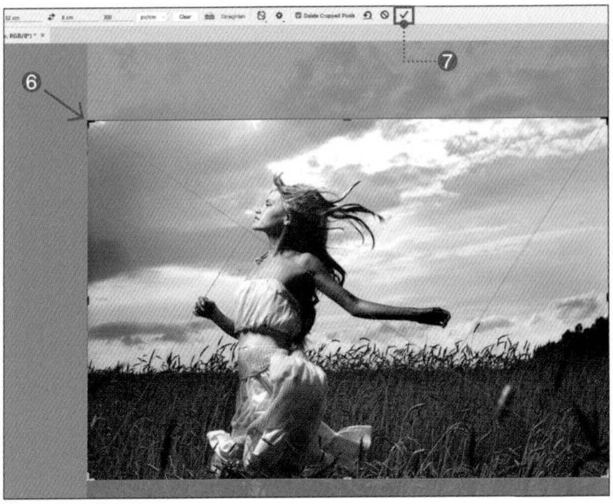

step 4

이미지를 자르면 화면이 다시 표시됩니다. ❽ [Image Size] 대화상자를 보면 이미지가 설정한 크기에 맞게 잘린 것을 확인할 수 있습니다.

크기를 지정하고 이미지를 자르면 이미지 크기가 조정되기 때문에 화질이 깨질 수 있습니다. 화질이 좋은 이미지를 원한다면 반드시 이미지 보완 방식(P.33)을 확인하기 바랍니다.

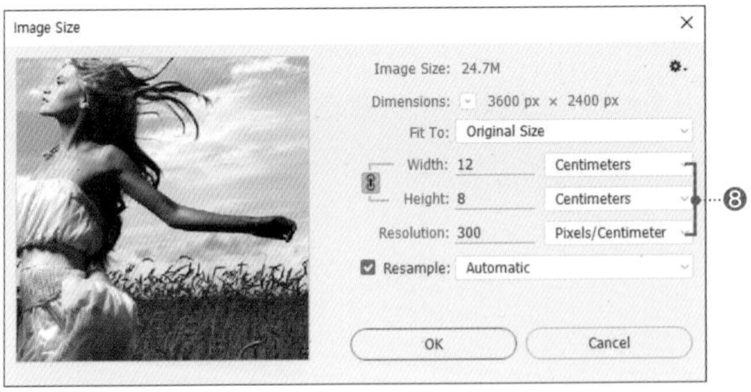

017 이미지 일부 삭제하기

이미지의 일부분만 삭제하려면 삭제할 부분을 선택 영역으로 만든 다음, 메뉴에서 [Edit] → Clear를 실행합니다. Delete (Backspace)를 눌러 삭제할 수도 있습니다.

· step 1 ·

❶ Layers 패널에서 해당 레이어를 선택하고 ❷ 삭제할 부분을 선택 영역으로 지정합니다.

step 2

❸ 메뉴에서 [Edit] → Clear를 실행하면 ❹ 선택 영역 속 이미지가 삭제되어 투명해집니다. Delete (Backspace)를 눌러서 삭제할 수도 있습니다.

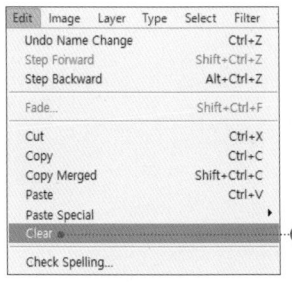

Tip

삭제할 레이어가 'Background' 레이어인 경우 선택 영역을 삭제하면 ❺ Tools 패널의 배경색으로 설정되어있는 색이 채워집니다. 삭제한 부분을 투명하게 하려면 사전에 'Background' 레이어를 일반 레이어로 변환하고(P.133) 삭제해야 합니다.

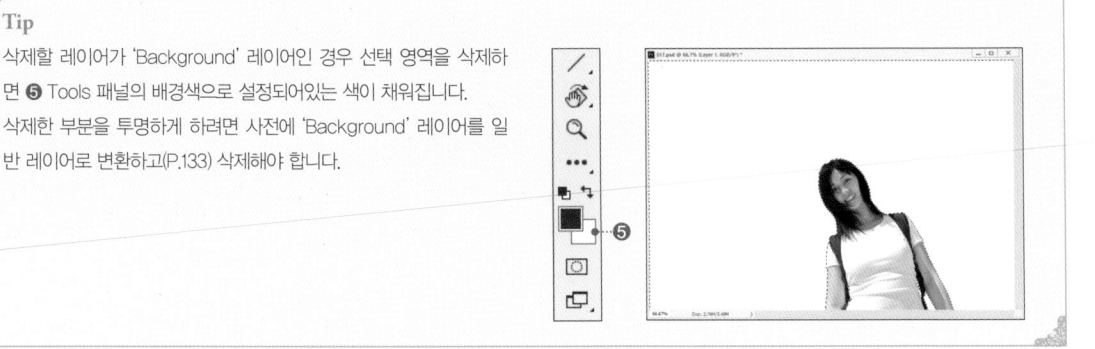

{018} 기울어진 이미지 수정하기

이미지의 기울기를 수정하려면 측정 도구나 [Image] → Image Rotation → Arbitrary를 사용합니다. 각도를 측정할 위치를 적절하게 결정하고 측정하는 것이 중요합니다.

step 1

수직, 수평으로 만들어진 인공물을 기준으로 각도를 측정할 위치를 결정합니다(벽이나 천장, 대들보 등). ❶ 여기에서는 벽과 천장 경계를 기준으로 합니다.

step 2

❷ Tools 패널에서 자 도구를 선택해 ❸ 기준 부분을 드래그합니다.

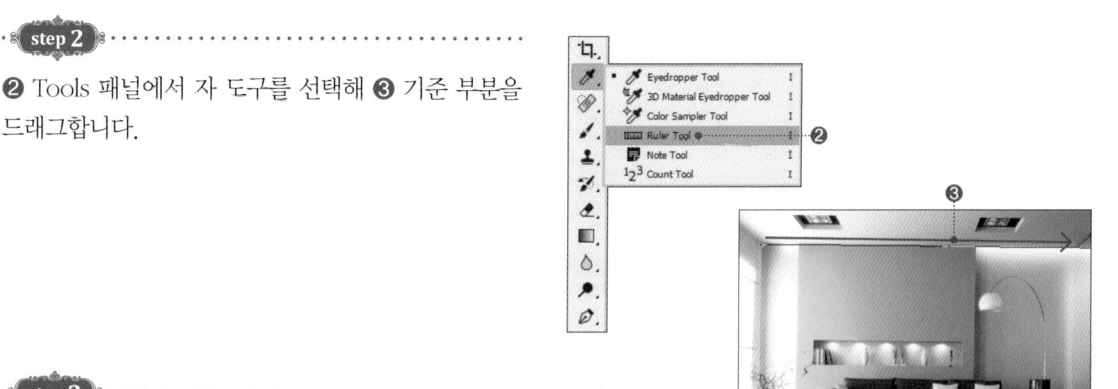

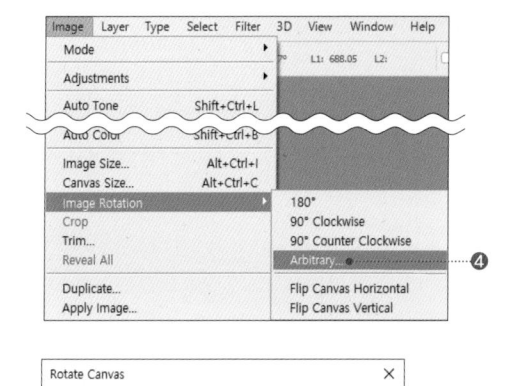

step 3

❹ 메뉴에서 [Image] → Image Rotation → Arbitrary를 실행하여 [Rotate Canvas] 대화상자를 표시합니다. ❺ Angle에 자동으로 기울어진 각도가 입력되어 있습니다. 회전 방향이 설정되어 있는지 확인한 후 〈OK〉 버튼을 클릭합니다.

> **Tip**
> 자 도구를 선택하면 옵션 바에 〈Straighten Layer〉 버튼이 표시됩니다. 이 버튼을 클릭하면 자동적으로 측정 도구의 각도에 맞춰 이미지가 회전합니다. 또한 CS5에서는 불필요한 여백을 자동으로 자릅니다.
> (히스토리에서 클리핑되기 전 상태로 되돌릴 수도 있습니다.)

step 4

❼ 지정된 각도만큼 이미지가 회전해서 기울기가 수
정됩니다. 이미지가 회전한 부분 모서리가 부족한 것
을 알 수 있습니다.

> **Tip**
> CS5에서는 각도 보정 버튼을 누르면 불필요한 여백이 클리핑
> 됩니다.

step 5

❽ 마지막으로 Tools 패널에서 자르기 도구를 선택
하고 ❾ 불필요한 부분을 잘라냅니다.

> **Tip**
> 포토샵 CC 이상에서는 Camera Raw 필터를 사용하면 자동
> 으로 이미지 기울기를 수정할 수 있습니다.
> 포토샵 CC 이상을 사용하는 경우 먼저 Camera Raw 필터를
> 사용하기 바랍니다.

❖ Variation ❖

대각선 구도로 이루어져 있어 회전으로 수정이
불가능한 경우도 있습니다. 이런 경우 메뉴에서
[Edit] → Free Transform을 실행해 수정합
니다(P.62).

오른쪽 사진은 수평, 수직인 공간과 정면을 보
고 있는 벽이 없기 때문에 이 항목에서 설명한
방법으로는 수정할 수 없습니다. 따라서 가이드
를 만들고 Free Transform으로 수정했습니다.

관련 이미지 자르기 : P.35   자유 변형 : P.62   가이드 사용하기 : P.44

019 패스를 이용해 이미지 자르기

패스를 사용하면 자를 영역을 자유롭게 조정할 수 있습니다. 가장자리가 뚜렷한 이미지를 자를 때 효과적입니다.

step 1

예제에서는 오른쪽 이미지의 의자를 자릅니다. ❶ 이
미지 레이어와 ❷ 이미지를 자르기 위해 준비한 패스
를 선택하고, 메뉴에서 [Layer] → Vector Mask →
Current Path를 실행합니다. ❸ 의자 부분이 잘렸습
니다.

패스 자체가 마스크화되어 있기 때문에 패스를 선택
하는 것도 가능합니다.

> **Tip**
>
> 이 기능은 'Background' 레이어에서는 사용할 수 없습니다.
> 이미지가 잘리지 않을 경우 선택한 레이어가 일반 레이어인지
> 확인합니다. 자를 이미지가 'Background' 레이어인 경우 일
> 반 레이어로 변환하여 작업을 진행합니다(P.133).

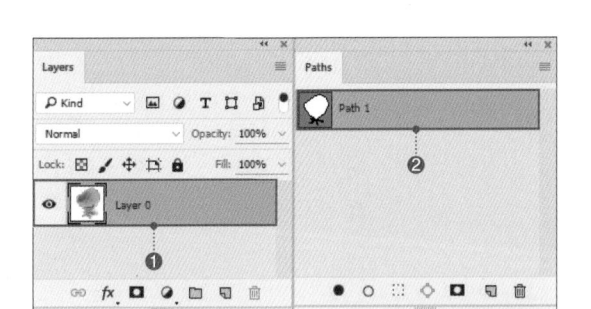

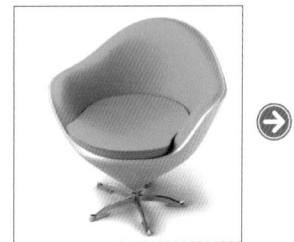

step 2

자를 영역을 변경하려면 마스크에 사용할 패스를 직
접 수정합니다. ❹ Layers 패널에서 벡터 마스크 섬
네일을 클릭해 선택합니다. 선택되면 흰색 프레임이
(CS5에선 검은색 테두리) 표시됩니다. 예제에서는
잘라낸 부분이 보이기 쉽도록 잘라낸 레이어 밑에 검
은색 레이어를 만들었습니다.

step 3

❺ Tools 패널에서 펜 도구를 선택해 ❻ 패스가 있는
부분을 Ctrl (⌘)을 누르면서 클릭합니다. 패스의 앵커
포인트가 표시되면 Ctrl (⌘)을 누르면서 앵커 포인트
를 수정합니다. 또 패스의 곡선 부분을 조작할 경우
Alt (option)를 누르면서 방향점을 이동합니다.

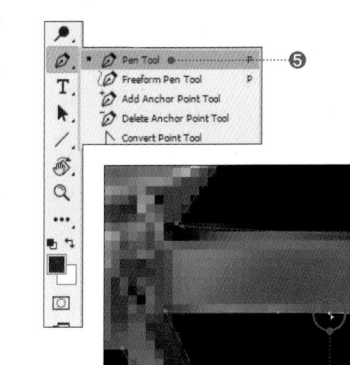

관련 잘라낸 이미지를 일러스트레이터에 배치하기 : P.41 패스로 선택 영역 만들기 : P.92 펜 도구와 패스 : P.86

(020) 잘라낸 이미지를 일러스트레이터에 배치하기

포토샵의 클리핑 패스 기능을 사용하면 잘라낸 이미지를 일러스트레이터에 배치할 수 있습니다.

· **step 1** ·

❶ Tools 패널에서 펜 도구를 선택하고 ❷ 옵션 바에서 'Path'를 선택해 ❸ 잘라낼 부분을 패스로 선택합니다(P.86).

Tip

포토샵의 펜 도구로 그리는 패스는 일러스트레이터의 패스와 마찬가지로 CG 업계에서 널리 이용되는 베지어 곡선이 사용되고 있습니다. 베지어 곡선의 계산 방법을 이해할 필요는 없지만 패스나 포인트를 여러 가지 방법으로 조작해보고 기본적인 구조와 조작 방법을 알아두는 것이 좋습니다.

· **step 2** ·

❹ 패스가 완성되면 Paths 패널에 자동으로 생성되는 Work Path를 더블클릭합니다. ❺ [Save Path] 대화상자가 표시되면 패스에 이름을 지정합니다. 이렇게 하면 작업용 패스가 일반 패스로 저장됩니다.

· **step 3** ·

❻ Paths 패널의 패널 메뉴에서 클리핑 패스를 실행합니다. ❼ [Clipping Path] 대화상자가 표시되면 패스 목록에서 작업한 패스를 선택한 후 ❽ Flatness를 공백으로 설정하고 〈OK〉 버튼을 클릭합니다.
이렇게 해서 클리핑 패스로 전환되었습니다. 클리핑 패스를 포함한 이미지를 EPS 형식으로 저장하여 일러스트레이터로 가져오면 패스에 둘러싸여진 부분은 투명하게 설정됩니다.

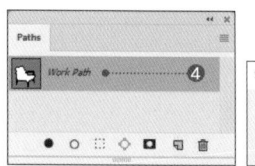
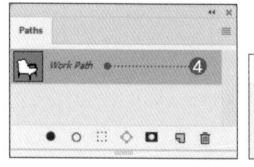
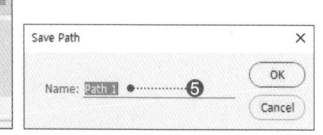

Tip

Flatness란 출력 오차의 허용 한도를 설정하는 것입니다. Flatness는 공백인 상태로 두거나 0.2~100 사이의 값을 입력합니다. 공백으로 두었을 경우 프린터의 기본값이 사용되지만 출력할 때 오류가 발생할 경우 Flatness를 다시 설정해야 합니다. 일반적으로 고해상도 출력 환경 (1200~2400dpi)에서는 8~10을, 일반 프린터(300~600dpi)의 경우에는 1~3을 설정합니다.

관련 이미지 자르기 : P.35 이미지 일부 삭제하기 : P.37 패스를 이용해 이미지 자르기 : P.40 펜 도구와 패스 : P.86

021 이미지의 RGB 값과 CMYK 값 알아보기

이미지를 구성하는 각 픽셀의 RGB 값과 CMYK 값을 Info 패널에서 확인할 수 있습니다. 한 번에 여러 픽셀 정보를 확인할 수도 있습니다.

step 1

메뉴에서 [Window] → Info를 실행합니다. ❶ 선택되어 있는 툴에 상관없이 포인터를 이미지 위에 올리면 ❷ Info 패널에 RGB 값과 CMYK 값의 정보가 표시됩니다.

step 2

❸ 여러 픽셀 값을 동시에 확인하려면 Tools 패널에서 색상 샘플러 도구를 선택하고 이미지에서 여러 지점을 클릭합니다. ❹ 그러면 Info 패널이 확장되며 여러 픽셀 값이 동시에 표시됩니다. 클릭한 지점은 드래그할 수도 있고, 마우스 오른쪽 버튼을 클릭해서 지정한 포인트를 제거하거나 색상 모드를 변경할 수도 있습니다.

step 3

기본적으로는 선택된 1픽셀 값이 표시되지만 샘플링하는 픽셀의 범위를 변경할 수도 있습니다. ❺ 샘플링 범위를 변경하려면 Tools 패널에서 스포이트 도구를 선택하고 샘플링할 포인트를 마우스 오른쪽 버튼으로 클릭합니다. ❻ 표시된 메뉴에서 샘플링 영역을 지정합니다. ❼ 또, Copy Color as HTML을 선택하면 컬러 값을 HTML 코드로 가져올 수 있습니다. 복사된 HTML 코드는 'color=#0e4cad'와 같은 형식이 됩니다.

제
1
장
기본 기능

〔022〕 패널 숨기기

포토샵의 작업 영역을 확장하기 위해 패널을 숨기려면 Tab을 누르는 방법을 사용합니다.

step 1

❶ 오른쪽 화면처럼 이미지가 작업 패널에 가려져 있을 경우에는 Tab을 눌러 패널을 일시적으로 숨길 수 있습니다.

❶
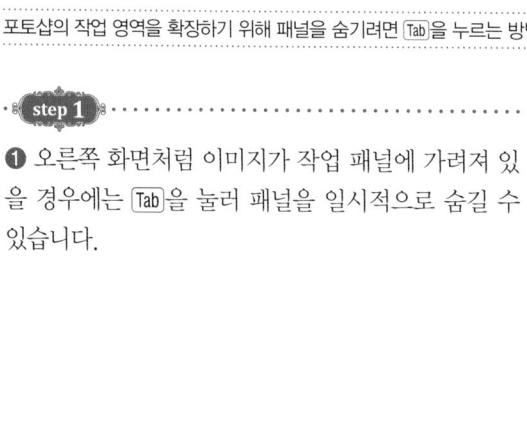

step 2

❷ Tab을 누르면 Tools 패널을 포함한 모든 패널이 숨겨집니다. 이미지를 크게 표시할 수 있습니다.

❷

step 3

❸ Tab+Shift를 누르면 Tools 패널만 표시할 수 있습니다.

Tip
❹ 메뉴에서 [Edit] → Preference → Tools를 실행해 [Preferences] 대화상자를 표시하고 Options 영역에 있는 'Zoom Resizes Window'에 체크 표시하면 확대 도구로 이미지를 확대 · 축소할 때 창 크기도 함께 조절됩니다.

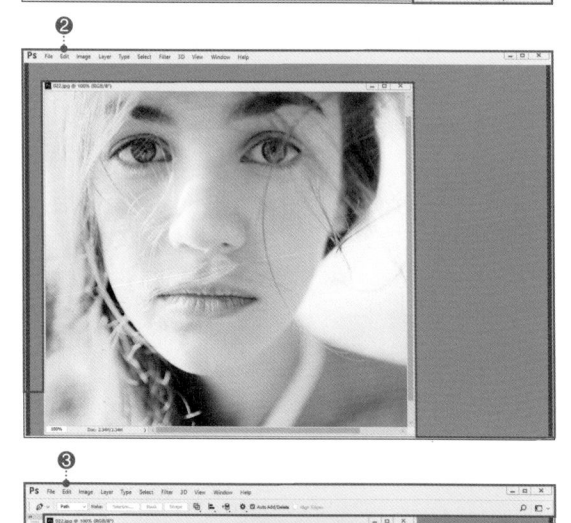

❸

Preferences	
General Interface Workspace Tools History Log File Handling Export Performance Scratch Disks Cursors Transparency & Gamut Units & Rulers Guides, Grid & Slices	Options ☑ Show Tool Tips ☐ Zoom with Scroll Wheel ☑ Enable Gestures ☐ Animated Zoom ☑ Use Shift Key for Tool Switch ☑ Zoom Resizes Windows ☐ Overscroll ☐ Zoom Clicked Point to Center ☑ Enable Flick Panning ❹ ☑ Vary Round Brush Hardness based on HUD vertical movement ☑ Snap Vector Tools and Transforms to Pixel Grid Show Transformation Values: Top Right

관련 도구 목록 : P.10　패널 목록 : P.12　가이드 사용하기 : P.44

(023) 가이드 사용하기

가이드를 사용하면 여러 레이어를 깔끔하게 정렬하거나, 선택 도구로 정확하게 크기를 측정할 수 있습니다.

 **step 1**

가이드는 여러 레이어를 정렬하거나 정확하게 맞출 때 사용합니다. ❶ 창에 눈금자가 표시되어 있지 않으면 메뉴에서 [View] → Rulers를 실행해 눈금자를 표시합니다.

단축키 눈금자 표시
Win Ctrl + R
Mac ⌘ + R

---

step 2

❷ 이동 도구를 선택하고, ❸ 눈금자 위에서 드래그를 시작해 적당한 위치에 마우스를 놓습니다. 그러면 마우스 버튼을 놓은 곳에 가이드가 표시됩니다.
위쪽 눈금자에서 드래그하면 수평 가이드를, 왼쪽 눈금자에서 드래그하면 수직 가이드를 표시할 수 있습니다.

---

step 3

원하는 대로 가이드 위치를 이동할 수 있습니다. 가이드를 이동하려면 이동 도구를 선택하고 가이드 선 위에 포인터를 올립니다. ❹ 그러면 포인터의 모양이 바뀌는데 이때 가이드를 드래그하여 이동합니다. 화면의 바깥쪽으로 이동하면 가이드는 삭제됩니다.

---

step 4

❺ 모든 가이드의 표시/숨기기를 한번에 설정하려면 메뉴에서 [View] → Show → Guides를 실행합니다.
❻ 또한, 모든 가이드를 삭제하려면 메뉴에서 [View] → Clear Guides를 실행합니다.

단축키 가이드 표시 전환
Win Ctrl + : Mac ⌘ + :

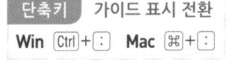

관련 개체를 가이드나 그리드에 맞추기 : P.45　값을 입력해 가이드 만들기 : P.46

024 개체를 가이드나 그리드에 맞추기

스냅 기능을 사용하면 선택 영역이나 레이어를 쉽게 가이드나 그리드에 맞출 수 있습니다. 이미지를 그리드에 맞춰 정렬할 때 유용합니다.

step 1

Object 레이어 주위에 가이드를 만듭니다. ❶ Layers 패널에서 해당 레이어를 선택합니다.

step 2

❷ 메뉴에서 [View] → Snap을 실행합니다.

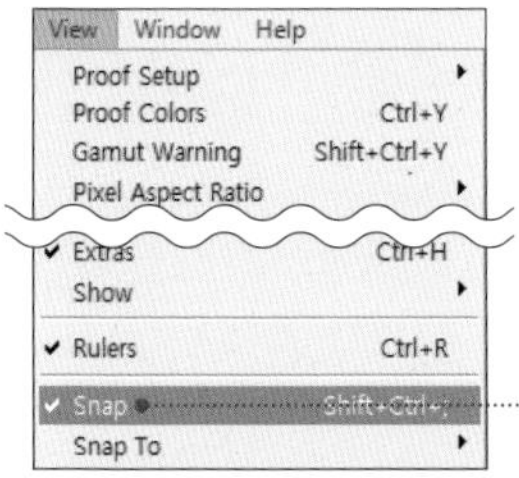

| 단축키 | 스냅하기 |

Win Ctrl + Shift + ; 　 **Mac** ⌘ + Shift + ;

step 3

❸ 가이드를 레이어 부근으로 드래그하면 레이어 가 장자리에 맞춰지기 때문에 정확하게 가이드를 만들 수 있습니다. 또, 가이드 부근을 직사각형 선택 도구 로 드래그하면 선택 영역이 가이드에 맞춰집니다.

step 4

❹ 스냅 대상은 Guides 외에도 Grid, Layers, Slices, Document Bounds를 지정할 수 있습니다. [View] → Snap To에서 스냅할 대상을 선택합니다. 목록 중 회색으로 표시된 항목은 스냅 대상으로 사용할 수 없 습니다. 예를 들어 오른쪽 이미지는 Grid와 Slices가 숨겨져 있기 때문에 선택할 수 없습니다.

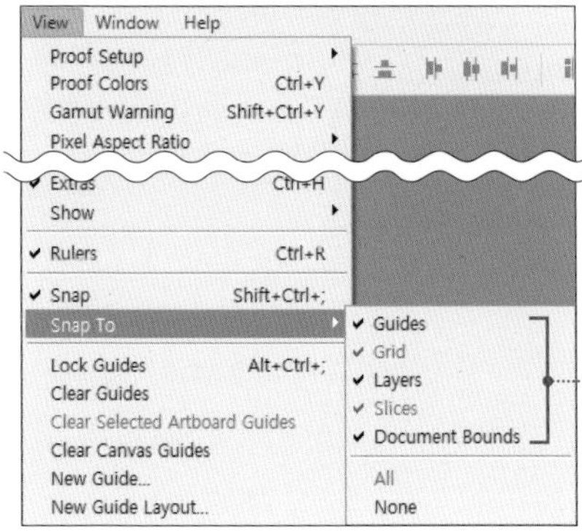

관련 가이드 사용하기 : P.44　값을 입력해 가이드 만들기 : P.46　레이어 이동하기 : P.138

025 값을 입력해 가이드 만들기

가이드를 수치로 지정하면 쉽고 안정적으로 정확한 위치에 가이드를 표시할 수 있습니다. 여러 개체를 정확한 위치에 배치해야 하는 경우 사용합니다.

step 1

❶ 가이드를 수치로 지정하려면 메뉴에서 [View] → New Guide를 실행하여 [New Guide] 대화상자를 표시합니다.

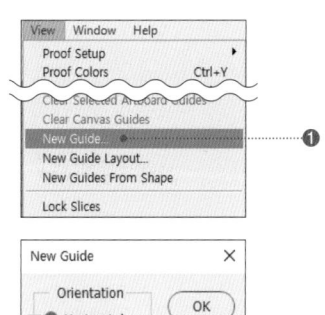

step 2

❷ Orientation에서 가이드 방향을 지정하고 ❸ Position에 숫자를 입력합니다.
이미지의 오른쪽, 왼쪽을 연결하는 가이드를 만들 경우 'Horizontal'을, 위아래를 연결하는 가이드를 만들 경우 'Vertical'을 선택합니다.

step 3

❹ 〈OK〉 버튼을 클릭하면 가이드가 만들어집니다. 가이드를 만든 다음에도 위치를 변경할 수 있습니다 (P.44).

Tip

Position에 숫자를 입력할 때 단위를 생략하면 눈금자에 설정되어있는 현재의 단위로 적용됩니다. 다른 단위를 지정할 수도 있습니다. 단위를 입력하면 이미지의 해상도에 맞는 위치로 가이드가 표시됩니다.

❧ Variation ❧

❺ 가이드 색상은 메뉴에서 [Edit] → Preference → Guides, Grid & Slices를 실행해 표시되는 [Preferences] 대화상자에서 변경할 수 있습니다. 눈금자의 단위는 메뉴에서 [Edit] → Preference → Units & Rulers를 실행해 변경할 수 있습니다.

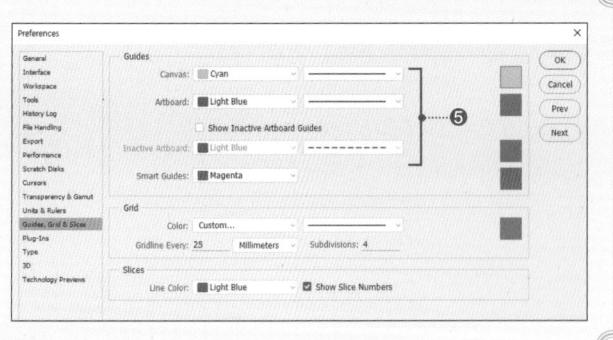

{026} 히스토리에서 작업을 다시 수행하기

포토샵에서는 작업 이력이 자동으로 History 패널에 기록됩니다. 히스토리 기능을 이용하면 작업을 되돌리거나 다시 시작할 수 있습니다.

step 1

❶ 히스토리 기능을 사용하려면 메뉴에서 [Window] → History를 실행하여 History 패널을 표시합니다. 진한 회색으로 표시되어 있는 부분이 현재 이미지와 대응하고 있습니다.

❷ 돌아가고 싶은 작업 내용을 선택하면 ❸ 선택된 부분이 진한 회색으로 강조되고, 이미지도 작업 내용에 대응해 그 상태로 돌아갑니다. 여기에서는 Lens Blur와 Add Layer Mask 등의 작업을 취소했습니다. 또한 작업을 되돌아간 후 작업을 계속하면 그 전에 있었던 작업 내역이 사라지므로 주의하기 바랍니다. 작업 내역을 지우지 않고 계속 작업하려면 작업 내역을 다른 파일에 기록해야 합니다.

> **Tip**
> 히스토리에 기록되는 작업 내역은 기본적으로 지난 20회분의 작업입니다. 그 수를 초과하면 작업 내역은 순서대로 지워집니다. 기록하는 작업 내역 수를 변경하려면 메뉴에서 [Edit] → Preference → Performance → History & Cache 섹션에 있는 History States를 지정합니다(P.328).

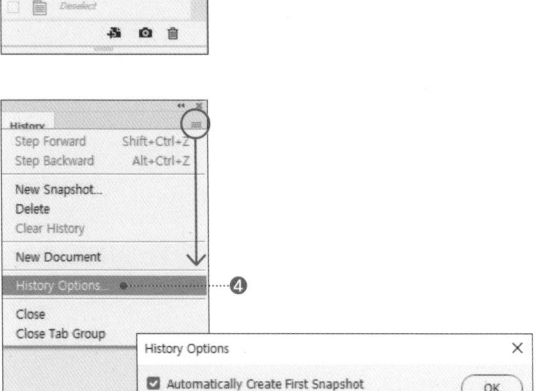

step 2

History 패널에는 대부분의 조작이 기록되지만 기본적으로 레이어의 표시/숨기기 작업은 기록되지 않습니다. ❹ 레이어의 표시/숨기기를 기록하려면 History 패널 옵션에서 History Options를 선택해 ❺ [History Options] 대화상자를 표시한 다음 'Make Layer Visibility Changes Undoable'에 체크 표시합니다.

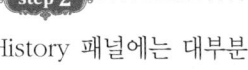

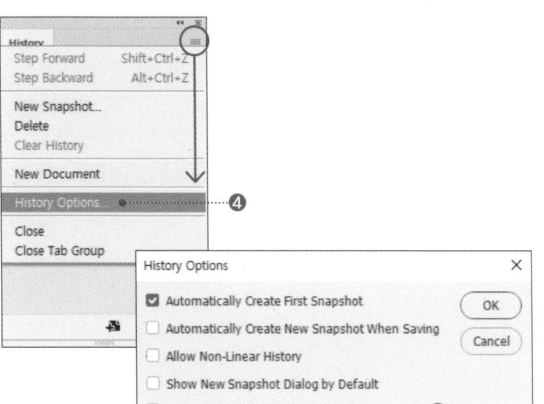

관련 작업 이미지를 열었을 때의 상태로 되돌리기 : P.48　히스토리를 파일로 내보내기 : P.49　다시 조작할 수 있는 횟수 늘리기 : P.328　　● 47

〔027〕 작업 이미지를 열었을 때의 상태로 되돌리기

이미지를 열면 History 패널에 열었을 당시의 이미지 상태가 스냅 샷으로 저장됩니다. 스냅 샷을 클릭하면 이미지를 열었을 때의 상태로 되돌릴 수 있습니다.

· **step 1** ·

❶ History 패널에 진한 회색으로 표시된 부분이 현재의 이미지와 대응하고 있습니다.

> **Tip**
> History 패널이 표시되지 않은 경우에는 메뉴에서 [Window]
> → History를 실행합니다.

· **step 2** ·

❷ 상단의 스냅 샷의 섬네일을 클릭하면 레이어나 선택 영역 등 모든 상태가 파일이 열렸을 당시로 돌아갑니다. ❸ 취소된 작업은 회색으로 표시됩니다.

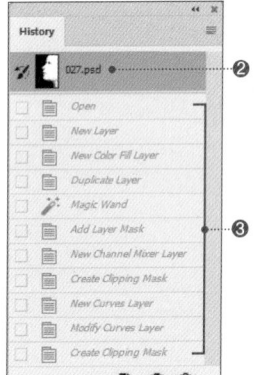

· **step 3** ·

스냅 샷을 선택한 상태에서 작업을 하면 히스토리에 남아있는 작업이 사라집니다. ❹ 작업을 계속하려면 History 패널의 아래쪽에 있는 'Create new document from current state' 아이콘을 클릭해 ❺ 이미지를 새 파일로 복사합니다.

일반적으로 첫 번째 작업 내역은 새로 만들기 또는 열기이지만 History 패널에서 복제된 이미지는 Duplicate State가 첫 번째 작업 내역입니다.

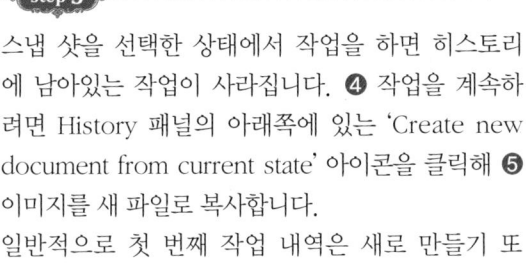
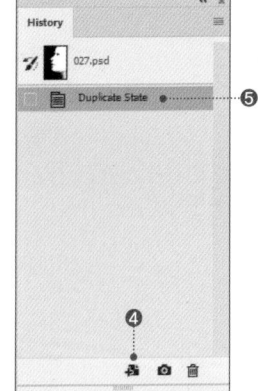
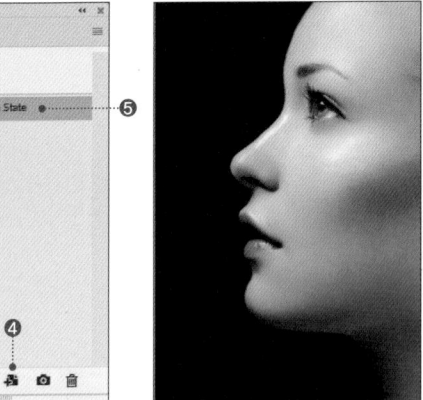

{028} 이전 이미지에서 다른 이미지를 만들기

이전 이미지 작업 과정에서 다른 이미지를 만들려면 히스토리 기능의 Create new snapshot과 Create new document from current state 아이콘을 사용합니다.

· **step 1** ·································

❶ History 패널을 표시하고 원하는 작업 내역의 위치를 선택하면 그 시점으로 작업 내역이 돌아갑니다. 이 상태에서 작업을 계속하면 이후 히스토리가 사라지므로 주의해야 합니다.

· **step 2** ·································

❷ History 패널 아래쪽의 'Create new snapshot' 아이콘을 클릭합니다. ❸ History 패널 위쪽에 새로운 스냅 샷인 'Snapshot 1'이 만들어집니다. 설정된 작업 내역 수를 초과해도 이 스냅 샷을 선택하면 이 스냅 샷까지 돌아갈 수 있습니다.

> **Tip**
> 스냅 샷은 작업 도중의 특정한 이미지 상태를 저장한 것입니다. 스냅 샷은 히스토리 수에는 포함되지 않습니다.

· **step 3** ·································

스냅 샷을 생성한 것만으로는 파일을 닫은 시점에서 스냅 샷은 사라집니다. 필요하다면 현재의 히스토리 이미지를 다른 파일로 내보내기 합니다.
❹ 'Create new document from current state' 아이콘을 클릭하면 새 파일이 생성됩니다. 파일 이름은 히스토리 이름과 동일합니다. ❺ 새로운 파일이 생성되었기 때문에 원본과 개별적으로 편집할 수 있습니다.

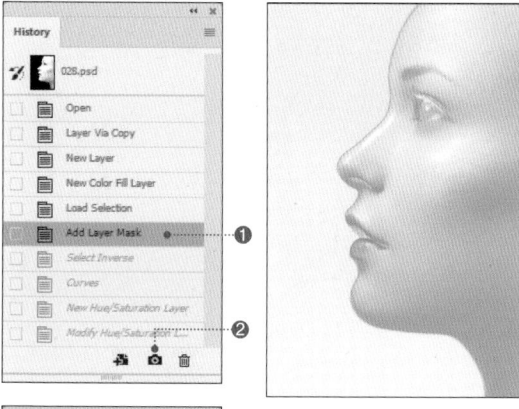

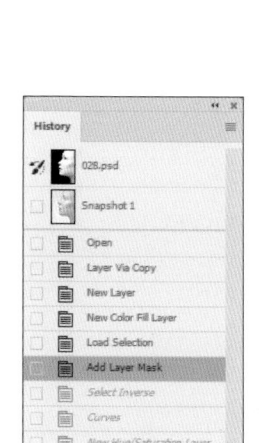

관련 히스토리에서 작업을 다시 수행하기 : P.47　작업 이미지를 열었을 때의 상태로 되돌리기 : P.48　다시 조작할 수 있는 횟수 늘리기 : P.328

029 다양한 도형이나 기호 그리기

사용자 정의 모양 도구를 사용하면 하트 모양과 별 모양 등 다양한 모양과 기호, 마크 등을 쉽게 그릴 수 있습니다.

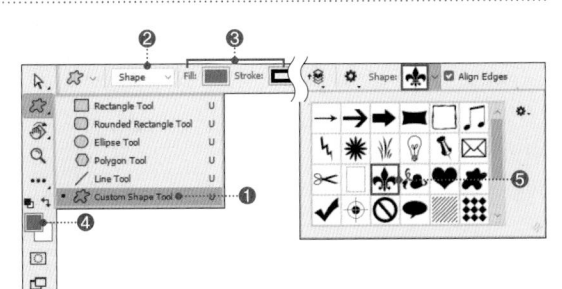

step 1

❶ Tools 패널에서 사용자 정의 모양 도구를 선택하고, ❷ 옵션 바에서 'Shape'를 선택합니다. ❸ CS6 이상의 버전에서는 Fill과 Stroke에 색상을 지정합니다. Fill에 원하는 색을 선택하고, Stroke를 검은색으로 지정한 다음 폭을 '0.00px'로 설정합니다. ❹ CS5 이전 버전에서는 Tools 패널의 전경색에서 원하는 색상을 선택합니다. ❺ Shape에서 'Fleur-De-Lis' 모양을 선택합니다.

step 2

❻ 이미지를 드래그하면 선택한 모양이 그려집니다. Shift를 누른 채 드래그하면 원래 비율을 유지하면서 모양을 만들 수 있습니다.

step 3

Shape 레이어의 패스는 벡터 마스크로 되어 있기 때문에 그린 후에도 모양의 형상을 자유롭게 변경할 수 있습니다.

❼ Shape 모양을 변경하려면 Paths 패널에서 Shape Path 레이어를 선택한 다음 ❽ 펜 도구로 ❾ 앵커 포인트를 이동합니다.

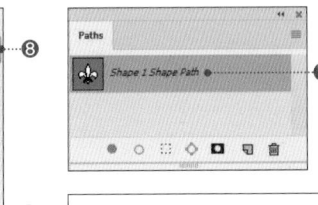

Tip

CS6 이상의 버전에서는 Shape의 색상과 모양뿐만 아니라 패스를 따라 테두리를 설정할 수 있습니다. 아래 그림처럼 패스에 둥근 점이 연속된 테두리를 구성할 수 있습니다.

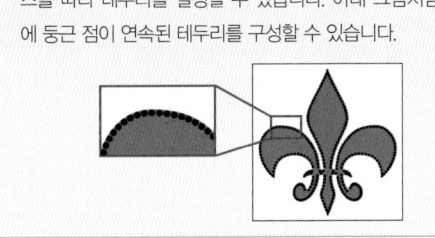

관련 패스를 이용해 이미지 자르기 : P.40 패스 모양을 따라 문자 입력하기 : P.73 브러시 등록하기 : P.66

030 필터 사용하기

포토샵은 이미지에 다양한 효과를 적용하는 필터 기능을 제공합니다. 선택 영역을 만들고 필터 효과를 적용하면 선택 영역에만 효과가 적용됩니다.

step 1

❶ 이미지를 열고 필터를 적용할 레이어 하나를 선택합니다.

필터를 적용할 때는 반드시 원하는 이미지가 포함된 레이어 하나만 선택하고 작업을 진행합니다.

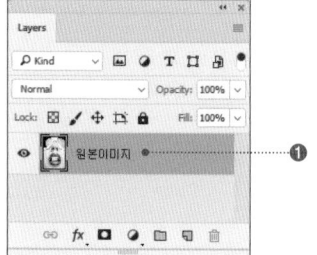

step 2

Filter 메뉴에서 사용할 필터를 선택합니다. 예제에서는 메뉴에서 [Filter] → Noise → Median을 실행하였습니다. [Median] 대화상자가 표시되면 ❷ 미리보기를 확인하면서 설정값을 입력합니다. ❸ Radius를 '20'으로 설정하고 〈OK〉 버튼을 클릭합니다.

❹ 이미지에 필터가 적용되며 일러스트 같은 이미지가 되었습니다.

모든 필터는 〈OK〉 버튼을 누를 때까지 이미지에 효과가 적용되지 않습니다.

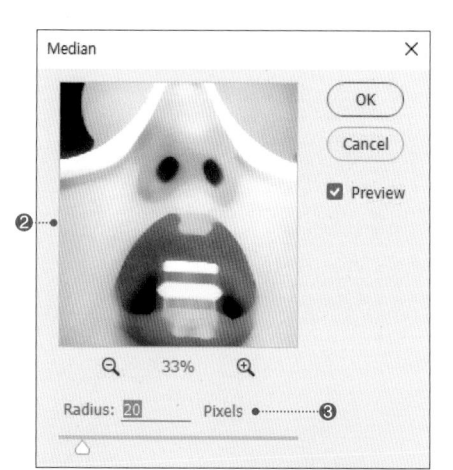

Tip

선택 영역을 만들지 않고 필터를 실행하면 이미지 전체에 효과가 적용되지만 선택 영역을 만든 상태에서 필터를 실행하면 선택한 범위 안에만 필터 효과가 적용됩니다.

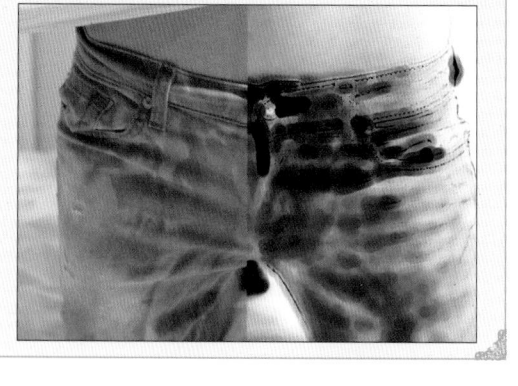

원본 이미지　　　　　　보정 이미지

{031} 이미지에 흐림 효과 주기

포토샵에서는 이미지를 흐릿하게 만드는 필터를 선택할 수 있습니다. 가장 많이 사용하는 Gaussian Blur에 대해 알아보겠습니다.

step 1

❶ Blur를 적용할 이미지를 열고 그 이미지가 배치되어있는 레이어를 선택합니다.

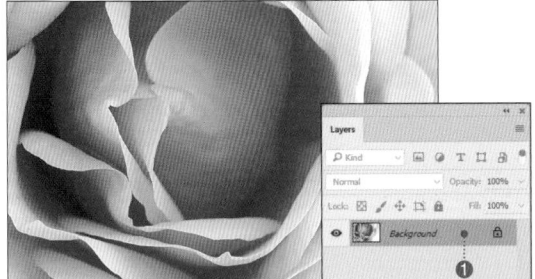

step 2

메뉴에서 [Filter] → Blur → Gaussian Blur를 실행하여 [Gaussian Blur] 대화상자를 표시합니다. 미리보기에서 보정 이미지의 이미지를 확인하면서 Radius 값을 조정합니다. ❷ 여기서는 Radius를 '12'로 설정하고 〈OK〉 버튼을 클릭합니다. ❸ 필터가 전체 이미지에 적용된 것을 확인할 수 있습니다.

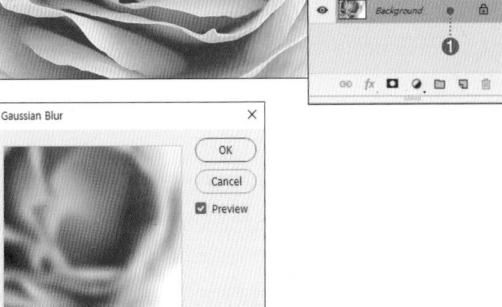

Tip

CS5 이전 버전에는 11종류의 흐림 필터가 준비되어 있습니다. 또한 CS6 버전에는 세 가지를 추가해 14종류, CC 버전에는 두 종류를 더 추가한 전 16종류의 흐림 필터가 준비되어 있습니다(P.54).

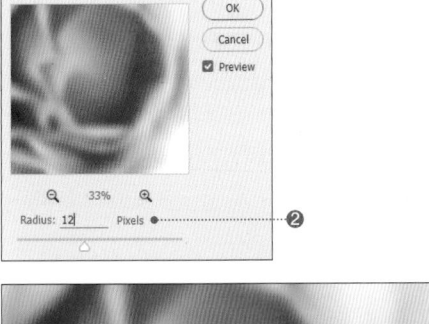

◈ Variation ◈

블러 필터는 종종 선택 영역과 함께 사용합니다. 선택 영역과 함께 사용하면 이미지의 일부에만 필터를 적용할 수 있습니다(P.51).
오른쪽 그림은 이미지 가장자리에 Gaussian Blur 필터를 적용하여 중심에 초점을 맞춘 이미지가 되었습니다. 선택 영역 대신 레이어 마스크를 사용할 수도 있습니다(P.154).

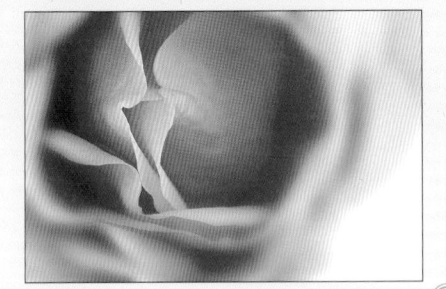

032 이미지에 노이즈 효과 주기

이미지에 노이즈를 추가하면 빈티지한 느낌을 표현할 수 있으며, 미세한 양의 노이즈를 추가하면 이미지에 입체감과 현실감을 줄 수 있습니다.

step 1

필터를 적용할 이미지가 있는 레이어를 선택하고, 메뉴에서 **[Filter] → Noise → Add Noise**를 실행하여 [Add Noise] 대화상자를 표시합니다.

미리보기를 보면서 각 항목을 설정합니다. ❶ 예제에서는 Amount를 '25'로, Distribution을 'Uniform'으로 설정하고, 'Monochromatic'에 체크 표시한 후 〈OK〉 버튼을 클릭합니다.

그러면 이미지에 노이즈 필터가 적용됩니다. 예제에서는 'Background' 레이어에 노이즈 효과를 적용했습니다.

원본 이미지

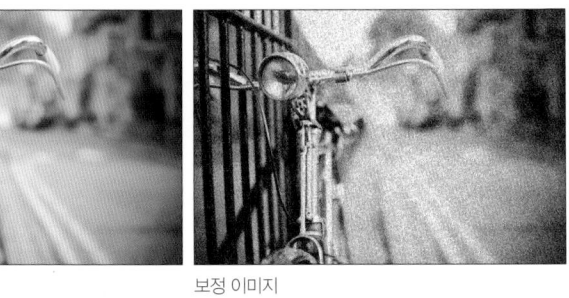
보정 이미지

◎ [Add Noise] 대화상자의 설정 항목

항목	내용
Amount	이미지 전체에서 차지하는 노이즈의 백분율을 지정합니다.
Distribution	노이즈의 분포 방법입니다. 같은 값이라도 Uniform을 선택하면 노이즈가 눈에 띄지 않게 Gaussian을 선택하면 자연스러운 노이즈가 됩니다.
Monochromatic	체크 표시하면 노이즈가 무채색이 됩니다.

❖ Variation ❖

CG 이미지는 전체적으로 부드럽기 때문에 입체감과 현실감이 부족한 경우가 있습니다. 이미지에 미세한 양의 노이즈를 추가하면 현실감을 더할 수 있습니다.

노이즈 없음

노이즈 있음

{ 033 } Blur Gallery를 사용해 블러 효과 주기

CS6 버전에서 새롭게 추가된 Blur Gallery를 사용하면 블러 효과를 훨씬 쉽게 지정할 수 있습니다.

개요

블러 필터는 기존 포토샵에도 있었지만 CS6에서 새롭게 'Field Blur', 'Iris Blur', 'Tilt-Shift' 세 종류가 추가되었고, CC(2014)에서 다시 'Path Blur'와 'Spin Blur' 두 종류가 추가되었습니다. 새로운 다섯 개의 Blur 필터를 Blur Gallery라고 합니다.

이 기능을 사용하면 복잡한 블러 효과를 간단하게 이미지에 적용할 수 있습니다. 다음 이미지를 사용해 Blur Gallery의 기능을 설명하겠습니다.

원본 이미지

step 1

❶ Blur Gallery 필터를 사용하려면 이미지를 열고, 메뉴에서 [Filter] → Blur Gallery (CS6 버전에서는 [Filter] → Blur)를 실행합니다. 여기에서 Field Blur 을 선택하고, Blur Gallery에 들어갑니다.

step 2

❷ Field Blur를 선택한 경우 이미지의 중심으로 Blur Ring이 표시되고 Blur Ring의 중심으로 Blur Pin이라는 Blur Ring을 이동하는 아이콘이 표시됩니다. 또한, 동시에 Blur Tools 패널과 Effects 패널 (CC(2014) 이전에 Blur Effects 패널)이 표시됩니다.

❸ 페더 양을 변경하려면 이 Blur Ring을 따라 드래그하거나 Blur Tools 패널의 Field Blur 영역에서 Blur 값을 변경합니다.

> **Tip**
>
> Blur Gallery에 들어가면 작업 영역이 Blur Gallery 모드로 전환되며 오른쪽에 Blur Tools 패널과 Effects 패널(CC(2014) 이전의 Blur Effects 패널)이 표시됩니다. 다른 필터처럼 별도의 대화상자가 표시되지는 않습니다.

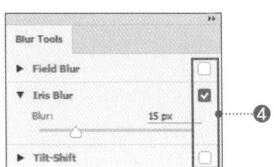

step 3

❹ Blur Gallery의 사용은 Blur Tools 패널의 오른쪽에 있는 체크란에서 온/오프를 바꾸어 여러 Blur를 조합하거나 적용할 Blur를 변경할 수 있습니다. 오른쪽 그림에서는 Field Blur 효과를 해제하고, Iris Blur 효과를 선택했습니다.

step 4

Iris Blur에서 Blur Ring의 바깥으로 갈수록 이미지가 흐려집니다.
흐리게 처리된 범위는 주위의 테두리 크기로 결정합니다. ❺ 테두리의 크기와 각도를 변경하려면 바깥쪽의 상하 좌우에 있는 흰 점을 드래그합니다. ❻ 또한 주위의 테두리의 원형은 가장 바깥에 있는 마름모꼴의 흰 점을 드래그해 조정합니다. ❼ 흐림 단계를 조정하려면 내부에 있는 네 개의 흰 점을 드래그합니다. 여기에서는 인물이 흐려지지 않도록 위치와 양을 조정했습니다.

step 5

Tilt-Shift에서는 카메라의 '피사계 심도'라고 불리는 초점 범위를 재현할 수 있습니다.
❽ 이 기능도 다른 Blur Gallery와 마찬가지로 Blur Ring에서 흐림 정도와 위치를 조정할 수 있습니다. ❾ 또한 상하 점선으로 흐림 범위를 설정한 다음 ❿ Blur Ring의 위아래에 있는 흰 점에서 흐림 단계와 흐리게 만들 범위의 각도를 제어합니다.
⓫ Distortion 슬라이더를 사용하면 보다 정확한 흐림을 표현할 수 있습니다. 슬라이더를 플러스 방향으로 이동하면 외부에 이미지가 흐르는 것 같은 효과를 줄 수 있고, 마이너스 방향으로 이동하면 내부로 둥글어지는 것 같은 상태를 표현할 수 있습니다.
⓬ 또한 Distortion 슬라이더는 아래쪽에만 작용하지만 'Symmetric Distortion'에 체크 표시하면 이미지 위쪽에도 같은 값이 적용됩니다.

Effect 패널(CC (2014) 이전에 Blur Effect 패널)에서는 흐린 부분을 빛낼 수 있으며, 이를 통해 Lens Blur의 Specular Highlight와 비슷한 효과를 낼 수 있습니다. Light Bokeh에서 빛나는 정도를 조정하고 Light Range에서 빛나는 범위를 제어합니다.

관련 이미지에 흐림 효과 주기 : P.52   필터 갤러리 : P.58

{034} 선명한 이미지 만들기

Unsharp Mask 필터를 사용하면 이미지의 선명도를 조정할 수 있습니다. 초점이 맞지 않은 흐릿한 이미지에 적용하면 효과적입니다.

개요

샤프니스는 농도 차이가 있는 윤곽의 어두운 부분을 더 어둡게, 밝은 부분을 더 밝게 하여 눈에 보이지 않을 정도로 얇은 테두리를 만드는 작업입니다.

오른쪽 그림은 부드러운 인물의 피부 부분과 금속 부분이 혼재하고 있습니다. 전반적으로 노이즈가 적고, 고화질이며, 인물의 피부가 깨끗이 표현되었기 때문에 이번에는 금속 부분을 우선하여 샤프니스 처리를 실행하겠습니다.

step 1

❶ 샤프니스 효과를 주려면 메뉴에서 [Filter] → [Sharpen] → Unsharp Mask를 실행하여 [Unsharp Mask] 대화상자를 표시합니다. 미리보기를 보면서 각 항목의 값을 조정합니다.

❷ 여기에서는 Amount를 '250', Radius를 '1', Threshold를 '25'로 설정하고 〈OK〉 버튼을 클릭합니다.

[Unsharp Mask] 대화상자의 각 설정값의 관계에 대해서는 다음 페이지의 Variation을 참조하세요.

포토샵에는 여러 가지 Sharpen 필터가 준비되어 있습니다.

◎ [Unsharp Mask] 대화상자 설정 항목

항목	내용
Amount	선명도의 강도를 지정합니다. 이 항목은 다른 항목에 영향을 주기 때문에 일반적으로 '150' 정도부터 조금씩 올려가며 조정합니다. 1~500% 사이에서 설정할 수 있지만, 대부분의 경우 150 ~ 250% 사이에서 설정합니다.
Radius	효과가 들어갈 반경을 지정합니다. 일반적으로 출력된 이미지를 볼 거리와 프린터의 해상도 등을 고려하여 값을 결정합니다. 일반적으로 해상도를 기준으로 설정합니다. 해상도가 96dpi일 때는 '0.4pixel', 300dpi일 때는 '1.0pixel', 350dpi일 때는 '1.2pixel'로 설정합니다(방청 거리 25cm 시력 1.0의 경우). 또한 이미지를 볼 거리가 멀어질수록 더 큰 값을 설정합니다. 예를 들어, 25cm 정도까지는 이 값이지만 50cm 정도 떨어진 위치에서 사진을 볼 경우 수치를 배로 설정합니다.
Threshold	가장자리 효과는 인접 픽셀의 농도 차이에 의해 효과를 줄 것인지 주지 않을 것인지 여부를 결정합니다. Threshold은 어느 정도의 농도 차이에서 효과를 줄 것인지에 대한 여부를 지정합니다. 예를 들어, '30'을 입력하면 픽셀 경계에 대략 30의 농도 차이가 있을 때 가장자리 효과가 발생하기 시작합니다. 노이즈가 적은 이미지일수록 작은 값(디지털 카메라라면 10 이하)으로 지정하고 피사체가 인물처럼 부드럽다면 20~50 정도로 지정합니다.

step 2

이미지가 선명해졌습니다. 이미지를 확대해 자세히
보면 Unsharp Mask 필터 효과에 의해 부분적으로
윤곽이 강조된 것을 알 수 있습니다.

필터 적용 전   필터 적용 후

Tip

Unsharp Mask 필터의 효과를 확인하는 가장 좋은
방법은 인쇄해보는 것입니다. 모니터에서 확인할 경우
이미지 창의 배율을 100% 이상으로 설정한 후 모니터
에서 거리를 두고 보는 것이 좋습니다.

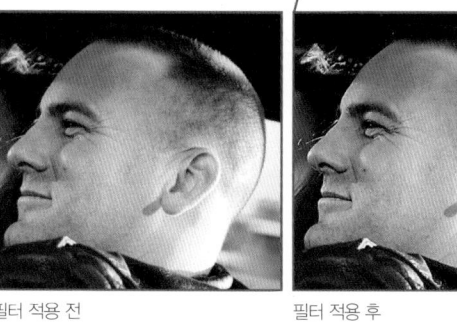

필터 적용 전   필터 적용 후

✦ Variation ✦

Sharpen 필터는 모두 같은 원리로 이미지 가장자리 효과를 적용하여 이
미지를 선명하게 합니다.

여기에서는 Unsharp Mask를 예로 이미지를 선명하게 만드는 가장자리
효과의 원리를 설명합니다.

Unsharp Mask는 Amount, Radius, Threshold라는 3개의 파라미터가
가장자리 효과의 강약을 제어하고 있습니다(각 파라미터는 앞 페이지의
표 참조). 오른쪽 그림은 Unsharp Mask의 가장자리 효과를 나타낸 개념
도입니다. 가장자리의 경계에서 농도 반전이 일어나 실제로는 없는 윤곽선
이 생성된 것을 알 수 있습니다.

또한 선명도는 화면이나 인쇄물에서 볼 때 큰 차이가 있기 때문에 주의하
시기 바랍니다.

Shapen 효과를 적용한 후 이미지를 확대·축소하면 가장자리의 크기가
변하기 때문에 인쇄, 또는 표시할 이미지의 크기를 결정하고 필터를 적용
합니다.

밝음
            ── 프린지 효과
    Amount
      Radius   Threshold
명암

어두움
        픽셀의 폭

────── 검은 실선 : 원래 픽셀

------ 붉은 점선 : 보정 이미지

── **보더 효과**

관련 이미지에 흐림 효과 주기 : P.52   이미지에 노이즈 효과 주기 : P.53   필터 갤러리 : P.58

{035} 필터 갤러리로 여러 개의 필터 적용하기

Filter Gallery를 사용하면 여러 개의 필터를 레이어처럼 조합할 수 있고, 미리보기를 보면서 설정값을 변경할 수 있습니다.

---

step 1

Layers 패널에서 필터를 적용하고 싶은 레이어를 선택한 후, ❶ 메뉴에서 [Filter] → Filter Gallery를 실행해 [Filter Gallery]를 표시합니다.

덧붙여 포토샵에서 제공하는 모든 필터를 Filter Gallery에서 사용할 수 있는 것은 아닙니다.

---

step 2

❷ 가운데 여섯 개로 분류되어 있는 필터 카테고리를 클릭해 섬네일을 표시하고 원하는 필터를 찾습니다. ❸ 필터를 선택하면 그 필터가 오른쪽 아래의 리스트에 추가되고 ❹ 그 위쪽에 선택한 필터의 옵션이 표시됩니다. ❺ 또한, 대화상자 왼편에 미리보기가 표시되어 필터의 효과를 확인할 수 있습니다. ❻ 여러 필터를 겹쳐서 적용하려면 'New effect layer' 아이콘을 클릭하고 추가할 필터의 섬네일을 클릭합니다.

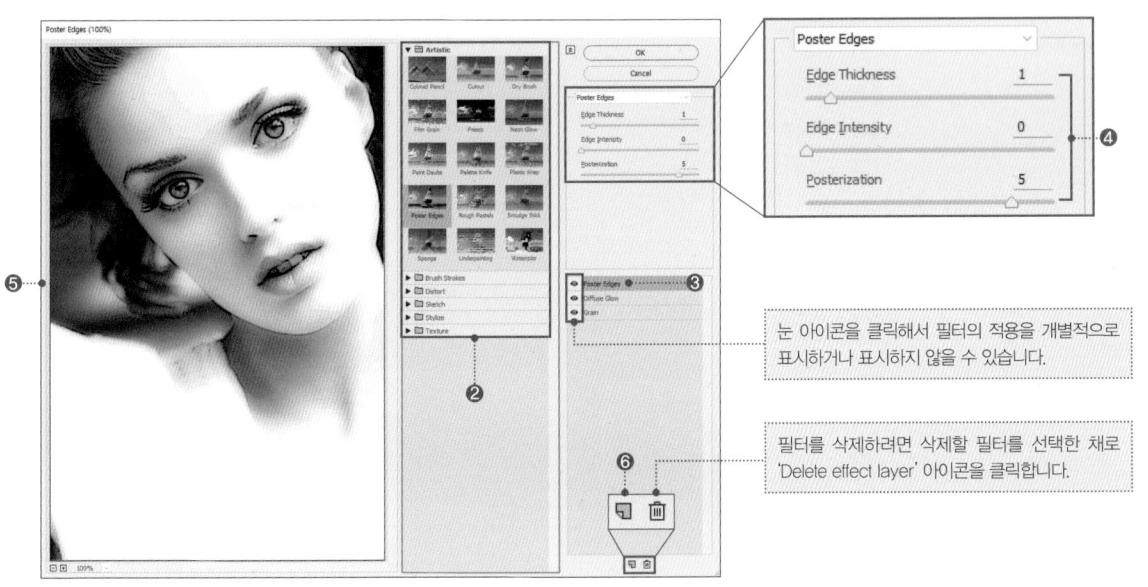

눈 아이콘을 클릭해서 필터의 적용을 개별적으로 표시하거나 표시하지 않을 수 있습니다.

필터를 삭제하려면 삭제할 필터를 선택한 채로 'Delete effect layer' 아이콘을 클릭합니다.

이미지 편집

포토샵

Diffuse Glow

Glass

Glowing Edges

Reticulation

Spatter

Sprayed Strokes

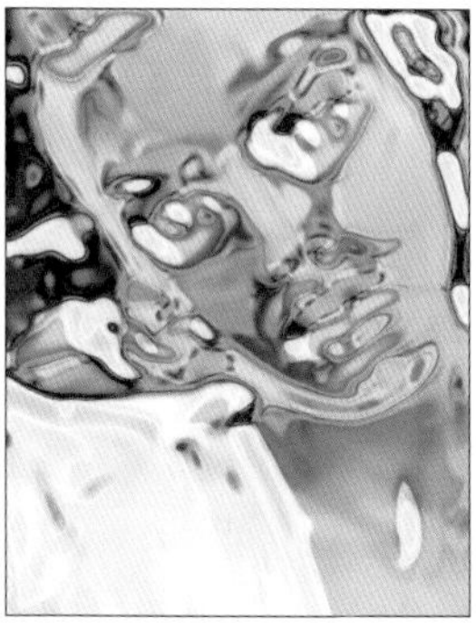

Grain

Stained Glass

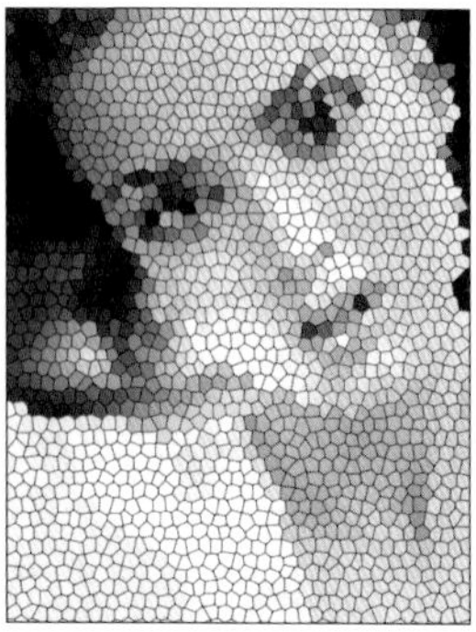

Halftone Pattern

Chrome

Graphic Pen

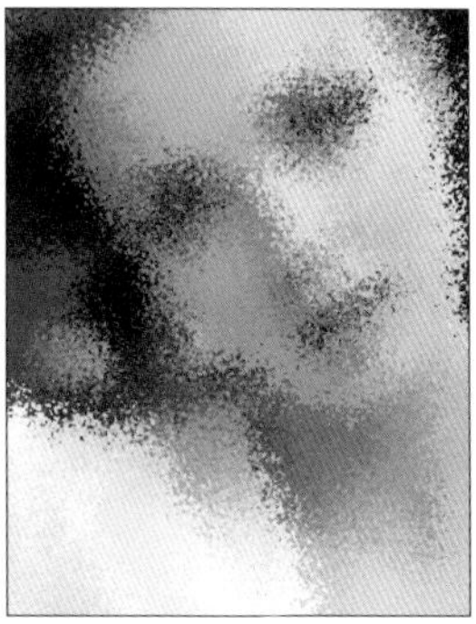

Water Paper

Colored Pencil

Neon Glow

Cutout

Poster Edges

036 TV 화면 같은 주사선 삽입하기

사진에 TV 화면 같은 주사선을 넣으려면 메뉴에서 [Filter] → Filter Gallery를 실행하고 'Halftone Pattern'을 사용합니다.

step 1

이미지에 주사선을 넣는 방법을 설명하겠습니다. 이미지를 열고, 메뉴에서 [Layer] → Duplicate Layer를 실행하여 [Duplicate Layer] 대화상자를 표시합니다.

step 2

❶ As에 원하는 이름을 입력하고 〈OK〉 버튼을 클릭합니다.

step 3

❷ Tools 패널 아래쪽의 'Default Foreground and Background Colors' 아이콘을 클릭해 ❸ 전경색과 배경색을 초기화한 다음, 메뉴에서 [Filter] → Filter Gallery를 실행합니다.

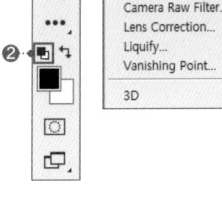

step 4

❹ [Filter Gallery] 대화상자가 표시되면 Sketch 카테고리 중에서 'Halftone Pattern'을 선택합니다.
❺ 필터 옵션에서 Size를 '1', Contrast를 '8', Pattern Type을 'Line'으로 설정합니다.
〈OK〉 버튼을 클릭합니다.

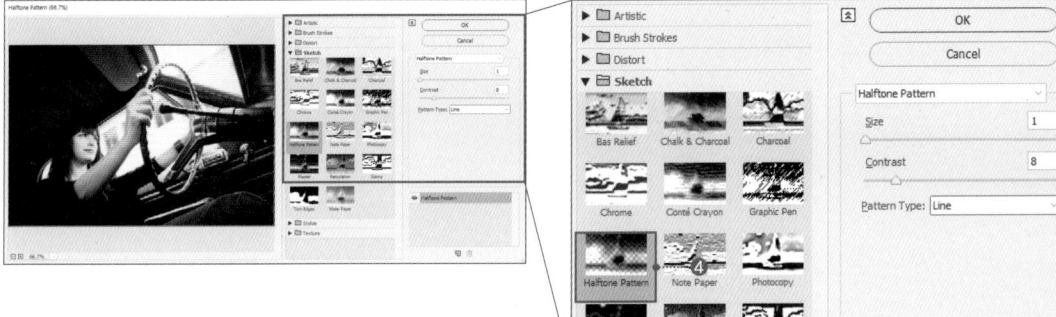

◎ [Halftone Pattern] 대화상자 설정 항목

항목	내용
Size	패턴의 크기를 지정합니다. 너무 큰 크기를 지정하면 흐려지므로 주의하기 바랍니다.
Contrast	패턴의 명암 대비를 설정합니다.
Pattern Type	패턴의 종류를 설정할 수 있습니다. Circle, Line, Dot 세 종류가 준비되어 있습니다.

step 5 ··

❻ Layers 패널에서 새로 만든 위쪽 레이어를 선택해 블렌딩 모드를 'Vivid Light'로 설정합니다.

❼ Opacity를 '70%'로 설정합니다. 이미지에 TV 화면과 같은 주사선이 추가됩니다.

╼╾ **Variation** ╼╾

이 예제에서는 원본 이미지에 Halftone Pattern 필터를 사용한 후 블렌딩 모드를 변경했기 때문에 TV처럼 딱딱한 이미지가 되었습니다.

원본 이미지를 살려 같은 효과를 주고 싶다면 복제된 레이어를 그레이(R : 128, G : 128, B : 128)로 채운 다음, Halftone Pattern 필터를 사용한 후, 블렌딩 모드를 'Soft Light'나 'Overlay'로 변경합니다. 오른쪽 그림과 같이 원본 이미지의 질감을 살릴 수 있습니다.

관련 필터 갤러리 : P.58 블렌딩 모드 : P.148 Opacity : P.153 필터 사용하기 : P.51

037 선택 영역 속 이미지나 레이어 변형하기

선택 영역의 이미지나 레이어 자체를 변형하려면 메뉴의 [Edit] → Transform에서 변형 방법을 지정하거나, [Edit] → Free Transform을 실행합니다.

step 1

❶ Layers 패널에서 변형할 이미지가 포함된 레이어를 선택한 후, 메뉴에서 **[Edit] → Transform**에서 변형 방법을 선택합니다. 선택할 수 있는 변형 방법은 다음의 여섯 종류입니다.

또한, Warp 이외에도 **[Edit] → Free Transform**을 실행하여 바로가기 키를 조합하면 한번에 여러 가지 방법으로 변형할 수 있습니다(P.96).

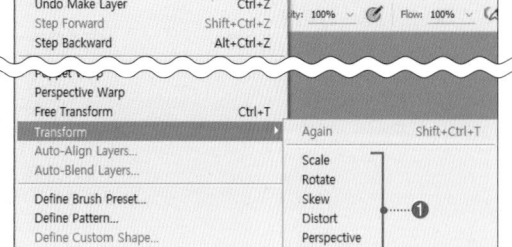
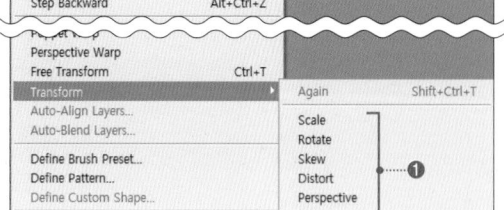
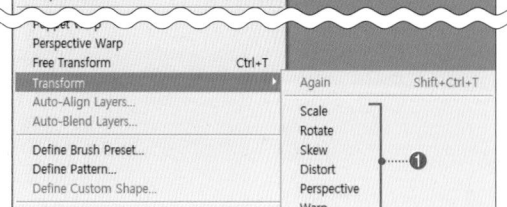

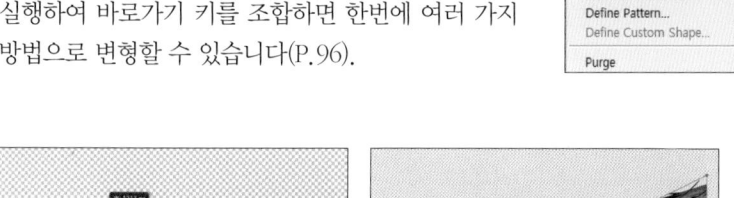

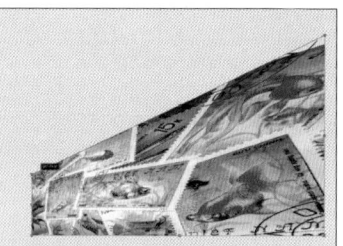

Scale : 핸들을 대각선 방향으로 드래그하여 레이어 크기를 조절합니다. 이 때 Shift를 누른 채 드래그하면 가로·세로 비율을 유지하면서 확대·축소할 수 있습니다.

Rotate : 핸들을 드래그하면 기준점을 축으로 하여 이미지를 회전합니다. 기준점은 기본적으로 이미지 중앙에 있지만 드래그하여 다른 위치로 이동할 수 있습니다.

Skew : 코너 핸들은 수직 방향이나 수평 방향 어느 쪽이라도 움직일 수 있고, 사이드 핸들은 코너 핸들 방향의 수직 또는 수평으로만 움직입니다.

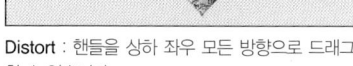
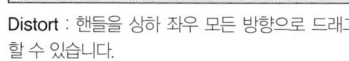

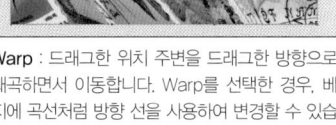

Distort : 핸들을 상하 좌우 모든 방향으로 드래그할 수 있습니다.

Perspective : 핸들을 드래그하여 자동으로 역방향으로 움직이고 이미지에 원근감을 지정합니다.

Warp : 드래그한 위치 주변을 드래그한 방향으로 왜곡하면서 이동합니다. Warp를 선택한 경우, 베지에 곡선처럼 방향 선을 사용하여 변경할 수 있습니다.

{038} 이미지 내용에 따라 이미지 확대 · 축소하기

전체 이미지를 확대 · 축소하는 것이 아니라 이미지의 내용에 따라 필요한 부분만 확대 · 축소하려면 선택 영역을 복사하여 레이어로 만들고 Free Transform을 실행합니다.

· step 1 · ....

❶ Tools 패널에서 사각형 선택 도구를 선택하고 ❷ 옵션 바에서 Feather를 '0px'로 설정한 다음 ❸ 화면에서 변형할 부분을 선택합니다.

· step 2 · ....

❹ 메뉴에서 [Layer] → New → Layer Via Copy를 실행해 선택 영역을 새 레이어로 만든 다음, ❺ 메뉴에서 [Edit] → Free Transform을 실행합니다.

· step 3 · ....

❻ 생성된 레이어의 이미지 주위에 바운딩 박스가 표시되면 사이드 핸들을 드래그하여 이미지 크기를 조절합니다. ❼ 같은 방법으로 왼쪽도 Free Transform을 이용하여 오른쪽 그림과 같이 이미지 내용에 따라 이미지를 확대하거나 축소할 수 있습니다.

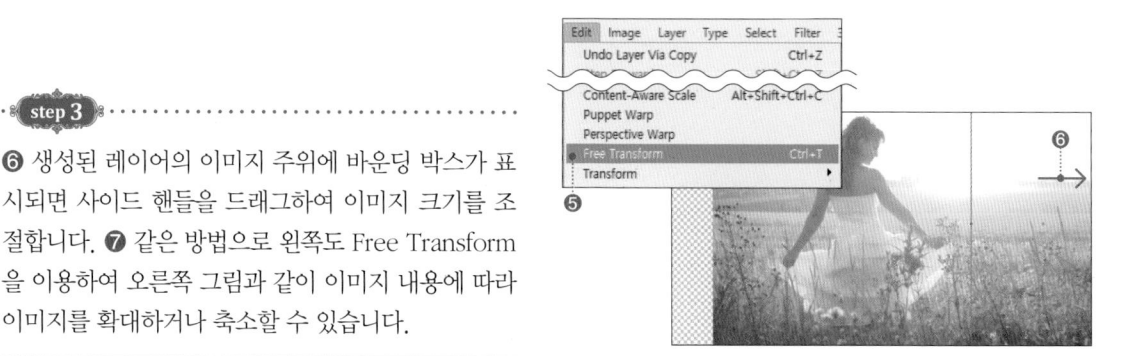

> **Tip**
> 선택 영역의 경계 부분에 1pixel 정도 불필요한 라인이 남거나 번져서 부자연스럽게 되는 경우도 있지만 흐림 효과가 없는 선택 영역에서 레이어를 복제하면 부자연스러운 부분이 원래 이미지로 감추어지기 때문에 자연스럽게 마무리가 됩니다. 그러나 화면을 대각선으로 잇는 직선 부분이 있으면 직선 부분이 부자연스럽게 구부러질 수 있으므로 주의하기 바랍니다.

관련 이미지 변형 : P.62 콘텐츠에 따른 이미지 확대 · 축소하기 : P.64 선택 영역의 기본 조작 : P.88   ● 63

039 콘텐츠에 따른 이미지 확대 · 축소하기

Content-Aware Scale 기능을 사용하면 이미지의 크기와 비율 조정이 가능하며, 외형이 부자연스럽지 않게 이미지를 확대 · 축소할 수 있습니다.

개요

오른쪽 이미지를 좌우로 연장하여 확대하는 방법을 설명합니다. 확대 이미지가 'Background' 레이어인 경우 미리 일반 레이어로 변환한 후(P.133) ❶ 오른쪽 이미지와 같이 확대할 곳에 여백을 만듭니다 (P.34).

> **Tip**
> CS3 이전 버전의 조작 방법은 P.63을 참조하기 바랍니다.

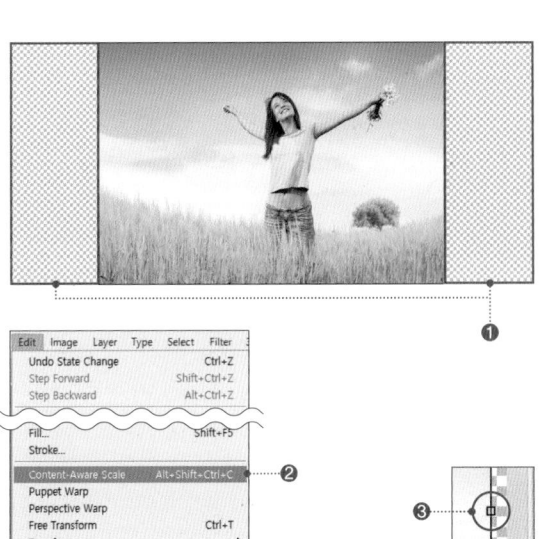

step 1

Layers 패널에서 확대할 레이어를 선택하고, ❷ 메뉴에서 [Edit] → Content-Aware Scale을 실행합니다. ❸ 레이어에 핸들이 있는 바운딩 박스가 표시됩니다.

단축키 Content-Aware Scale
Win Ctrl + Alt + Shift + C
Mac ⌘ + option + Shift + C

step 2

❹ 핸들을 드래그하여 이미지를 확대합니다. 이번처럼 좌우에 여백이 있는 경우 Alt (option)을 누른 채 드래그하면 한번에 이미지를 좌우로 확장할 수 있습니다.

step 3

이미지를 확대한 후 Enter 를 누르거나, ❺ 옵션 바에서 체크 아이콘을 클릭하면 바운딩 박스가 사라지고 확대된 이미지로 적용됩니다.

step 4 ·

❻ 확대된 이미지를 보면 이미지의 중요한 요소는 자
동으로 보호되고 다른 부분은 자연스럽게 확대된 것
을 확인할 수 있습니다.

‡ **Variation** ‡

복잡한 이미지를 위와 같은 방법으로 확대 · 축소하면 모양이 변형될 수 있습니다. 여기에서는 화면 내의 개체가 변형되는 것을 방
지하는 방법을 설명합니다.

step 1 ·

❼ Content-Aware Scale를 실행하기 전에 확대 · 축소하고
싶지 않은 부분에 마스크를 만들고 알파 채널에 저장합니다
(P.115). 여기에서는 '확장용 마스크'라는 이름으로 저장했습니
다. 오른쪽 그림은 이미지와 확장용 마스크를 모두 표시하고
있습니다.

step 2 ·

❽ 메뉴에서 [Edit] → Content-Aware Scale을 실행하고
옵션 바의 Protect 메뉴에서 만든 마스크(여기에서는 확장용
마스크)를 선택합니다.

step 3 ·

❾ 핸들을 드래그하여 이미지를 확대합니다.
이제 변형시키고 싶지 않은 부분을 보호한 상태에서 이미지를
늘릴 수 있습니다.
❿ 이미지가 보호하지 않은 이미지이고, ⓫ 이미지가 보호된
이미지입니다. 보호하지 않은 경우, 사람이 옆으로 늘어나 있
는 것을 확인할 수 있습니다.

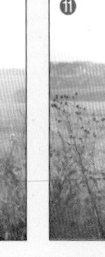

관련 이미지 내용에 따라 이미지 확대 · 축소하기 : P.63   캔버스 크기 변경하기 : P.34   마스크 만들기 : P.154

{040} 브러시로 자유롭게 페인트하기

브러시로 자유롭게 페인팅하려면 Brush 패널에서 브러시 옵션을 설정합니다. Brush 패널에는 다양한 형태의 브러시가 준비되어 있으며, 그리는 방법도 자유롭게 설정할 수 있습니다.

step 1

❶ Tools 패널에서 브러시 도구를 선택하고, ❷ Brush Presets 패널에서 'Scattered Maple Leaves'를 선택합니다.

> **Tip**
> Brush Presets 패널이 표시되지 않은 경우 메뉴에서 [Window] → Brush Preset을 실행해서 표시합니다.
> ❸ Scattered Maple Leaves가 없는 경우에는 Brush 패널 오른쪽의 패널 메뉴에서 Reset Brushes를 선택합니다.

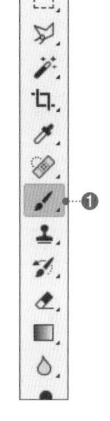
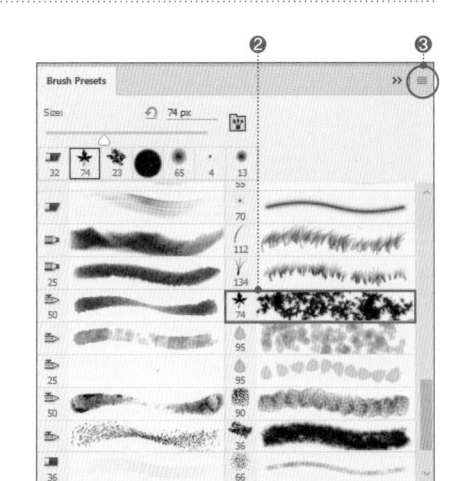

step 2

❹ 브러시 크기를 '100px'로 설정하고, 전경색을 'R:255, G:114, B:0'로 설정하여 화면을 드래그하면 오른쪽 그림과 같이 무작위로 단풍잎을 그릴 수 있습니다.

step 3

❺ 그 상태에서 Brush 패널에서 브러시 모양을 선택하고 ❻ Brush Tip Shape를 나뭇잎으로 변경하면 ❼ 브러시 모양을 변경할 수 있습니다.

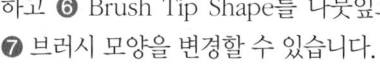
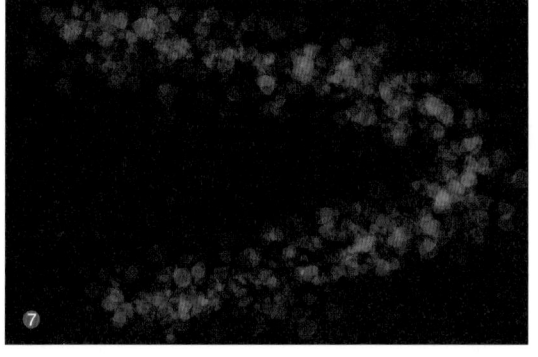
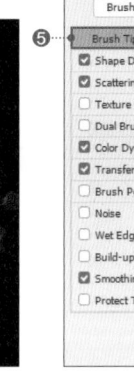

❽ 브러시 옵션에서 'Shape Dynamics'를 선택하면 브러시의 크기, 각도, 원형률을 임의로 변화시킬 수 있습니다. ❾ Scattering을 선택하면 브러시의 분사 방법을 지정할 수 있습니다.

❿ Shape Dynamics의 예시에서는 크기의 컨트롤을 'Fade'로 설정했기 때문에 드래그하면 점점 작은 크기로 그려집니다. ⓫ 또한 Angle Jitter 및 Roundness Jitter 컨트롤을 'Off'로 설정했기 때문에 각도 및 원형률이 무작위로 변형되고 있습니다. ⓬ 각도 및 원형률 컨트롤을 'Off'로 설정하면 이렇게 꽃이 지는 것 같은 효과가 됩니다. Scattering 예시에서는 설정값을 크게 설정했기 때문에 이전보다 브러시가 분산된 것을 확인할 수 있습니다.

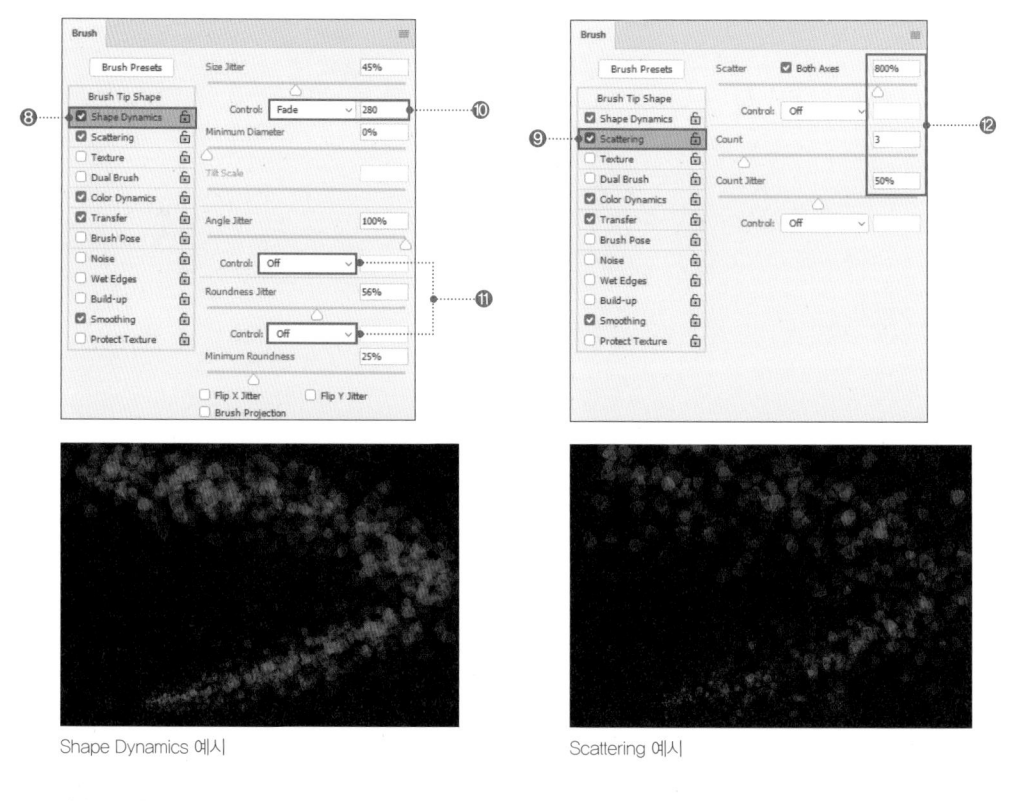

Shape Dynamics 예시   Scattering 예시

◎ Brush 패널 설정 항목

카테고리	항목	내용
Shape Dynamics	Jitter	변화의 정도를 백분율로 설정합니다.
	Control	변화 방법을 Off, Fade, Pen Pressure, Pen Tilt, Stylus Wheel, Rotation에서 선택합니다. 'Off'를 선택하면 변화의 정도가 임의로 조정됩니다. 'Off'로 설정해도 기능이 해제되는 것은 아닙니다. 'Fade'를 선택하면 설정값이 작아지는 정도를 수치로 지정할 수 있습니다. 또한 이것은 Brush Tip Shape 브러시의 간격에 영향을 받기 때문에 같은 설정도 결과가 달라질 수 있습니다.
	Minimum Diameter	변화할 때의 최소값을 백분율로 설정합니다.
	Brush Projection	체크 표시하면 유연하고 자연스러운 터치로 그려집니다.
Scattering	Scatter	브러시가 분산되는 정도를 백분율로 설정합니다. 'Both Axes'에 체크 표시하면 브러시 스트로크와 패스에 방사 형태로 분사됩니다. 체크 표시를 해제하면 스트로크나 패스에 수직으로 분포됩니다. 이 옵션을 지정하면 패스를 따라 분사할 때 패스의 양쪽에도 브러시를 넘치게 조정할 수 있습니다.
	Count Jitter	Shape 설정과 마찬가지로 브러시가 뿌려지는 수를 제어합니다.

관련 브러시를 등록하고 사용하기 : P.68 브러시로 연속된 개체 그리기 : P.69

{041} 브러시를 등록하고 사용하기

브러시를 등록하려면 등록하려는 브러시 모양을 만든 다음, 메뉴에서 [Edit] → Define Brush Preset을 실행합니다.

step 1

오른쪽 이미지를 오리지널 브러시로 등록해보겠습니다. 일반 레이어 및 문자 레이어가 남아 있어도 상관없습니다. ❶ 메뉴에서 [Edit] → Define Brush Preset을 실행하여 [Brush Name] 대화상자를 표시합니다.

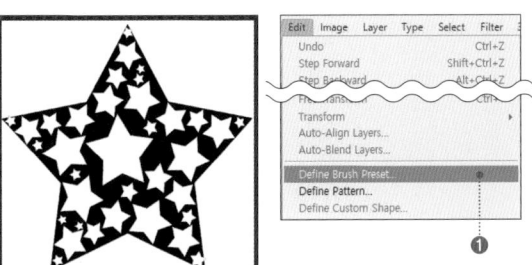

step 2

❷ 브러시의 이름을 입력하고 〈OK〉 버튼을 클릭합니다. 이제 브러시 등록이 완료되었습니다. 이미지가 화면 중앙에 있지 않은 경우 자동으로 불필요한 여백이 잘려 등록됩니다. 또한 이미지가 그레이스케일이 아닌 경우 자동으로 그레이스케일로 변환됩니다.

step 3

❸ 등록된 브러시를 사용하려면 Tools 패널에서 브러시 도구를 선택하고, ❹ 옵션 바에서 브러시 아이콘을 클릭한 후 ❺ 브러시 목록에서 등록한 브러시를 선택합니다.

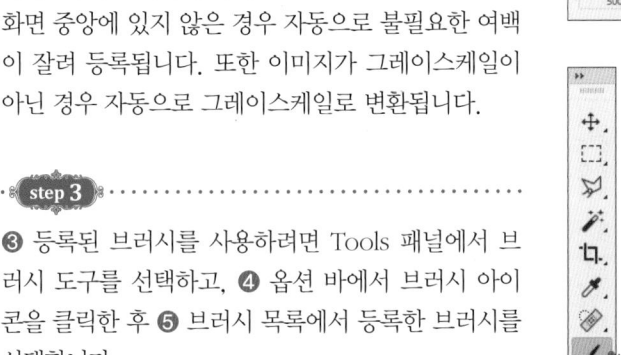

step 4

문서 위를 드래그하면 드래그를 따라 브러시가 그려집니다. 브러시는 펜 도구에서 만든 패스와 레이어 마스크 등에도 적용할 수 있습니다. ❻ 예제에서는 브러시가 랜덤한 크기나 각도가 되도록 설정하고 패스를 따라 그렸습니다.

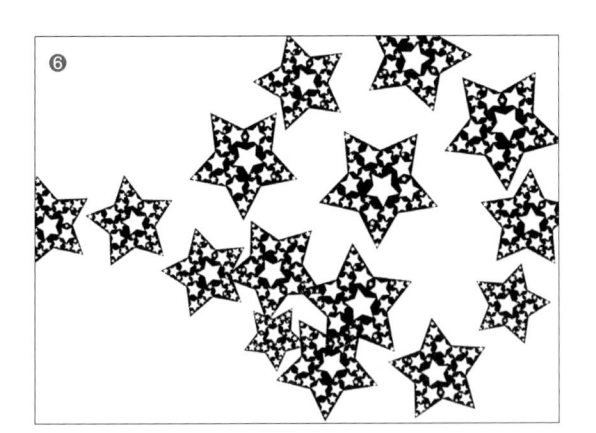

(042) 브러시로 연속된 개체 그리기

연속된 개체를 브러시로 그리려면 Brush 패널의 Brush Tip Shape에서 원하는 프리셋을 설정합니다. 브러시 모양(간격 및 분산 상태 등)을 자세히 설정할 수 있습니다.

개요

여기에서는 오른쪽 그림에 있는 다이아몬드 모양의 브러시를 사용하여 설명합니다. 이 그림을 사용하는 경우에는 사전에 Define Brush Preset을 실행하여 등록해야 합니다(P.68).

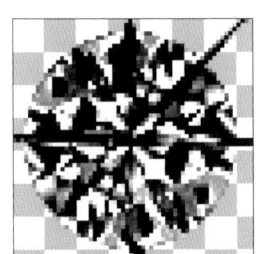

step 1

메뉴에서 [Window] → Brush를 실행하여 Brush 패널을 표시합니다.

❶ Tools 패널에서 브러시 도구를 선택하고, ❷ Brush 패널에서 위 그림의 브러시를 선택합니다. Brush 패널에서 브러시를 선택하면 브러시의 다양한 설정이 자동으로 로드됩니다.

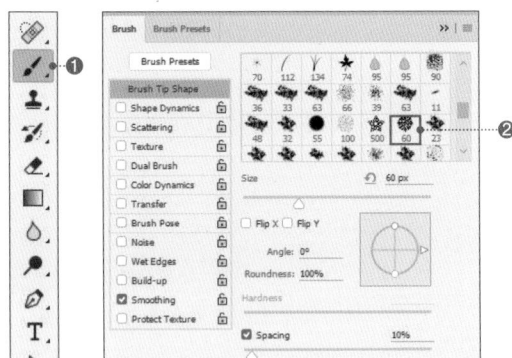

step 2

❸ Brush 패널의 옵션에서 Brush Tip Shape을 선택하고 ❹ Size를 '60px'로 설정합니다. ❺ 'Spacing'에 체크 표시하고 Spacing을 '95%'로 설정합니다. 다음으로 브러시의 회전을 설정합니다. ❻ Shape Dynamics을 선택하고 ❼ Angle Jitter를 '60%'로 설정합니다. ❽ 브러시 옵션 중 Angle Jitter 외에 체크 표시가 되어있는 경우 체크 표시를 해제합니다. ❾ 이제 이미지 위로 드래그하면 연속된 개체를 그릴 수 있습니다.

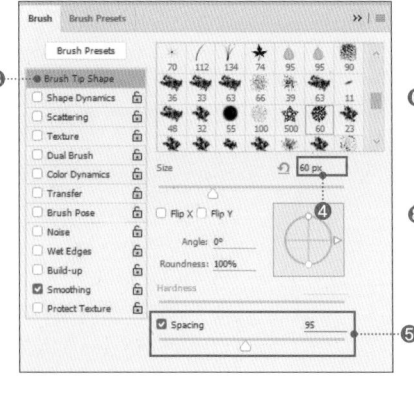

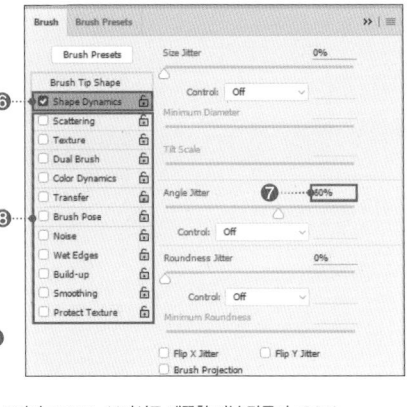

관련 브러시를 등록하고 사용하기 : P.68　부드럽게 빛나는 선 그리기 : P.312　브러시로 깨끗한 피부 만들기 : P.216

043 그러데이션 넣기

그레이디언트 도구를 사용하면 다양한 패턴의 그러데이션을 적용할 수 있습니다. 포토샵에는 다양한 그러데이션 프리셋도 준비되어 있습니다.

step 1

❶ Tools 패널에서 그러데이션 도구를 선택하고 ❷ 먼저 그러데이션의 형태, 블렌딩 모드, 불투명도를 설정합니다. 예제에서는 'Linear Gradient', 'Nomal' 모드, 불투명도 '100%'로 설정했습니다. ❸ 설정이 끝나면 edit gradient를 클릭합니다.

step 2

❹ [Gradient Editor] 대화상자에서 프리셋 중 'Cooper'를 선택하고 ❺ 〈OK〉 버튼을 클릭합니다.

> **Tip**
> 예제에서는 기본적으로 준비되어 있는 Cooper를 선택했으나 포토샵에는 그 외에도 여러 가지 프리셋이 준비되어 있습니다. 또 원하는 그러데이션을 만들어 프리셋으로 등록할 수도 있습니다.

step 3

❻ Layers 패널에서 그러데이션으로 채울 레이어를 선택합니다. 여기서는 'Background' 레이어를 선택했습니다.

step 4

❼ 화면 위를 드래그하면 드래그한 방향과 길이대로 그러데이션이 적용됩니다. 아래부터 위를 향해 드래그하면 이전 작업에서 Cooper 프리셋을 선택했기 때문에 오른쪽 그림 같은 그러데이션이 완성됩니다.

관련 오리지널 그러데이션 만들기 : P.71 블렌딩 모드 : P.148 Opacity : P.153

{044} 오리지널 그러데이션 만들기

오리지널 그러데이션을 만들기 위해서는 Tools 패널에서 그러데이션 도구를 선택합니다.

step 1

❶ Tools 패널에서 그러데이션 도구를 선택하고 옵션 바에서 다음의 항목을 설정합니다.

- ❷ 그러데이션 형식
- ❸ 블렌딩 모드(Mode)
- ❹ 불투명도(Opacity)

❺ 설정이 끝나면 edit gradient를 클릭해서 [Gradient Editor] 대화상자를 엽니다.

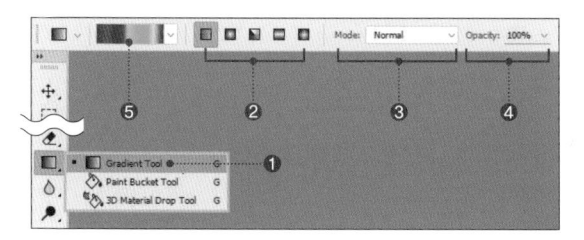

step 2

[Gradient Editor] 대화상자에서 각 항목을 설정합니다. ❻ 먼저 프리셋에서 기본이 될 그러데이션을 선택합니다.

step 3

❼ 그러데이션 바를 조정하여 상세하게 그러데이션을 설정합니다.

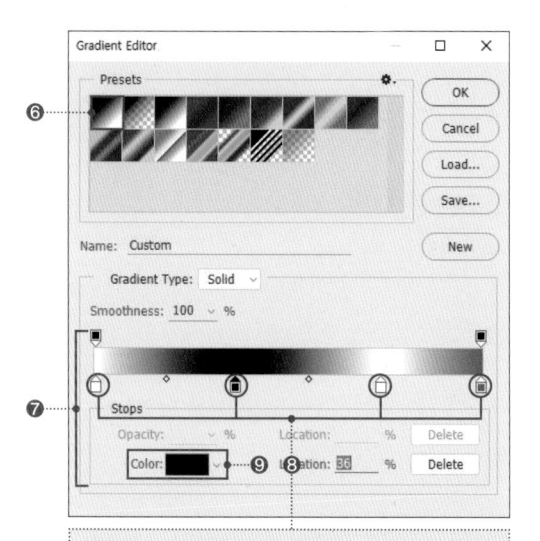

선택된 Color Stop은 삼각형 부분이 까맣게 표시됩니다. Color Stop을 드래그하면 원하는 곳으로 이동할 수 있습니다.

✤ 그러데이션 색 변경하기

❽ 그러데이션 색상을 변경하려면 Color Stop을 조정합니다. 각 Color Stop에 다른 색상을 지정하면 Color Stop 사이에 그러데이션이 만들어집니다. ❾ Color Stop을 더블클릭하거나 Color Stop을 선택하고 Color를 클릭해 원하는 색상을 설정합니다.

✤ Color Stop 추가·삭제하기

❿ Color Stop을 추가하려면 그라디언트 막대 아래에서 Color Stop이 없는 곳을 클릭합니다. 그러면 Color Stop이 추가됩니다. ⓫ 또한 Color Stop을 삭제하려면 Color Stop을 선택하고 〈Delete〉 버튼을 클릭합니다.

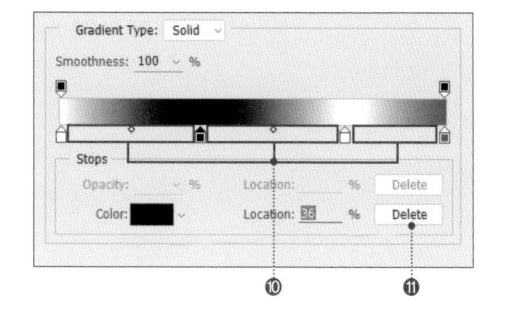

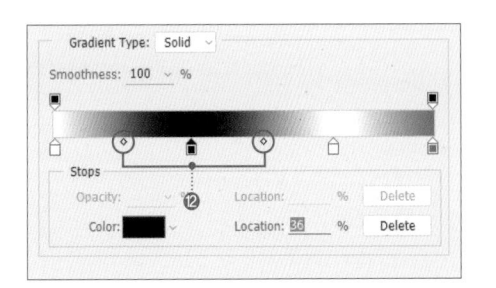

✤ 중간점 조작하기

⓬ Color Stop 사이에 중간점이 있습니다. 중간점을 드래그해서 이동하면 그러데이션의 변화 정도를 조정할 수 있습니다. 점과 점 사이가 멀어질수록 완만한 그러데이션이 되고 가까워질수록 선명해집니다.

⓭ 이번에는 개체의 배경에 평행선 같은 효과를 표현하기 위해 Color Stop을 배치했습니다. Color Stop이 하나밖에 없는 것처럼 보이지만 두 개 있습니다. 두 개의 Color Stop을 겹쳐서 두 가지 색이 경계선처럼 표현했습니다. ⓮ 그러데이션 편집이 완료되면 〈Save〉 버튼을 클릭해 만들어둔 그러데이션을 프리셋에 등록합니다.

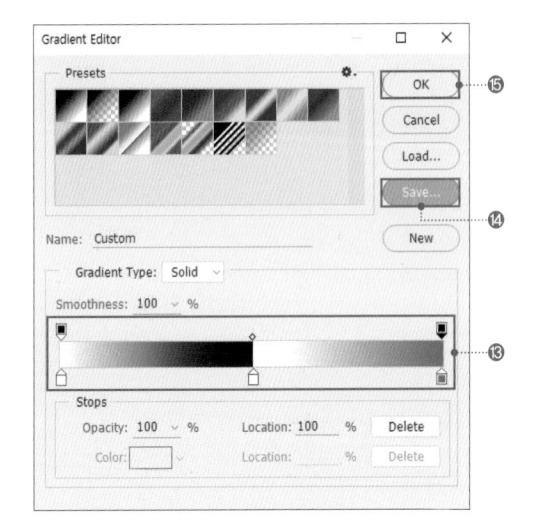

step 5

⓯ [Gradient Editor] 대화상자의 〈OK〉 버튼을 클릭하여 대화상자를 닫고, ⓰ 화면에서 Shift를 누르고 화면의 아래쪽에서 위쪽까지 똑바로 드래그하여 완성합니다. ⓱ 그러데이션 바에서 지정한대로 그러데이션되어 있는지 확인할 수 있습니다.

제
1
장

기
본

기
능

〔045〕 패스 모양을 따라 문자 입력하기

패스를 따라 문자를 입력하려면 먼저 패스를 만들고, 패스 위에 가로쓰기 문자 도구를 사용해 문자를 입력합니다. 패스 모양을 변경하여 문자 모양을 변경할 수 있습니다.

step 1

❶ Paths 패널에서 문자 왜곡에 사용할 패스 레이어를 선택한 다음 ❷ Tools 패널에서 가로쓰기 문자 도구를 선택합니다.

step 2

❸ 문자 도구를 패스 위로 이동하면 포인터 모양이 바뀝니다. 포인터가 바뀌면 클릭하여 문자를 입력합니다.

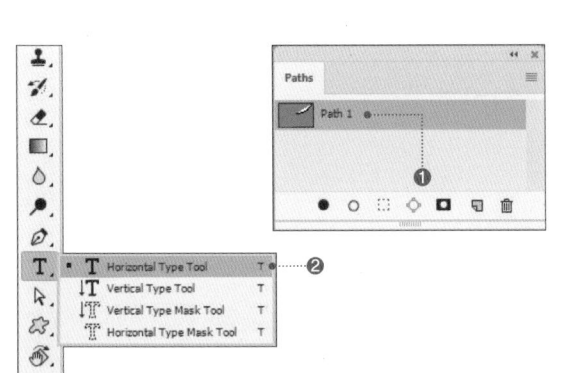

step 3

❹ 이제 패스를 따라 문자를 입력할 수 있습니다.
❺ 이 방법으로 문자를 입력하면 처음 지정된 패스와 다른 패스가 자동으로 만들어집니다.
이 패스를 사용하면 문자의 위치 등을 쉽게 조정할 수 있습니다.

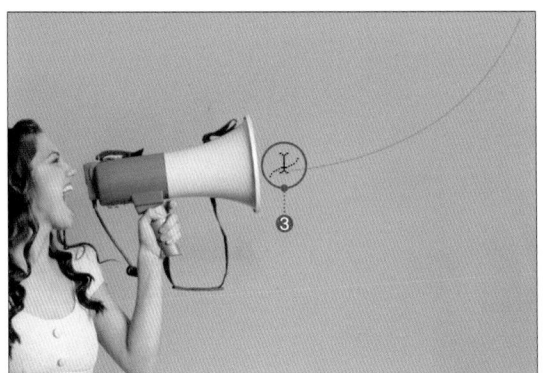

> **Tip**
> ❻ 문자를 입력한 후 옵션 바에 있는 'Create warped text' 아이콘을 클릭해 ❼ [Warp Text] 대화상자를 열고 스타일과 설정값을 조정하면 문자 변형을 값으로 설정할 수 있습니다. 이 기능을 이용하면 보다 자유롭게 문자를 디자인할 수 있습니다.

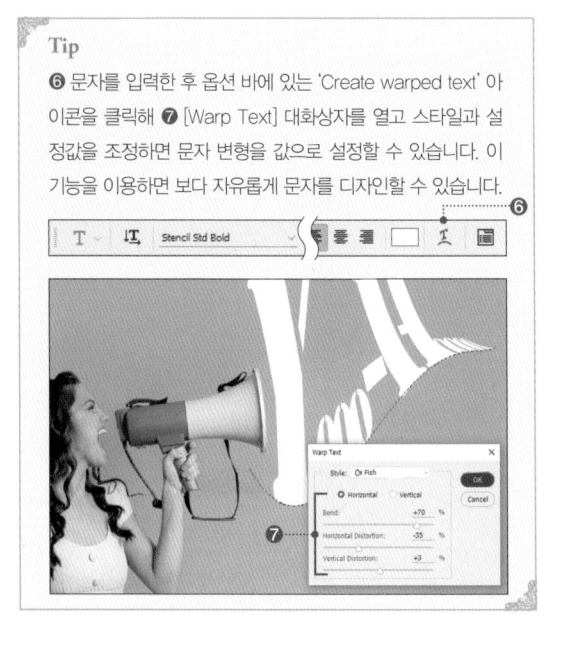

관련 사진에 문자 입력하기 : P.74 문자를 패스로 변환하기 : P.76 이미지나 레이어 변형하기 : P.62

{046} 사진에 문자 입력하기

사진에 문자를 입력하려면 Tools 패널에서 가로쓰기 문자 도구나 세로쓰기 문자 도구를 선택합니다.

· step 1 ·

❶ Tools 패널에서 가로쓰기 문자 도구를 선택한 후 ❷ Character 패널에서 폰트, 크기, 색 등을 지정합니다.

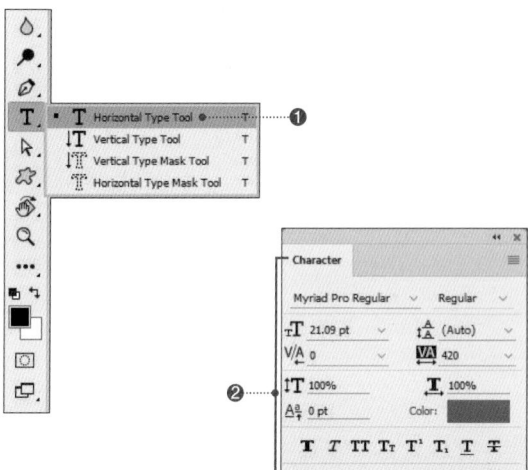

· step 2 ·

❸ 화면 위를 클릭해 레이어 패널에 문자 레이어가 생성되면 원하는 문자를 입력합니다.

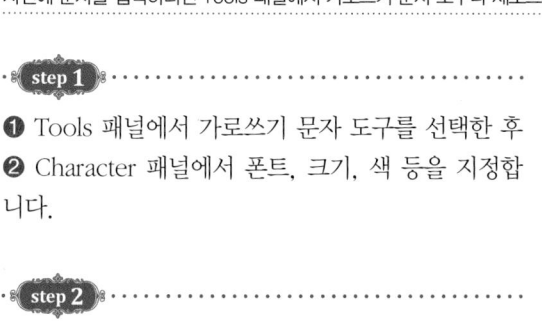

· step 3 ·

❹ Layers 패널에서 Ctrl(⌘)를 누르면서 이미지 레이어와 문자 레이어를 클릭해 두 레이어를 모두 선택하고, 메뉴에서 [Layer] → Align → Horizontal Centers를 실행해 문자를 중앙에 배치합니다.

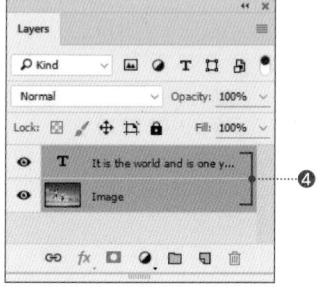

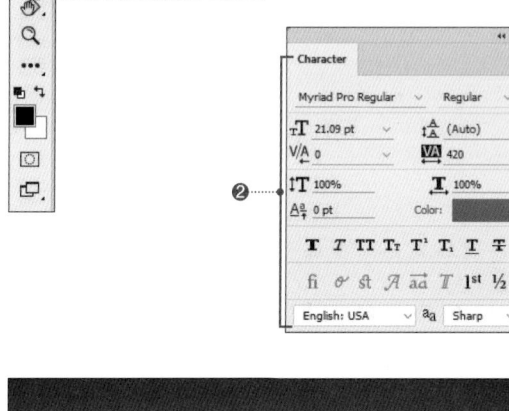

> **Tip**
> 예제에서 선택한 이미지 레이어는 'Background' 레이어입니다. 'Background' 레이어가 없으면 이동할 레이어만 선택하고 선택 영역을 만든 다음 **Horizontal Centers**를 실행합니다.

· step 4 ·

❺ 이어서 Tools 패널에서 이동 도구를 선택하고, ❻ 문자 레이어를 선택합니다.

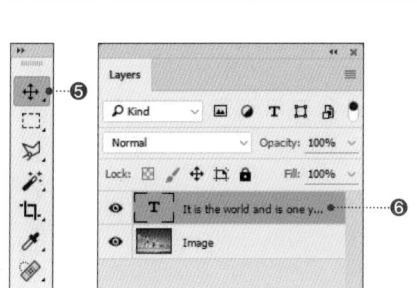

❼ [Shift]를 누르면서 레이어를 아래쪽으로 이동하면 문자의 수평 상태를 유지하면서 위치를 바꿀 수 있습니다.

⊰ Variation ⊱

Warp Text를 사용하면 곡선을 따라 문자를 변형할 수 있습니다.

step 1

❽ Layers 패널에서 변형할 문자 레이어를 선택하고, **❾** 메뉴에서 [Type] → Warp Text(CS5는 [Layer] → Type → Warp Text)를 실행해 [Warp Text] 대화상자를 표시합니다.

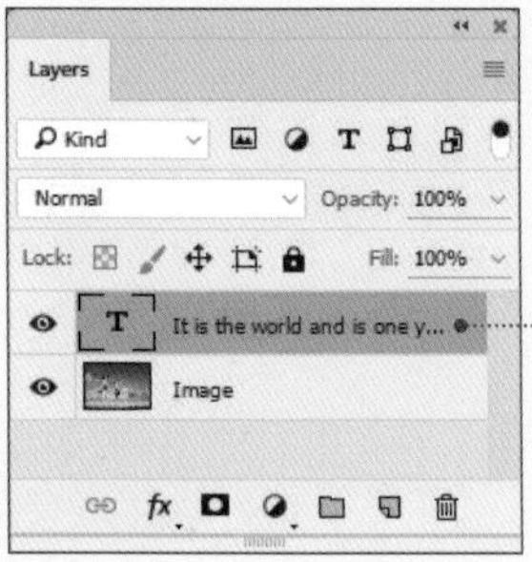

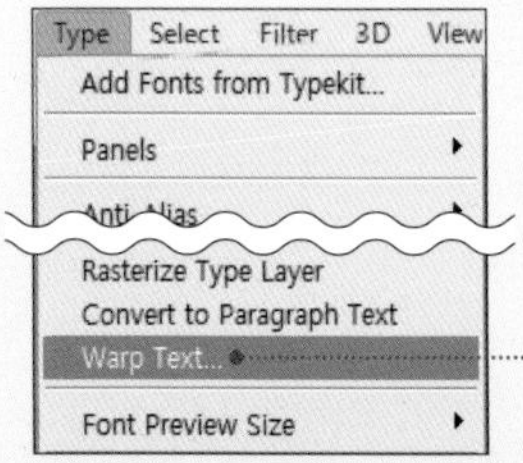

step 2

❿ Style에서 Arc를 선택하고, **⓫** 'Horizontal'에 체크 표시가 되어있는지 확인한 다음, **⓬** Bend를 '24%'로 설정합니다. 설정이 완료되면 〈OK〉 버튼을 클릭합니다.

⓭ Warp Text가 적용되어 문자가 배경을 따라 곡선을 그리며 완성됩니다.

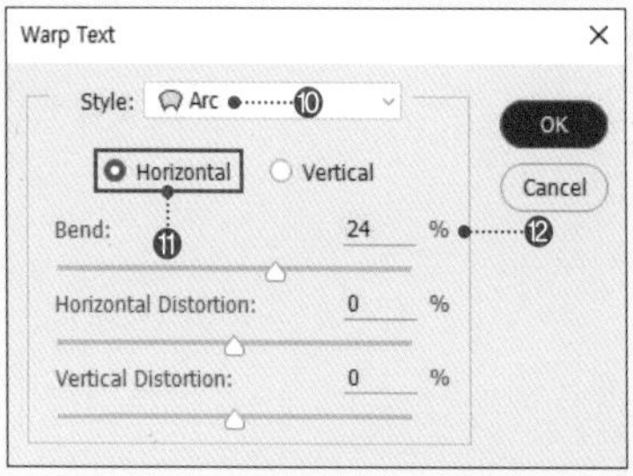

관련 패스 모양을 따라 문자 입력하기 : P.73 문자를 패스로 변환하기 : P.76

047 문자를 패스로 변환하기

문자를 패스로 변환하면 패스에 사용할 수 있는 다양한 기능과 효과를 문자에 추가할 수 있습니다. 문자를 사용한 아트워크를 만들 때 활용할 수 있습니다.

step 1

❶ Layers 패널에서 패스로 변환할 문자 레이어를 선택하고, ❷ 메뉴에서 [Type] → Create Work Path(CS5는 [Layer] → Type → Create Work Path)를 실행하면 문자를 바탕으로 작업 패스가 만들어집니다.
이때 원래 문자 레이어를 숨겨둡니다.

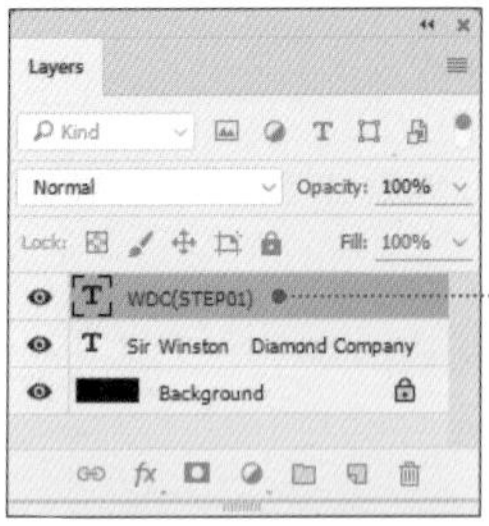

step 2

이 시점에서 작업 패스는 Paths 패널에 표시되는 임시 패스이기 때문에 패스를 저장합니다.
❸ Paths 패널 메뉴에서 Save Path를 실행해 [Save Path] 대화상자를 표시합니다.
❹ Name에 패스 이름을 입력하고 〈OK〉 버튼을 클릭합니다. ❺ 문자의 윤곽이 패스로 저장됩니다.

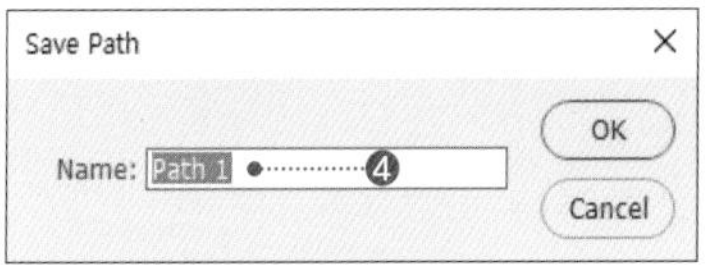

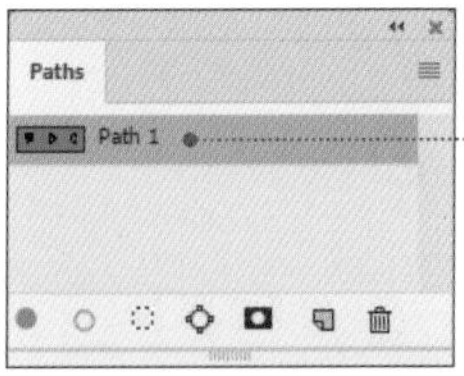

> **Tip**
> 작업 패스는 일시적인 패스입니다. 새로운 패스를 만들거나 패스를 붙여 넣으면 덧씌워지기 때문에 작업 패스에 작업하지 말고 먼저 일반 패스로 변환한 다음 작업을 진행합니다.

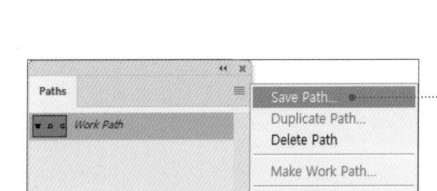

step 3

문자의 윤곽이 패스로 변환되었기 때문에 패스를 사용하여 다양한 효과를 줄 수 있습니다.
❻ 오른쪽 그림은 Define Brush Preset(P.68)과 패스 경계선을 그리는 기능(P.312)을 사용해 다이아몬드 이미지를 사용한 브러시 패턴을 패스에 따라 정렬한 것입니다.

● 관련 패스 모양을 따라 문자 입력하기 : P.73 브러시를 등록하고 사용하기 : P.68

 **048　패턴 등록하기**

제1장 기본 기능

이미지를 패턴으로 등록하면 원하는 패턴으로 이미지를 채우거나 텍스처로 사용할 수 있습니다.

step 1

❶ 패턴으로 등록할 이미지 파일을 엽니다.
예제에서는 400×400pixel의 이미지에 150×150 pixel의 Shape Layer(P.50)를 배치한 패턴을 사용했습니다.
이미지에 표시되지 않은 레이어가 포함되어 있어도 보이는 이미지 그대로 패턴화됩니다.

step 2

❷ 메뉴에서 [Edit] → Define Pattern을 실행하고 ❸ [Pattern Name] 대화상자가 표시되면 패턴 이름을 입력합니다. 이제 패턴 정의가 완료되었습니다.

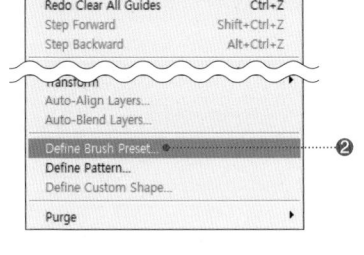

step 3

❹ 패턴을 등록하면 이미지를 채울 때나 ❺ 레이어 스타일을 사용할 때 등록한 패턴을 사용할 수 있습니다. 또한 레이어 스타일이나 패턴 오버레이에서는 등록한 패턴을 텍스처로 사용할 수 있습니다.

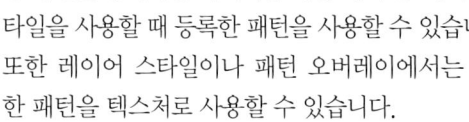

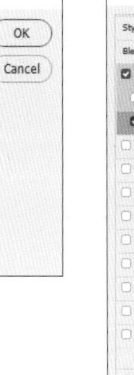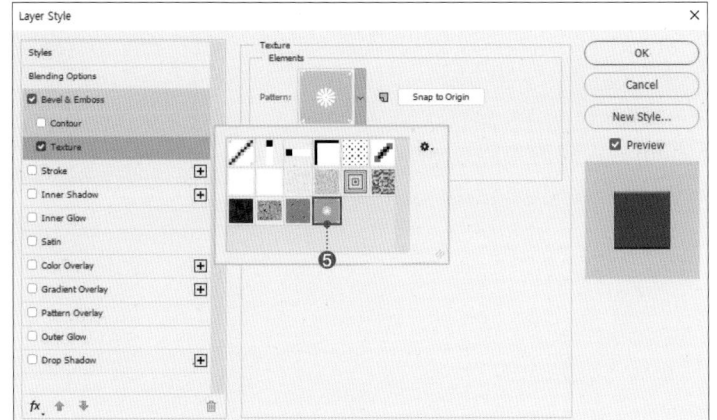

관련 이미지를 패턴으로 채우기 : P.78　레이어 스타일 : P.159

{ 049 } 이미지를 패턴으로 채우기

이미지를 패턴으로 채우려면 메뉴에서 [Edit] → Fill을 실행 후 'Pattern'을 선택합니다. 원하는 이미지를 패턴으로 등록해서 사용할 수도 있습니다.

step 1

이번 예제에서는 등록되어있는 패턴을 사용하여 이미지를 채우는 방법을 설명하겠습니다.

이미지 파일을 열고, 메뉴에서 **[Edit] → Fill**을 실행하여 [Fill] 대화상자를 표시합니다.

❶ 먼저 Contents를 'Pattern'으로 선택한 후 ❷ Custom Pattern 피커를 클릭해 ❸ 등록된 패턴 목록을 표시하고 원하는 패턴을 선택합니다.

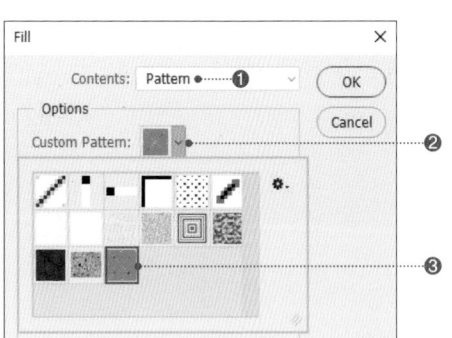
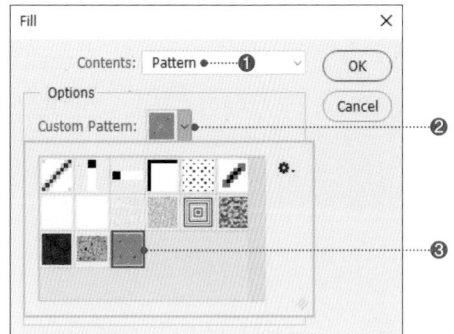

step 2

〈OK〉 버튼을 클릭하면 ❹ 이미지가 선택한 패턴으로 채워집니다.

> **Tip**
> [Fill] 대화상자에서는 패턴 외에도 Foreground 및 Background, 특정 색상 등을 선택할 수 있습니다. 또 Blending에서는 Blending Mode(P.148)와 Opacity(P.153)를 지정할 수도 있습니다.

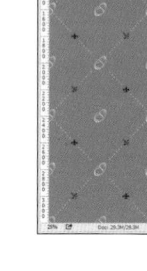

⟨ Variation ⟩

CS6 버전 이상에서는 Contents를 'Pattern'으로 선택하면 [Fill] 대화상자 아래쪽에 'Script'가 표시됩니다. 여기에 체크 표시하고 스크립트를 선택하면 패턴을 채우는 방법을 지정할 수 있습니다. 포토샵에서는 오른쪽 다섯 가지 방법을 지정할 수 있습니다.

Brick Fill

Cross Weave

Random Fill

Spiral

Symmetry Fill

{050} 자주 사용하는 작업 등록하기

액션 기능을 사용하면 같은 작업을 쉽게 반복할 수 있습니다. 같은 작업을 자주 사용할 경우 편리합니다.

· **step 1** ·······················

❶ 이미지를 열고, Actions 패널에서 'Create new set' 아이콘을 클릭하여 [New Set] 대화상자를 표시합니다.

> **Tip**
> Actions 패널이 표시되어 있지 않은 경우 메뉴에서 **[Window]**
> → **Actions**를 실행해 표시합니다.

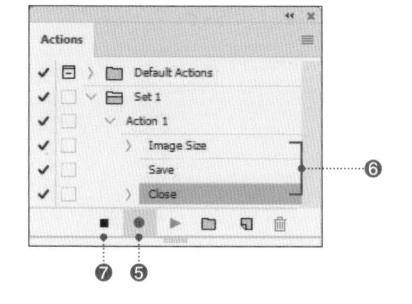

· **step 2** ·······················

❷ 원하는 이름을 입력하고 〈OK〉 버튼을 클릭합니다.

· **step 3** ·······················

❸ Actions 패널에서 'Create new action' 아이콘을 클릭하여 ❹ [New Action] 대화상자를 표시하고, 작업 이름을 입력한 후 〈Record〉 버튼을 클릭합니다.

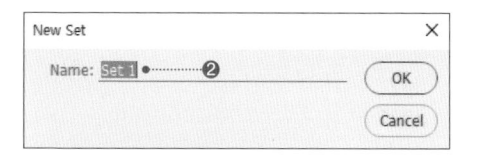

· **step 4** ·······················

❺ 자동으로 'Begin Recording' 아이콘이 빨갛게 되고 액션 기록이 시작됩니다.

❻ 이 상태가 되면 기록할 작업을 시작합니다. 여기에서는 이미지 해상도를 '50%'로 바꾸고 Save 및 Close를 실행했습니다.

❼ 작업이 끝나면 Actions 패널의 'Stop Playing/ Recording' 아이콘을 클릭하여 기록을 중지합니다.

· **step 5** ·······················

등록된 작업을 실행하려면 실행할 이미지를 열고, Actions 패널에서 등록된 작업을 선택하고 'Stop Playing/Recording' 아이콘을 클릭합니다. 등록되어 있는 액션이 이미지에 실행됩니다.

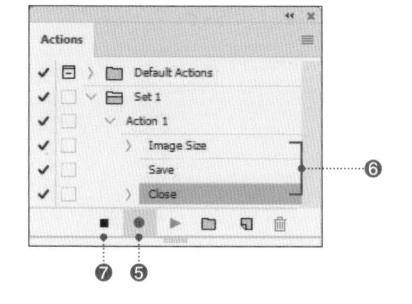

관련 액션 설정값 바꾸기 : P.80   여러 장의 이미지에 액션 적용하기 : P.82

{051} 액션 설정값 바꾸기

Actions 패널에서 'Toggle Dialog on/off' 아이콘을 표시하면 작업을 중지하거나 다시 시작할 수 있습니다.

step 1

이번 예제에서는 자르기 도구를 이용해 여러 장의 이미지를 같은 크기로 자르는 액션을 만들어보겠습니다. 먼저 이미지를 열고, ❶ Actions 패널의 'Create new action' 아이콘을 클릭해 [New Action] 대화상자를 표시합니다.

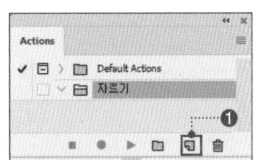

step 2

❷ 액션 이름을 입력하고 ❸ 〈Record〉 버튼을 클릭해서 기록을 시작합니다.

step 3

❹ Tools 패널에서 자르기 도구를 선택하고 ❺ 옵션 바에서 폭과 높이를 설정합니다. CC 버전에서는 먼저 크기 프리셋에서 'W×H×Resolution'을, Resolution 목록에서 'px/in'를 선택하고 작업합니다. ❻ 각 항목을 설정했으면 자를 영역을 설정하고 이미지를 자릅니다. 자른 폭, 높이, 해상도와 드래그한 영역이 액션에 기록됩니다.

> **Tip**
> ❼ CS6 버전에서는 옵션 바 목록의 Size & Resolution에서 이미지의 해상도를 설정할 수 있습니다. 또한 목록에서 자른 후의 비율을 설정하고 스스로 설정한 크기를 프리셋으로 저장할 수 있습니다.

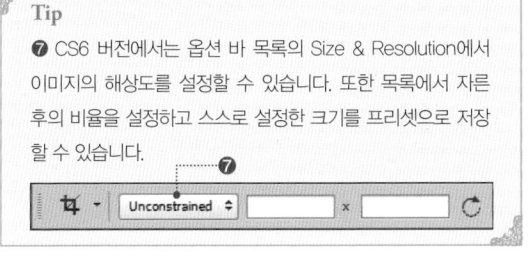

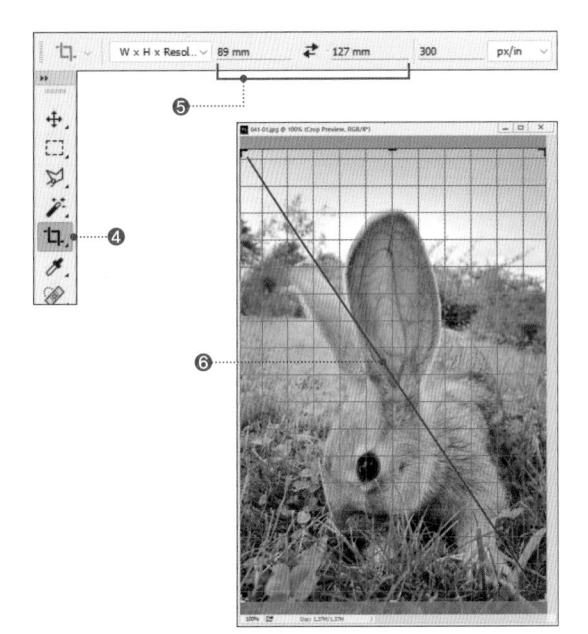

step 4

액션을 계속해서 실행할 수 있도록 메뉴에서 ❽ [File] → Save와 ❾ [File] → Close를 실행해 이미지를 저장하고 닫습니다.

step 5

⑩ 액션으로 저장하는 작업을 마치면 Actions 패널의 'Stop Playing/Recording' 아이콘을 클릭하여 작업을 중지합니다.

⑪ 액션 도중 중지시키고 싶은 명령을 찾고 명령 왼쪽에 있는 'Toggle Dialog on/off' 아이콘을 클릭해 표시합니다.

'Toggle Dialog on/off' 아이콘이 표시되는 부분만 작업 도중에 설정값을 변경할 수 있습니다.

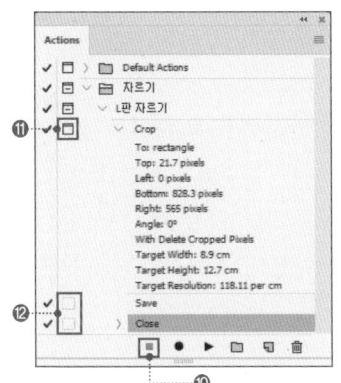

> **Tip**
> ⑫ 이 예시는 세 개의 명령(자르기, 저장, 닫기)을 사용했지만 중간에 다시 설정할 명령은 자르기뿐입니다.

step 6

등록된 액션을 연속해서 재생합니다.

⑬ 메뉴에서 [File] → Automate → Batch를 실행하여 [Batch] 대화상자를 표시합니다.

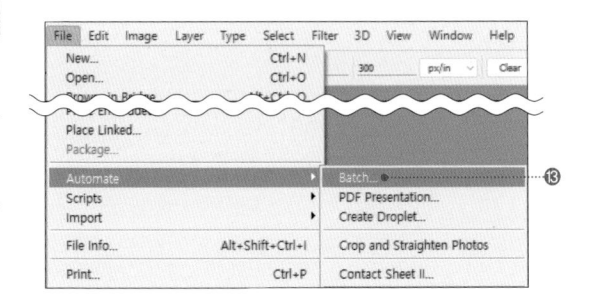

step 7

⑭ [Batch] 대화상자의 실행 영역에서 방금 만든 액션 Set와 Action을 선택하고 ⑮ Source 영역에서 이미지가 들어있는 폴더를 선택합니다. ⑯ Destination 목록에서는 'None'을 선택합니다(P.82).

〈OK〉 버튼을 클릭하면 Source에 지정된 폴더 내의 이미지가 열리고 자르는 도중 중지됩니다.

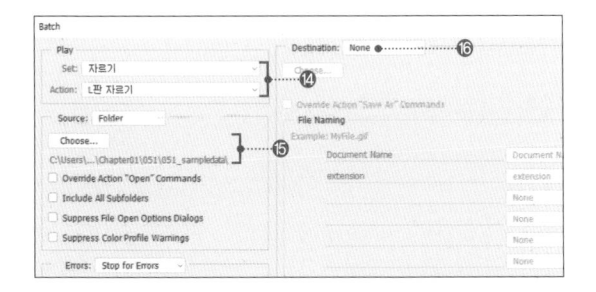

step 8

⑰ 자를 영역을 결정하고 이미지를 더블클릭하면 자동으로 이미지가 저장되고 닫힙니다.

일괄적으로 처리되므로 선택한 폴더의 다음 이미지도 빠르게 열려 연속적으로 처리할 수 있습니다.

관련 액션 등록하기 : P.79   여러 장의 이미지에 액션 적용하기 : P.82   크기를 지정해서 자르기 : P.36

{052} 여러 장의 이미지에 액션 적용하기

여러 장의 이미지에 액션을 적용하기 위해서 Batch 기능을 사용합니다. 여기서는 Batch 기능 이용 방법에 대해 설명합니다.

step 1

❶ 메뉴에서 [File] → Automate → Batch를 실행하여 [Batch] 대화상자를 표시합니다.

step 2

❷ Play 영역의 Set와 Action 목록을 지정합니다.
❸ Source에서 폴더를 선택하고 ❹ 〈Choose〉 버튼을 클릭해 작업을 수행할 이미지가 들어있는 폴더

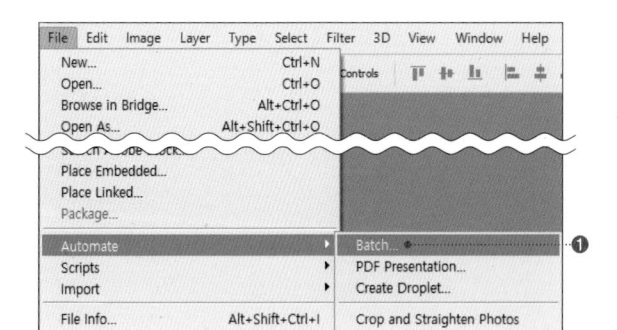

를 지정합니다. ❺ 여기서 지정한 액션에는 Save와 Close 명령이 포함되어 있기 때문에 Destination 목록에서 'None'을 선택합니다. 지정한 액션에 Save와 Close 명령이 포함되어 있지 않거나, 덮어 쓰지 않고 다른 위치에 저장하려면 아래 표를 참고하여 Save and Close 또는 Folder를 선택하기 바랍니다.

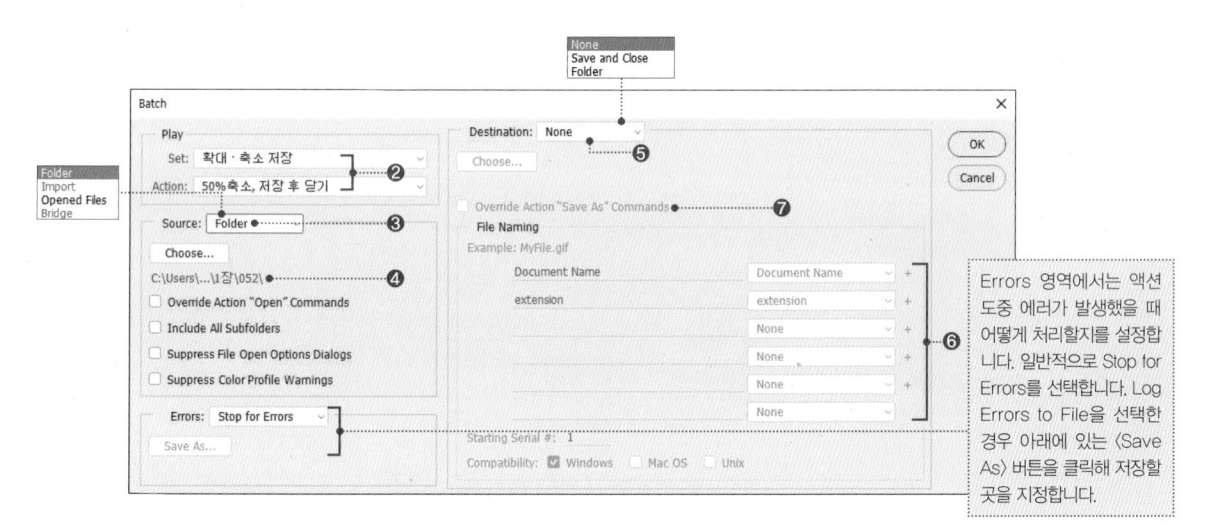

Errors 영역에서는 액션 도중 에러가 발생했을 때 어떻게 처리할지를 설정합니다. 일반적으로 Stop for Errors를 선택합니다. Log Errors to File을 선택한 경우 아래에 있는 〈Save As〉 버튼을 클릭해 저장할 곳을 지정합니다.

◎ Destination 목록과 설정

조작 내용	설정 방법
액션 실행 후 다른 위치에 저장하는 경우	액션에 Save 및 Close 명령을 넣지 않은 상태에서 Destination에서 'Folder'를 선택하고 〈Choose〉 버튼으로 위치를 지정합니다. ❻ 파일 이름을 변경하려면 File Naming 영역에서 파일 이름을 지정합니다. ❼ 'Override Action "Save As" Commands'는 체크 표시하지 않습니다.
액션 실행 후 같은 위치에 저장하는 경우	액션에 Save와 Close 명령이 포함되어 있는 경우는 Destination에서 'None'을 선택합니다. 'Override Action "Save As" Command'에는 체크 표시하지 않습니다. 한편, Save 및 Close 명령이 포함되어 있지 않으면 Destination에서 'Save and Close'를 선택합니다. 'Override Action "Save As" Command'에는 체크 표시하지 않습니다.

053 클릭 한 번으로 다양한 프레임 씌우기

클릭 한 번으로 이미지에 다양한 프레임을 씌우려면 Actions 패널의 메뉴에서 Frames를 선택하여 재생합니다.

step 1

❶ Actions 패널 오른쪽의 패널 메뉴에서 **Frames**를 선택합니다.
❷ Actions 패널에 다양한 프레임의 액션이 추가됩니다.

> **Tip**
> Actions 패널이 표시되지 않은 경우 메뉴에서 [Window] →
> **Actions**를 실행합니다.

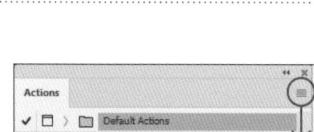

step 2

프레임을 씌울 이미지를 불러옵니다. 이때 이미지가 'Background' 레이어로 설정되어 있는지 확인하기 바랍니다. 이미지를 Background 레이어로 변경하려면 메뉴에서 [Layers] → Flatten Image를 실행합니다.
❸ Spatter 프레임을 사용할 경우 Actions 패널의 Frames 폴더에 저장된 'Spatter Frame'를 선택하고
❹ Actions 패널 아래쪽에 있는 'Play Selection' 아이콘을 클릭합니다.
❺ 자동으로 흰색 프레임이 이미지로 만들어집니다. 그 밖에도 다양한 프레임이 있으므로 시도해보기 바랍니다.

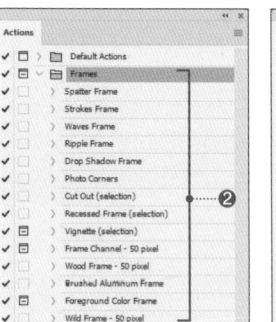
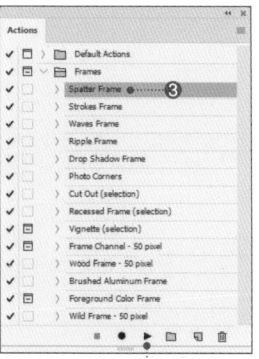

Spatter Frame

Strokes Frame

Waves Frame

Wood Frame(50px)

관련 액션 등록하기 : P.79 여러 장의 이미지에 액션 적용하기 : P.82 레이어의 기본 조작 : P.132

{054} 다양한 종류의 색상 조합 만들기

색상 조합에는 많은 이론이 있고, 어느 정도의 전문 지식이 필요하지만 Color CC(Kuler) 기능을 이용하면 전문 지식이 없어도 다양한 색상 조합을 만들 수 있습니다.

step 1

❶ Color CC를 사용하려면 메뉴에서 [Window] → Extensions → Adobe Color Themes(CS6 이전 [Kuler])을 실행하여 오른쪽 패널을 표시합니다.

Tip

CC(2014) 버전에서는 초기 상태에서 Color CC를 이용할 수 없는 경우가 있습니다. 이 경우 Adobe Add-ons에 액세스하고 "Adobe Color CC Panel"을 검색하여 〈무료〉 버튼을 클릭하기 바랍니다.

Adobe Add-ons
《URL》 **https://creative.adobe.com/addons**

환경 설정 → 설정 동기화를 선택하여 설정이 동기화되어 있는지 확인합니다.

step 2

❷ 〈Create〉 버튼을 클릭하면 색상 세트를 만들 수 있는 패널이 표시됩니다.
❸ 패널 가운데 Color Group이라는 색상의 배열 중에서 Base Color를 클릭하고, ❹ 패널 아래쪽 RGB 값에서 기본이 되는 색상을 설정합니다.

step 3

❺ Base Color를 설정한 다음 Rule에 배색 방법을 설정합니다. Rule을 설정하면 Color Group이 만들어집니다.

step 4

❻ 조화 규칙을 유지하면서 Color Group을 변경하려면 Color Group 중에서 변경하려는 색상을 클릭하고,
❼ 색상환에서 하이라이트된 부분을 드래그합니다.

〈Explore〉 버튼을 클릭하면 웹 서비스에 등록되어있는 수많은 Color Group에서 원하는 색상을 선택할 수 있습니다.

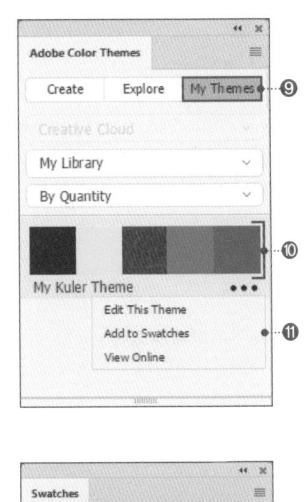

step 5 ·····································

❽ 만든 색상 조합을 저장하려면 패널 하단에 컬러 테마의 이름을 입력한 다음 〈Save〉 버튼을 클릭합니다.
❾ ❿ 저장된 컬러 테마는 My Themes(CS6 이전에는 [Browse] → Saved)에서 확인할 수 있습니다.

step 6 ·····································

⓫ Action → Add to Swatches(CS6 이전에 Create 영역 하단의 'Add this theme to swatches' 아이콘)를 실행하면 ⓬ 만든 색상 테마를 Swatches 패널에 저장할 수 있습니다.

> **Tip**
> CC 버전의 Action 메뉴에서 Edit This Theme와 View Online 등 다양한 작업이 가능합니다. 테마를 삭제하려면 View Online을 선택하여 온라인에서 테마를 제거합니다.

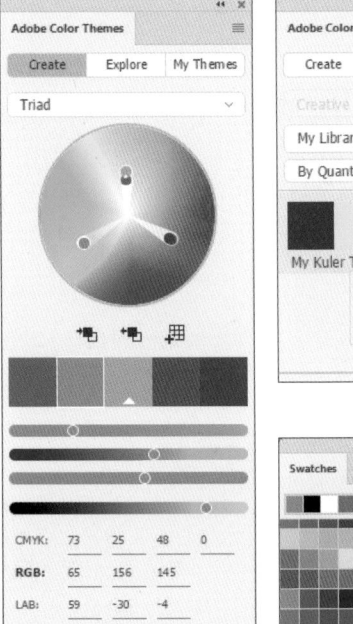

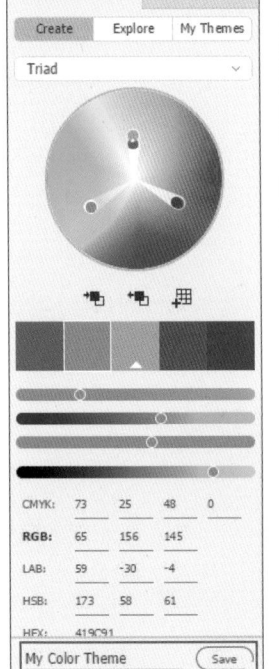

─❖ **Variation** ❖─

Color CC는 원래 어도비에서 제공하는 웹 서비스의 하나입니다. CS4 버전 이상에서는 전용 패널을 사용하여 색상을 검토할 수 있지만 패널의 〈Explore〉 버튼을 선택했을 때 표시되는 Most Popular, Random 등의 Color Group은 웹 서비스에서 정보를 얻을 수 있습니다. 따라서 인터넷에 연결만 되어있으면 포토샵 버전에 관계없이 Color CC를 사용할 수 있습니다.
또한 웹 서비스는 어떤 이미지를 캡처하여 그 이미지에서 자신의 Color Group을 만들 수 있습니다. 아래의 웹 사이트에 방문하여 기능을 이용해보세요.

URL https://color.adobe.com

 펜 도구와 패스

포토샵에서는 '패스를 선택 영역으로 변환하는 경우(P.92)', '패스에 따라 문자를 입력하는 경우(P.73)' 그 밖에도 다양한 경우에 패스를 사용합니다. 여기에서 펜 도구의 기본적인 조작 방법과 패스의 구조를 소개합니다.

✤ 패스의 구조

패스는 펜 도구로 그려지는 선 개체입니다.
패스는 '앵커 포인트', '세그먼트', '방향선', '방향점'의 네 가지 요소로 구성되며, 패스 모양은 앵커 포인트의 위치와 방향선의 길이, 방향점의 위치에 따라 결정됩니다.
이 때문에 패스 모양을 변경하려면 원하는 모양에 따라 각 구성 요소를 조작할 필요가 있습니다.

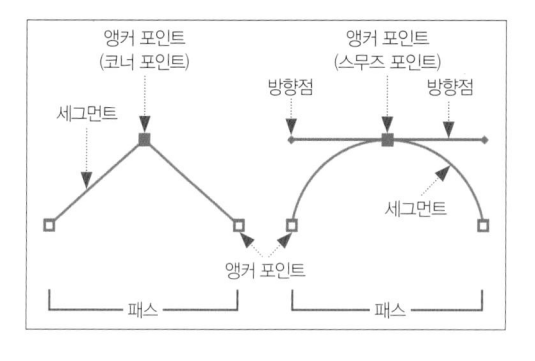

✤ 패스 생성 방법

❶ 패스를 만들려면 Tools 패널에서 펜 도구를 선택하고 ❷ 옵션 바에서 'Path'를 선택합니다.
❸ 이 상태에서 직선을 그리는 경우 직선의 시작점과 끝점이 될 부분을 클릭합니다.
❹ 곡선을 그릴 경우 원하는 위치를 클릭하여 그대로 드래그합니다. 생성된 패스는 Paths 패널에서 확인할 수 있습니다.
패스는 나중에 편집할 수 있습니다.

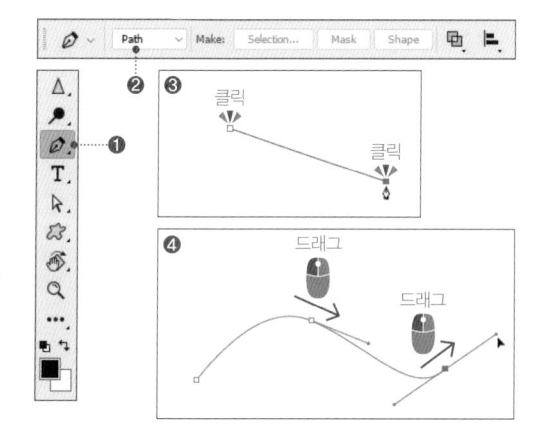

✤ 패스 수정 방법

그린 패스의 고정점과 방향선을 이동하려면 ❺ Tools 패널에서 직접 선택 도구를 선택한 후, 대상의 고정점과 방향선을 선택하고 드래그하여 이동합니다. ❻ 선택 상태가 되면 앵커 포인트는 오른쪽 그림처럼 채워집니다.
❼ 또한 앵커 포인트를 추가하거나 제거할 경우 Tools 패널에서 앵커 포인트 추가 도구와 앵커 포인트 삭제 도구를 선택하고 원하는 부분을 클릭합니다. ❽ 포인트 전환 도구를 사용하면 브드러운 곡선을 직선으로 전환할 수 있습니다.

제 **2** 장

선택 영역 · 알파 채널

{055} 선택 영역의 기본 조작

포토샵을 사용한 이미지 편집에서 선택 영역은 가장 중요한 기능입니다. 기본적인 구조를 마스터하고 다룰 수 있도록 학습합니다.

❖ 선택 영역이란

선택 영역은 한마디로 '이미지에서 현재 선택된 픽셀 범위'입니다. 이미지 전체에 일률적으로 동일한 작업을 할 경우에는 선택 영역을 만들 필요가 없지만 이미지 중 특정 부분에만 작업을 할 경우에는 사전에 그 범위를 지정해야 합니다.

❶ 예를 들어, 오른쪽 그림 속에서 동물 부분만 잘라내고 싶을 경우에는 ❷ 동물에 선택 영역을 만들고 주위의 불필요한 부분을 삭제합니다.

자르기와 마찬가지로 이미지 일부만 색상 보정을 하고 싶은 경우나 필터 효과를 적용하고 싶은 경우에도 그 부분에 선택 영역을 만들어야 합니다. 이런 예시들을 보면 포토샵에서 선택 영역이 얼마나 중요한지 알 수 있습니다.

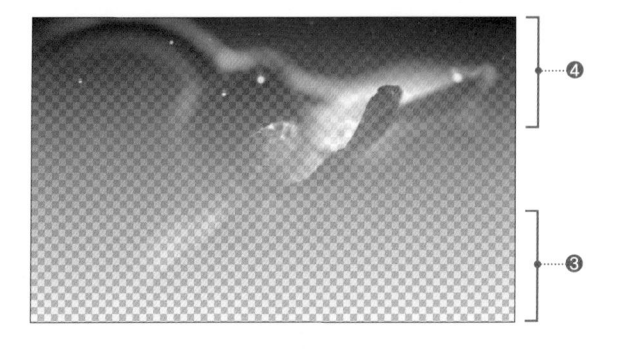

❖ 선택 영역의 픽셀 개념

선택 영역을 이해하는데 가장 중요한 것은 이미지를 구성하는 픽셀은 '선택'과 '선택되지 않음' 두 가지로 분류되는 게 아니라는 것입니다.

포토샵의 선택 영역은 픽셀을 256 단계로 선택할 수 있습니다. 예를 들어, 픽셀이 40% 선택된 상태에서 삭제 작업을 하면 해당 픽셀은 40%가 제거되고 60%가 남아 있는 상태가 됩니다.

오른쪽 그림은 아래로 향할수록 서서히 선택 정도가 높아지는 선택 영역을 만들고 그 부분을 삭제한 그림입니다. ❸ 아랫부분은 100%에 가까운 상태의 픽셀이 삭제되었기 때문에 투명하게 보이지만 ❹ 위쪽은 선택 정도가 낮았던 탓에 원본의 색이나 명암이 남아있는 것을 볼 수 있습니다. ❺번 그림은 선택 영역의 정도를 지정할 때 이용한 그러데이션입니다. 검은색이 선택되지 않는 부분이고 흰색이 선택된 부분입니다.

● 　관련 이미지의 색상과 명암을 바탕으로 선택 영역 만들기 : P.106　특정 색상 영역 선택하기 : P.109　알파 채널 : P.113

056 간단한 선택 영역 만들기

선택 영역을 만드는 방법은 여러 가지가 있지만, 가장 기본적인 방법은 사각형 선택 도구와 원형 선택 도구를 사용하는 방법입니다.

step 1

❶ Tools 패널에서 사각형 선택 도구를 선택하고, ❷ 옵션 바에서 'New selection' 아이콘을 선택합니다.

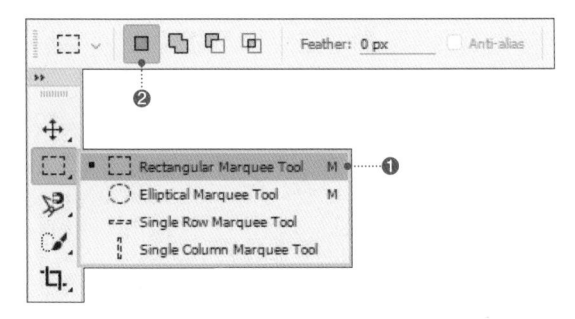

step 2

❸ 선택할 영역의 대각선 양쪽 끝을 드래그하면 드래그한 거리만큼 선택 영역이 생깁니다.

이때 Alt (option)를 누른 채 드래그하면 중심에서 퍼지듯 선택 영역이 만들어지고, Shift를 누른 채로 드래그하면 정사각형 선택 영역이 만들어집니다.

W : 751 px
H : 485 px

step 3

❹ 원형의 선택 영역을 만들려면 Tools 패널에서 원형 선택 도구를 선택하고, ❺ 사각형 선택 도구와 같은 방식으로 화면을 드래그합니다.

중심부터 선택 영역을 넓히거나, 정원형의 선택 영역을 만들 때에도 Alt (option)와 Shift를 이용합니다.

> **Tip**
> ❻ CS6 이상 버전에서는 선택 영역을 만들 때 변형 값이라는 수치가 화면에 표시됩니다. 이것은 만들고 있는 선택 영역 크기가 표시되는 것인데 선택 영역을 만들 때뿐만 아니라 도형을 만들거나 레이어를 변형할 때도 표시됩니다.
>
>
> W : 299 px
> H : 299 px —❻

W : 760 px
H : 598 px

{057} 곡선 형태의 선택 영역 만들기

올가미 도구를 사용하면 자유롭게 선택 영역을 만들 수 있습니다. 그러나 마우스를 사용해 원하는 대로 선택 영역을 만드는 것은 쉽지 않기 때문에 정밀한 선택 영역을 만드는 작업에는 적합하지 않습니다.

· step 1 ·

❶ Tools 패널에서 올가미 도구를 선택하고, ❷ 이미지 위를 덧그리듯이 드래그합니다. 드래그한 부분이 경계선이 됩니다.

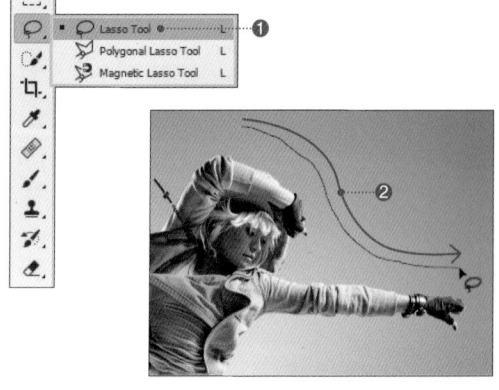

· step 2 ·

❸ 시작 지점까지 감싸면 곡선으로 된 선택 영역이 만들어집니다. 다만 드래그를 중간에 멈추면 드래그를 시작한 지점과 직선으로 연결되므로 주의합니다.

> **Tip**
> 경계가 흐린 선택 영역을 만들려면 선택 영역을 만든 다음 메뉴에서 [Select] → Modify → Feather를 실행합니다(P.103).
> ❹ 옵션 바에서 Feather 값을 미리 입력해두면 처음부터 경계선이 흐린 선택 영역을 만들 수 있습니다.

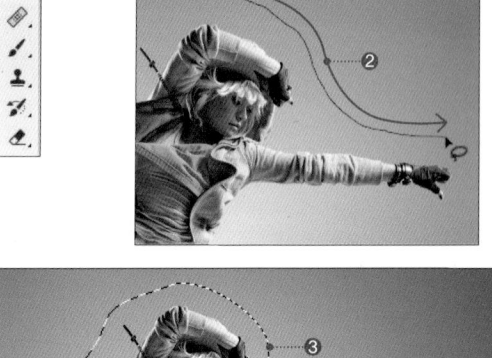

⟡ Variation ⟡

올가미 도구는 쉽게 자유로운 형태의 선택 영역을 만들 수 있는 편리한 도구이지만 마우스로 조작한 대로 선택되기 때문에 미세한 조정이 힘들고 드래그를 끝낸 시점에서 선택 영역이 확정되는 등 불편한 부분도 있습니다.

복잡하고 정밀한 선택 영역을 만들 경우는 ❺ 펜 도구를 이용해 패스를 그린 다음 패스를 선택 영역으로 변환하면 편리합니다(P.92).

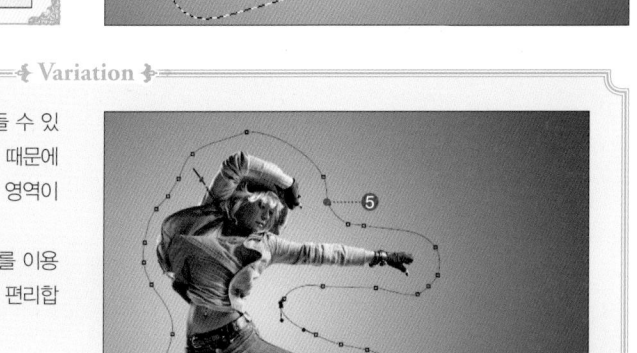

 관련 선택 영역의 기본 조작 : P.88 패스로 선택 영역 만들기 : P.92 알파 채널 : P.113

{058} 값을 지정해서 선택 영역 만들기

값을 지정해 선택 영역을 만들려면 옵션 바에서 폭과 높이를 지정합니다. 미리 개체의 정확한 크기를 알고 있는 경우에 효과적인 방법입니다.

step 1

Tools 패널에서 선택 도구를 선택하고, 옵션 바에서 각 항목을 선택합니다. 예제에서는 ❶ 사각형 선택 도구를
선택하고, ❷ 옵션 바에서 'New selection' 아이콘을 클릭한 후 ❸ Feather를 '0px'로, ❹ Style을 'Fix Size'로
지정하고 ❺ 폭을 '400px', ❻ 높이를 '900px'로 입력했습니다.

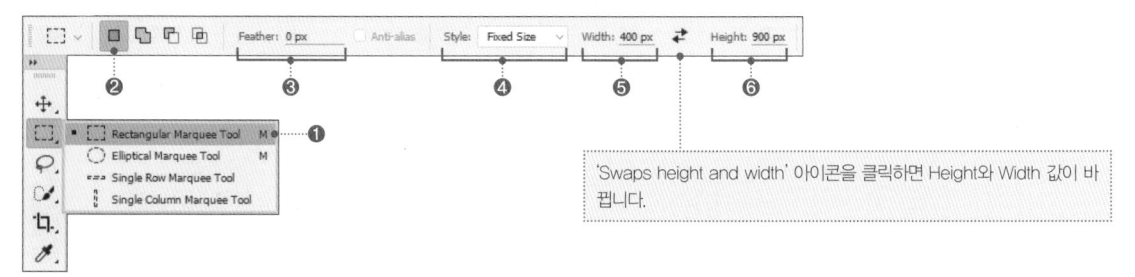

'Swaps height and width' 아이콘을 클릭하면 Height와 Width 값이 바
뀝니다.

◎ 스타일 목록 설정 항목

항목	내용
Normal	마우스를 드래그하여 선택 영역을 지정합니다. 폭과 높이를 지정할 수 없습니다.
Fixed Ratio	선택 영역이 폭과 높이에 지정된 수치 비율로 고정됩니다. 드래그하여 크기를 변경할 수 있습니다.
Fixed Size	폭과 높이에 지정되어 있는 수치의 선택 영역이 만들어집니다.

step 2

화면의 아무 곳이나 클릭하면 지정된 크기의 선택 영
역이 만들어집니다. 이미지에 맞게 선택 영역을 이동
하면(P.94) 오른쪽 그림과 같이 대상 이미지에 딱 맞
는 선택 영역을 만들 수 있습니다.

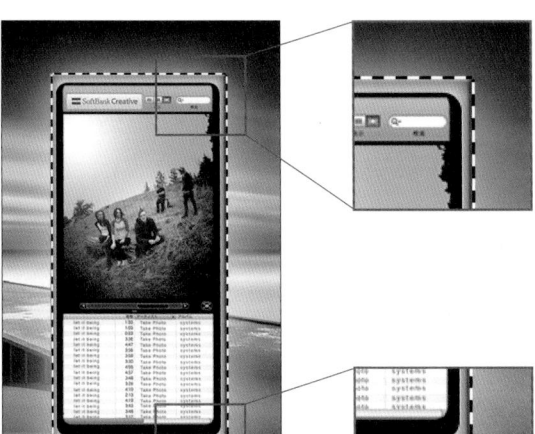

> **Tip**
> 숫자 뒤에 단위를 입력하면 단위를 지정할 수 있습니다. 지정
> 할 수 있는 단위는 다음과 같습니다. 그러나 px 이외의 단위는
> 근삿값으로 처리되므로 주의하기 바랍니다.
>
> • 픽셀(px)   • 센티미터(cm)
> • 인치(in)   • 포인트(pt)
> • 파이카(pica)   • 퍼센트(%)

관련 선택 영역의 기본 조작 : P.88   선택 영역 저장하기 : P.116   선택 영역 이동하기 : P.94

{059} 패스로 선택 영역 만들기

정밀한 선택 영역을 만들려면 패스에서 선택 영역을 만드는 것이 편리합니다. 패스로 선택 영역을 만드는 방법에는 여러 가지가 있지만 모두 Paths 패널에서 작업합니다.

개요

패스로 선택 영역을 만드는 방법은 세 가지가 있습니다.

1. Paths 패널 메뉴에서 Make Selection을 실행하는 방법
2. Paths 패널 아래쪽에 있는 'Load path as a selection' 아이콘을 클릭하는 방법
3. Ctrl(⌘)을 누른 채 Paths 패널에 표시되는 패스를 클릭하는 방법

❶ 여기서는 인물의 경계를 따라 그려져 있는 패스를 사용하여 선택 영역을 만듭니다.

step 1

❷ Paths 패널에서 패스를 클릭해 선택한 다음 ❸ Paths 패널 메뉴에서 Make Selection을 실행합니다.

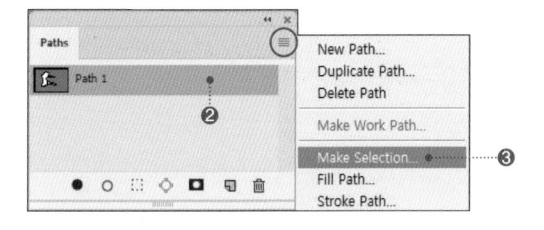

step 2

[Make Selection] 대화상자가 표시되면, ❹ Operation 영역에서 'New Selection'을 선택하고 〈OK〉 버튼을 클릭합니다. ❺ 이렇게 하면 패스에서 선택 영역으로 변환됩니다.

❻ 패스로 선택 영역을 만들 경우에는 'Anti-aliased'에 체크 표시를 해두면 더 자연스러운 선택 영역이 됩니다.

패스를 선택 영역으로 변환한 다음 선택 영역을 수정하고 싶다면 간단한 수정의 경우는 선택 영역을 추가하거나 삭제하여 수정하고(P.93), 많이 수정할 경우에는 패스 자체를 수정합니다.

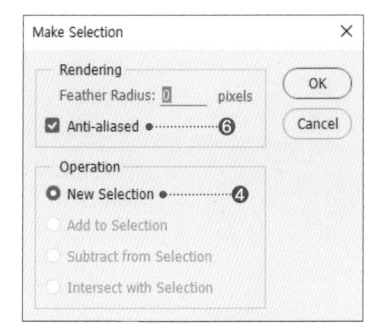

> **Tip**
> 패스로 선택 영역을 만들 때에는 패스를 닫아둘 필요가 있습니다. 패스가 닫혀있지 않으면 패스 시작과 끝 지점이 직선으로 연결된 선택 영역이 만들어집니다.

060 선택 영역 추가 · 삭제하기

선택 영역을 추가하거나 삭제하려면 옵션 바에서 'Add to selection' 아이콘이나 'Subtract from selection' 아이콘을 클릭합니다.

· **step 1** ···

❶ 이미 선택된 영역에 추가로 선택 영역을 추가하려면 Tools 패널에서 선택 도구를 선택하고 ❷ 옵션 바에서 'Add to selection' 아이콘을 클릭한 후 ❸ 화면 위를 드래그합니다. ❹ 새로운 선택 영역이 추가됩니다.

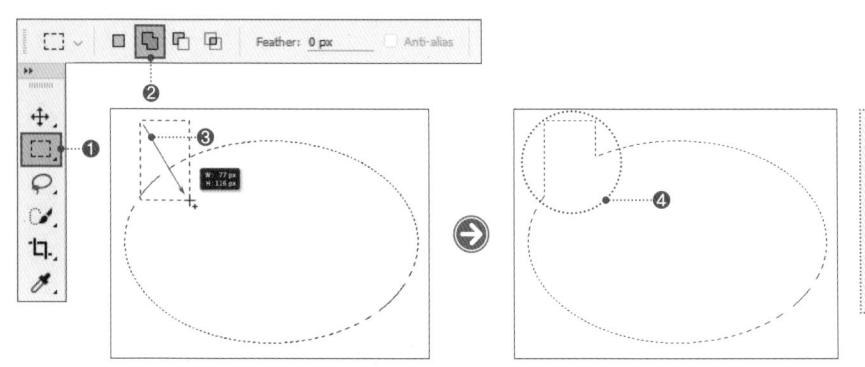

선택 도구를 선택할 때 Shift 를 누르면 일시적으로 'Add to selection' 아이콘을 선택한 상태가 됩니다.
따라서 일반적으로는 옵션 바에서 선택하지 않고 이 방법으로 선택 영역을 추가합니다.

· **step 2** ···

이미 선택된 영역에서 일부분을 삭제하려면 ❺ 옵션 바에서 'Subtract from selection' 아이콘을 클릭하고 ❻ 삭제하고 싶은 부분에 드래그합니다. ❼ 드래그한 부분이 선택 영역에서 제외됐습니다.

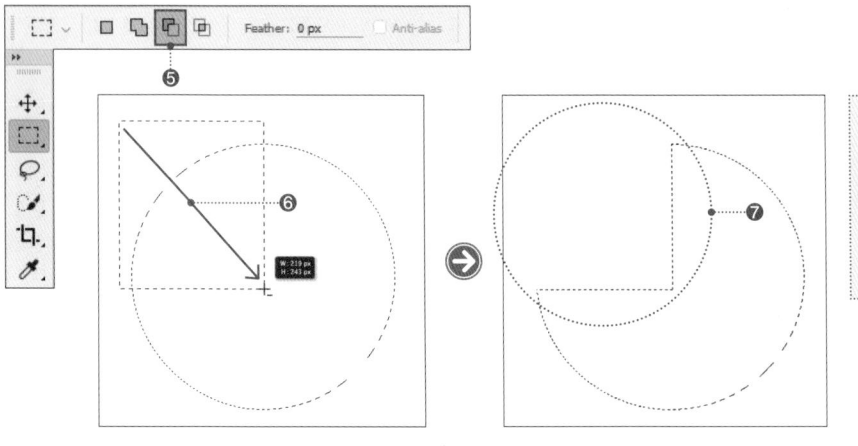

선택 도구를 선택할 때 Alt (option) 를 누르면 일시적으로 'Subtract from selection' 아이콘을 선택한 상태가 됩니다.
따라서 일반적으로는 옵션 바에서 선택하지 않고 이 방법으로 선택 영역을 삭제합니다.

{061} 선택 영역 이동하기

선택 영역을 이동하려면 선택 도구를 선택하고 선택된 영역의 내부를 드래그합니다.

· **step 1** ·

❶ 선택 영역이 만들어진 상태에서 Tools 패널에서
선택 도구를 선택합니다.
선택 영역 안쪽에 포인터를 이동하면 ❷ 포인터 모양
이 바뀝니다.

· **step 2** ·

❸ 이동할 방향으로 드래그하면 선택 영역을 이동할
수 있습니다.

> **Tip**
> 선택 영역을 이동할 때 [Ctrl]([⌘])을 누른 채 드래그하면 선택 영
> 역 안에 있는 이미지를 잘라내 이미지 채로 이동할 수 있습니다.

✦ **Variation** ✦

❹ 선택 도구를 사용할 때 마우스 오른쪽 버튼을 클릭하여 나
타나는 메뉴에서 **Transform Selection**을 선택해도 선택 영
역을 이동할 수 있습니다.
이 방법은 위의 방법과 달리 마우스 커서를 선택 영역 안쪽으
로 이동하지 않아도 되기 때문에 작은 선택 영역을 이동하는
경우에 유용합니다. 또한, 표시되는 핸들을 조작하여 선택 영
역을 확대, 축소할 수도 있습니다.

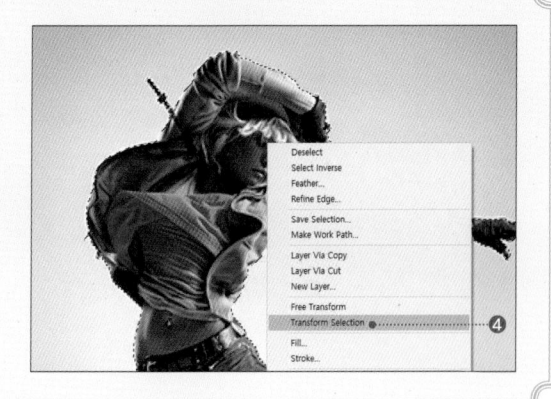

{062} 선택 영역을 정확하게 이동하기

선택 영역이 지정된 상태에서 선택 도구를 선택한 다음, 방향키를 사용하면 선택 영역을 픽셀 단위로 정확하게 이동할 수 있습니다.

step 1

❶ 선택 영역이 있는지 확인하고, ❷ 사각형 선택 도구를 선택합니다. 선택 도구라면 다른 도구라도 상관없습니다.

step 2

방향키를 사용하여 선택 영역을 이동합니다. ❸ 여기에서는 ↑를 눌러 선택 영역을 이동했습니다. Shift를 누르면서 방향키를 사용하면 10pixel 씩 이동합니다.

> **Tip**
> 선택 도구로 선택 영역 내부를 드래그해서 이동할 수도 있습니다(P.94).

⚜ Variation ⚜

선택 영역을 정확하게 이동하려면 Transform Selection을 사용합니다.

선택 영역이 지정된 상태에서 메뉴에서 **[Select] → Transform Selection**을 실행하고 ❹ 옵션 바에 표시되는 X 상자와 Y 상자에 숫자를 입력하여 선택 영역 위치를 지정할 수 있습니다.

❺ 'Use relative positioning for reference point' 아이콘을 클릭하면 이동량을 지정할 수 있습니다. 이동량 단위는 px(픽셀)로 지정되어 있지만 직접 mm이나 cm를 입력할 수도 있습니다.

❻ 또한, 이 방법에서는 이동량을 Info 패널의 X, Y에서 확인할 수 있습니다.

{063} 선택 영역 변형하기

선택 영역을 자유로운 형태로 변형하려면 메뉴에서 [Select] → Transform Selection을 실행합니다. 이 방법은 다양한 상황에서 활용할 수 있습니다.

개요

❶ 선택 영역이 지정된 상태에서 메뉴에서 [Select] → Transform Selection을 실행해 ❷ 바운딩 박스를 표시합니다. 바운딩 박스를 드래그하면 선택 영역이 변형됩니다. Ctrl(⌘)이나 Alt(option), Shift를 누르면서 드래그하면 각각 다른 방식으로 선택 영역이 변형됩니다.

> **Tip**
> 바운딩 박스는 선택 도구 사용 시 마우스 오른쪽 버튼을 클릭하면 표시되는 메뉴에서 Transform Selection을 선택해도 볼 수 있습니다.

Shift + 드래그

❸ Shift를 누르면서 각 꼭짓점의 핸들을 드래그하면 선택 영역의 가로, 세로 비율을 고정한 상태에서 확대 또는 축소할 수 있습니다.

Ctrl(⌘) + 드래그

❹ Ctrl(⌘)을 누르면서 핸들을 드래그하면 드래그한 핸들만 움직이고 다른 핸들은 고정된 상태가 되어 결과적으로는 선택 영역이 변형됩니다.
❺ 변의 중간 지점에 있는 포인트를 드래그하면 평행 사변형으로 변형됩니다.

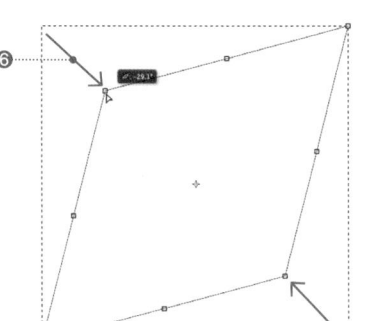

◈⋅ Ctrl + Alt (⌘ + option)+드래그

❻ Ctrl + Alt (⌘ + option)을 누르면서 핸들을 드래그하면 대각선에 위치한 핸들이 움직인 방향의 반대로 움직입니다. 위, 아래의 사이드 핸들의 경우는 오른쪽 그림과 같이 경계선이 옆으로 이동하고 다이아몬드 모양으로 변형됩니다.

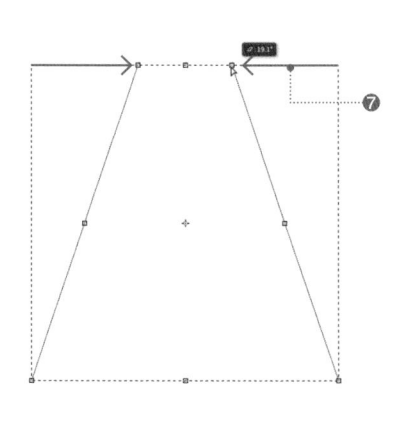

◈⋅ Ctrl + Alt + Shift (⌘ + option + Shift)+드래그

❼ Ctrl + Alt + Shift (⌘ + option + Shift)를 누르면서 드래그하면 오른쪽 그림과 같이 사다리꼴로 변형됩니다.

Tip

위의 네 가지 방법에서 알 수 있듯이 Alt (option)를 누른 채 드래그하면 중심을 축으로 변형되고, Shift 를 누른 채 드래그하면 각도와 방향이 제한되어 일정 각도와 비율로 변형됩니다. 또한 Ctrl (⌘)를 누른 채 드래그하면 임의로 한 점(변의 중앙 지점의 경우는 좌우의 정점을 포함한 세 점)을 움직일 수 있습니다. 이처럼 각각의 키 입력의 특징을 파악해두면 그 조합도 자유자재로 다룰 수 있습니다.

⫷ **Variation** ⫸

❽ 바운딩 박스가 표시된 상태에서 마우스 오른쪽 버튼을 클릭하면 메뉴에서 다양한 변형 방법을 선택할 수 있습니다. 이 방법의 대부분은 위에서 설명한 키 입력의 조합과 동일한 변형입니다. 예를 들어, **Skew**는 Ctrl + Alt (⌘ + option)+드래그와 같은 변형입니다. 간단한 선택 영역을 만들어 각 메뉴 및 키 입력으로 어떻게 선택 영역이 변형되는지 확인하기 바랍니다.

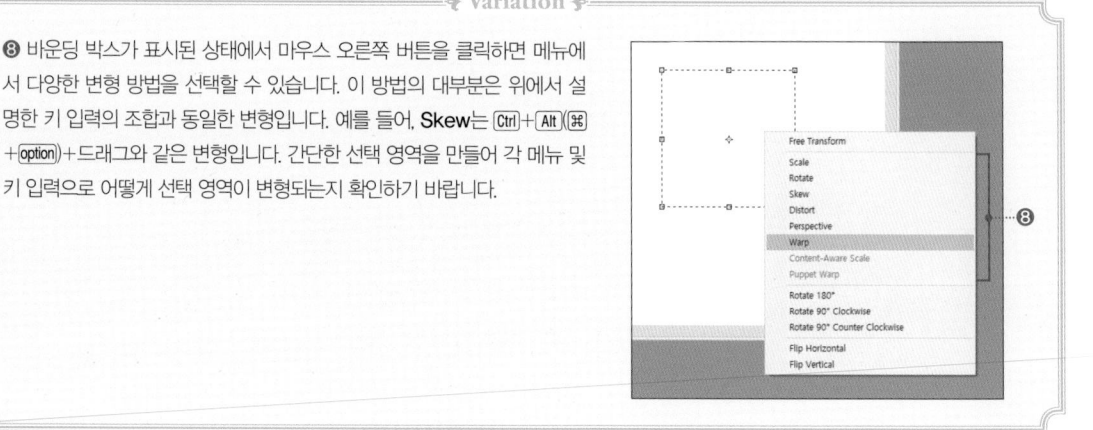

관련 선택 영역 이동하기 : P.94   선택 영역 확대·축소하기 : P.98   선택 영역 확장하기 : P.99

064 선택 영역 확대 · 축소하기

선택 영역을 확대 · 축소하려면 메뉴에서 [Select] → Transform Selection을 실행해 바운딩 박스를 표시하고 실행합니다.

step 1

❶ 선택 영역이 있는 상태에서 메뉴에서 [Select] → Transform Selection을 실행해 바운딩 박스를 표시합니다. 바운딩 박스 주변에는 여덟 개의 핸들이 있어 각각 움직일 수 있습니다.

> **Tip**
> 선택 영역을 변형하는 경우 위와 같이 메뉴에서 선택할 수도 있지만, 대부분은 선택 도구를 선택한 후 마우스 오른쪽 버튼을 클릭하여 메뉴를 표시한 다음 **Transform Selection**을 선택하여 실행합니다.

step 2

❷ 선택 영역을 확대하려면 모서리 핸들들을 바깥쪽으로 드래그하고 축소할 때는 안쪽으로 드래그합니다. 각 바운딩 박스의 약간 바깥쪽으로 커서를 이동하면 커서 모양이 곡선의 화살표가 됩니다. 이 경우에는 선택 영역을 회전시킬 수 있습니다.

step 3

❸ 선택 영역의 가로, 세로 비율을 유지하면서 변형하려면 Shift를 누른 채 드래그합니다.

또한, 중앙 부분을 중심으로 선택 영역을 변형하려면 Shift + Alt (option)을 누른 채 드래그합니다.

하지만 이 방법으로 확대·축소하면 원래 선택 영역의 모양을 변경할 수 없기 때문에 이번과 같은 복잡한 개체의 주위를 둘러싼 것 같은 선택 영역은 만들 수 없습니다.

복잡한 객체의 주위를 둘러싼 것 같은 선택 영역을 만들려면 '선택 영역 확장하기(P.99)'를 실행합니다.

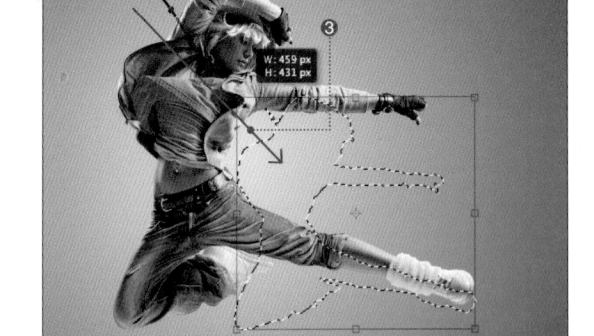

{065} 선택 영역 확장하기

선택 영역을 확장하려면 메뉴에서 [Select] → Modify → Expand를 실행합니다. 선택 영역을 확장하면 선택 영역이 복잡해도 개체를 크게 둘러싼 것 같은 선택 영역을 만들 수 있습니다.

· **step 1** ·

나비의 윤곽을 따라 만들어진 선택 영역을 확장합니다. ❶ 선택 영역이 있는 상태에서 메뉴에서 [Select] → Modify → Expand를 실행하여 [Expand Selection] 대화상자를 표시합니다.

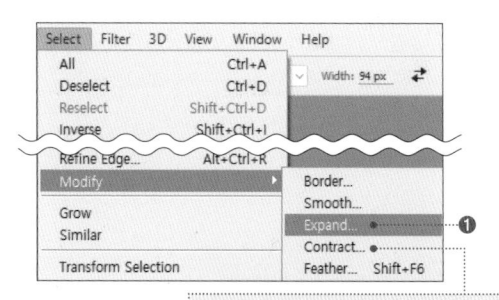

> 선택 영역을 축소할 경우 Contract를 실행합니다. 그 외 순서는 확장할 때와 같습니다.

· **step 2** ·

❷ 확장할 값 '35'를 입력하고 〈OK〉 버튼을 클릭합니다. ❸ 선택 영역이 확장됩니다.

Tip

선택 영역과 알파 채널(P.113)은 각각 이동할 수 있습니다. 따라서 알파 채널을 편집하면 선택 영역을 편집하는 것과 비슷한 결과를 얻을 수 있습니다. 예를 들어, 선택 영역의 흐림 효과나 확대·축소, 변형을 알파 채널로 하고 싶은 경우는 가우시안 블러(Gaussian Blur) 필터(P.128)와 자유 변형(Free Transform) 기능(P.62)을 사용합니다.

또한 CC 버전 이상에서는 Preserve 풀다운 메뉴에서 'Squareness' 또는 'Roundness'를 선택할 수 있습니다.

❹ 'Squareness'를 선택하면 CS6 이전과 비슷하게 각진 모서리가 되고, 'Roundness'를 선택하면 모서리가 둥글어집니다.

066 선택 영역 반전하기

선택 영역을 반전하려면 선택 영역이 지정된 상태에서 메뉴에서 [Select] → Inverse를 실행합니다.

step 1

❶ 다양한 도구를 사용하여 이미지에 선택 영역을 만듭니다. ❷ 선택 영역이 지정된 상태에서 메뉴에서 [Select] → Inverse를 실행합니다. 그러면 선택된 영역이 반전됩니다. ❸ 이 예제에서는 타원의 외부가 선택 영역이 됩니다.

단축키	선택 영역 반전
Win	Ctrl + Shift + I
Mac	⌘ + Shift + I

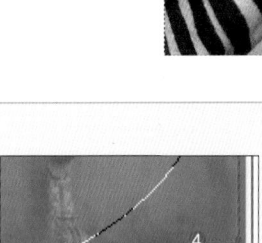

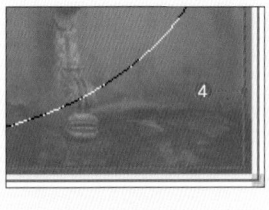

Tip

❹ 포토샵 버전 및 비디오 보드에 따라 선택 영역을 반전한 후 표시되어야 할 외부 선택 영역 테두리가 표시되지 않을 수도 있습니다. ❺ 이런 경우에는 창 오른쪽 하단의 크기 조정 그립을 오른쪽 밑으로 드래그하여 창을 확장합니다. 그렇게 하면 선택 영역 테두리를 표시할 수 있습니다.

═ Variation ═

이미지를 확대해서 선택 영역을 반전한 경우 선택 영역과 그렇지 않은 부분을 구분하기 어려울 수 있습니다. 이런 경우에 퀵 마스크 모드(P.128)로 전환하면 선택하지 않은 부분이 붉은 색으로 표시되기 때문에 쉽게 구분할 수 있습니다. 화면을 퀵 마스크 모드로 전환하려면 키보드의 Q를 누릅니다. 퀵 마스크 모드를 해제하려면 다시 Q를 누릅니다.

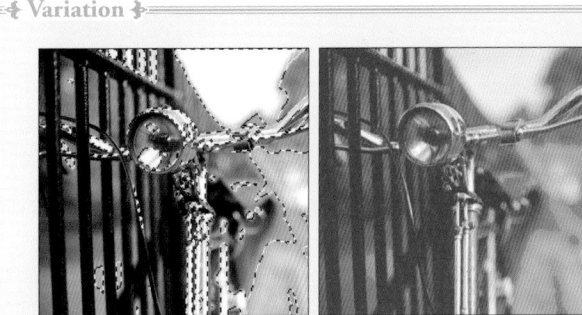

일반 표시 모드   퀵 마스크 모드

관련 선택 영역의 기본 조작 : P.88   알파 채널 : P.113   선택 영역의 경계 확인하기 : P.128

067 선택 영역 경계선에 테두리 만들기

메뉴에서 [Select] → Modify → Border를 실행하면 선택 영역 경계선에 테두리를 만들 수 있습니다.

step 1

❶ 선택 영역이 지정된 상태에서 메뉴에서 [Select]
→ Modify → Border를 실행하여 [Border Selection]
대화상자를 표시합니다.

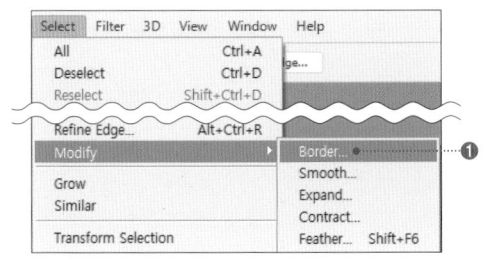

step 2

❷ Width에 테두리 부분의 두께를 입력한 다음
〈OK〉 버튼을 클릭합니다.

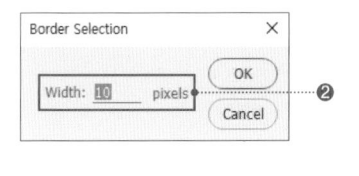

step 3

❸ 원래의 선택 영역 바깥 라인을 중심으로 양쪽 방
향에 테두리가 생깁니다. 이때, 선택 영역은 두 개의
테두리 사이가 됩니다.

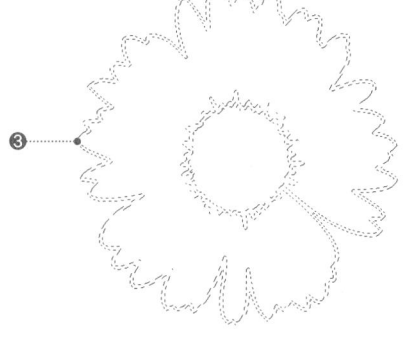

step 4

테두리를 만든 경계의 안쪽을 채우면 ❹처럼 됩니다.
Border 기능은 선택 영역의 정확도에 따라 결과가
달라집니다. 원래 선택 영역의 테두리가 거칠었거나
경계선이 비스듬했던 부분은 깔끔하게 되지 않을 수
도 있습니다.

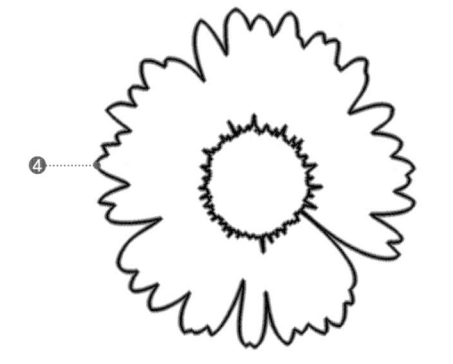

관련 선택 영역의 기본 조작 : P.88　선택 영역 추가·삭제하기 : P.93　선택 영역 확장하기 : P.99　선택 영역 저장하기 : P.116

{068} 불규칙한 선택 영역을 자연스러운 곡선으로 만들기

메뉴에서 [Select] → Modify → Smooth를 실행하면 들쑥날쑥한 선택 영역을 매끄럽게 조정할 수 있습니다.

개요

올가미 도구를 사용하면 매끄럽고 자유로운 형태의 선택 영역을 만들 수 있습니다. 그러나 올가미 도구를 다루는 것은 쉽지 않고 원하는대로 움직이지 않을 수도 있습니다. 이번 예제에서는 오른쪽 그림과 같이 다각형 선택 도구로 대충 선택 영역을 만든 다음 Smooth를 사용해 부드럽고 자연스러운 형태의 선택 영역을 만드는 방법을 설명하겠습니다.

step 1

❶ 선택 영역이 지정된 상태에서 메뉴에서 [Select] → Modify → Smooth를 실행하여 [Smooth Selection] 대화상자를 표시합니다.

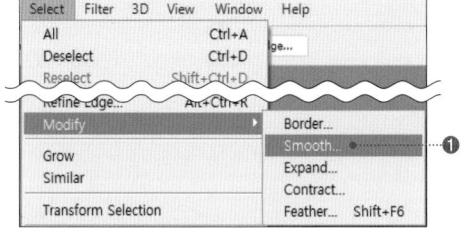

step 2

❷ Sample Radius에 '35'를 입력하고 〈OK〉 버튼을 클릭합니다. ❸ 선택 영역의 뾰족한 부분이 둥글게 됩니다.

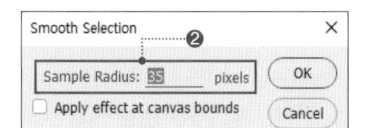

Tip

둥근 사각형은 Web 요소 등에 많이 사용되는 형태이므로 둥근 사각형 형태의 선택 영역을 만들어야 하는 경우가 자주 있습니다. 그러나 포토샵에는 둥근 사각형 형태의 선택 영역을 직접 만드는 방법이 없습니다. 예제에서 소개한 Smooth를 사용해도 둥근 모서리가 서로 연결되지 않기 때문에 깔끔한 둥근 사각형을 만들 수 없습니다.

깔끔하게 둥근 사각형을 만들려면 먼저 둥근 사각형 (Rounded Rectangle) 도구 등으로 둥근 사각형의 패스를 만든 후 선택 영역을 만들어야 합니다.

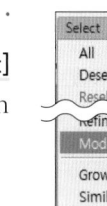

{069} 선택 영역의 경계선을 흐리게 만들기

선택 영역의 경계를 흐리게 하려면 선택 영역을 만든 후에 Feather를 실행하거나, 선택 영역을 만들기 전에 옵션 바에서 Feather 값을 입력합니다.

step 1

❶ 선택 영역을 그림과 같이 만듭니다. 이번 예제에서는 사각형 선택 도구로 선택 영역을 만든 후 선택 영역을 기울였습니다.
❷ 선택 영역을 만든 다음, 메뉴에서 [Select] → Modify → Feather를 실행하여 [Feather Selection] 대화상자를 표시합니다.

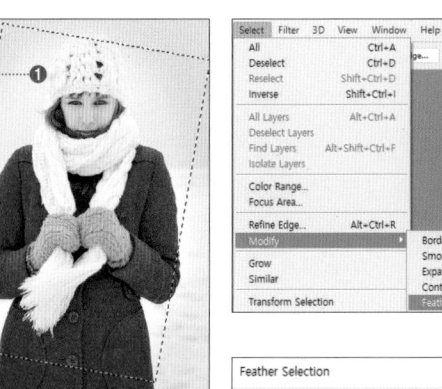

step 2

❸ Feather Radius 값을 '80'으로 설정하고 〈OK〉 버튼을 클릭하면 ❹ 경계선이 흐려집니다.

step 3

❺ 선택 영역이 어느 정도 흐려져 있는지 확인하려면 Tools 패널 하단의 보기 모드 아이콘을 클릭합니다. ❻ 퀵 마스크 모드(P.128)에서는 선택되지 않은 부분이 붉게 표시되므로 선택 영역이 어느 정도 흐려져 있는지 확인할 수 있습니다. 선택된 부분을 복사하여 빈 문서에 붙여넣으면 ❼과 같이 됩니다.

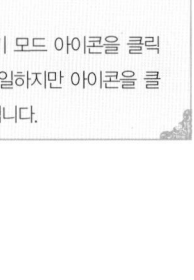

> **Tip**
> 표시 모드로 되돌리려면 다시 보기 모드 아이콘을 클릭합니다. 이때, 아이콘의 위치는 동일하지만 아이콘을 클릭하면 이미지 편집 모드로 전환됩니다.

{070} 이미지의 윤곽을 사용하여 선택 영역 만들기

자석 올가미 도구를 사용하면 윤곽이 뚜렷한 이미지의 경계를 반자동으로 선택할 수 있습니다. 배경이 간단한 경우 사용할 수 있는 기능입니다.

step 1

자석 올가미 도구는 이미지의 색상과 명암을 바탕으로 자석처럼 윤곽에 흡착하여 선택 영역을 만드는 도구입니다. 이미지의 대비가 있는 부분을 드래그하면 반자동적으로 선택 영역을 만들 수 있습니다.

❶ Tools 패널에서 자석 올가미 도구를 선택하고, ❷ 원하는 이미지 윤곽 부분을 클릭한 후 마우스로 드래그합니다. 자동으로 경계선이 결정되고 고정 포인트가 자석처럼 윤곽에 배치됩니다. 이때 드래그를 계속할 필요는 없지만 원하는 장소를 클릭하여 고정 포인트를 배치할 수 있습니다.

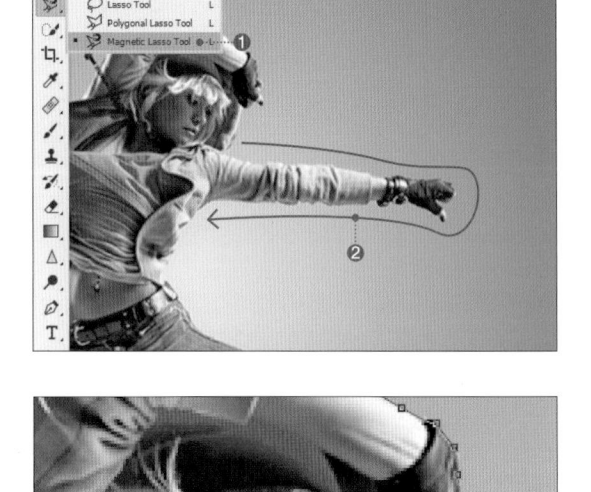

step 2

❸ 가끔 윤곽의 판단이 애매하고 정밀하지 않은 부분이 있을 수 있지만 자석 올가미 도구를 사용하고 있는 도중에는 선택 영역을 수정할 수 없기 때문에 이대로 작업을 진행합니다. 선택 영역의 정확도를 높이는 방법은 뒤에서 다시 설명합니다.

> **Tip**
> 자석 올가미 도구를 사용하면 선택 영역이 원하는 대로 만들어지지 않는 경우가 많기 때문에 선택 영역을 완성한 다음 수정해야 합니다.

step 3

❹ 시작점에 마우스 포인터를 맞추고 더블클릭하거나, 원하는 곳에서 Enter를 누르면 경계선이 닫히면서 선택 영역이 만들어집니다.

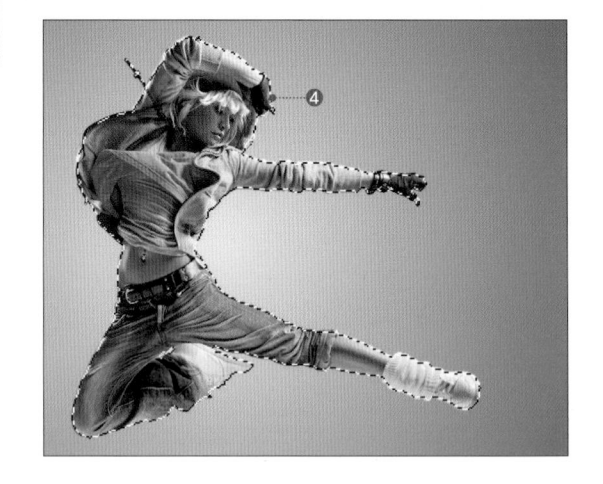

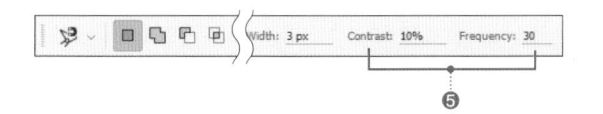

step 4 ••••••••••••••••••••••••••••••••••••••

❺ 자석 올가미 도구의 포인트를 만드는 기준을 변경
하려면 옵션 바에서 Contrast와 Frequency를 설정
합니다.

◉ Contrast와 Frequency

항목	내용
Contrast	이미지에 어느 정도의 명암 차이가 있을 경우 1~100의 범위에서 설정합니다. 높은 값으로 설정하면 명암의 차이가 약한 부분은 가장자리로 감지하지 않습니다.
Frequency	고정 포인트가 배치되는 빈도를 0~100의 범위에서 설정합니다. 높은 값으로 설정하면 고정 포인트가 더 많이 배치됩니다.

✥ 매끄럽고 느슨한 선택 영역

매끄러운 선택 영역을 만들 때는 콘트라스트를 낮게
하고, 빈도수를 적게 설정합니다.
오른쪽 그림은 Contrast가 '10%', Frequency가 '30'
인 경우입니다. 콘트라스트가 낮게 설정되어 있어 가
장자리와의 흡착이 여유롭고 빈도수가 적게 설정되
어 있으므로 테두리 선이 느슨해져 있습니다.

✥ 정밀하고 섬세한 선택 영역

정밀하고 섬세한 선택 영역을 만들 때는 콘트라스트
를 높이고, 빈도수를 많게 설정합니다.
오른쪽 그림은 Contrast가 '60%', Frequency가 '100'
인 경우입니다. 콘트라스트가 높게 설정되어 있으므
로 가장자리와의 흡착이 강하고 빈도수가 많게 설정되
어 있으므로 경계선의 포인트가 많아지고 있습니다.

> **Tip**
>
> 선택 영역을 수정하려면 올가미 도구 등으로 선택 영역을 추가하거나 삭제합니다.
>
> 자석 올가미 도구로 선택 영역을 만들면 Step 2처럼 이미지의 명암을 잘 파악하지 못하거나 생각대로 선택 영역이 생성되지 않는 경우가 많
> 습니다. 이런 경우 일단 자석 올가미 도구로 선택 영역을 만든 다음 수정합니다.
>
> 선택 영역이 부족한 경우 올가미 도구를 선택하고 Shift 를 누른 채 빠진 부분을 드래그하면 빠진 부분에 선택 영역이 추가됩니다. 선택 영역이
> 선택할 부분을 초과한 경우 올가미 도구를 선택하고 Alt (option) 을 누른 채 필요 없는 부분을 드래그해 삭제합니다. 여기에서 설명한 선택 영
> 역을 추가·삭제하는 방법은 다른 선택 도구에서도 동일하므로 기억해두기 바랍니다.

관련 선택 영역의 기본 조작 : P.88 선택 영역 추가·삭제하기 : P.93 올가미 도구 : P.90

{071} 이미지의 색상과 명암을 바탕으로 선택 영역 만들기

마술봉 도구를 사용하면 이미지에 포함된 비슷한 색상과 명암을 바탕으로 선택 영역을 만들 수 있습니다. 간단한 삽화나 사진에 사용하면 효과적입니다.

❶ Tools 패널에서 마술봉 도구를 선택하고, ❷ 옵션 바의 Tolerance 값을 설정합니다. 예제에서는 기본값인 '32'를 그대로 두었습니다.

❸ 이미지가 있는 레이어를 선택하고, ❹ 원하는 위치를 클릭합니다. 클릭한 위치와 색이나 명암이 비슷한 부분이 선택됩니다. ❺ 알파 채널(P.113)을 확인해보면 선택 영역이 깔끔하게 만들어진 것을 확인할 수 있습니다.

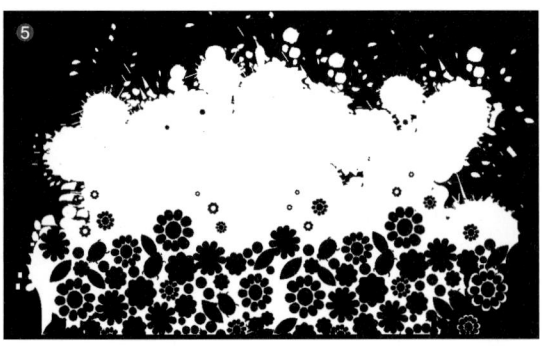

❻ 클릭한 위치와 이어진 선택 영역을 만들려면 옵션 바에서 'Contiguous'에 체크 표시합니다. ❼ 클릭한 부분과 ❽ 떨어진 곳은 만약 동일한 색상이어도 선택되지 않습니다.

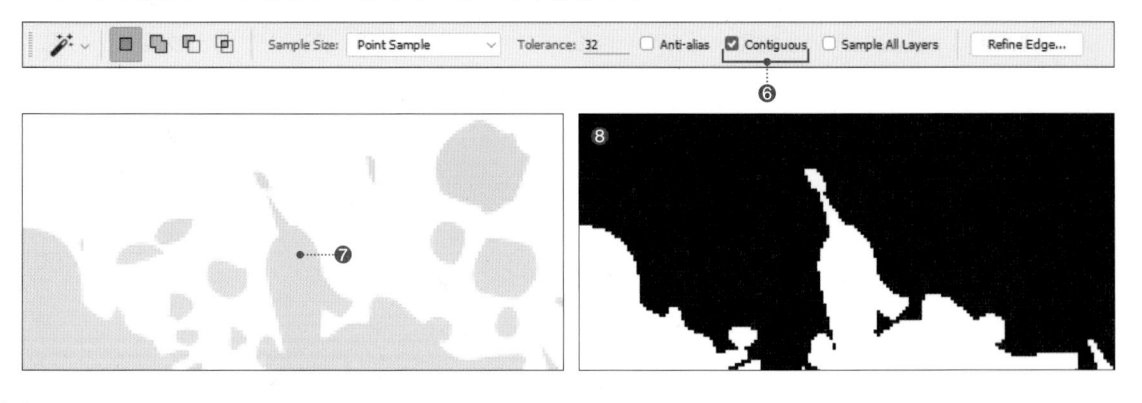

step 4

아래 사진처럼 풍부한 그러데이션으로 구성된 이미지에 선택 영역을 만들 때에는 옵션 바에서 'Anti-alias'에 체크 표시하고, Tolerance 값도 넉넉하게 설정합니다. 이 예제에서는 ❾ 'Anti-alias'에 체크 표시하고, ❿ Tolerance를 '120'으로 설정했습니다.

Tip

마술봉 도구는 그러데이션이 없는 일러스트 이미지에 적합한 도구입니다. 색이 분명하게 나뉘어져 있는 간단한 이미지는 마술봉 도구로 쉽게 선택 영역을 만들 수 있습니다.

마술봉 도구는 이미지의 색상과 명암을 바탕으로 선택 영역을 만들기 때문에 사진처럼 복잡한 그러데이션으로 구성된 이미지에서 사용하는 데에는 어려움이 따릅니다. 하지만 색상 지정을 사용하면 섬세한 조정이 가능하기 때문에 복잡한 이미지에 대해서도 정확한 선택이 가능합니다. 필요에 따라 Feather Selection과 함께 사용하면 더 좋은 결과물을 얻을 수도 있습니다.

Step 4에서는 마술봉 도구를 이용해 깔끔하게 선택 영역을 만들었으나 마술봉 도구의 설정이나 조작이 어려운 경우 '알파 채널을 사용하는 법(P.120)'이나 '특정 색상 영역을 선택하는 방법(P.109)'을 사용하기 바랍니다.

알파 채널을 사용해 만든 선택 영역   특정 색상 영역을 선택해 만든 선택 영역

{072} 반자동적으로 선택 영역 만들기

빠른 선택 도구로 이미지를 드래그 또는 클릭하면 대략적인 선택 영역을 만들 수 있습니다. 따라서 복잡한 형태를 포함한 이미지에 쉽고 빠르게 선택 영역을 만들 때 유용합니다.

step 1

❶ Tools 패널에서 빠른 선택 도구를 선택하고, ❷ 옵션 바에서 'Add to selection' 아이콘을 클릭한 후 ❸ 오른쪽 풀다운 메뉴에서 브러시 크기를 설정합니다.

step 2

❹ 이미지에서 드래그하면 자동으로 화면의 경계를 결정하고 선택 영역이 생성됩니다.
선택 영역은 자유롭게 추가하거나 삭제할 수 있기 때문에 계속 드래그하지 않아도 됩니다.

step 3

세세하게 선택해야 할 부분은 브러시 크기를 줄이거나 클릭해서 선택 영역에 추가합니다.
❺ 불필요한 선택 영역이 만들어진 경우 ❻ 브러시 모드를 'Subtract from selection'으로 변경하고 같은 방법을 사용해 제거합니다. ❼ 원하는 위치에 선택 영역이 만들어지면 완성됩니다.

> **Tip**
> 빠른 선택 도구는 포토샵이 자동으로 경계를 판단하기 때문에 세밀한 선택 영역을 만들기에 적합합니다. 인물의 얼굴처럼 색상 차이가 모호한 선택 영역(선택 영역의 경계선을 흐릿하게 사용하는 경우 등)에 사용합니다. 빠른 선택 도구로 만든 애매한 선택 영역도 인물처럼 경계가 모호한 이미지에 사용하는 경우엔 품질에 거의 영향을 주지 않습니다.

{073} 특정 색상 영역 선택하기

특정 색상 영역에 선택 영역을 만들려면 Color Range를 사용합니다. Color Range는 마술봉 도구와 비슷한 기능을 가지고 있습니다.

· step 1 ·

메뉴에서 [Select] → Color Range를 실행하여 [Color Range] 대화상자를 표시합니다.

❶ Select에서 'Sampled Colors'를 선택하고 ❷ 선택할 색상을 클릭합니다. ❸ 지정한 색상 영역만 선택 대상이 되어 대화상자의 섬네일 화면에 표시됩니다. ❹ Fuzziness 값을 조정하여 선택한 색상 영역의 폭을 실시간으로 변경할 수 있습니다.

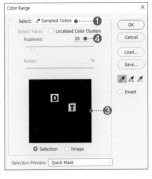
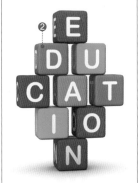

· step 2 ·

Fuzziness 값을 설정하는 것만으로는 목표하는 대로 선택 영역을 지정할 수 없는 경우가 많기 때문에 Sample Color 영역을 조금씩 추가하면서(Add to sample) 선택 영역을 넓혀 원하는 선택 영역을 만듭니다.

❺ Selection Preview에서 'Grayscale'을 선택하고 ❻ 선택된 범위를 이미지 창에서 확인합니다. ❼ Fuzziness 값을 '2'로 설정하고 ❽ 'Add to sample' 아이콘을 선택한 후, 화면 위를 클릭합니다. 화면을 여러 번 클릭해서 선택 영역을 늘릴 수 있습니다. ❾ 이 작업을 반복하면 섬세한 선택 영역을 만들 수 있습니다.

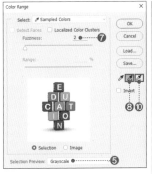
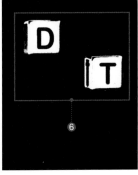

> **Tip**
> ❿ 선택 영역이 지나치게 넓어졌을 때에는 'Subtract from sample' 아이콘을 선택하고 클릭하여 불필요한 선택 영역을 삭제합니다.

선택 영역 추가, 삭제 전

선택 영역 추가, 삭제 후

074 경계가 복잡한 개체를 섬세하게 선택하기

경계선이 불분명하거나 애매한 개체에 선택 영역을 만들 경우에는 Refine Edge 기능을 사용합니다.

step 1

Refine Edge 기능을 사용하려면 먼저 빠른 선택 도구
(P.108)를 사용해서 대략적인 선택 영역을 만듭니다.
❶ 이번 예제에서는 동물의 윤곽에 맞춰 대략적으로
선택 영역을 만들었습니다. 이 시점에선 미세한 털
같은 것은 무시하고 진행합니다. 다만, 너무 큰 선택
영역을 만들면 나중에 조정하는 데 어려움이 따르므
로 주의하기 바랍니다.

step 2

❷ 메뉴에서 [Select] → Refine Edge를 실행하여
[Refine Edge] 대화상자를 표시합니다.

> **Tip**
> 포토샵 CC 2015.5 버전 이후로는 [Select and Mask] 메뉴
> 로 변경되었습니다. 각 버전마다 기능과 옵션 값에는 차이가
> 있지만 사용 방법은 비슷합니다.

step 3

[Refine Edge] 대화상자가 표시되면 자동으로 선택
영역이 변경된 상태에서 미리보기 됩니다. 미리보기
를 보면서, 또 상황에 맞게 View 상태를 변경해가면
서 설정을 조정합니다. ❸ 설정한 결과를 확인하기
쉽도록 View 상태를 'On Black'으로 변경했습니다.
경계가 모호한 윤곽을 가진 이미지의 경우에는 반
드시 처음에 Edge Detection 영역의 ❹ 'Smart
Radius'에 체크 표시하고 ❺ Radius를 조정합니다.
여기에서는 Radius를 '60'으로 설정했습니다.

> **Tip**
> Radius만으로 적절하게 선택할 수 없는 경우에는 ❻ Refine
> Radius Tool/Erase Refinements Tool을 선택해 해당 부분
> 을 드래그하면 자동적으로 이미지의 명암 차이를 판단하여 선
> 택 영역을 확장하거나 축소합니다.

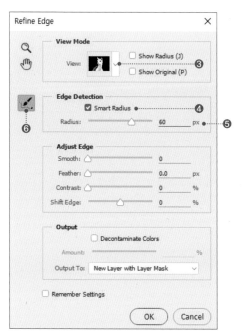

step 4

정밀하게 경계 부분을 조정하기 위해 Shift Edge와 Decontaminate Colors를 사용합니다. ❼ 예제에서는 선택 영역을 줄여서 불필요한 배경이 안보이도록 Shift Edge에 '-20'을 입력했습니다. ❽ 흰 털 사이로 보이는 초록색 배경을 제거하기 위해서 ❾ 'Decontaminate Colors'에 체크 표시하고, Amount를 '100'으로 설정합니다. ❿ Output To는 상황에 따라 다르게 설정하며, 잘 모를 경우에는 'New Layer with Layer Mask'를 선택합니다. ⓫ 모든 설정이 끝나면 〈OK〉 버튼을 클릭합니다.

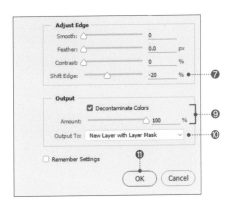

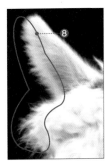

Tip

Refine Edge 기능의 큰 매력 중 하나는 Decontaminate Colors가 있지만, Decontaminate Colors는 이미지의 픽셀 자체를 조작하기 때문에 선택 영역만 만드는 것이 가능하지 않게 됩니다. 따라서 이 기능을 사용하게 되면 Output To에서 선택 영역(Selection) 및 레이어 마스크(Layer Mask)를 선택할 수 없습니다. 잘 이해가 되지 않는 경우 Output To를 변경하여 비교해 보세요.

Tip

불필요한 컬러(컬러 프린지)를 제거하는 방법은 여기에서 소개한 방법 이외에도 메뉴에서 [Layer] → Matting → Color Decontaminate를 선택하는 방법도 있습니다(P. 206).
이 기능은 레이어 마스크가 있는 이미지에만 사용할 수 있습니다. 'Remove Black Matte'와 'Remove White Matte', 'Defringe' 등을 선택할 수도 있습니다.

◎ [Refine Edge] 대화상자 설정 항목

항목	내용
View	이미지의 표시 방식을 일곱 종류 중에 선택합니다. 각 표시 방식은 단축키로 지정되어 있습니다. X를 누르면 편집 전의 이미지를 볼 수 있습니다. F를 누르면 표시 방식이 순차적으로 전환됩니다.
Refine Radius Tool/ Erase Refinements Tool	Smart Radius를 사용해도 선택되지 않은 부분이나 필요 이상으로 선택된 영역을 수정하는 도구입니다. 드래그한 부분만 다시 경계선을 판별해서 선택 영역을 수정합니다.
Smart Radius	체크 표시를 하면 Radius 슬라이더로 경계선을 수정할 때 자동으로 검색한 이미지의 가장자리를 보다 더 상세하게 수정합니다. 딱딱한 가장자리와 부드러운 가장자리가 섞여 있는 경우에 유효합니다.
Radius	선택 영역의 경계선이 수정되는 영역을 설정합니다. 큰 값을 지정하면 불필요한 부분까지 수정되므로 보통은 작은 값부터 설정합니다.
Smooth	경계선이 거친 경우에 경계선을 부드럽게 합니다.
Feather	선택 영역의 경계선과 그 주변을 흐리게 합니다.
Contrast	선택 영역의 경계선이 너무 부드럽거나 흐려져 있는 경우에 사용합니다. 다만 Smart Radius를 사용할 경우 Contrast는 사용하지 않습니다.
Shift Edge	편집 전에 만든 선택 영역을 확대 또는 축소합니다.
Decontaminate Colors	체크 표시를 하면 이미지를 잘라내 출력할 때 이미지 가장자리에 남아 있는 배경 색에 영향을 받은 불필요한 컬러를 제거합니다. 체크 상자 하단에 있는 Amount 슬라이더로 적용할 양을 조정합니다.

step 5 ·

❷ Output To를 'New Layer with Layer Mask'로 설정했기 때문에 작업이 끝나면 레이어 마스크와 함께 새 레이어가 생성됩니다.

털 부분을 포함해 깔끔하게 선택 영역이 만들어져있는 것을 확인할 수 있습니다. 이 항목에서 소개한 방법만으로 깔끔하게 되지 않는 경우에는 다음 작업도 함께 시도해보기 바랍니다.

· 알파 채널을 사용하는 방법 (P.120)
· 반투명한 선택 영역을 만드는 방법 (P.124)

= ⟩ Variation ⟨ =

❸ 이번 예시처럼 부드러운 이미지를 잘라내 다른 이미지에 배치하면 합성 후의 배경색에 따라 가장자리 부분이 제대로 잘려 있지 않은 경우가 있습니다.

❹ 이런 경우 Refine Edge를 선택해 선택 영역을 수정합니다. 잘라낸 다음 가장자리 부분이 어둡거나 밝은 경우 Adjust Edge 영역의 Shift Edge에 마이너스 값을 입력해 수정할 수 있습니다.

 관련 반투명한 선택 영역 만들기 : P.124 선택 영역 저장하기 : P.116 빠른 선택 도구 : P.108

〔075〕 알파 채널이란

알파 채널이란 이미지에 대한 색 정보 이외의 데이터를 저장, 관리하기 위한 보조적인 영역입니다. 포토샵에서는 선택 영역을 만들거나, 편집, 저장 등을 할 때 사용합니다.

개요

알파 채널을 사용하면 선택 도구만으로는 만들 수 없는 복잡한 선택 영역을 만들 수 있습니다. 포토샵은 선택 영역을 '선택된 상태'와 '선택되지 않은 상태' 두 단계가 아니라 256 단계로 다루는데(P.88) 알파 채널은 256 단계를 그레이스케일 이미지로 처리할 수 있습니다. 흰 부분은 선택 영역이 되고, 검은 부분은 비 선택 영역이 됩니다.

50% 회색 부분은 50% 선택된 상태입니다. 이 때문에 알파 채널을 확인하면 선택 영역의 상태를 정확하게 확인할 수 있으며, 포토샵의 각 기능(예를 들어, 브러시 도구와 필터 등)을 이용하여 선택 영역을 만들거나 편집할 수 있습니다.

따라서 알파 채널을 사용하면 복잡한 색조를 가진 선택 영역을 쉽게 만들 수 있습니다.

step 1

❶ 원본 이미지를 부분적으로 편집하기 위해 ❷ '선택 영역 A'를 만듭니다. '선택 영역 A'를 편집하기 위해 '선택 영역 A'를 토대로 ❸ '알파 채널 A'를 만듭니다. 이제 '선택 영역 A'는 이미지가 되었기 때문에 일반 이미지처럼 브러시를 사용하거나 톤을 변경할 수 있습니다.

❶ 원본 이미지

step 2

그레이스케일 이미지인 '알파 채널 A'를 브러시 도구 등으로 편집하여 ❹ '알파 채널 B'를 만듭니다. 알파 채널의 검은색 부분은 마스크되어 선택되지 않고, 흰 부분은 선택 영역이 됩니다.

❷ 선택 영역 A

❸ 알파 채널 A

step 3

'알파 채널 B'를 ❺ '선택 영역 B'로 변환합니다. 이 작업에서 '선택 영역 B'는 0~100의 투명도를 가진 선택 영역이 되어있기 때문에 같은 색 보정을 해도 부분적으로 적용되는 효과의 정도가 다릅니다.

❹ 알파 채널 B

❺ 선택 영역 B

관련 알파 채널의 기본 조작 : P.114 선택 영역 저장하기 : P.116 저장한 선택 영역 불러오기 : P.117

{076} 알파 채널의 기본 조작

알파 채널의 가장 기본적인 조작 방법을 알아봅니다.

 개요

알파 채널 작업은 Channels 패널에서 합니다.
❶ 일반적인 이미지는 색상 모드가 RGB인 경우 Red, Green, Blue의 세 개 채널에서 색상 정보를 관리하고 있습니다(CMYK의 경우는 네 개의 채널). 선택 영역을 알파 채널로 추가하면 여기에 또 한 개의 채널이 이미지로 설정됩니다.

❖ 선택 영역을 알파 채널에서 불러오기

❷ 선택 영역을 알파 채널에서 불러오려면 선택 영역을 만들고 ❸ Channels 패널 아래쪽 'Save selection as channel' 아이콘을 클릭합니다. ❹ 선택 영역이 그레이스케일 이미지로 알파 채널에 저장됩니다.

❖ 알파 채널로 선택 영역 편집하기

알파 채널로 저장된 선택 영역은 그레이스케일 이미지가 되었기 때문에 브러시 도구나 필터를 이용해 편집할 수 있습니다. 이번 예제에서는 브러시 도구를 사용해 편집하는 방법을 설명합니다.
❺ Channels 패널에서 편집 대상인 알파 채널을 선택합니다. ❻ 화면 표시가 그레이스케일로 변경됩니다. 선택 영역이 있는 부분은 선택 영역이 해제됩니다. ❼ Tools 패널에서 브러시 툴을 선택한 다음 ❽ 브러시를 흰색으로 설정하고 ❾ 선택 영역에 추가하고 싶은 부분을 드래그합니다. 흰색으로 칠해진 부분이 선택 영역에 추가됩니다. 검은색으로 칠하면 칠한 부분은 선택 영역에서 제외됩니다. 회색으로 칠하면 명암에 따라 선택 영역이 됩니다.

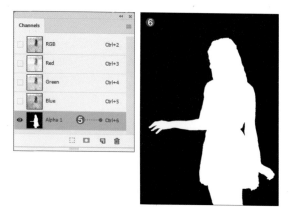

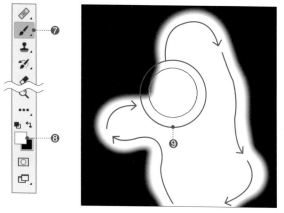

✥ 알파 채널을 선택 영역으로서 불러오기

❿ 편집한 알파 채널을 선택 영역으로 불러오려면 Channels 패널에서 이미지의 알파 채널을 선택하고 ⓫ 패널 아래쪽 'Save selection as channel' 아이콘을 클릭합니다. ⓬ 알파 채널의 그레이스케일 이미지가 선택 영역으로 불러와집니다.

✥ 선택 영역 저장하기

위에서 말한대로 선택 영역은 알파 채널에 저장할 수 있습니다. 이 기능을 사용하면 하나의 이미지에 여러 개의 선택 영역을 만들 수 있습니다. ⓭ 오른쪽 그림에서는 모양이 다른 네 개의 선택 영역을 저장했습니다. 이미지 편집 내용에 따라 여러 가지 형태의 선택 영역을 사용하게 될 경우 이런 방식으로 저장을 해두면 작업마다 선택 영역을 만드는 수고를 줄일 수 있어 편리합니다.

포토샵에서는 하나의 이미지 당 최대 56개 채널을 저장할 수 있습니다(각 색상 채널 포함).

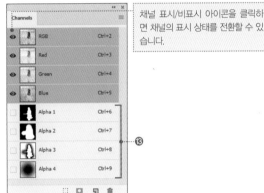

> 채널 표시/비표시 아이콘을 클릭하면 채널의 표시 상태를 전환할 수 있습니다.

✥ 알파 채널을 추가, 삭제하기

⓮ 선택 영역을 알파 채널로 불러오는 것이 아니라 새로운 알파 채널로 추가하려면 패널 아래쪽 'Create new channel' 아이콘을 클릭합니다. ⓯ 불필요한 알파 채널을 삭제하려면 삭제할 알파 채널을 선택하고 'Delete current channel' 아이콘을 클릭합니다.

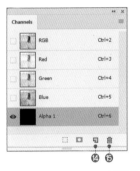

✥ 알파 채널의 표시 색 변경하기

알파 채널의 표시 색은 불투명한 빨간색으로 초기 설정되어 있습니다. ⓰ 이 알파 채널의 표시 색 설정을 변경하려면 Channels 패널의 메뉴에서 'Channel Options'를 선택하고 [Channel Options] 대화상자를 표시해 표시 색에 다른 색을 지정합니다.

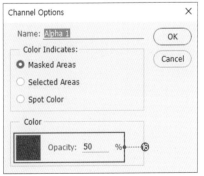

관련 선택 영역의 기본 조작 : P.88　알파 채널이란 : P.113　선택 영역 저장하기 : P.116

077 선택 영역을 알파 채널로 저장하기

선택 영역은 그레이스케일 이미지로 알파 채널에 저장할 수 있습니다. 선택 영역을 이미지로 저장하면 일반 이미지와 동일하게 편집하거나 하나의
이미지에 여러 개의 선택 영역을 저장할 수 있습니다.

step 1

선택 영역을 저장하려면 화면에 선택 영역이 표시된
상태에서 ❶ [Select] → Save Selection을 실행해
[Save Selection] 대화상자를 표시합니다.

 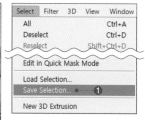

step 2

❷ Document 목록에서 현재 파일명(예제에서는
'077.psd')을 선택하고 Channel 목록에서 'New'를
선택합니다. 예제에서는 Name에 '선택영역01'이라
고 입력했으나 원하는 이름을 붙여도 상관없습니다.
❸ Operation 영역에서 'New Channel'을 선택합니
다. 설정을 확인하고 〈OK〉 버튼을 클릭합니다. 선택
영역을 알파 채널에 '선택영역01'로 저장했습니다.

step 3

❹ Channels 패널을 확인해보면 선택 영역이 알파
채널에 '선택영역01'로 저장되어 있는 것을 확인할 수
있습니다. ❺ 선택 영역을 알파 채널로서 새로 저장
하는 것뿐이라면 Channels 패널의 'Save selection
as channel' 아이콘을 클릭해 실행할 수도 있습니다.
아이콘을 클릭하면 선택 영역이 'Alpha 1'로 저장됩
니다.

step 4

Alt (option)를 누르면서 'Save selection as channel'
아이콘을 클릭하면 [New Channel] 대화상자가 표시
됩니다. ❻ 이 방법을 사용하면 알파 채널의 이름이
나 표시 색 등을 설정할 수 있습니다.

〈078〉 저장한 선택 영역 불러오기

알파 채널로 저장한 선택 영역을 불러오려면 [Selection] → Load Selection을 실행합니다. 단축키를 이용해 간단하게 불러오는 방법도 있습니다.

· **step 1** ·

❶ Channels 패널에서 알파 채널에 저장된 선택 영역이 있는 것을 확인합니다. 이번에는 '선택영역01'을 선택 영역으로 불러옵니다. ❷ 메뉴에서 [Select] → **Load Selection**을 실행하여 [Load Selection] 대화상자를 표시합니다.

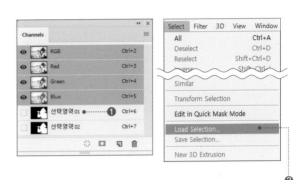

· **step 2** ·

❸ Document 풀다운 메뉴에서 현재 파일명(예제에선 '078.psd')을 선택하고, Channel에서 불러올 알파 채널(예제에서는 '선택영역01')을 선택합니다. 파일명이나 채널의 명칭은 바뀌므로 주의하기 바랍니다. 내용을 확인했으면 〈OK〉 버튼을 클릭합니다.

· **step 3** ·

❹ 알파 채널이 선택 영역이 되었습니다.

> **Tip**
> 알파 채널에 저장되어있는 선택 영역을 불러오는 방법은 다음과 같은 방법이 있습니다.
> ❺ 가장 효율적으로 불러오는 방법은 Channels 패널의 알파 채널 섬네일을 Ctrl(⌘)를 누른 채 클릭하는 방법입니다.
> ❻ 또한 Channels 패널에서 불러올 알파 채널을 선택하고, 패널 아래쪽의 'Load channel as selection' 아이콘을 클릭해도 선택 영역을 불러올 수 있습니다.

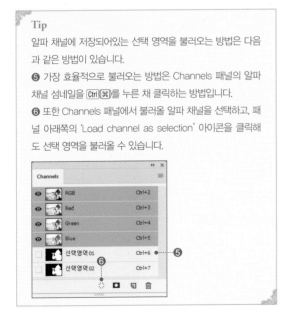

{079} 선택 영역 불러오기

선택 영역을 불러오려면 Ctrl(⌘), Alt(option), Shift를 누르면서 선택 영역이 저장된 알파 채널을 클릭합니다.

개요

선택 영역을 불러오는 방법에는 네 가지 종류가 있습니다

1. 새로운 선택 영역
2. 선택 영역에 추가
3. 현재의 선택 영역에서 일부 삭제
4. 현재의 선택 영역과의 공통 범위

인물의 윤곽을 따라 만들어진 선택 영역이 저장된 오른쪽 이미지를 사용해 선택 영역을 불러오는 방법을 알아봅니다.

❖ 새로운 선택 영역

❶ 알파 채널에서 선택 영역을 불러올 경우 선택 영역이 저장된 알파 채널의 섬네일을 Ctrl(⌘)를 누르면서 클릭합니다. ❷ 저장된 선택 영역이 불러와집니다.

❖ 선택 영역에 추가

❸ 화면의 선택 영역에 알파 채널에 저장된 선택 영역을 추가할 경우 Ctrl(⌘)+Shift를 누르면서 Channels 패널의 섬네일을 클릭합니다. ❹ 예제에서는 알기 쉽게 그레이 스케일 이미지로 표시했습니다. 원본 이미지에 있던 정사각형 선택 영역에 인물 모양 선택 영역이 추가되었습니다.

❖ 현재의 선택 영역에서 일부 삭제

❺ 오른쪽 선택 영역은 메뉴에서 [Select] → Refine Edge를 실행해 선택 영역을 확장하고 흐림 효과를 주었습니다. ❻ 이 선택 영역에서 인물 부분을 삭제하려면 [Ctrl]+[Alt]([⌘]+[option])를 누르면서 Channels 패널 섬네일을 클릭합니다. 이 방법으로 일부가 지워진 선택 영역에 색을 칠하면 ❼과 같은 효과를 낼 수 있습니다.

❖ 현재 선택 영역과의 공통 범위

이미지의 일부에 색을 입힐 경우 이 기능을 사용하면 간단하게 원하는 부분에만 선택 영역을 만들 수 있습니다. ❽ 다각형 선택 도구로 대략적인 선택 영역을 만들고, ❾ [Ctrl]+[Alt]+[Shift]([⌘]+[option]+[Shift])를 누르면서 Channels 패널의 섬네일을 클릭합니다 알파 채널에 저장된 선택 영역과 새롭게 만든 선택 영역이 겹쳐지는 부분만 선택됩니다. ❿ 이 기능으로 선택된 부분의 색을 조정하면 오른쪽 그림처럼 간단하게 이미지 일부분만 색을 바꿀 수 있습니다.

관련 알파 채널이란 : P.113 선택 영역 저장하기 : P.116 저장한 선택 영역 불러오기 : P.117 선택 영역의 경계선을 흐리게 만들기 : P.103

080 알파 채널을 사용해 선택 영역 만들기

알파 채널을 사용하면 선택 도구로 작업하기 어려운 복잡한 이미지에서 간단하게 선택 영역을 만들 수 있습니다.

step 1

알파 채널을 사용해서 선택 영역을 만들려면 명암 차가 가장 큰 채널을 복제하고, 복제한 채널의 명암을 강조한 다음 이미지의 대비를 사용해 선택 영역을 만듭니다.

❶ Channels 패널의 Red, Green, Blue 채널의 눈 아이콘을 순서대로 클릭해 배경과 인물의 명암 차가 가장 많이 나는 이미지를 찾습니다(P.126). ❷ 여기에서는 명암 차가 가장 많이 나는 'Blue' 채널을 사용합니다.

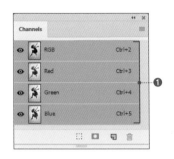

RGB

Red

Green

Blue

step 2

❸ 'Blue 채널을' 'Create new channel' 아이콘으로 드래그하여 채널을 복제합니다. 'Blue copy' 채널이 만들어지고 선택됩니다.

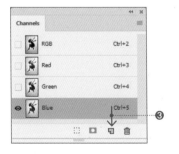

step 3

원하는 선택 영역을 만들기 위해 'Blue copy' 채널의 콘트라스트를 변경합니다. ❹ 메뉴에서 [Image] → Adjustments → Curves를 실행해 [Curves] 대화상자를 표시합니다.

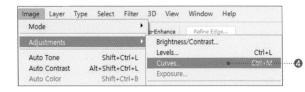

step 4

먼저 이미지의 대비가 강조되도록 이미지를 보정합니다. 밝은 부분이 선택 영역이 되기 때문에 상황에 따라 선택 영역을 반전시킵니다. 전체 이미지의 선택 영역을 한 번에 만들 수 없는 경우에는 분할해서 작업을 진행합니다.

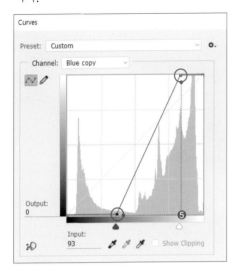

원본 이미지

보정 이미지

step 5

❻ 선택되지 않은 부분이 남아 있으면 선택 도구나 브러시 도구를 사용해서 수정합니다.

> **Tip**
> 알파 채널을 선택 영역으로 변환하면 기본 설정에서는 밝은 부분이 선택 영역이 되지만, 이 예제에서는 알파 채널을 선택 영역으로 변환할 때 선택 영역으로 불러올 영역을 반전할 예정이므로 선택할 부분을 검은색으로 칠했습니다.

step 6

❼ 먼저 Channels 패널의 'Blue copy' 채널을 선택한 채로 RGB의 눈 아이콘을 클릭해서 이미지와 알파 채널 양쪽을 표시합니다. 이렇게 하면 알파 채널과 RGB 이미지를 모두 확인하면서 알파 채널을 보정할 수 있습니다.

❽ 선택할 부분(오른쪽 그림에선 피부 부분)에 선택 영역을 만들고, 메뉴에서 [Edit] → Fill을 실행해 [Fill] 대화상자를 표시합니다.

❾ Contents를 'Black'으로 선택하고 〈OK〉 버튼을 클릭합니다. 피부 부분이 검은색으로 채워지고 선택 영역에 포함됩니다. 같은 방법으로 밝게 표현할 부분 (선택 영역에서 제외할 부분)이 있는 경우 흰색으로 칠합니다.

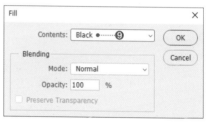

> **Tip**
>
> 알파 채널에서는 흰색으로 칠하면 투명하게 되고, 검은색으로 칠하면 반투명한 붉은색이 됩니다(기본 설정의 경우 : P.334).

이미지를 부분적으로 칠할 경우 브러시 도구를 사용해 이미지를 수정합니다. 그렇게 하면 몇 차례에 나누어서 선택 영역을 만들 수 있습니다. ❿ 브러시 도구로 하얗게 칠하려면 Tools 패널에서 브러시 도구를 선택하고 ⓫ 브러시를 흰색으로 설정합니다. ⓬ 필요에 따라 불투명도를 조절하고 ⓭ 이미지를 칠합니다. 브러시 크기는 이미지 크기를 고려해서 조절합니다. 이 과정을 몇 번 반복하면 인물을 잘라내기 위한 알파 채널이 완성됩니다.

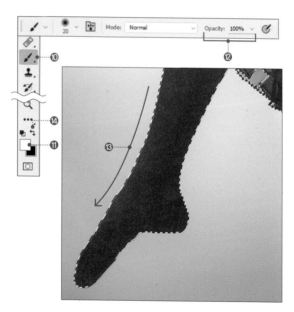

> **Tip**
>
> ⓮ 반대로 이미지를 검게 칠하려면 'Switch Foreground and Background colors' 아이콘을 클릭해 색을 반전합니다.

step 10

⑮ 오른쪽 그림처럼 선택 영역이 될 부분이 검은색이 되고, 제외할 부분이 흰색이 되면 완성입니다.

⑮

step 11

알파 채널을 선택 영역으로 불러옵니다.
메뉴에서 [Select] → Load Selection을 실행해 [Load Selection] 대화상자를 표시합니다.
⑯ Document에 현재 파일을, Channel 풀다운 메뉴에서 편집한 채널을 선택합니다. 배경을 흰색으로 작업했기 때문에 이대로 선택 영역을 만들면 인물이 아닌 배경이 선택됩니다. ⑰ 인물을 선택하기 위해 'Invert'에 체크 표시하고 〈OK〉 버튼을 클릭하면 알파 채널이 선택 영역으로 변환됩니다.

step 12

⑱ Channels 패널의 'RGB'를 클릭해 알파 채널이 표시되어 있던 것을 일반 표시 상태로 되돌립니다.

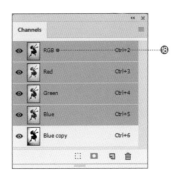

> **Tip**
>
> 예제에서는 깔끔하게 선택할 수 있는 이미지를 사용해 각 단계를 설명했습니다. 그러나 다양한 톤 때문에 알파 채널만으로는 선택 영역을 만들 수 없는 이미지도 많습니다. 이런 경우 알파 채널을 여러 개 만들어 부분적으로 편집하고 합성하면 편리합니다. 예를 들어, 이미지의 윗부분과 아랫부분의 명암 차이가 크기 때문에 하나의 알파 채널로 전체 이미지를 편집하기 어려운 경우, 원본 알파 채널을 두 개로 복제하고 이미지의 위쪽과 아래쪽을 각자 편집한 후 하나의 알파 채널에 합성하면 간단하게 선택 영역을 만들 수 있습니다. 이 방법을 사용하면 복잡한 이미지도 편하게 작업할 수 있습니다.

관련 선택 영역 만들기 : P.89   알파 채널의 기본 조작 : P.114   반투명한 선택 영역 만들기 : P.124   각 채널의 색상 정보 : P.126

081 반투명한 선택 영역 만들기

반투명한 선택 영역을 만들면 동물의 털이나 민들레 씨앗처럼 부드러운 피사체를 깔끔하게 잘라내거나 편집할 수 있습니다.

step 1

반투명한 선택 영역은 Red 채널, Green 채널, Blue 채널 중 가장 명암 차이가 큰 이미지를 복제한 후 Curves로 알파 채널을 편집하여 만듭니다.
❶ Channels 패널의 Red, Green, Blue 채널의 눈 아이콘을 클릭해 이미지의 표시를 Red 채널, Green 채널, Blue 채널로 바꿔가며 배경과 꽃의 명암 차이가 가장 큰 이미지를 찾습니다(P.126). ❷ 이번 예제에서는 Red 채널이 가장 명암 차가 크기 때문에 Red 채널을 사용합니다.

Red 채널

Green 채널

Blue 채널

step 2

❸ 'Red' 채널을 'Create new channel' 아이콘으로 드래그하여 채널을 복제합니다. ❹ 'Red copy'라는 채널이 만들어지고 선택됩니다.

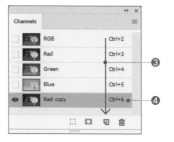

step 3

먼저 깔끔한 선택 영역이 되도록 알파 채널을 Curves로 수정합니다. ❺ 메뉴에서 [Image] → Adjustments → Curves를 실행하여 [Curves] 대화상자를 표시합니다.

step 4

❻ Input을 '180', Output을 '255'와 Input을 '66', Output을 '0'으로 두 군데 포인트를 넣습니다. 선택 영역의 바탕이 된 알파 채널이 완성되었습니다.

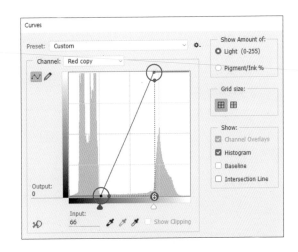

step 5

이미지를 살펴보면 선택 영역이 되어야 할 곳이 흰색으로 칠해져 있지 않은 부분(선택 영역이 아닌 부분)이 있습니다. ❼ Tools 패널에서 브러시 도구를 선택하고 ❽ 브러시를 흰색으로 설정한 다음 ❾ 선택할 부분에 칠합니다. 알파 채널에서는 흰색으로 칠한 부분이 선택 영역이 됩니다.

step 6

❿ Ctrl (⌘)를 누르면서 'Red copy' 채널을 클릭해 알파 채널을 선택 영역으로 불러옵니다. ⓫ RGB 채널을 클릭해서 일반 표시 상태로 돌아와 민들레가 배치된 레이어를 선택합니다.

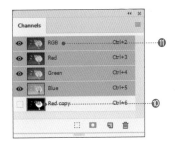

step 7

완성한 선택 영역을 사용해 레이어 마스크로(P.154) 필요 없는 부분을 숨기면 오른쪽 그림처럼 민들레만 표시됩니다.

> **Tip**
> 완성한 예시를 살펴보면 원래 있던 배경색이 남아 민들레의 부분 부분이 파란 것을 확인할 수 있습니다. 이렇게 남은 배경색을 수정하려면 레이어 마스크가 있는 상태에서 메뉴에서 [Layer] → Matting → Color Decontaminate를 실행해 불필요한 색을 제거합니다.

관련 알파 채널이란 : P.113　Refine Edge : P.110　각 채널의 색상 정보 : P.126　Curves 사용하기 : P.178

082 채널 색상 정보나 알파 채널 정보 확인하기

채널의 색상 정보는 Channels 패널에서 각 패널을 표시/비표시로 전환하면 확인할 수 있습니다. 색상 정보는 각각의 색 명암에 의해 그레이스케일 이미지로 표시됩니다.

step 1

❶ 메뉴에서 [Window] → Channels를 실행해 Channels 패널을 표시합니다. ❷ Channels 패널에 표시되어 있는 첫 번째 섬네일은 각 컬러 채널들이 합성되어 있는 합성 채널입니다. ❸ 합성 채널 아래로는 각 색상 모드별로 채널이 표시되어 있습니다. 채널 수는 열려있는 이미지의 색상 모드에 따라 달라집니다. 이미지의 색상 모드가 RGB인 경우 Channels 패널에는 Red, Green, Blue 세 가지의 채널이 표시됩니다(CMYK의 경우에는 네 가지 채널이 표시됩니다).

step 2

Channels 패널에서 각 채널의 섬네일을 클릭하면 채널이 그레이스케일로 표시됩니다. 예를 들어, Red 채널만 표시하면 각 픽셀에 있는 R 값의 농도를 그레이스케일 이미지로 나타냅니다. 다시 말해, 다른 채널과는 상관없이 R 값이 255인 픽셀은 흰색으로 표시되고, R 값이 0인 픽셀은 검은색으로 표시됩니다. 오른쪽 그림에서는 왼쪽 위가 합성 채널, 오른쪽 위가 Red, 왼쪽 밑이 Green, 오른쪽 아래가 Blue의 색상 정보를 보여줍니다.

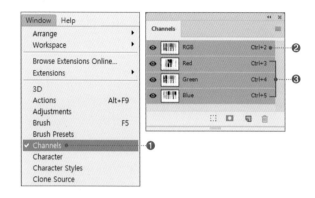

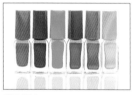
합성 채널

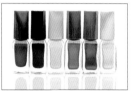
Red 채널

Green 채널

Blue 채널

Tip

❹ 알파 채널이 저장되어 있는 경우 Channels 패널의 제일 아래쪽에 표시됩니다. 알파 채널을 하나만 표시하면 저장된 선택 영역의 상태가 그레이스케일로 표시됩니다. ❺ 알파 채널은 불투명한 빨간색으로 표시됩니다(기본 설정의 경우).

· step 3 ·

컬러 채널을 각각의 색상으로 표시하려면 메뉴에서 [Edit] → Preference를 선택해 [Preference] 대화상 자를 표시하고 Options 영역의 'Show Channels in Color'에 체크 표시합니다. ❻ 각 채널이 각 색상으 로 표시됩니다.

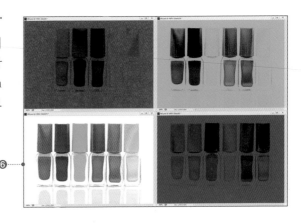

❻

◆ Variation ◆

컬러 채널은 개별적으로 편집 및 수정할 수 있습니다. 포토샵에서 컬러 채널을 조정할 수 있는 방법은 몇 가지 있지만 주로 사용하 는 것은 Curves와 Levels입니다.

✥ Curves

Curves를 사용하려면 메뉴에서 [Image] → Adjustments → Curves를 실행합니다. ❼ 표시되는 [Curves] 대화상자의 채널 목록에서 원하는 채널을 선택하면 채널별로 조정할 수 있 습니다. Curves의 다른 기능에 대해서는 P.178을 참고하기 바 랍니다.

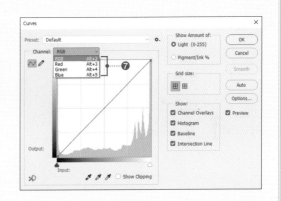

❼

✥ Levels

Levels를 사용하려면 메뉴에서 [Image] → Adjustments → Levels를 실행합니다. ❽ 표시되는 [Levels] 대화상자의 채널 목록에서 원하는 채널 을 선택하면 채널별로 조정할 수 있습니다. Levels의 다른 기능에 대해서는 P.244를 참고하기 바랍니다.

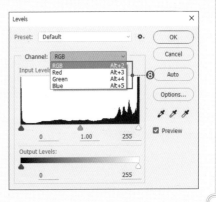

❽

083 선택 영역의 경계 확인하기

선택 영역이 지정된 상태에서 퀵 마스크 모드로 변환하면 선택되지 않은 부분이 반투명한 붉은 마스크로 덮여집니다. 이 마스크를 설정하면 선택 영역을 확인하면서 편집할 수 있습니다.

·step 1·

이미지에 선택 영역을 만들고, ❶ Tools 패널 하단에서 보기 모드 아이콘을 클릭하면 보기 모드가 퀵 마스크 모드로 바뀝니다. 퀵 마스크 모드에서는 선택 영역을 이미지처럼 다룰 수 있습니다. ❷ 선택 영역에 포함되어 있지 않은 부분은 붉은색 마스크로 표시됩니다.

> **Tip**
> 퀵 마스크와 비슷한 기능으로는 '알파 채널'이 있습니다. 양쪽 모두 선택 영역을 이미지로 변환한다는 점은 비슷하지만 이용하는 방법이 다릅니다(P.130 하단 Tip 참조).

·step 2·

선택 영역을 흐리게 만들 경우, 퀵 마스크 모드에서는 경계선을 흐리게(P.103) 만드는 것이 아니라, 마스크 이미지를 흐리게 만들어야 합니다. 그러기 위해서는 메뉴에서 **[Filter]** → Blur → Gaussian Blur를 실행해 [Gaussian Blur] 대화상자를 표시합니다. ❸ Radius에 원하는 값을 입력하고 〈OK〉 버튼을 클릭합니다.

·step 3·

❹ 이미지 편집 모드로 돌아오려면 보기 모드 아이콘을 클릭합니다. ❺ 이미지 편집 모드로 돌아오면 마스크 표시가 사라지고 다시 선택 영역이 표시됩니다. 이 모드에서는 선택 영역의 경계선이 흐린지 확인할 수 없지만 퀵 마스크 모드로 변환하면 경계선이 흐린 것을 확인할 수 있습니다.

084 퀵 마스크 모드로 선택 영역 편집하기

퀵 마스크 모드를 사용하면 선택 영역을 그레이스케일 이미지로 만들고 편집할 수 있습니다. 선택 도구만으로는 지정하기 어려운 복잡한 선택 영역을 만들 수 있습니다.

개요

❶ 오른쪽 이미지의 색 보정을 어둡게 조정하면 자동차 뒷부분이 필요 이상으로 어두워지고 ❷ 하늘은 덜 어두워집니다. 이런 경우, 퀵 마스크 모드로 작업하면 쉽게 원하는 영역을 편집할 수 있습니다.

step 1

이미지 주변을 흐리게 처리하여 선택 영역을 만들고 (P.103) ❸ Tools 패널 하단에 있는 보기 모드 아이콘을 클릭합니다. 그러면 오른쪽 그림처럼 선택되지 않은 부분이 반투명한 붉은색으로 표시됩니다.

step 2

❹ Tools 패널에서 브러시 도구를 선택하고 ❺ 브러시를 검은색으로 설정합니다. ❻ 옵션 바에서 브러시 설정 창을 열고 브러시 형태를 'Soft Round'로, 크기를 '260px'로 지정하고, 불투명도를 '50%'로 설정합니다. ❼ 선택 영역에서 제외할 부분을 드래그하면 칠해진 부분이 붉게 변하며 선택 영역에서 제외됩니다.

> **Tip**
> 경계가 흐린 퀵 마스크를 브러시로 만들 때에는 브러시 설정 창에서 'Soft Round'를 선택합니다.

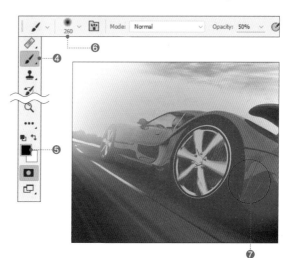

· step 3 ···

하늘 부분을 선택 영역에 추가합니다. ❽ 브러시를
흰색으로 설정하고 ❾ 옵션 바에서 불투명도를 '50%'
로 설정합니다. ❿ 이전 단계와 마찬가지로 브러시를
사용해서 대략적으로 선택 영역에 추가할 부분을 드
래그합니다. 붉은색이 사라지며 선택 영역에 추가됩
니다.

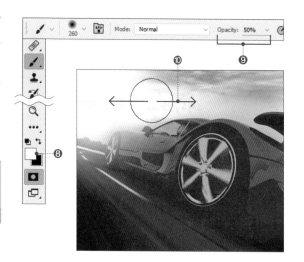

> **Tip**
> 퀵 마스크 모드에서는 일반 이미지 편집 모드와 동일하게 브
> 러시 도구의 불투명도 조절이 가능합니다.

· step 4 ···

⓫ 마지막으로 보기 모드 아이콘을 클릭해 퀵 마스크를 선택 영역으로 돌려놓습니다. 이미지에 맞게 색 보정을
하면 그 효과가 편집된 선택 영역에 적용되어 ⓬처럼 됩니다. 선택 영역 편집 전인 이미지 ⓭과 비교하면 자동
차 위쪽의 하늘이 확실히 선명해진 것을 확인할 수 있습니다.

원본 이미지

보정 이미지

> **Tip**
> 포토샵에는 퀵 마스크와 비슷한 기능을 가진 '알파 채널'이라는 기능도 있습니다(P.113). 양쪽 모두 선택 영역을 그레이스케일 이미지로 다룰
> 수 있기 때문에 브러시 도구나 펜 도구, 필터 기능 등을 이용해 선택 영역을 만들고 편집할 수 있습니다.
> 비슷한 두 기능이지만 차이점도 있습니다. 가장 큰 차이점은 퀵 마스크는 선택 영역을 저장하지 않아도 사용할 수 있다는 점입니다. 알파 채
> 널에서는 먼저 선택 영역을 저장해야 하지만 퀵 마스크에서는 아이콘을 누르는 것만으로 일시적으로 선택 영역을 그레이스케일 이미지로
> 사용할 수 있고 빠르게 원래대로 되돌릴 수 있습니다.
> 그렇기 때문에 선택 영역을 저장할 필요가 없는 경우나 만든 선택 영역의 기능을 확인하고 싶은 경우에는 퀵 마스크를 사용하고, 선택 영역
> 을 저장해야 하는 경우에는 알파 채널을 사용하는 것이 효과적입니다. 퀵 마스크, 알파 채널과 비슷한 기능으로 '레이어 마스크(P.154)'라는
> 기능도 있습니다. 포토샵을 알아가면서 각 기능의 특성이나 차이를 파악하고 활용할 수 있도록 합니다.

제 **3** 장

레이어

085 새로운 레이어 만들기

레이어를 만든 상태에서 작업을 하면 원본 이미지를 훼손하지 않고 작업을 진행할 수 있습니다. 새 레이어를 만들려면 메뉴에서 [Layer] → New → Layer를 실행합니다.

---

step 1

❶ 오른쪽 이미지에는 'Background' 레이어밖에 없습니다. ❷ 이미지에 새 레이어를 만들려면 메뉴에서 [Layer] → New → Layer를 실행하여 [New Layer] 대화상자를 표시합니다.

> **Tip**
>
> [Layer] → New → Layer를 실행해 새 레이어를 만들면 투명한 레이어가 만들어집니다. 투명한 레이어이기 때문에 다른 레이어 위에 겹쳐져 있어도 겉보기에는 달라지지 않습니다.

---

step 2

❸ [New Layer] 대화상자에서는 레이어 이름이나 컬러, 블렌딩 모드, 불투명도 등을 설정할 수 있습니다. 설정 항목은 나중에 변경할 수도 있습니다. 설정이 끝나면 〈OK〉 버튼을 클릭합니다.

◎ [New Layer] 대화상자 설정 항목

항목	내용
Name	새로 만들 레이어의 이름을 입력합니다.
Use Previous Layer to Create Clipping Mask	클리핑 마스크는 아래에 배치된 레이어를 마스크하는 기능입니다. 이 기능은 종종 새 조정 레이어(P.175) 효과를 바로 아래 이미지에만 적용할 경우에 사용합니다.
Color	Layers 패널의 레이어 표시 상태를 나타내는 눈 아이콘 주위에 컬러 레이블을 추가합니다.
Mode / Opacity	블렌딩 모드(P.148)와 불투명도(P.153)를 설정합니다.
No neutral color exists for Normal mode	블렌딩 모드에 따라 중성 색(표시되지 않는 색)이 있습니다. 여기에 체크 표시하면 레이어가 각 블렌딩 모드에 맞는 중성 색으로 채워집니다(P.148).

---

step 3

〈OK〉 버튼을 클릭하면 새로운 레이어가 만들어집니다. ❹ 레이어 패널을 보면 레이어의 섬네일이 표시된 것을 확인할 수 있습니다. 이것은 레이어가 선택되어 있는 것을 나타냅니다. 레이어를 편집하는 경우에는 반드시 편집할 레이어를 선택해야 합니다.

❺ 'Create a new layer' 아이콘을 클릭해 새 레이어를 만들 수도 있습니다.

086 레이어 순서 바꾸기

Layers 패널의 섬네일을 드래그하여 다른 레이어 사이에 위치시키는 방법으로 레이어 순서를 바꿀 수 있습니다.

step 1

❶ 레이어 순서를 바꾸려면 Layers 패널에서 순서를 바꿀 레이어의 섬네일을 클릭해서 이동할 곳으로 드래그합니다. ❷ 레이어와 레이어 사이에 검은색 선이 표시되면 그 위치에 레이어를 놓고 레이어의 순서를 바꿉니다. [Alt]([option])을 누르면서 드래그하면 레이어가 복사됩니다.

step 2

❸ 레이어 순서는 [Layer] → Arrange에서 Bring to Front, Bring to Forward, Send Backward, Send to Back, Reverse를 실행해도 바꿀 수 있습니다. 여러 개의 레이어가 선택되어 있을 때 Reverse를 실행하면 선택되어 있는 레이어의 순서가 전부 바뀝니다.

단축키 Bring to Front	단축키 Bring to Forward
Win [Ctrl]+[Shift]+[J]	**Win** [Ctrl]+[J]
Mac [⌘]+[Shift]+[J]	**Mac** [⌘]+[J]

단축키 Send Backward	단축키 Send to Back
Win [Ctrl]+[Shift]+[[]	**Win** [Ctrl]+[[]
Mac [⌘]+[Shift]+[[]	**Mac** [⌘]+[[]

> ### Tip
>
> 'Background' 레이어는 특수한 레이어입니다. ❹ 보통은 자물쇠 표시가 되어있어 레이어를 움직일 수 없습니다. ❺ 'Background' 레이어를 일반 레이어로 변경하려면 레이어 섬네일을 더블클릭해서 [New Layer] 대화상자를 표시한 후 〈OK〉 버튼을 클릭합니다. 일반 레이어를 'Background' 레이어로 변환하려면 메뉴에서 [Layer] → New → Background from Layer를 실행합니다.
>
>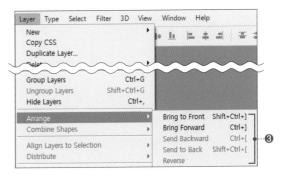
>
>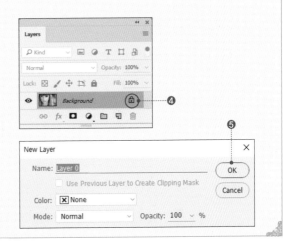

관련 새로운 레이어 만들기 : P.132　레이어 복제하기 : P.134　레이어 삭제하기 : P.135

{087} 레이어 복제하기

레이어는 간단하게 복제할 수 있습니다. 이미지를 직접 편집해야 할 경우에는 편집 전에 미리 레이어를 복제해 백업합니다.

step 1

❶ 레이어를 복제하려면 Layers 패널에서 복제할 레이어를 선택하고 ❷ 메뉴에서 [Layer] → Duplicate Layer를 실행해 [Duplicate Layer] 대화상자를 표시합니다.

Tip
레이어를 복제하는 단축키는 없지만 선택 영역이 없는 상태에서 Ctrl + J를 누르면 복제 대신 사용할 수 있습니다.

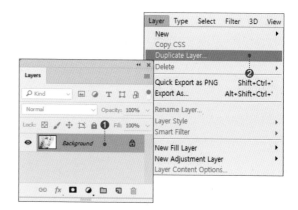

step 2

❸ 레이어 이름을 입력하고 ❹ Document에 열려있는 파일이 지정되어 있는지 확인한 다음 〈OK〉 버튼을 클릭합니다. ❺ 레이어가 복제되었습니다.

Tip
❻ 레이어를 Layers 패널 오른쪽 아랫부분의 'Create a new layer' 아이콘으로 드래그해도 레이어를 복제할 수 있습니다. 이때 Alt 를 누른 채로 드래그하면 레이어 이름도 설정할 수 있습니다.

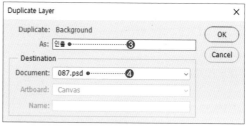

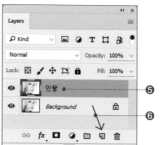

❖ Variation ❖

❼ [Duplicate Layer] 대화상자의 Document에 기존 파일명이 아닌 'New'를 선택하고 이름을 지정하면 레이어를 새 이미지로 사용할 수 있습니다. 또, 일반 레이어를 복제할 때와 동일하게 레이어 여러 장을 새 이미지로 사용할 수도 있습니다.

관련 새로운 레이어 만들기 : P.132　레이어 삭제하기 : P.135　레이어를 부분적으로 복제하기 : P.147

(088) 불필요한 레이어 삭제하기

불필요한 레이어를 방치하면 레이어 구조를 파악하기 어려워 효율성이 떨어집니다. 파일 크기도 커지므로 필요 없는 레이어는 삭제하는 것이 좋습니다.

step 1

❶ 레이어를 삭제하려면 Layers 패널에서 삭제할 레이어를 선택하고 ❷ Layers 패널 오른쪽 윗부분에 있는 패널 메뉴에서 Delete Layer를 실행합니다.

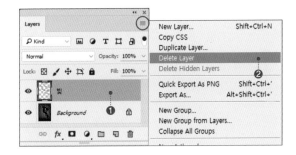

step 2

❸ 삭제할 것인지 확인하는 대화상자가 표시되면 〈Yes〉 버튼을 클릭합니다. ❹ 선택된 레이어가 삭제되었습니다. ❺ 대화상자 왼쪽 아랫부분에 있는 'Don't show again'에 체크 표시하면 다음부터는 대화상자가 표시되지 않습니다.

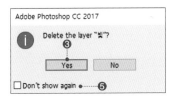

> **Tip**
> 레이어를 삭제할 때 표시되는 대화상자는 [Alt] ([option])를 누르면
> 표시되지 않습니다.

> **Tip**
> 레이어를 삭제하는 방법은 위 방법 이외에도 여러 가지가 있습니다.
>
> 1. Layers 패널에서 삭제할 레이어를 마우스 오른쪽 버튼으로 클릭하고 표시된 메뉴에서 **Delete layer**를 실행합니다.
> 2. 삭제할 레이어를 선택하고 Layers 패널 오른쪽 하단의 ❻ 'Delete layer' 아이콘을 클릭합니다.
> 3. 삭제할 레이어를 'Delete layer' 아이콘으로 드래그합니다.
> 4. 선택 영역이 없는 상태에서 삭제할 레이어를 선택한 후 [Delete]를 누릅니다.
>
> 일반적으로는 'Delete layer' 아이콘을 클릭하는 방법이 간단해 자주 사용합니다. 여러 장의 레이어를 선택하면 레이어를 한번에 삭제할 수도 있습니다.

089 이미지를 직접 클릭해서 레이어 선택하기

한 화면에 여러 장의 레이어가 있는 경우에 이동 도구를 선택하고 [Ctrl]([⌘])을 누르면서 클릭하면 원하는 레이어를 여러 장 선택할 수 있습니다.

step 1

❶ Tools 패널에서 이동 도구를 선택하고 ❷ [Ctrl]([⌘])을 누른 채로 화면 위를 클릭합니다. 레이어를 여러 장 선택할 경우 [Ctrl]([⌘])+[Shift]를 누르면서 클릭합니다.

step 2

❸ 클릭한 위치에 있는 객체의 레이어가 자동으로 선택되어 선택됩니다. 선택된 레이어를 해제하려면 앞에서와 마찬가지로 [Ctrl]([⌘])+[Shift]를 누른 채 이미지를 클릭합니다.

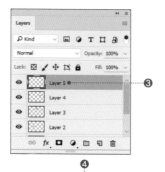

step 3

❹ 이동 도구 옵션 바에 있는 'Auto-Select'에 체크 표시하면 [Ctrl]([⌘])을 누를 필요 없이 클릭만으로 레이어를 선택할 수 있습니다.

이 설정은 언뜻 보면 작업이 편해지는 것 같지만 원하지 않을 경우에도 레이어가 선택될 수 있습니다. 따라서 조작에 익숙한 사람은 'Auto-Select'의 체크는 해제합니다.

Tip

❺ Auto-Select는 Group과 Layer 두 가지 옵션이 있습니다. 이 설정에서 이동 도구로 레이어를 선택할 때 레이어를 선택할 것인지 선택한 레이어의 레이어 그룹을 선택할지 선택할 수 있습니다.

Tip

이 항목에서 소개한 방법은 먼저 이동 도구를 선택해야 하기 때문에 Layers 패널에서 레이어를 선택하는 방법(P.137)이 더 편해 보일지도 모릅니다. 그러나 여기에서 소개한 방법이라면 원하는 레이어를 Layers 패널에서 찾을 필요 없이 이미지를 보면서 직접 레이어를 선택할 수 있기 때문에 포토샵 작업에 익숙해지면 효율적으로 작업을 진행할 수 있습니다. 도구를 바꿀 때도 단축키를 사용하면 좀 더 효율적으로 작업할 수 있습니다.

{090} 여러 개의 레이어를 한번에 선택하기

여러 개의 레이어를 한번에 선택하려면 Ctrl(⌘) 또는 Shift를 누르면서 선택합니다. 이러한 방법으로 한번에 레이어를 복제하거나 삭제할 수 있습니다.

step 1

❶ Layers 패널에서 선택되지 않은 레이어를 Ctrl(⌘)을 누른 채 클릭하면 여러 레이어를 한번에 선택할 수 있습니다. ❷ Shift를 누른 채 레이어를 클릭하면 원래 선택되어 있는 레이어와 클릭한 레이어 사이에 있는 모든 레이어가 선택됩니다.

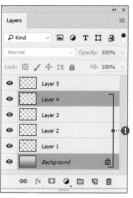
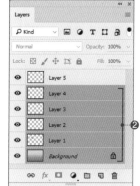

> **Tip**
> 포토샵에서 이미지를 편집하려면 편집할 이미지가 배치된 레이어를 선택해야 합니다. 여러 레이어를 선택할 경우 동시에 이동하거나 변형할 수 있습니다. 다만 필터나 색상 보정 기능은 한 개의 레이어에만 적용됩니다.

step 2

❸ Layers 패널 아랫부분을 클릭하면 선택된 레이어가 전부 해제됩니다.

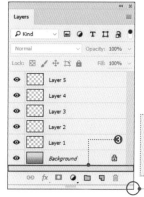

> Layers 패널 아래쪽에 비어있는 부분이 없는 경우 패널 아랫부분을 드래그하면 Layers 패널을 넓힐 수 있습니다.

✦ Variation ✦

위에서 소개한 Layers 패널을 이용해 레이어를 선택하는 방법은 원하는 레이어를 Layers 패널에서 찾아야 하기 때문에 레이어 수가 많고 원하는 레이어를 찾기가 복잡하거나 레이어를 빨리 선택하려면 이동 도구를 사용하는 방법이 더 편리합니다. Tools 패널에서 이동 도구를 선택하고, ❹ 선택할 부분을 Ctrl을 누른 채 클릭하면 ❺ 클릭한 개체가 포함된 레이어가 선택됩니다(P.136).

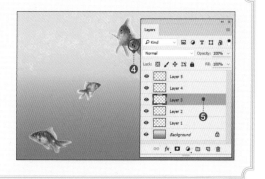

관련 이미지를 직접 클릭해서 레이어 선택하기 : P.136　새로운 레이어 만들기 : P.132　레이어 삭제하기 : P.135

091 레이어 이동하기

레이어를 이동하려면 이동 도구를 사용합니다. 열려있는 다른 이미지로 이동할 경우에도 같은 방법으로 이동시킬 수 있습니다.

step 1

❶ Layers 패널에서 이동할 레이어의 섬네일을 선택합니다. 이번 예제에서는 제일 앞에 배치된 나무 실루엣 레이어를 선택하고 이동 시키겠습니다.

> **Tip**
> 레이어를 선택할 때는 Layers 패널에서 해당 레이어의 섬네일을 클릭하거나, 이동 도구로 이미지에서 선택할 개체가 포함된 부분을 Ctrl(⌘)을 누른 채 클릭합니다(P.136).

step 2

❷ Tools 패널에서 이동 도구를 선택하고, ❸ 옵션 바에서 'Auto-Select'와 'Show Transform Controls'에 체크 표시를 해제합니다.

◎ 이동 도구 옵션

항목	내용
Auto-Select	체크 표시를 하면 클릭한 위치에 있는 레이어를 자동으로 선택할 수 있습니다. 다만 포토샵 작업에 익숙해지면 오히려 사용하는 것이 불편할 수도 있습니다.
Show Transform Controls	체크 표시를 하면 메뉴에서 [Edit] → Free Transform(P.62)을 선택했을 때처럼 이동 대상에 바운딩 박스가 표시됩니다. 선택된 레이어를 쉽게 확인할 수 있습니다. 또 각 모서리와 측면에 있는 핸들을 드래그해서 개체를 변형할 수도 있습니다.

step 3

❹ 이미지를 드래그하면 선택된 레이어를 이동할 수 있습니다. 이동할 때 Shift를 누르면서 드래그하면 수평, 수직을 유지한 채로 이동하고, Alt(option)를 누르면서 드래그하면 개체가 복사됩니다. 이번에는 'Auto-Select'에 체크 표시를 하지 않았기 때문에 이미지의 어디를 드래그해도 Step 1에서 지정한 레이어만 이동합니다.

092 레이어를 상하좌우로 반전하기

특정 레이어를 좌우로 반전할 때는 Flip Horizontal을 실행하며, 상하로 반전할 때는 Flip Vertical을 실행합니다.

개요

오른쪽 이미지는 인물과 배경, 배경 문양이 전부 각각의 레이어로 나누어져 있습니다. 이번 예제에서는 인물 레이어만 좌우로 반전하겠습니다.

step 1

❶ 반전할 레이어를 선택합니다. 여러 레이어를 한번에 조작할 경우 Ctrl(⌘)을 누르고 레이어를 순서대로 클릭해서 선택합니다.

step 2

❷ 메뉴에서 [Edit] → Transform → Flip Horizontal을 실행합니다. ❸ 그러면 선택한 레이어가 좌우로 반전됩니다. 같은 방법으로 [Edit] → Transform → Flip Vertical을 실행해 상하로 반전합니다.

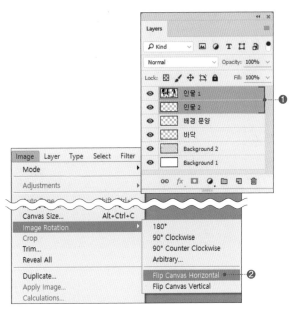

> **Tip**
> 레이어 마스크(P.154)가 설정된 레이어를 좌우로 반전하거나 변형하면 마스크도 함께 변형됩니다. 이미지만 변경하고 싶은 경우 레이어와 레이어 마스크의 링크를 표시하는 자물쇠 아이콘을 클릭해서 링크를 해제한 후에 편집하기 바랍니다(P.158).

관련 레이어 변형하기 : P.62 레이어 마스크 : P.154 여러 개의 레이어를 한번에 선택하기 : P.137

제3장 레이어

{093} 레이어 이미지 정렬하기

서로 다른 레이어의 이미지를 정렬하려면 [Layer] → Align에서 정렬 방법을 선택합니다. 이미지를 균등하게 배치하는 방법을 선택하려면 [Layer] → Distribute를 실행합니다.

step 1

아래 그림의 금붕어는 모두 다른 레이어에 배치되어 있습니다. 이 금붕어들을 정렬하려면 ❶ Layers 패널에서 정렬할 레이어를 선택하고 ❷ [Layer] → Align에서 정렬 방법을 선택합니다.

 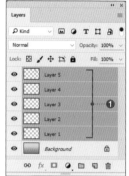 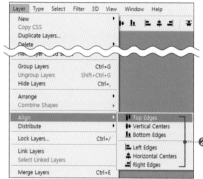

Top Edges : 레이어 순서에 상관없이 화면 위쪽에 배치된 레이어를 기준으로 다른 레이어를 정렬합니다.

Vertical Centers : 각 레이어의 중심을 기준으로 모든 레이어를 정렬합니다.

Bottom Edges : 레이어 순서에 상관없이 화면 아래쪽에 배치된 레이어를 기준으로 다른 레이어를 정렬합니다.

Left Edges : 화면에서 가장 왼쪽에 있는 레이어를 기준으로 다른 레이어를 정렬합니다.

Horizontal Centers : 각 레이어의 중심을 기준으로 모든 레이어를 정렬합니다.

Right Edges : 화면에서 가장 오른쪽에 있는 레이어를 기준으로 다른 레이어를 정렬합니다.

step 2

레이어에 배치된 금붕어를 균등하게 배치하려면 정렬할 때와 마찬가지로 Layers 패널에서 정렬할 레이어를 선택한 후 ❸ [Layer] → Distribute에서 배치 방법을 선택합니다.

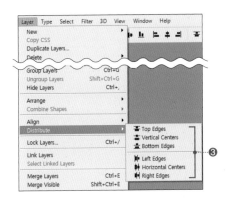

Top Edges : 각 레이어의 윗부분이 균등한 거리가 되도록 레이어를 상하로 이동합니다.

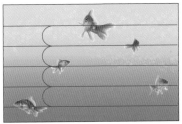

Vertical Centers : 각 레이어의 중심부가 균등한 거리가 되도록 레이어를 상하로 이동합니다.

Bottom Edges : 각 레이어의 아랫부분이 균등한 거리가 되도록 레이어를 상하로 이동합니다.

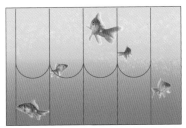

Left Edges : 각 레이어의 왼쪽 부분이 균등한 거리가 되도록 레이어를 좌우로 이동합니다.

Horizontal Centers : 각 레이어의 중앙이 균등한 거리가 되도록 레이어를 좌우로 이동합니다.

Right Edges : 각 레이어의 오른쪽 부분이 균등한 거리가 되도록 레이어를 좌우로 이동합니다.

Tip

❹ 이동 도구를 선택하면 옵션 바에 정렬 아이콘이 나타납니다. 여러 레이어를 선택한 후 아이콘을 클릭해서 정렬 및 배치할 수도 있습니다.

❺ 'Auto-Align Layers' 아이콘을 클릭하면 [Auto-Align Layers] 대화상자가 나타납니다. 여기서 Perspective와 Collage 등 다양한 방법으로 레이어를 자동 정렬할 수 있습니다.

관련 여러 개의 레이어를 한번에 선택하기 : P.137　레이어 이동하기 : P.138　레이어 그룹화하기 : P.142

제 3 장 레이어

{094} 레이어 그룹화하기

여러 장의 레이어를 하나로 모으려면 Group Layers를 사용합니다. 레이어는 유용한 기능이지만 수가 많아지면 관리하기 힘들어지기 때문에 레이어를 그룹화해서 효율적으로 관리하는 것이 좋습니다.

개요

오른쪽 이미지는 전부 열한 개의 레이어로 구성되어 있으나 종류별로 ❶ 인물, ❷ 꽃, ❸ 배경의 세 가지 그룹으로 나눌 수 있습니다. 이번 예제에서는 이 열한 개의 레이어를 세 개의 그룹으로 정리하는 방법에 대해 설명합니다.

> **Tip**
> 레이어를 정리하는 방법은 이 항목의 그룹화 이외에도 레이어 병합이 있습니다(P.143).

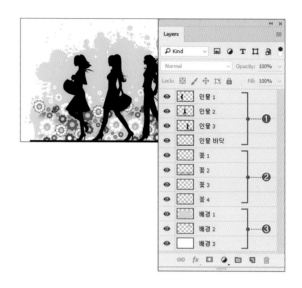

step 1

❹ 그룹으로 묶을 레이어를 Ctrl(⌘)을 누른 채 순서대로 클릭해서 선택하고 ❺ 메뉴에서 [Layer] → Group Layers를 실행합니다. 이렇게 하면 선택된 레이어가 하나로 정리됩니다.

단축키	레이어 그룹화
Win Ctrl+G	Mac ⌘+G

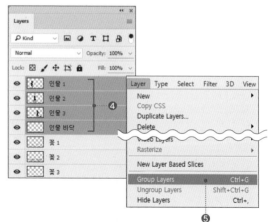

step 2

레이어를 그룹화하면 해당 레이어가 '그룹 폴더'에 저장됩니다. ❻ 그룹 폴더의 레이어 섬네일에 있는 ▼ 아이콘을 클릭하면 ❼ 폴더 안에 그룹화한 레이어가 위치해 있는 것을 확인할 수 있습니다.

> 그룹 폴더를 그룹 세트라고 부르는 경우도 있습니다.

095 여러 장의 레이어 모으기

다양한 종류의 레이어를 많이 사용하고 있는 경우, 복잡한 구조 그대로 다른 사람에게 전달하거나 인쇄하는 것은 적절하지 않습니다. 사전에 레이어를 모아서 정리합니다.

step 1

❶ 여러 장의 레이어를 한군데로 모으기 위해서는 Layers 패널의 옵션 메뉴에서 **Merge Group**, **Merge Visible** 또는 **Flatten Image** 중 하나를 선택합니다.

✥ Merge Group

레이어 그룹, 혹은 여러 장의 레이어를 선택하고 **Merge Group**을 실행하면 이미지가 보이는 그대로 선택되어있는 레이어에 합쳐져 한 장의 레이어가 됩니다. 선택한 레이어에 레이어 스타일(P.159)이 포함된 경우 레이어 스타일은 이미지로서 레이어로 변환합니다.

✥ Merge Visible

❷ **Merge Visible**을 실행하면 레이어 상태에 관계없이 표시된 레이어가 전부 합쳐집니다. 또 표시된 레이어에 'Background' 레이어가 포함되어있는 경우 표시된 레이어의 모든 내용이 가장 아래에 있는 'Background' 레이어와 합쳐지기 위해 표시되지 않은 레이어와 순서가 바뀝니다. 레이어 구조에 따라 이미지 모양이 변할 수도 있으므로 주의해야 합니다.

✥ Flatten Image

❸ **Flatten Image**를 실행하면 모든 레이어가 'Background' 레이어로 합쳐집니다. 이때, 표시되지 않은 레이어가 포함되어 있는 경우 레이어를 삭제할지를 묻는 대화상자가 표시됩니다. 〈OK〉 버튼을 클릭하면 표시되어있는 레이어는 전부 합쳐지고 표시되지 않은 레이어는 전부 삭제되어 병합 후에도 이미지 모양이 변하지 않습니다.

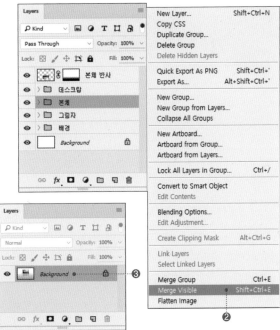

관련 선택된 레이어를 하나로 모으기 : P.144   레이어 그룹화하기 : P.142   레이어 스타일 : P.159

{096} 선택된 레이어를 하나로 모으기

선택한 여러 개의 레이어를 하나로 모으려면 메뉴에서 [Layers] → Merge Down을 실행합니다. 편집 작업이 끝나면 적절하게 레이어를 모아서 정리하는 것이 좋습니다.

step 1

총 열한 장의 레이어로 구성되어있는 오른쪽 그림의 레이어를 '인물', '꽃', '배경' 세 가지로 나누어서 정리합니다. ❶ 먼저 하나의 레이어로 정리할 레이어를 Ctrl(⌘)을 누르고 클릭해서 선택합니다. 여기에서는 인물 레이어 네 가지를 하나로 정리하겠습니다.

step 2

❷ 메뉴에서 [Layer] → Merge Layers를 실행합니다. ❸ 선택한 여러 개의 레이어가 하나의 레이어로 합쳐집니다. 같은 방법으로 꽃과 배경도 레이어 병합을 진행합니다.

step 3

❹ 레이어를 병합하면 병합된 레이어의 이름은 가장 위에 있던 레이어 이름으로 설정됩니다. ❺ 그대로두면 알아보기 힘들기 때문에 메뉴에서 [Layer] → Rename Layer를 실행해 레이어 이름을 변경합니다.

> **Tip**
> Merge Down은 Merge Group이나 Group Layers와 비슷합니다. 가장 큰 차이는 Group Layers는 레이어의 표시 상태를 쉽게 변경할 수 있지만, Merge Down이나 Merge Group은 원래 상태로 되돌릴 수 없다는 점입니다. 따라서 먼저 Group Layers를 실행합니다.

관련 여러 장의 레이어 모으기 : P.143 레이어 그룹화하기 : P.142 그룹화한 레이어 해제 · 병합하기 : P.145

097 그룹화한 레이어 해제 · 병합하기

레이어 그룹을 해제하려면 Ungroup Layers를 실행하며, 그룹을 병합하려면 Merge Group을 실행합니다.

---

step 1

레이어 그룹화를 해제하려면 ❶ Layers 패널에서 레이어 그룹 폴더를 선택한 후 ❷ 메뉴에서 [Layer] → Ungroup Layers를 실행합니다. ❸ 그룹이 해제되고 각각의 레이어가 Layers 패널에 표시됩니다.

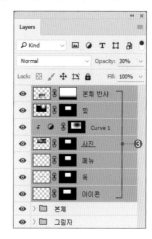

---

step 2

❹ 레이어 그룹에 포함된 레이어를 병합해 독립적인 하나의 레이어로 만들려면 레이어 그룹을 선택하고, Layers 패널의 옵션 메뉴에서 **Merge Group**을 실행합니다. ❺ 그룹 폴더와 같은 이름의 일반 레이어로 전환됩니다.

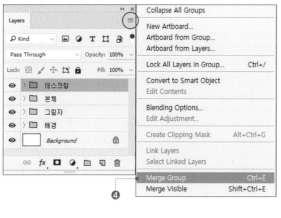

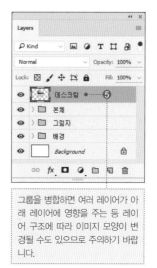

그룹을 병합하면 여러 레이어가 아래 레이어에 영향을 주는 등 레이어 구조에 따라 이미지 모양이 변경될 수도 있으므로 주의하기 바랍니다.

단축키	레이어 그룹 해제
Win Ctrl + Shift + G	**Mac** ⌘ + Shift + G

단축키	그룹 병합
Win Ctrl + E	**Mac** ⌘ + E

관련 Merge Group : P.143   Merge Visible : P.143   레이어 그룹화하기 : P.142

{098} 레이어를 각각의 파일로 저장하기

Layers to Files 기능을 사용하면 레이어를 각각의 파일로 내보낼 수 있습니다.

step 1

❶ 파일로 내보낼 레이어를 표시합니다(선택하지 않아도 상관없습니다). 모든 레이어를 내보내려면 레이어의 표시 상태를 신경 쓸 필요 없이 바로 진행하면 됩니다.

step 2

❷ 메뉴에서 [File] → Export → Layers to Files를 실행합니다.

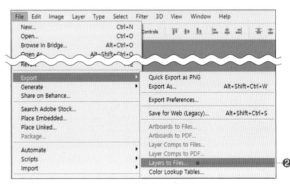

step 3

❸ 대화상자가 표시되면 〈Browse〉 버튼을 클릭해 저장할 곳을 지정하고 ❹ 내보낼 파일의 Name Prefix를 지정합니다. 여기에서 지정한 문자열은 자동으로 파일명 앞에 붙습니다. ❺ 일부 레이어를 내보낼 경우 'Visible Layers Only'에 체크 표시합니다. ❻ File Type 영역에서 내보낼 파일 형식을 지정합니다. PSD 형식을 선택하면 포토샵 설정이 전부 그대로 저장되기 때문에 특별한 이유가 없는 이상 PSD 형식을 선택합니다. ❼ 또한, Include ICC Profile과 Maximize Compatibility도 특별한 이유가 없는 경우 체크 표시해둡니다. Include ICC Profile에 체크 표시를 해제하면 원본 파일과 다른 색이 될 가능성이 있습니다(P.336). 〈Run〉 버튼을 클릭하면 파일이 저장됩니다.

> **Tip**
> 파일 형식에서 JPEG 같이 투명에 대응하지 못하는 형식을 사용하면 투명한 부분이 흰색으로 바뀌어서 내보내집니다. 올바른 상태로 파일을 내보내려면 특별한 이유가 없는 한 PSD 형식이나 TIFF 파일로 내보내는 것을 권장합니다.

 관련 새로운 레이어 만들기 : P.132 레이어 복제하기 : P.134 파일 형식 : P.25 컬러 프로파일 : P.336

099 레이어를 부분적으로 복제하기

레이어 전체가 아닌 일부분만 복제하려면 Layer Via Copy나 Layer Via Cut을 실행합니다.

⚜ Layer Via Copy

Layer Via Copy를 사용하면 원본 이미지에서 선택 영역 안의 내용만 복사해서 레이어로 만들 수 있습니다. 원본 레이어를 살려서 편집할 때 사용합니다. 배경인 벽과 바닥(러그 부분 제외)에 선택 영역을 만들고, 메뉴에서 [Layer] → New → Layer Via Copy를 실행합니다. ❶ 레이어를 별도로 표시해보면 선택 영역이 복사된 것을 확인할 수 있습니다. ❷ 원본 레이어는 원래 상태 그대로 남아있습니다.

❶ Layer Via Copy

❷ 원본 레이어

단축키	Layer Via Copy
Win Ctrl+J	**Mac** ⌘+J

⚜ Layer Via Cut

Layer Via Cut을 사용하면 선택 영역을 바탕으로 레이어가 만들어지고 원본 이미지에서 선택 영역이 잘립니다. 배경인 벽과 바닥(러그 부분 제외)에 선택 영역을 만들고, 메뉴에서 [Layer] → New → Layer Via Cut를 실행합니다. ❸ 레이어를 별도로 표시하면 원래 레이어에서 선택 영역이 복사된 것을 확인할 수 있습니다. ❹ 원본 레이어에서 선택 영역으로 지정된 부분이 잘려나간 것도 확인할 수 있습니다. 원본 레이어가 'Background' 레이어일 경우 이 명령을 실행하면 원본 레이어의 잘린 부분은 자동으로 Tools 패널 하단에 있는 배경색으로 채워집니다.

❸ Layer Via Cut

❹ 원본 레이어

> Layer Via Cut 명령을 실행하면 선택 영역으로 지정한 부분이 원본 이미지에서 삭제(Cut)됩니다.

단축키	Layer Via Cut
Win Ctrl+Shift+J	**Mac** ⌘+Shift+J

100 블렌딩 모드 변경하기

블렌딩 모드를 사용하면 이미지를 합성하거나, 합성 효과를 줄 수 있습니다. 블렌딩 모드를 변경하려면 'Set the blending mode for the layer' 목록을 클릭합니다.

step 1

블렌딩 모드는 여러 장의 레이어가 겹쳐져 있는 경우 위에 있는 레이어와 밑에 있는 레이어를 어떻게 합성해서 표시할지 지정하는 기능입니다. 포토샵에는 많은 블렌딩 모드를 제공하고 있습니다.

❶ 블렌딩 모드를 변경하려면 변경할 레이어를 선택하고 ❷ Layers 패널 위에 있는 목록에서 원하는 블렌딩 모드를 선택합니다. ❸ 레이어의 블렌딩 모드는 일부를 제외하고 중성색의 차이에 의해서 여섯 개의 카테고리로 분류됩니다.

블렌딩 모드의 중성색이란 결과색에서 투명하게 표시되는 합성색입니다. 예를 들어, Multiple 모드에서는 흰색이 중성색으로 처리되어 어두운 색만 전부 표시됩니다.

여기에서는 대표적인 다섯 가지의 블렌딩 모드 사용 예를 소개합니다.

> **Tip**
> 블렌딩 모드를 변경할 레이어의 색을 합성색, 아래 레이어의 색을 기본색, 합성한 후 표시되는 색을 결과색이라고 합니다.

원본 이미지

보정 이미지

Multiple 모드

Multiple 모드는 기본색에 합성색을 곱해 어둡게 만듭니다. Multiple 모드를 선택하면 셀화를 겹친 것처럼 어두운 색이 됩니다. 중성색이 흰색이기 때문에 흰 레이어를 Multiple 모드로 설정해도 변하지 않습니다. 이 특징을 살려서 원본 이미지(왼쪽 상단)에 색 보정을 한 이미지(오른쪽 상단)를 겹치고 색 보정을 한 이미지의 블렌딩 모드를 'Multiple'로 변경하면 그림자 부분에 소프트 포커스 효과를 줄 수 있습니다.

합성 후 이미지 [Multiple]

✧ Screen 모드

Screen 모드는 합성색과 기본색을 곱해서 밝게 만듭니다. Multiple 모드와 반대되는 효과입니다. Screen 모드를 선택하면 네거 필름을 겹쳐서 프린트한 효과를 줍니다. 중성색은 검은색이므로 어두운 레이어일수록 영향이 적습니다. 이 특징을 이용해서 원본 이미지(왼쪽 상단)에 색 보정을 한 이미지(오른쪽 상단)를 겹치고 색 보정을 한 이미지의 블렌딩 모드를 'Screen'으로 변경하면 이미지 전체에 소프트 포커스 효과를 줄 수 있습니다.

> **Tip**
> Multiple 모드와 Screen 모드는 합성색과 기본색을 곱했을 때 이미지가 밝아지느냐 어두워지느냐의 차이로, 정반대의 효과를 가지고 있습니다.

원본 이미지

보정 이미지

합성 후 이미지 [Screen]

✧ Hard Light 모드

Hard Light 모드에서는 같은 이미지를 겹치기만 해도 오른쪽 사진처럼 채도와 콘트라스트를 높인 효과를 줄 수 있습니다.
같은 이미지를 조합하는 것뿐이라면 Curves를 이용해도 비슷한 효과를 얻을 수 있지만 블렌딩 모드를 변경하면 더 빠르게 효과를 적용할 수 있습니다. 또 Hard Light 모드는 중간색이 회색이기 때문에 회색을 베이스로 한 텍스처를 붙여 넣을 때도 사용할 수 있습니다.

합성 후 이미지 [Hard Light]

✧ Difference 모드

Difference 모드는 각 채널의 색상 정보를 기반으로 합성색을 기본색에서 제거하거나 기본색을 합성색에서 제거합니다. 밝기 값이 높은 이미지의 색에서 낮은 이미지의 색을 없앱니다.
따라서 오른쪽 사진 같은 경우 Difference 모드를 선택하면 차이가 있는 부분만 표시되기 때문에 이미지의 일부분만 빼낼 수 있습니다.
예제에서는 불꽃 이미지의 블렌딩 모드를 'Difference'로 변경해서 합성했습니다.

합성 후 이미지 [Difference]

✥ Color 모드

Color 모드는 기본색의 밝기에 합성색의 색조와 채도를
더합니다. 따라서 오른쪽 사진 같은 흑백 이미지(왼쪽 상
단)에 단색 이미지(왼쪽 하단)를 겹치고 블렌딩 모드를
'Color'로 설정하면 간단하게 흑백 이미지를 컬러 이미지
로 만들 수 있습니다(P.234).

> **Tip**
> Color 모드에서는 색 정보만 결과물에 반영되기 때문에 색을 부분
> 적으로 간단하게 수정할 수 있습니다.

합성 후 이미지 [Color]

---

step 2

이번 예제에서는 밑에 있는 두 장의 이미지(위에 있는 레이어와 밑에 있는 레이어)를 사용해서 블렌딩 모드의
차이를 설명합니다. 앞서 언급한 다섯 가지 블렌딩 모드뿐만 아니라 다른 블렌딩 모드에 대해서도 소개합니다.

위에 있는 레이어

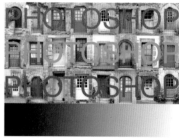

아래에 있는 레이어

Normal : 초기 설정값. 위 레이어는 그대로 표시됩
니다.

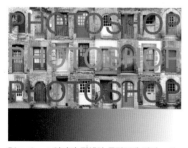

Dissolve : 이미지 픽셀의 투명도에 따라 anti-
alias 부분에 디더링이 소요됩니다.

Darken : 기본색 또는 합성색에서 더 어두운 부분
을 결과색으로 표시합니다.

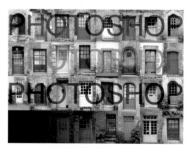

Multiple : 기본색에 합성색을 곱합니다. 필름을 씌
운 것처럼 어두운 색이 됩니다. 합성색이 흰색인
경우 변하지 않습니다.

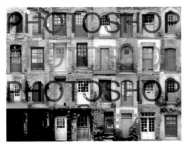

Color Burn : 색의 정보에 따라 기본색을 어둡게 하고 기본색과 혼합색의 콘트라스트를 높이며 합성색을 반영합니다.

Linear Burn : 색의 정보를 기반으로 기본색을 어둡게 만들고 합성색을 반영합니다.

Darker Color : 합성색과 기본색의 모든 채널 값의 합계를 비교해서 값이 낮은 쪽의 색을 표시합니다.

Lighten : 기본색 또는 합성색 중에 밝은 쪽을 결과색으로 표시합니다.

Screen : 합성색과 기본색을 반전한 색을 곱합니다. 슬라이드 사진을 겹쳐서 투영한 것처럼 밝은 색이 됩니다. 합성색이 검은색인 경우 변하지 않습니다.

Color Dodge : 기본색이 밝아지는 것처럼 콘트라스트를 낮춥니다. 합성색이 밝은 회색인 경우 기본색의 어두운 부분이 더 밝아집니다.

Linear Dodge(Add) : Color Dodge와 비슷한 효과를 얻을 수 있지만, Color Dodge와 달리 합성색이 밝은 회색일 때 기본색의 채도가 높은 부분도 밝아집니다.

Lighter Color : 합성색과 기본색의 모든 채널 값의 합계를 비교해서 값이 높은 쪽의 색을 표시합니다.

Overlay : 기본색에 따라서 색을 곱하거나 스크린 합니다. 기본색은 합성색과 혼합되어 기본색의 밝기 또는 어두운 부분이 반영됩니다.

Soft Light : 합성색이 50% 회색보다 어두운 경우에는 Burn을 쓴 것처럼 어두워집니다. 합성색이 50% 회색보다 밝은 경우에는 Dodge 모드처럼 밝아집니다.

Hard Light : 합성색이 50% 회색보다 어두운 경우에는 Multiple을 쓴 것처럼 어두워집니다. 합성색이 50% 회색보다 밝은 경우에는 Screen 모드처럼 밝아집니다.

Vivid Light : 합성색이 50% 회색보다 어두운 경우에는 콘트라스트가 높아지고 어두워집니다. 합성색이 50% 회색보다 밝은 경우에는 콘트라스트가 낮아지고 밝아집니다.

Linear Light : 합성색이 50% 회색보다 어두운 경우에는 밝기를 낮춰 어두워집니다. 합성색이 50% 회색보다 밝은 경우에는 밝기가 한층 더 밝아집니다.

Pin Light : 합성색이 50% 회색보다 어두운 경우에는 합성색보다 밝은 픽셀이 치환됩니다. 합성색이 50% 회색보다 밝은 경우 합성색보다 어두운 픽셀이 치환됩니다.

Hard Mix : RGB의 합계가 255 이상인 채널은 값이 255로, 합계가 255 미만인 채널은 값이 0으로 설정됩니다. 결과적으로 모든 픽셀의 RGB 중 하나가 0 또는 255가 됩니다.

Difference : 합성색을 기본색에서 지우거나 기본색을 합성색에서 지웁니다. 밝기의 차가 큰 색에서 작은 색을 지웁니다.

Exclusion : Difference와 비슷하지만 콘트라스트가 더 낮아집니다.

Subtract : 기본색에서 합성색을 뺍니다. 값이 0 이하가 된 부분은 0으로 설정됩니다.

Divide : 합성색의 명암이 반전되고 흰색을 중성색으로 사용합니다. 그 결과 대부분의 경우 이미지가 밝아집니다.

Hue : 기본색의 밝기와 채도에 합성색을 더합니다.

Saturation : 기본색의 밝기에 합성색의 채도를 더합니다.

Color : 기본색의 밝기에 합성색의 색과 채도를 더합니다(Luminosity의 반대 효과).

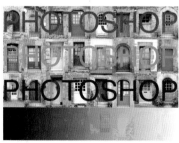

Luminosity : 기본색의 색과 채도에 합성색의 밝기를 더합니다(Color의 반대 효과).

{101} 레이어의 불투명도 조절하기

레이어의 Opacity나 Fill, 레이어 그룹의 Opacity를 조정해서 레이어의 불투명도를 조절할 수 있습니다.

개요

오른쪽 이미지는 배경 이미지와 하트를 포함해 여러 개의 레이어로 이루어진 레이어 그룹으로 작성되어 있습니다. 이번 예제에서는 하트의 불투명도를 낮춰서 배경 이미지를 표시하는 방법을 소개합니다.

step 1

❶ 불투명도를 조절할 레이어를 선택하고 ❷ Opacity 슬라이더로 수치를 조정합니다. ❸ 그러면 레이어가 투명해지며 배경 이미지가 표시됩니다. 불투명도는 레이어마다 조정할 수 있습니다. 원하는 레이어를 선택해서 개별적으로 불투명도를 조정해 다양한 이미지를 만들어봅니다.

step 2

❹ 레이어 그룹의 불투명도를 조정하면 레이어 그룹 속 레이어의 불투명도는 레이어의 불투명도와 레이어 그룹의 불투명도를 둘 다 사용하게 됩니다.

예를 들어, 레이어의 Opacity가 '50%', 레이어 그룹의 Opacity가 '50%'라면 이미지의 불투명도는 '25%'가 됩니다.

레이어 그룹의 불투명도를 조정해서 얻는 이점은 다음 두가지입니다.

- 한 번에 여러 레이어의 불투명도를 조정할 수 있습니다.
- 각 레이어의 밸런스를 보존한 채로 전체 불투명도를 조정할 수 있습니다.

> **Tip**
> ❺ 레이어 스타일을 사용하지 않은 경우 Opacity 슬라이더 아래에 있는 Fill 슬라이더를 사용해도 동일한 효과를 얻을 수 있습니다(P.163).
>
>

관련 레이어 스타일 : P.159 레이어 그룹화하기 : P.142 레이어의 Fill 값 변경하기 : P.163

102 레이어 마스크로 이미지 일부를 원래대로 되돌리기

레이어 마스크를 만들고 검은색 브러시로 칠하면 필터 효과를 없애지 않아도 원래 상태로 되돌릴 수 있습니다.

개요

이번 예제에서는 아래 두 개의 레이어를 사용합니다. 오른쪽 레이어는 필터 효과를 적용한 상태입니다.

원본 이미지

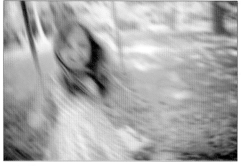
필터 적용 이미지

---

step 1

❶ 보정 이미지를 선택하고 ❷ Layers 패널 아래에 있는 'Add layer mask' 아이콘을 클릭해서 ❸ 레이어 마스크를 추가합니다. 레이어 마스크를 추가하면 자동적으로 레이어 마스크가 선택됩니다(레이어 마스크 섬네일 주변으로 테두리가 표시됩니다).
❹ Channels 패널을 보면 보정 마스크가 선택되어 있는 것을 알 수 있습니다.

step 2

❺ Tools 패널에서 브러시 도구를 선택하고 ❻ 검은색으로 설정합니다.
❼ 브러시의 Opacity 값을 조정한 다음 원본 이미지를 표시할 부분을 브러시로 칠하면 칠한 부분에 아래에 있는 원본 레이어가 표시됩니다. 레이어 마스크에 흰색 브러시를 사용하면 그 부분이 불투명해집니다. 즉, 검은색으로 칠하면 투명해지고, 50% 회색으로 칠하면 불투명도가 50%가 되며, 흰색으로 칠하면 불투명해집니다. 이 원리를 이용해 레이어 마스크를 다시 수정할 수 있습니다.

 관련 레이어 마스크 적용 · 삭제하기 : P.155　수정 가능한 레이어 마스크 설정하기 : P.157

103 레이어 마스크 적용·삭제·무효화하기

레이어 마스크를 적용하거나 삭제하려면 Layers 패널을 사용합니다. Disable Layer Mask를 실행하면 레이어 마스크를 일시적으로 무효화할 수 있습니다.

제3장 레이어

❖ 레이어 마스크 적용하기

❶ 레이어 마스크를 레이어에 적용하려면 레이어 마스크가 포함된 레이어를 선택하고, ❷ 메뉴에서 [Layer] → Layer Mask → Apply를 실행합니다. 이미지에는 아무런 변화가 없지만 레이어 마스크가 사라지고 일반 레이어로 변경되었습니다.

> **Tip**
> ❸ 레이어 마스크를 적용하는 방법에는 위에서 설명한 것 외에도 Layers 패널에서 레이어 마스크 섬네일을 마우스 오른쪽 버튼으로 클릭해 표시된 메뉴에서 **Apply Layer Mask**를 실행하는 방법이 있습니다.
>
>

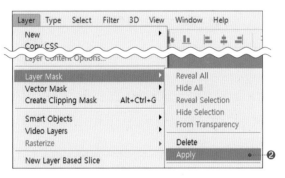

❖ 레이어 마스크 삭제하기

❹ 레이어 마스크를 삭제하려면 레이어 마스크가 포함된 레이어를 선택하고, ❺ 메뉴에서 [Layer] → Layer Mask → Delete를 실행합니다. 그러면 레이어 마스크가 사라지고 일반 레이어가 되며 레이어 마스크를 사용하기 전의 상태로 돌아갑니다.

> **Tip**
> 레이어 마스크를 삭제하는 방법에는 위에서 설명한 것 외에도 Layers 패널에서 레이어 마스크 섬네일을 마우스 오른쪽 버튼으로 클릭해 표시된 메뉴에서 **Delete Layer Mask**를 실행하는 방법이 있습니다.

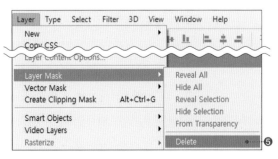

✧ 레이어 마스크를 일시적으로 무효화하기

❻ Layers 패널에서 레이어 마스크 섬네일을 마우스 오른쪽 버튼으로 클릭하고 표시되는 메뉴에서 Disable Layer Mask를 실행하면 레이어 마스크가 일시적으로 무효화됩니다.

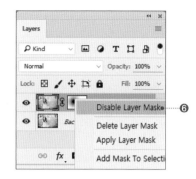

❼ Layers 패널을 확인해보면 레이어 마스크에 붉은색 × 표시가 되어있어, 일시적으로 무효화 되었다는 것을 확인할 수 있습니다. 무효화를 해제하려면 레이어 마스크 섬네일을 클릭하거나, 레이어 마스크 섬네일을 마우스 오른쪽 버튼으로 클릭해 표시되는 메뉴에서 Enable Layer Mask를 실행합니다.

✧ 레이어 편집하기

❽ 레이어 마스크를 만든 다음 레이어 마스크가 아닌 레이어를 직접 편집하고 싶은 경우에는 Layers 패널에 표시된 레이어 섬네일을 클릭합니다. 레이어가 선택되면 레이어 섬네일에 테두리가 둘러집니다. 그러면 레이어 마스크가 아닌 레이어만 선택한 상태가 되며 레이어 이미지를 편집할 수 있습니다.

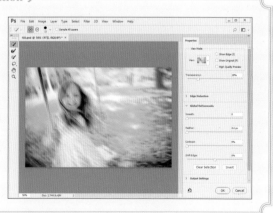

◈ Variation ◈

레이어 마스크 섬네일을 마우스 오른쪽 버튼으로 클릭해 표시되는 메뉴에서 Select and Mask를 실행하면 다음과 같은 창이 표시됩니다. 이 창에서 마스크에 관련된 여러 가지 항목을 세세하게 설정할 수 있습니다. 정밀한 마스크를 만들어야 하는 경우 이 기능을 사용하기 바랍니다.

버전에 따라 [Refine Mask] 대화상자가 표시되기도 합니다.

---

104 수정 가능한 레이어 마스크 설정하기

Properties 패널을 사용하면 언제든지 수정할 수 있는 레이어 마스크를 설정할 수 있습니다.

step 1

Properties 패널을 사용하면 자유롭게 수정할 수 있는 레이어 마스크를 설정할 수 있습니다. Density와 Feather 옵션을 사용하면 간단하게 레이어 마스크의 농도를 조정하거나 흐림 효과를 줄 수 있습니다. ❶ 오른쪽 사진을 보면 인물 바깥쪽으로 레이어 마스크가 생성되어 있으며 주변에는 'Background' 레이어가 표시되어 있습니다. ❷ 레이어 마스크가 선택되어 있지 않은 경우 레이어 마스크 섬네일을 클릭해 선택합니다.

step 2

메뉴에서 [Window] → Properties를 실행해 Properties 패널을 표시합니다. ❸ Density를 '80%', Feather를 '10px'로 설정하고 ❹ 〈Invert〉 버튼을 클릭합니다. ❺ 그러면 레이어 마스크가 투명해지고 반전되어 오른쪽 사진처럼 'Background' 레이어가 인물 레이어에 엷게 표시됩니다. Feather 값을 설정했기 때문에 마스크의 경계선이 흐려진 것도 확인할 수 있습니다.

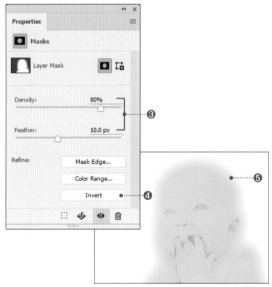

◎ Properties 패널 설정 항목

항목	내용
Density	마스크된 부분의 농도를 조정합니다. 초기 값은 검은색 100%로 수치가 작을수록 흰색에 가까워져 레이어 마스크가 투명해집니다. 또한 농도는 마스크를 만들 때보다 진하게 설정할 수 없습니다(다만 마스크를 반전시켜서 진하게 할 수 있습니다).
Feather	설정값을 입력하면 레이어 마스크 가장자리가 흐려집니다. 마스크가 만들어진 시점을 0pixel 기준으로 지정하여 값을 설정합니다.
〈Mask Edge〉 버튼	Shift Edge와 같은 방법으로 마스크를 조정합니다.
〈Color Range〉 버튼	선택 영역의 Color Range와 동일한 방법으로 현재 마스크를 조정합니다.
〈Invert〉 버튼	마스크를 반전합니다.

{105} 레이어와 레이어 마스크의 링크 끊기

레이어와 레이어 마스크는 초기 상태에서는 링크되어 있으나, 링크를 끊으면 각각 이동하거나 변형할 수 있게 됩니다.

step 1

❶ 선택 영역이 있는 상태에서 'Add layer mask' 아이콘을 클릭해 레이어 마스크를 만듭니다. ❷ 레이어 마스크를 만들면 자동으로 레이어와 레이어 마스크에 링크가 걸립니다.

step 2

❸ 레이어와 레이어 마스크 사이에 있는 사슬 아이콘을 클릭해 아이콘을 없앱니다. 이렇게 하면 레이어와 레이어 마스크의 링크가 끊어집니다. 각각 이동하거나 변형할 수 있습니다.

step 3

현재 상태에서는 레이어와 레이어 마스크 중 한 쪽을 선택해야 합니다. ❹ 레이어 섬네일을 클릭해서 레이어를 선택합니다.
레이어가 선택되면 섬네일의 사방에 테두리가 생깁니다. 이제 레이어 마스크가 아닌 레이어를 편집할 수 있습니다.

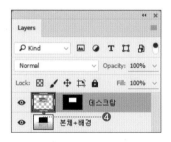

step 4

❺ 메뉴에서 [Edit] → Free Transform을 실행하여 바운딩 박스를 표시하고 원하는 크기로 변경합니다. 여기에서는 레이어와 레이어 마스크의 연결을 끊어 놓았기 때문에 레이어만 변형됩니다. 링크를 끊지 않고 동일한 작업을 하면 레이어와 레이어 마스크가 똑같이 변형됩니다.

 관련 레이어 마스크 만들기 : P.154 레이어 마스크 적용·삭제 : P.155

{106} 레이어를 아름답게 빛나게 하기

레이어 스타일의 Outer Glow를 사용하면 불투명한 부분의 윤곽에 빛이 나는 효과를 줄 수 있습니다. 다만 이 방법은 투명한 부분이 있는 레이어에서만 사용 가능합니다.

제3장 레이어

step 1

이번 예제에서는 금붕어가 배치되어 있는 레이어에 레이어 스타일 Outer Glow를 적용합니다.
❶ Layers 패널에서 효과를 적용할 레이어를 선택하고 ❷ 'Add a layer style' 아이콘을 클릭해 'Outer Glow'를 선택합니다. [Layer Style] 대화상자를 표시되면 ❸ Outer Glow를 선택하고 ❹ Opacity를 '100%', Color를 'R:255, G:180, B:15', Size를 '120'으로 설정합니다. 설정이 끝나면 〈OK〉 버튼을 클릭합니다.

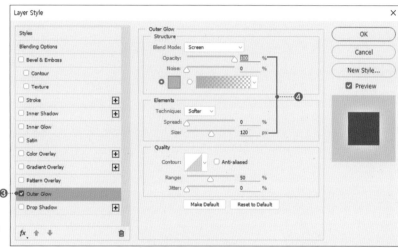

step 2

이미지에 레이어 스타일이 적용됩니다. 모양 정보가 없는 레이어에 레이어 스타일을 적용하려면 반드시 효과를 적용할 도안이 그려져 있는 레이어를 사용하기 바랍니다.

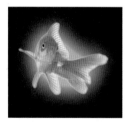

◎ [Outer Glow] 설정 항목

항목	내용
Noise	밝기의 세분화 정도를 조정합니다. 대부분 0%로 사용합니다.
Technique	Softer에서는 대략적으로 레이어의 투명한 부분을 둘러싸는 것처럼 빛을 만들지만, Precise에서는 레이어의 형태를 반영해 빛을 만듭니다. 일반적으로 Softer를 사용합니다.
Spread	광채의 가장 불투명도가 낮은 범위를 조정할 수 있습니다. 수치가 높을수록 또렷한 그림자가 됩니다.
Contour	광채의 빛이 어떻게 사라지는지 샘플에서 선택합니다.
Range	Spread와 비슷한 효과로 윤곽의 대상이 되는 빛의 범위를 설정합니다.
Jitter	빛의 컬러로 그러데이션을 사용하고 있을 경우 그러데이션의 시작 위치를 무작위로 변하게 합니다.

관련 레이어에 그림자 추가하기 : P.160 레이어 스타일 등록 : P.162 레이어 스타일 확대·축소 : P.164 ● 159

{107} Drop Shadow로 그림자 만들기

잘라낸 이미지에 그림자를 추가하려면 Layers 패널에서 'Add a layer style' 아이콘을 클릭한 후 Drop Shadow를 선택합니다.

step 1

❶ 불투명한 부분과 투명한 부분의 경계에 그림자를 만들어야 하기 때문에 개체 바깥 부분은 전부 투명한 이미지를 준비합니다.

❷ Layers 패널에서 그림자 효과를 줄 레이어(여기에서는 '로켓 01' 레이어)를 선택하고, ❸ 'Add a layer style' 아이콘을 클릭해서 **Drop Shadow**를 선택합니다.

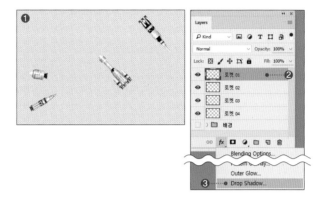

step 2

[Layer Style] 대화상자가 표시되면 ❹ 왼쪽의 Styles 목록에서 'Drop Shadow'가 선택되어 있는 것을 확인하고, 아래 설정대로 옵션 값을 지정합니다.

- Blend Mode : Multiply
- Opacity : 90
- Angle : 90　❺
- Distance : 28
- Layer Knocks Out Drop Shadow : 체크 ❻

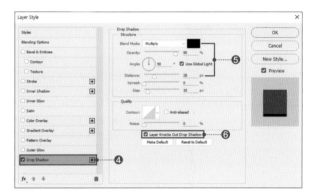

step 3

❼ '로켓 01' 레이어와 '로켓 03' 레이어를 같은 값으로 설정하고, ❽ '로켓 02' 레이어와 '로켓 04' 레이어를 같은 값으로 설정했습니다. 이렇게 두 종류의 다른 설정값을 사용하면 오른쪽 사진처럼 개체의 높이를 간단하게 표현할 수 있습니다.

> **Tip**
> '로켓 02' 레이어와 '로켓 04' 레이어의 Drop Shadow 설정값에 대해서는 다운로드 데이터를 참조하기 바랍니다.

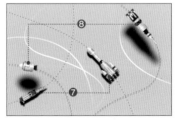

108 레이어 스타일을 다른 레이어에 적용하기

레이어 스타일은 설정값이 다양하기 때문에 같은 효과나 비슷한 효과를 내고 싶은 경우, 설정값을 복사해 붙여넣으면 다른 레이어에 같은 스타일을 적용할 수 있습니다.

개요

오른쪽 이미지는 오른쪽과 왼쪽의 객체가 각각 다른 레이어에 나누어져 있습니다. ❶ 왼쪽 객체에는 벌써 레이어 스타일이 적용되어 있습니다. 이번 예제에서는 왼쪽 객체의 레이어 스타일을 복사해서 오른쪽 객체에 적용하는 방법을 설명합니다.

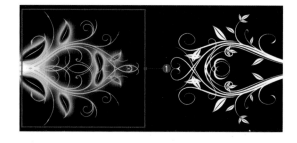

step 1

❷ Layers 패널에서 레이어 스타일이 적용되어있는 레이어를 마우스 오른쪽 버튼으로 클릭하고 Copy Layer Style을 실행합니다.

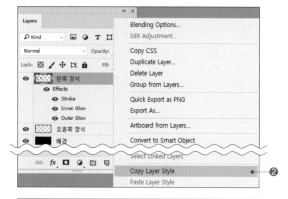

step 2

❸ 레이어 스타일을 적용할 레이어에서 마우스 오른쪽 버튼을 클릭하고 Paste Layer Style을 실행합니다. ❹ 레이어 스타일이 선택한 레이어에 적용됩니다. 여러 장의 레이어를 선택해서 레이어 스타일을 동시에 적용할 수도 있습니다.

> **Tip**
> 레이어 스타일의 설정값은 [Layer Style] 대화상자의 〈New Style〉 버튼을 클릭하면 Style 패널에 저장되어 다시 사용할 수 있습니다(P.162).

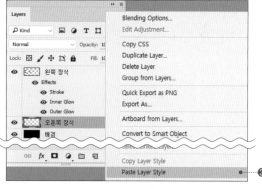

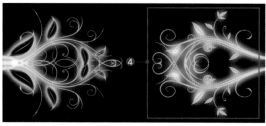

109 레이어 스타일을 Styles 패널에 등록하기

레이어 스타일처럼 설정 항목이 많은 기능은 미리 Styles 패널에 등록해두면 간단하게 다시 사용할 수 있습니다.

step 1

❶ 이미지를 열고 레이어 스타일을 적용한 레이어를
선택합니다.

step 2

❷ Styles 패널의 여백 부분에 마우스를 대고 포인터
가 Bucket 아이콘으로 바뀌면 클릭합니다.

> **Tip**
> Styles 패널이 표시되어 있지 않은 경우 메뉴에서 [Window]
> → Styles를 실행해 표시합니다. Styles 패널이 표시되어 있
> 는데 보이지 않을 때에는 [Window] → Styles를 두 번 실행
> 하여 화면에 표시합니다.

step 3

❸ [New Style] 대화상자가 표시되면 스타일 이름을
입력하고 〈OK〉 버튼을 클릭합니다. 이렇게 하면 스
타일 등록이 완료됩니다. ❹ 등록한 스타일을 사용할
때는 스타일을 적용할 레이어를 선택하고 Styles 패
널에서 스타일을 선택합니다.

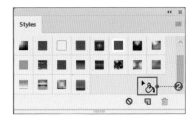

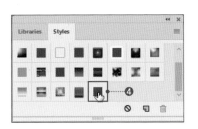

◎ New Style 설정 항목

항목	내용
Include Layer Effects	체크 표시하면 레이어 효과 설정을 등록할 수 있습니다. 레이어 효과란 레이어 스타일의 Bevel & Emboss나 Outer Glow 등을 말합니다.
Include Layer Blending Options	체크 표시하면 레이어의 블렌딩 모드와 불투명도, 채우기 등을 등록할 수 있습니다.

110 레이어 스타일을 남긴 채 불투명도 조정하기

레이어의 Opacity를 낮추면 레이어 스타일도 불투명도가 낮아집니다. 레이어 스타일을 남긴 채로 레이어의 불투명도를 변경하고 싶을 때는 Fill의 값을 조정합니다.

step 1

오른쪽 이미지는 배경 이미지와 하트가 포함된 레이어 그룹으로 구성되어 있습니다. ❶ 레이어 스타일의 불투명도는 변경하지 않고 레이어의 불투명도만 변경하고 싶은 경우, 불투명도를 변경할 레이어를 선택하고 ❷ Fill 값을 조정합니다.

step 2

❸ 해당 레이어의 불투명도만 조정되었습니다. ❹ 레이어의 Opacity를 변경한 것과 비교해보면 레이어 스타일이 그대로 남아있는 것을 확인할 수 있습니다.

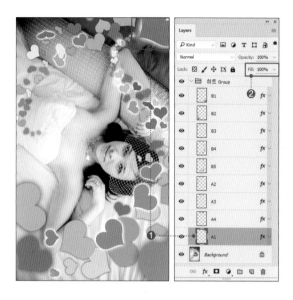

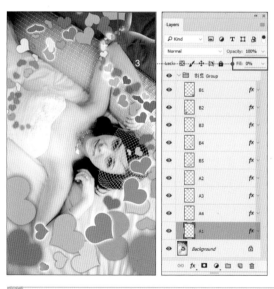

Tip

Opacity나 Fill 설정은 단축키도 준비되어 있습니다. 사각형 선택 도구 같은 불투명도 설정이 없는 도구를 선택하고, 키보드에서 직접 숫자를 입력하면 현재 선택되어 있는 레이어 또는 레이어 그룹의 불투명도를 설정할 수 있습니다. 예를 들어, '1'을 입력하면 Opacity가 '10%'로 설정되고, '15'를 입력하면 '15%'로 설정됩니다. 또한, '+1'을 입력하면 Fill이 '10%'로 설정됩니다. 다만 레이어 그룹은 Fill 단축키를 사용할 수 없습니다.

관련 Opacity : P.153　레이어 스타일 확대 · 축소 : P.164

111 레이어 스타일 확대 · 축소하기

레이어 스타일이 적용되어 있는 레이어를 Free Transform 등으로 확대, 축소하려면 레이어와 별개로 레이어 스타일을 확대, 축소해야 합니다.

개요

레이어를 Free Transform(P.62)으로 확대, 축소하면 레이어에 포함된 문자나 이미지는 함께 확대, 축소되지만 레이어 스타일은 변하지 않습니다. ❶ 그렇기 때문에 레이어 스타일이 적용되어 있는 레이어를 확대, 축소하면 오른쪽 그림처럼 이미지 모양이 손상될 수도 있습니다. 오른쪽 그림에서는 레이어 스타일이 적용되어 있는 레이어를 축소했으나 레이어 스타일은 축소되지 않았기 때문에 문자의 테두리가 원본그대로 둘러져 밸런스가 맞지 않습니다.

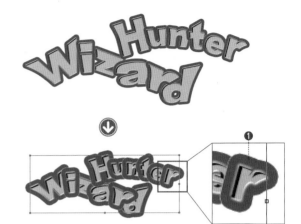

step 1

메뉴에서 [Edit] → Free Transform을 실행하여 레이어를 확대·축소할 경우, 변형할 때(변형 확정 전) ❷ Info 패널에서 몇 퍼센트로 리사이징할 것인지 확인하고 변형을 확정합니다.

step 2

❸ 레이어 스타일을 확대·축소할 레이어의 오른쪽에 표시된 레이어 스타일 아이콘을 마우스 오른쪽 버튼으로 클릭하고 ❹ Scale Effects를 실행합니다.

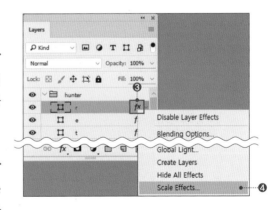

step 3

❺ [Scale Layer Effects] 대화상자가 표시되면 Scale에 방금 확인한 수치를 입력합니다. 여기에서는 'Scale:36'이라고 입력합니다. ❻ 〈OK〉 버튼을 클릭하면 레이어와 같은 비율로 레이어 스타일이 축소됩니다. 레이어의 수가 많은 경우에는 레이어 스타일 하나를 먼저 축소한 후 그 레이어 스타일을 다른 레이어 스타일에 복사하여 적용합니다(P.161).

112 레이어 스타일을 레이어로 내보내기

레이어 스타일을 레이어로 내보내려면 Create Layer를 실행합니다. 레이어 스타일을 레이어로 만들면 새로운 그래픽을 만들 수 있습니다.

step 1

❶ 오른쪽 이미지에는 한 장의 레이어에 다섯 개의 레이어 스타일이 사용되었습니다. 이번 예제에서는 이 레이어 스타일을 레이어로 바꾸는 방법을 설명합니다. ❷ Layers 패널에서 스타일이 포함된 레이어를 선택하고 ❸ 메뉴에서 [Layer] → Layer Style → Create Layers를 실행합니다.

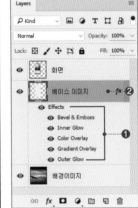

step 2

레이어의 순서와 블렌딩 모드, 클리핑 상태가 자동으로 설정되어 레이어 스타일이 원 상태와 거의 변함 없는 모습으로 각각의 레이어 스타일이 레이어로 바뀝니다. ❹ Layers 패널을 보면 원본 레이어 위에 있어야 하는 레이어는 위에, ❺ 아래에 있어야 하는 레이어는 아래에 배치된 것을 확인할 수 있습니다. ❻ 원본 레이어는 레이어 스타일을 적용하기 전 상태로 돌아갑니다.

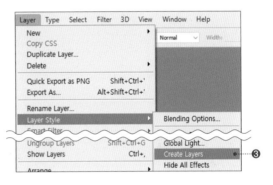

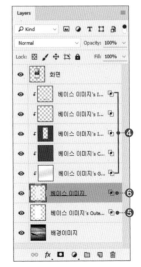

◆ Variation ◆

레이어 스타일을 레이어로 전환하면 일부 레이어를 표시하지 않는 것만으로 레이어 스타일만으로는 표현할 수 없었던 효과까지 표현할 수 있습니다.

관련 레이어 스타일을 다른 레이어에 적용하기 : P.161　레이어 스타일 확대 · 축소 : P.164

113 도형이나 문자를 일반 레이어로 변환하기

도형이나 문자 레이어는 일반 레이어와 달리 브러시 도구나 필터를 사용해서 편집할 수 없습니다. 도형이나 문자 레이어를 편집하려면 래스터화해서 일반 레이어로 변환해야 합니다.

step 1

문자 레이어를 래스터화하려면 ❶ Layers 패널에서 문자 레이어를 선택하고, 메뉴에서 [Layer] → Rasterize → Text를 실행합니다. 이제 문자 레이어가 래스터화되었습니다. 겉보기엔 래스터화하기 이전과 변함이 없어 보이지만 ❷ Layers 패널에서 섬네일을 보면 래스터화하기 전과 표시 상태가 달라진 것을 확인할 수 있습니다. 래스터화한 레이어는 일반 레이어와 동일하게 도구나 필터를 사용할 수 있습니다.

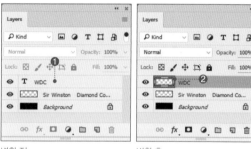

변환 전　　　　　　　　　변환 후

step 2

도형 레이어를 래스터화하려면 ❸ Layers 패널에서 도형 레이어를 선택하고, 메뉴에서 [Layers] → Rasterize → Shape를 실행합니다. 그러면 선택한 레이어가 래스터화되어 일반 레이어가 됩니다. 래스터화하면 패스의 윤곽선 표시가 사라지고 Layers 패널의 섬네일도 바뀝니다. ❹ 이제 일반 레이어가 되었으므로 필터나 도구를 사용해 편집할 수 있습니다.

> **Tip**
> 이미지의 도형 레이어나 텍스트 레이어를 마우스 오른쪽 버튼으로 클릭하고 메뉴에서 Rasterize Layer를 실행해도 래스터화할 수 있습니다.

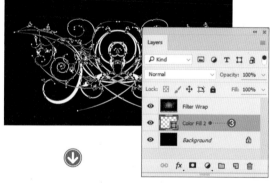

114 레이어를 스마트 오브젝트로 변환하기

일반 레이어에 필터를 적용하거나 확대, 축소를 하면 화질이 떨어지지만 스마트 오브젝트는 편집을 해도 화질이 저하되지 않습니다.

· step 1 ·

Layers 패널에서 필요한 레이어를 선택하고, ❶ 메뉴에서 [Layer] → Smart Objects → Convert to Smart Object를 실행합니다.

· step 2 ·

❷ 스마트 오브젝트로 변환하면 Layers 패널의 레이어 섬네일 오른쪽 아랫부분에 스마트 오브젝트를 표시하는 아이콘이 나타납니다.

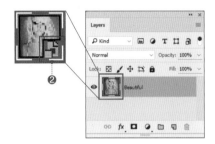

· step 3 ·

❸ 레이어를 스마트 오브젝트로 바꾸고, 변형이나 편집을 하면 이미지 위에 × 표시가 생깁니다. 이 상태에서는 여러 번 변형하여도 원본 데이터는 손상되지 않습니다. ❹ 스마트 오브젝트에 필터를 사용하면 수정이 가능한 스마트 필터가 됩니다.

스마트 필터는 레이어처럼 표시 전환을 할 수 있고, 설정값을 나중에 변경하거나 스마트 필터로 만든 레이어에 마스크를 사용해서 부분적으로 효과를 없애는 것도 가능합니다.

> **Tip**
> 스마트 오브젝트는 변형해도 화질이 저하되지 않는 장점이 있습니다. 반면 일부 기능이 제한되는(사용할 수 없는 필터가 있는) 단점도 있습니다. 또한 변형하거나 필터를 적용했을 때의 결과도 일반 경우와는 다르므로 주의가 필요합니다.

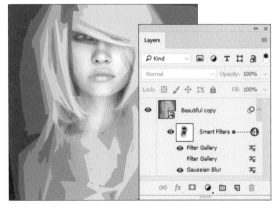

관련 레이어 마스크 만들기 : P.154　Cutout 필터 : P.290　필터 갤러리 : P.58

{ 115 } 여러 디자인을 한 번의 클릭으로 바꾸기

Layer Comps 기능을 사용하면 한 파일 안에 만든 여러 디자인을 빠르게 전환할 수 있습니다.

개요

표시할 레이어를 전환할 때 보이고 싶지 않은 레이어 조합이 표시될 수도 있습니다. 예를 들어, 'A' 레이어와 'B' 레이어를 전환하며 표시할 때, 도중에 두 가지 레이어가 동시에 (밑의 'A/B') 표시되는 경우입니다.

레이어의 수가 적은 경우에는 비교적 쉽게 전환할 수 있지만 레이어 수가 많아 전환하기 힘든 경우 Layer Comps 기능을 사용하면 편리합니다.

A안

A/B안

B안

step 1

여러 디자인을 한 번의 클릭으로 바꾸려면 ❶ 먼저 Layers 패널의 눈 모양 아이콘을 클릭해, 보고 싶은 레이어를 표시하고 ❷ 보이고 싶지 않은 레이어의 표시를 끕니다.

step 2

❸ Layer Comps 패널의 'Create New Layer Comp' 아이콘을 클릭해 [New Layer Comp] 대화상자를 표시합니다.

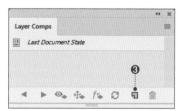

Tip

Layer Comps 패널이 표시되어 있지 않은 경우에는 메뉴에서 [Window] → Layer Comps를 실행합니다.

· step 3 ·

❹ [New Layer Comp] 대화상자에서 이름을 입력하고 ❺ 'Visibility'에 체크 표시합니다.
각 항목의 설정이 끝나면 〈OK〉 버튼을 클릭합니다.

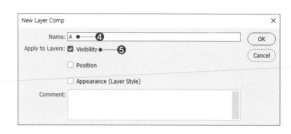

· step 4 ·

같은 방식으로, 이번에는 'B' 레이어를 표시하고 'A' 레이어를 숨긴 다음, Layer Comps 패널의 'Create New Layer Comp' 아이콘을 클릭합니다. ❻ [New Layer Comp] 대화상자에서 이름을 입력하고 ❼ Apply to Layers 영역에서 'Visibility'에 체크 표시합니다. 각 항목을 설정한 다음 〈OK〉 버튼을 클릭합니다.

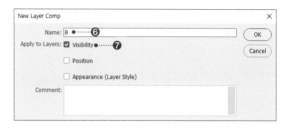

◎ [New Layer Comps] 대화상자 설정 항목

항목	내용
Visibility	체크 표시하면 레이어의 표시 상태를 등록합니다.
Position	체크 표시하면 레이어의 위치를 등록합니다. 레이어를 이동시켜 비교할 경우에 체크 표시합니다.
Appearance (Layer Style)	체크 표시하면 레이어의 불투명도나 블렌딩 모드 등을 등록합니다. 다만 Bevel & Emboss 등의 레이어 효과는 등록되지 않습니다.

· step 5 ·

❽ Layer Comps 패널에서 Layer Comps 이름 왼쪽에 있는 버튼을 클릭하면 ❾ 레이어의 표시 상태를 전환할 수 있습니다.

필자가 포토샵을 배우기 위해 사용한 것은 단 한 권의 포토샵 책뿐이었습니다. 처음에는 책의 내용대로 소개된 기능을 연습해보고, 내용을 이해할 수 있게 되면 그 다음에는 직접 촬영한 사진을 이용해 같은 내용을 연습했습니다. 이 작업을 반복하다 보니 작업 속도가 빨라졌습니다. 그리고 1장이 끝날 무렵에는 습득한 기능을 조합하여 나름대로 사진 편집을 할 수 있게 되었습니다. 이 방법으로 2장, 3장에서도 똑같이 반복했습니다. 이렇게 조금씩 공부하다 보니 마지막 장을 읽을 즈음에는 포토샵을 자유자재로 사용할 수 있게 되었습니다.

◈ 포토샵 학습 과정

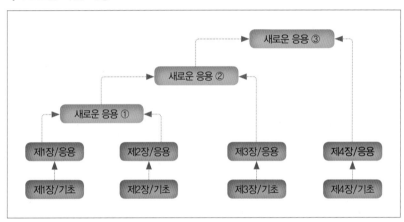

포토샵을 공부할 때 한 번에 모든 기능을 기억할 필요는 없습니다. 배운 기능으로 할 수 있는 것을 조금씩 익히는 것이 중요합니다. 실제로 작업하면서 얻은 지식은 쉽게 자신의 것으로 만들 수 있습니다.

이 책에서 사용하는 이미지는 아래 URL에서 다운로드할 수 있습니다. 이미지를 사용하면 본문에서 학습하는 것과 똑같은 작업을 진행할 수 있습니다.

《 URL 》 http://www.gilbut.co.kr

필자는 새로운 것을 배울 때마다 그 분야에서 오랜 기간 판매된 책을 반드시 구입합니다. 책에서는 웹(Web)처럼 단순한 지식을 얻기보다 '왜 그렇게 하는지' 또는 '이 구조는 ○○에도 응용할 수 있다' 같은 팁을 배울 수 있기 때문입니다. 어느 정도 시간이 지나면 그렇게 얻은 지식이 쌓이고 연결되어 실제로 활용할 수 있는 지식을 얻게 됩니다.

이 책도 폭 넓게 응용할 수 있는 지식을 제공하기 위해 'Tip'과 'Variation'을 많이 준비했습니다. 이런 부분도 반드시 학습하기 바랍니다.

제 **4** 장

리터치·색상 보정

116 전체적인 색상 보정 이해하기

색상 보정은 무작정 작업을 진행하지 말고 보정할 사진이나 이미지의 특징과 문제점을 정확히 파악한 후, 적절한 작업을 할 수 있어야 합니다.

 개요

색 보정은 이미지 밝기, 콘트라스트, 색조, 채도 등을 조정하여 이미지를 편집하는 작업입니다. 색 보정에는 다양한 작업 항목이 포함되어 있지만 기본적으로는 사진을 잘 살펴본 후 한쪽으로 치우친 부분을 반대로 수정하여 이미지를 조정합니다.

예를 들어, 이미지가 너무 밝을 경우에는 밝기를 어둡게 조정하여 정상 밝기로 되돌립니다. 이미지에 푸른빛이 많이 돌 경우에는 푸른빛을 낮출 수 있는 노란빛을 올립니다. 이런 식으로 몇 가지 방법을 사용하여 색을 보정합니다.

◎ 색상 보정의 기본 단계

1. 이미지 확인

⬇

2. 어떻게 보정할지 결정

⬇

3. 밝기와 콘트라스트, 색조를 어떻게 수정할지 결정

⬇

4. 밝기와 콘트라스트 수정

⬇

5. 색상 수정

⬇

6. 채도 수정

⬇

7. 이미지를 확인하고 미세 조정

⚜ 색상 보정을 시작하기 전에

색 보정을 할 때는 사전에 어떤 식으로 마무리할지 결정해야 합니다. 목적도 없이 무작정 작업을 진행하면 좋은 결과를 얻을 수 없습니다. 제대로 목표하는 바를 정하고 작업에 들어가는 것이 좋습니다. 올바른 색을 만드는 것이 항상 옳은 것만은 아니기 때문에 주의해야 합니다. 색 보정에는 올바른 색을 만드는 것과 아름다운 색을 만드는 것, 두 가지 종류가 있습니다. 원하는 바에 따라 어느 쪽을 선택할지 결정합니다.

이미지를 올바른 색으로 보정한 예

⚜ 색상 보정 시 주의할 점

색 보정을 하면 이미지 색조가 변하기 때문에 이미지를 직접 수정하면 원래 상태로 되돌릴 수 없는 경우도 있습니다. 그렇기 때문에 색 보정을 할 때는 가능한 사진을 직접 수정하지 않고 '조정 레이어'를 사용하는 것이 좋습니다(P.175).

이미지를 아름다운 색으로 보정한 예

step 1

여기에서는 오른쪽 이미지를 사용해서 색 보정이 어떻게 진행되는지 소개하겠습니다. 이번에는 이미지를 선명하고 아름답게 하는 것이 목표입니다.

구체적인 작업 방법은 각 페이지에서 소개할 예정이므로, 일단 여기에선 이미지의 문제점과 수정 방법을 파악하기 바랍니다.

step 2

먼저 밝기와 콘트라스트를 조정합니다. 밝기와 콘트라스트에 관련해 발생할 수 있는 문제점은 아래 세 가지입니다.

1. 콘트라스트가 약할 경우
2. 너무 밝거나 너무 어두울 경우
3. 강약이 부족할 경우

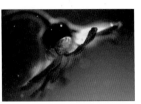

⚜ 콘트라스트가 약할 경우

❶ 섀도 부분과 하이라이트 부분에 픽셀이 존재하지 않는 경우에 발생합니다. 이 문제는 섀도 부분에 큰 값을 설정하여 해결할 수 있습니다.

> **Tip**
> 오른쪽 그림 Curves 뒷면에는 히스토그램이 표시되어 있습니다. 히스토그램은 이미지에 있는 전체 픽셀 밝기 정보를 그래프화한 것입니다. 가로축은 밝기를 나타내고, 세로축이 그 밝기 픽셀의 분포량을 보여줍니다. RGB 모드에서는 그래프 오른쪽이 하이라이트 부분, 왼쪽이 섀도 부분을 나타냅니다.

관련 콘트라스트가 약한 사진 보정하기 : P.184

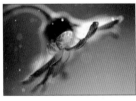

⚜ 너무 밝거나 너무 어두울 경우

❷ 이미지가 너무 밝거나 어두울 경우 그 원인은 섀도 부분, 미드톤 부분, 하이라이트 부분 각각에 있을 수 있으며, Curves에서 수정할 수 있습니다.

관련 Curves 사용하기 : P.178 하이라이트와 섀도 보정하기 : P.193

> **Tip**
> 특정 부분을 수정하려면 다음과 같이 Curves를 조절합니다.
>
> • 밝은 부분을 수정하려면 커브 가운데보다 오른쪽 위를 움직입니다.
> • 중간 부분을 수정하려면 커브 가운데를 움직입니다.
> • 어두운 부분을 수정하려면 커브 가운데보다 왼쪽 밑을 움직입니다.
> • 밝게 하려면 커브를 위로 이동합니다.
> • 어둡게 하려면 커브를 아래로 이동합니다.
>
> 그러나 어두운 부분이 완전히 검은색으로 되어 있거나, 밝은 부분이 완전히 흰색으로 되어 있는 경우에는 완벽하게 수정할 수 없기 때문에 주의하기 바랍니다.

❖ 강약이 부족할 경우

강약이 부족한 이미지(콘트라스트는 있지만 흐린 이미지)는 언뜻 보면 콘트라스트가 부족한 것처럼 보이지만 다릅니다. 강약이 없는 이미지는 섀도 부분과 하이라이트 부분에 픽셀이 있음에도 흐리게 보입니다. 일반적으로 강한 이미지가 날카로운 인상이 되지만 너무 강하면 그러데이션이 부족하고 딱딱한 느낌이 됩니다. ❸ 이 점에 주의해서 Curves로 강약을 조절합니다.

관련 이미지에 강약을 주어 선명한 이미지 만들기 : P.186

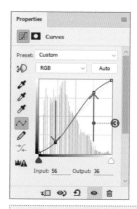
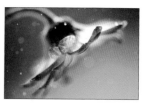

이 문제는 Brightness/Contrast(P.185)에서도 수정할 수 있습니다. 다만 Brightness/Contrast를 사용할 경우에는 'Use Legacy'에 체크 표시를 해제하고 수치를 설정합니다.

· ❰ step 3 ❱ ···

색 보정에서 가장 어려운 부분이 색조 조정입니다. 어떤 색상이 옳은지 정확하게 판별하기 쉽지 않고, 개인의 취향에 의해 좌우되기 때문입니다.
색상 편차는 RGB 밸런스가 원인이므로, 밝기 조정에 비해 수정해야 할 부분이 많아집니다.
❹ RGB 컬러가 한쪽으로 치우쳐 있는 경우 치우친 색상 또는 다른 두 가지 색을 수정하여 전체 컬러 밸런스를 정돈할 수 있습니다.
예를 들어, 빨간색에 치우쳐져 있는 경우는 Green과 Blue를 올려서 빨간색을 수정할 수 있지만, Green과 Blue를 조정해 마젠타와 옐로우에 치우친 빨간색을 수정할 수도 있습니다.

관련 치우친 색 보정하기 : P.182

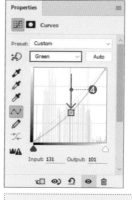
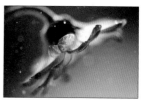

이 문제는 Color Balance(P.194)에서도 수정할 수 있습니다. Curves만큼 정밀한 조정은 하지 못하지만 하이라이트 부분, 중간 부분, 섀도 부분을 간단하게 수정할 수 있습니다.

· ❰ step 4 ❱ ···

마지막으로 채도를 조정합니다. ❺ 여기에서는 Hue/Saturation 기능을 사용하여 채도를 조절합니다. RGB 각 색의 값이 멀리 떨어질수록 선명해집니다. 이미지의 강도는 콘트라스트나 강약을 조정했을 때 달라질 수 있으므로 채도 조정은 반드시 마지막에 작업하는 것이 좋습니다.

관련 피사체의 색을 선명하게 만들기 : P.188

이상으로 색상 보정을 완료했습니다. 원본과 비교해서 이미지가 원하는 대로 보정되어 있는지 확인하기 바랍니다.

117 조정 레이어로 다시 수정할 수 있는 색 보정하기

포토샵에는 원본에 손을 대지 않고 사진을 편집하는 기능이 몇 가지 있습니다. 여기서 소개하는 조정 레이어는 원본을 보존하는 대표적인 기능 중 하나입니다.

제
4
장
리
터
치
·
색
상
보
정

개요

조정 레이어(Adjustment Layer)는 이름에서 알 수 있듯이 레이어의 한 종류이며, 특정 기능을 가진 레이어입니다.

포토샵에는 열여섯 종류의 조정 레이어가 준비되어 있습니다. 조정 레이어는 레이어이기 때문에 여러 가지를 조합하거나 불투명도를 변경할 수 있습니다.

❶ 조정 레이어를 사용하려면 보정할 레이어를 선택하고, 메뉴에서 [Layer] → New Adjustment Layer을 실행하여 원하는 기능을 선택합니다. 기능을 선택하면 [New Layer] 대화상자가 표시됩니다. 예제에서는 Brightness/Contrast를 사용하여 Adjustment Layer의 기본적인 사용 방법을 설명하겠습니다.

step 1

[New Layer] 대화상자에서 일반 레이어와 같은 항목을 설정할 수 있습니다(P.132). ❷ 여기에서는 아무것도 변경하지 않고 그대로 〈OK〉 버튼을 클릭합니다(이 설정은 언제든지 다시 설정할 수 있습니다).

step 2

❸ Step 1에서 선택한 레이어 위에 'Brightness/Contrast 1' 레이어가 새로 추가되었습니다. ❹ 조정 레이어 섬네일을 더블클릭해서 ❺ Properties 패널을 열고 Brightness를 '150', Contrast를 '-50'으로 설정합니다. ❻ Step 1에서 선택한 이미지에 ❼ Brightness/Contrast가 적용되어 이미지가 보정된 것을 확인할 수 있습니다.

> **Tip**
> 보정 레이어의 효과는 만든 보정 레이어 아래에 있는 모든 레이어에 적용됩니다.

일반 색상 보정(메뉴의 [Image] → Adjustments 항
목)은 사진을 직접 편집하기 때문에 색상 보정을 할
때마다 화질이 저하되지만 조정 레이어에서는 이미
지가 전혀 편집되지 않기 때문에(비파괴 편집) 화질이
저하되지 않습니다. 또한, 몇 번이고 설정값을 변경할
수 있습니다.

한 번 설정한 값을 변경하려면 앞에서와 마찬가지로
조정 레이어 섬네일을 더블클릭하여 Properties 패
널을 엽니다.

이번 예제에서는 ❽ Brightness를 '-150', Contrast
를 '100'으로 다시 설정했습니다. 이미지 화질이 저
하되지 않고 ❾ 그림과 같이 색상이 보정되었습니다.

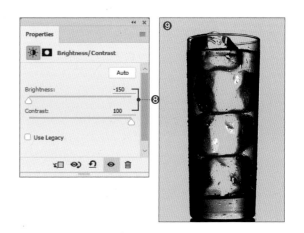

❿ Layers 패널에서 조정 레이어를 표시하지 않으면
(눈 아이콘을 클릭) 일시적으로 색상 보정을 해제할
수 있습니다. ⓫ 또한, 불투명도를 변경하여 색상 보
정 정도를 조정할 수 있습니다. ⓬ 예를 들어, 색상
보정 효과가 너무 강할 때 조정 레이어의 Opacity를
'50%'로 조절하면 효과를 반감할 수 있습니다.

═══ ❧ Variation ❧ ═══

조정 레이어는 기본적으로 자신보다 아래에 있는 모든 레이어에 효과를 적
용합니다. 조정 레이어 효과를 바로 아래 레이어에만 적용하려면 대상 조정
레이어를 선택한 다음, ⓭ Layers 패널의 패널 메뉴에서 **Create Clipping
Mask**를 실행합니다. ⓮ 그러면 조정 레이어 왼쪽에 아래쪽 화살표가 표시되
고 바로 아래의 레이어에만 효과가 적용됩니다.

조정 레이어에 클리핑 마스크를 설정하는 방법은 이 방법 외에 조정 레이어 바
로 아래 레이어 분리 지점을 [Alt]([Option])를 누른 채 클릭하는 방법도 있습니다.

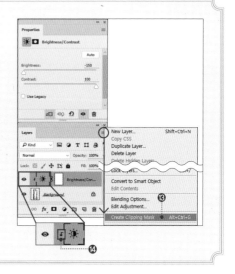

118 색상 보정 설정을 저장하고 불러오기

조정 레이어를 사용하여 색상 보정 설정을 저장하고 불러올 수 있습니다. 이번 예제에서는 Curves 기능의 조정 레이어를 사용하여 작업 방법을 설명합니다.

step 1

❶ Layers 패널에서 조정 레이어 섬네일을 더블클릭해 Properties 패널을 표시합니다.

step 2

❷ 프리셋을 저장하려면 패널 메뉴에서 **Save** ○ ○ ○ **Preset**을 실행합니다.

저장할 위치를 지정하는 대화상자가 표시되면 프리셋 이름과 위치를 지정하고 〈Save〉 버튼을 클릭합니다. 이제 프리셋이 저장되어 언제든지 불러와 사용할 수 있습니다.

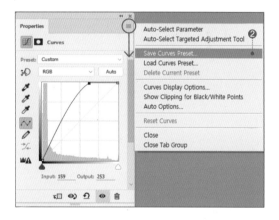

step 3

❸ 프리셋을 로드하려면 패널 메뉴에서 **Load** ○ ○ ○ **Preset**을 실행합니다. 표시되는 [Load] 대화상자에서 ❹ 원하는 프리셋 파일을 선택하고 ❺ 〈Load〉 버튼을 클릭합니다. 저장한 색상 보정 설정을 불러올 수 있습니다.

> **Tip**
> ❻ 저장된 프리셋은 Properties 패널의 Preset에서 지정할 수도 있습니다.

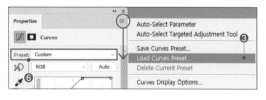

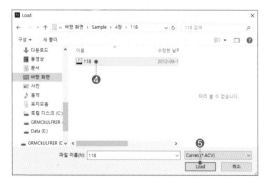

관련 전체적인 색상 보정 이해하기 : P.172 조정 레이어 사용하기 : P.175 Curves 사용하기 : P.178

119 Curves 사용하기

Curves는 간단한 조작으로 이미지 음영이나 색조, 채도를 제어할 수 있는 매우 유용한 기능입니다. 응용할 수 있는 범위도 넓어 포토샵을 다루는 데 있어서 필수적인 명령이라고 할 수 있습니다.

개요

Curves는 이미지의 품질을 관리하는 데 사용하는 그래프를 디지털로 대체한 기능입니다.

Curves는 커브를 조절해 톤을 조절하는 단순한 기능이지만 톤을 조절한다는 것은 곧 색조, 채도, 콘트라스트 등 이미지의 다양한 요소를 제어하는 것입니다. Levels나 Color Balance는 다른 기능으로 보완할 수 있지만, Curves는 다른 기능으로 대체할 수 없습니다. 예제에서는 오른쪽 이미지를 사용하여 Curves의 기본적인 사용법을 설명합니다. 이 이미지는 ❶ 사진과 ❷ 무채색의 흑백 그러데이션 바로 구성되어 있습니다. 흑백 그러데이션 바는 색상 보정 전후를 확인할 때 적합합니다. 이후 이미지를 확인할 때 사진과 함께 흑백 그러데이션 바를 확인하면 그 차이를 더 잘 알 수 있습니다.

Curves의 기본

❸ 왼쪽 아래에서 오른쪽 위를 향한 선(이하 커브)을 조작합니다.

❹ 커브 아래 면적이 커지면 이미지가 밝아지고, 면적이 줄어들면 이미지가 어두워집니다.

또한, 커브 왼쪽은 섀도 부분에 영향을 주고, 오른쪽은 하이라이트 부분에 영향을 줍니다.

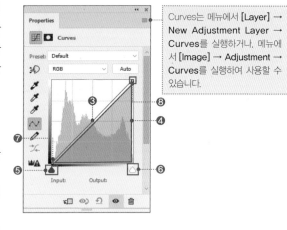

Curves는 메뉴에서 [Layer] → New Adjustment Layer → Curves를 실행하거나, 메뉴에서 [Image] → Adjustment → Curves를 실행하여 사용할 수 있습니다.

◎ Curves 구성 요소

번호	항목	내용
❺	섀도 입력 레벨	이 슬라이더를 오른쪽으로 이동하면 이미지 전체가 어두워집니다. 밝은 부분보다 어두운 부분에 크게 영향을 줍니다.
❻	하이라이트 입력 레벨	이 슬라이더를 왼쪽으로 이동하면 이미지 전체가 밝아집니다. 어두운 부분보다 밝은 부분에 크게 영향을 줍니다.
❼	섀도 출력 레벨	이 커브의 아랫부분을 위로 올리면 어두운 부분일수록 밝아집니다. 어두운 부분을 회색으로 만들 경우에 사용합니다.
❽	하이라이트 출력 레벨	이 커브의 윗부분을 아래로 내리면 이미지의 밝은 부분일수록 어두워져 탁한 이미지가 됩니다. 밝은 부분을 회색에 가깝게 만들고 싶은 경우에 사용합니다.

step 1

❾ 오른쪽 그림과 같이 가운데 부분을 위로 올리면 이미지 전체가 밝아집니다.

이때, 커브 기울기는 중간까지 경사가 심하고, 중간을 지나면 완만해집니다. 따라서 밝은 부분은 채도가 낮아지고, 어두운 부분은 채도가 높아집니다. 결과적으로 전체적으로 밝고 부드러운 이미지가 됩니다.

step 2

❿ 오른쪽 그림과 같이 가운데 부분을 아래로 내리면 이미지 전체가 어두워집니다.

이때, 커브의 기울기는 중간까지 경사가 완만하고, 중간을 지나면 경사가 심해집니다. 따라서 밝은 부분은 채도가 높아지고, 어두운 부분은 채도가 낮아집니다. 결과적으로 전체적으로 어둡고 딱딱한 이미지가 됩니다.

step 3

⓫ 오른쪽 그림과 같이 가운데보다 아래 부분을 밑으로 내리고 가운데보다 윗부분을 위로 올리면, 중간 부분의 경사가 심해지기 때문에, 전체 채도와 콘트라스트가 높아집니다.

또한 섀도와 하이라이트의 경사가 완만해지므로 섀도와 하이라이트가 부드러워지고 그러데이션이 자연스러워집니다.

이 커브는 모양을 본 따서 S자 커브라고 합니다. S자 커브는 채도가 낮아 흐린 이미지와 너무 부드러운 이미지를 보정할 때 자주 사용합니다.

섀도와 하이라이트를 건드리지 않고 콘트라스트를 높일 수 있습니다.

Tip

Curves의 가장 큰 장점은 하나의 명령으로 여러 가지 조정을 할 수 있다는 것입니다. 위의 설명에서 알 수 있듯이 톤을 조금이라도 바꾸면 반드시 그러데이션도 바뀝니다. 즉, 한 곳만 수정해도 전체 색조에 영향을 준다는 것입니다.

이 현상은 Curves 이외의 색상 보정에서도 발생하지만 Curves의 경우 그 변화 정도를 시각적으로 확인할 수 있으며, 쉽게 조정할 수 있습니다.

⑫ 왼쪽 아랫부분을 가운데까지 끌어올리면 어두운
부분을 중심으로 이미지가 밝아져 전체적으로 희미
한 느낌이 됩니다.
이것은 반조라고 불리는 표현으로 배경에 이미지를
엷게 배치할 때 사용합니다.

> **Tip**
>
> 사람은 무의식적으로 의미를 부여하며 이미지를 인식합니다.
> 그중에서도 사람 얼굴은 특별하게 판별하기 때문에 컬러 밸런
> 스나 그러데이션에 약간의 차이만 있어도 쉽게 알아볼 수 있
> 습니다.
> 따라서 이미지를 비교할 때 사람 얼굴을 기준으로 두면 차이
> 를 쉽게 알아볼 수 있습니다. 다만 얼굴 위주의 이미지를 볼 때
> 는 주로 표정에 집중하기 때문에 얼굴을 클로즈업한 이미지는
> 비교하기에 적합하지 않습니다.

❧ Variation ❧

Curves를 사용하면 이미지의 톤뿐만 아니라 채도도 조정할 수
있습니다. ⑬ 오른쪽 이미지를 사용해 이 구조를 설명하겠습니다.
Curves에서는 커브 아래 면적이 커질수록 전체 이미지가 밝아
집니다. 이미지 ⑭에서는 커브 중간을 수직으로 올렸기 때문에
커브 아래의 면적이 넓어지고 이미지가 밝아졌습니다.
한편 이미지 ⑮에서는 커브 아래 면적이 변하지 않도록 커브를
조작했습니다. 이 이미지의 경우 밝기는 변하지 않았지만 채도
가 높아진 것을 알 수 있습니다. 이것은 커브가 급격하게 가팔라
져 픽셀 안의 RGB 각 색에서 밝은 색과 어두운 색의 차이가 커
졌기 때문입니다.
이처럼 Curves로 밝기를 변경하면 대부분의 경우 채도도 바뀝
니다. Curves의 특성을 이해하면 더 자유롭게 이미지를 제어할
수 있습니다.
오른쪽 그림과 같은 간단한 이미지를 사용해 Curves를 조작하
여 기본적인 조작을 습득해 봅니다.

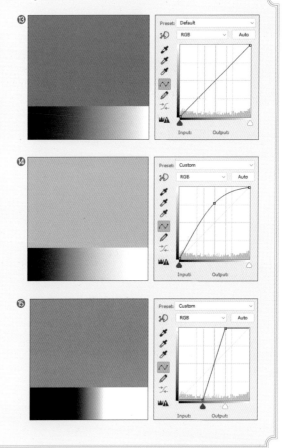

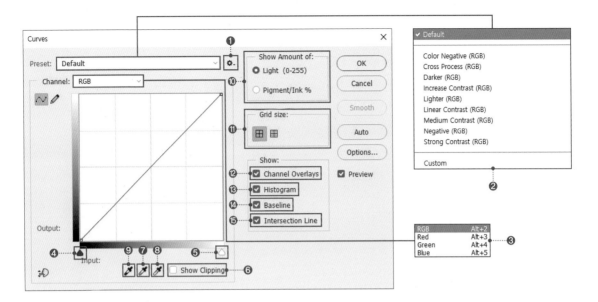

◎ [Curves] 대화상자 각 부분의 명칭과 역할

번호	항목	내용
❶	Preset Options	자신이 사용한 커브를 저장하거나 불러옵니다.
❷	Preset	자신이 사용한 커브 값을 미리 Preset Options에서 저장한 경우 여기에서 불러올 수 있습니다. 기존 값도 설정되어 있습니다.
❸	Channel	RGB, R, G, B 또는 현재 색상 모드의 색상을 전환하여 조정할 수 있습니다.
❹	Black Point	이미지의 가장 어두운 부분을 조정할 수 있습니다. 오른쪽으로 이동하면 콘트라스트가 높은 이미지가 됩니다.
❺	White Point	이미지의 가장 밝은 부분을 조정할 수 있습니다. 왼쪽으로 이동하면 콘트라스트가 낮은 이미지가 됩니다.
❻	Show Clipping	이미지에서 완전히 흰색 또는 검은색이 된 영역을 확인할 수 있습니다.
❼	Set Gray Point	사진 속 특정 농도의 포인트를 임의의 농도로 설정할 수 있습니다.
		먼저 Set Gray Point를 두 번 클릭하여 컬러 피커로 원하는 색상을 설정합니다. 그 후 Set Gray Point를 선택한 상태에서 이미지의 모든 포인트를 클릭하면 이미지에서 클릭한 지점의 색상이 설정한 값으로 변경됩니다. 이미지는 회색 점에 설정된 값을 중심으로 변합니다.
❽	Set White Point	이미지의 밝은 영역에서 색상을 조정하고자 하는 지점을 255 이하의 값으로 설정합니다. 그러면 이미지에서 클릭한 지점의 농도를 설정한 값으로 변경합니다.
		Set Gray Point와의 차이는 White Point에 설정된 포인트는 하이라이트 부분의 색조를 조정할 수 있다는 점입니다.
❾	Set Black Point	이미지의 어두운 영역에서 색상을 조정하고자 하는 지점을 0 이상의 값으로 설정합니다. 그러면 이미지에서 클릭한 지점의 농도를 Black Point에 설정한 값으로 변경합니다.
		Set Gray Point와의 차이는 Black Point에 설정된 포인트는 섀도 부분의 색조를 조정할 수 있다는 점입니다.
❿	Show Amount of	Light를 선택하면 0~255 농도를 표현합니다. 오른쪽에 하이라이트가 표시됩니다. 일반적으로 이 설정을 사용합니다. Pigment/Ink를 선택하면 0~100%로 농도를 표현합니다. 오른쪽에 섀도 부분이 표시됩니다.
⓫	Grid size	커브의 그리드를 4×4 또는 10×10의 표시로 전환합니다.
⓬	Channel Overlays	마스터 채널(RGB)에 다른 채널로 변경한 곡선을 표시합니다.
⓭	Histogram	히스토그램을 표시합니다.
⓮	Baseline	원래 직선을 표시합니다.
⓯	Intersection Line	Input과 Output에 선을 그어 교차점을 만듭니다. 이 항목에 체크 표시하면 Input과 Output의 값을 쉽게 볼 수 있습니다.

관련 전체적인 색상 보정 이해하기 : P.172　치우친 색 보정하기 : P.182　비네팅 효과 만들기 : P.200

{120} 치우친 색 보정하기

이 예제에서는 Curves 조정 레이어를 사용하여 한 색상으로 치우친 이미지를 보정합니다. 기본적인 보정 방법을 이해하면 어떤 이미지라도 쉽게 보정할 수 있습니다.

개요

❶ 오른쪽 사진을 보면 콘트라스트가 부족하고 전체적으로 밝게 보입니다. ❷ 또한, 히스토그램을 보면 섀도 부분(가장 어두운 부분)과 하이라이트 부분(가장 밝은 부분)에 픽셀이 없다는 것을 알 수 있습니다. 여기에서는 이미지와 히스토그램을 보고 알아낸 것을 토대로 색을 보정해봅니다.

step 1

먼저 콘트라스트를 수정합니다. 콘트라스트를 먼저 수정하는 이유는 밝기와 콘트라스트를 수정하면 색조가 달라질 수 있기 때문입니다.

메뉴에서 [Layer] → New Adjustment Layer → Curves를 실행하여 [New Layer] 대화상자를 표시한 다음 〈OK〉 버튼을 클릭합니다. Properties 패널이 표시되면 작업을 수행합니다.

❸ 이 이미지의 경우 하이라이트 부분과 섀도 부분이 부족하기 때문에 먼저 커브 왼쪽과 오른쪽의 점을 드래그하여 안쪽으로 이동합니다. 이때 배경에 표시되는 막대 그래프 끝을 기준으로 합니다.

히스토그램은 이미지에 있는 픽셀의 밝기 정보를 그래프화한 것입니다. 가로축이 밝기를 나타내고, 세로축이 그 밝기의 픽셀이 분포하는 양을 나타냅니다.

step 2

❹ 이미지에 좀 더 강약을 주기 위해 커브 가운데에서 왼쪽 아랫부분과 오른쪽 윗부분에 포인트를 만들고 이동합니다. 왼쪽 아랫부분을 아래로 이동해서 어두운 부분은 더 어둡게 만들고, 오른쪽 윗부분을 이동해서 밝은 부분이 더 밝아지게 만듭니다. 또 오른쪽 포인트를 더 많이 움직여 이미지 전체가 밝아지도록 하고 작업을 마무리합니다.

· **step 3** ··

색조를 조정하겠습니다. ❺ 채널을 'Red'로 지정하고, ❻ 가운데 부분을 밑으로 이동합니다. 전체적으로 이미지의 붉은 기를 없애기 위해 커브 가운데 부분을 내렸지만 하이라이트에 붉은 기가 남은 경우엔 커브 오른쪽 윗부분을 위아래로, 섀도에 붉은 기가 남아있는 경우엔 커브의 왼쪽 아랫부분을 위아래로 이동합니다.

· **step 4** ··

❼ 전체적으로 노란빛이 돌기 때문에 채널을 'Blue'로 변경하고, ❽ 가운데 부분을 위로 이동합니다. 여기에서 Blue의 값을 올리는 것은 노란색의 보색이 파란색이기 때문입니다(아래 표 참조).

· **step 5** ··

완성입니다. 보정 전후 이미지를 비교해보면 붉게 보이던 이미지가 수정된 것을 확인할 수 있습니다.

원본 이미지

보정 이미지

◎ **색조에 따른 이미지 보정 방법**

항목	내용
이미지에 붉은빛이 돌 때	Red 값을 낮추거나 Green과 Blue 값을 올리기
이미지에 노란빛이 돌 때	Blue 값을 올리거나 Green과 Red 값을 낮추기
이미지에 초록빛이 돌 때	Green 값을 낮추거나 Blue와 Red 값을 올리기
이미지에 청록빛이 돌 때	Red 값을 올리거나 Green과 Blue 값을 낮추기
이미지에 파란빛이 돌 때	Blue 값을 낮추거나 Green과 Red 값을 올리기
이미지에 자줏빛이 돌 때	Green 값을 올리거나 Blue와 Red 값을 낮추기

관련 전체적인 색상 보정 이해하기 : P.172 Curves 사용하기 : P.178 조정 레이어 만들기 : P.175

{121} 콘트라스트가 약한 사진 보정하기

사진의 상태는 Histogram 패널에서 확인할 수 있고, Brightness/Contrast 조정 레이어를 이용해 콘트라스트가 약한 사진을 쉽게 보정할 수 있습니다.

·개요·

이미지의 콘트라스트는 Curves에서도 변경할 수 있지만(P.178) 이 예제에서는 Brightness/Contrast 조정 레이어를 사용하여 쉽게 콘트라스트를 조정하는 방법을 설명하겠습니다. 똑같이 콘트라스트가 약한 이미지라도 이미지에 따라 실제 상태는 다양합니다. 따라서 이미지를 보정하기 전에 먼저 Histogram 패널을 확인하여 이미지 상태를 파악해야 합니다.

❶ 오른쪽 이미지를 Histogram 패널에서 확인하면 픽셀이 고루 분포되어 있지 않고 가장 어두운 부분과 가장 밝은 부분에 데이터가 없는 것을 알 수 있습니다. 즉, 흰색과 검은색이 없기 때문에 이미지의 가장 밝은 톤과 가장 어두운 톤을 조정할 필요가 있다는 것입니다.

따라서, 이 예제에서는 Brightness/Contrast 조정 레이어를 사용하여 이미지의 가장 어두운 부분과 밝은 부분을 만들어 이미지 전체의 콘트라스트를 높입니다.

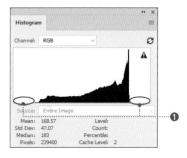

·step 1·

❷ 메뉴에서 [Layer] → New Adjustment Layer → Brightness/Contrast를 실행하여 [New Layer] 대화 상자를 표시합니다.

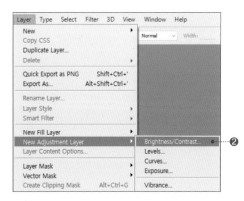

·step 2·

❸ 아무것도 변경하지 않은 채로 〈OK〉 버튼을 클릭합니다.

> **Tip**
> ❹ 바로 아래 레이어에만 효과를 적용하고 싶다면 'Use Previous Layer to Create Clipping Mask'에 체크 표시합니다.

· step 3 ···

Properties 패널에 Brightness와 Contrast가 표시되지만 이미지 히스토그램은 표시되지 않기 때문에 오른쪽 그림과 같이 Properties 패널과 Histogram 패널을 정렬하고 히스토그램을 확인하면서 작업을 진행합니다.

· step 4 ···

❺ Properties 패널에서 'Use Legacy'에 체크 표시합니다.
❻ 다음은 하이라이트와 섀도 부분에 공백이 없어질 때까지 콘트라스트 슬라이더를 오른쪽으로 이동하여 콘트라스트를 높입니다. 여기에서는 선명하고 강약이 있는 이미지를 만들기 위해 Contrast를 '30'으로 설정합니다.

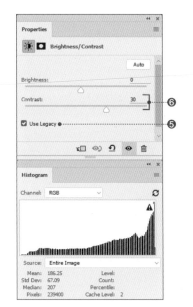

· step 5 ···

이제 가장 밝은 부분과 어두운 부분을 강조해 이미지 전체의 콘트라스트를 높였습니다. 원본 이미지와 비교하면 전체적으로 선명한 이미지가 된 것을 확인할 수 있습니다.

> **Tip**
> 히스토그램의 형태와 이미지의 콘트라스트는 관계가 없습니다.

> **Tip**
> 예제에서는 하이라이트와 섀도가 충분한 톤에 도달했음에도 더 선명한 이미지를 만들기 위해 콘트라스트를 더 높였기 때문에 하이라이트와 섀도의 그러데이션이 손상되어 있습니다. 보다 더 강도 높은 색상 보정을 위해서는 '이미지에 강약을 주어 선명한 이미지 만들기'(P.186)를 참고해 Curves로 보정하기 바랍니다.

═══ ❦ **Variation** ❦ ═══

이 책에는 콘트라스트에 관한 항목이 많이 있는데 일반적으로 콘트라스트에는 두 가지가 있습니다.
첫 번째는 가장 밝은 부분과 가장 어두운 부분의 밝기 차이이고, 두 번째는 피사체의 밝기에 대한 톤의 변화입니다.
본래 콘트라스트는 전자를 의미하며, 후자를 공식적으로는 감마라고 합니다. 콘트라스트를 올리면 감마도 올라가지만 감마를 올려도 콘트라스트는 올라가지 않습니다.
이 책에서는 전자에 콘트라스트라는 표현을 사용하고 있으며, 후자에 알기 쉽도록 강약이라는 표현을 사용하고 있습니다.

관련 전체적인 색상 보정 이해하기 : P.172 피사체의 색을 선명하게 만들기 : P.188 특정 색 보정하기 : P.190

{122} 이미지에 강약을 주어 선명한 이미지 만들기

Curves의 커브를 S자 모양으로 조절하면 흐린 이미지를 선명하게 만들 수 있습니다.

step 1

오른쪽 이미지는 전체적으로 강약이 없어 흐리게 보입니다. 이런 이미지에 강약을 주려면 Curves를 사용합니다.

❶ 이미지를 연 상태에서 Histogram 패널을 표시하고, 가장 어두운 부분과 가장 밝은 부분의 픽셀을 확인합니다. 픽셀이 있으면 그대로 작업을 진행하고, 픽셀이 없는 경우엔 다음 페이지의 Variation 작업을 먼저 진행합니다.

히스토그램 형태는 이미지의 선명함이나 콘트라스트와는 관련이 없습니다.

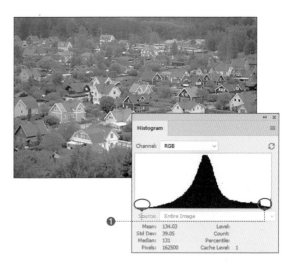

step 2

❷ 메뉴에서 [Layer] → New Adjustment Layer → Curves를 실행하고 [New Layer] 대화상자를 표시합니다. 아무 것도 변경하지 않은 채로 〈OK〉 버튼을 클릭합니다.

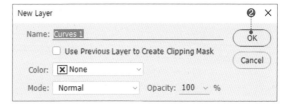

step 3

❸ Properties 패널에서 커브 가운데보다 약간 더 어두운 부분에 포인트를 추가하고 아래쪽으로 드래그해 어두운 부분을 더 어둡게 만듭니다. ❹ 그러면 이미지에서 어두운 부분의 색이 진해집니다.

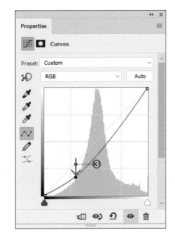

❺ 중간보다 밝은 부분에 포인트를 추가하고 위쪽으로 드래그해 밝은 부분을 더 밝게 만듭니다. 커브 가운데 부분의 경사가 가팔라졌습니다. 이미지를 확인해보면 한눈에 보기에도 밝은 부분이 한층 더 밝아졌고, 채도와 콘트라스트가 높아져 선명해졌습니다.

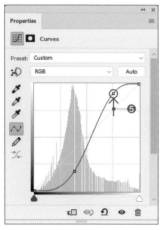

제 4 장 리터치 · 색상 보정

◆ Variation ◆

❻ 오른쪽 이미지처럼 히스토그램에 가장 어두운 부분과 밝은 부분에 픽셀이 없을 때는 메뉴에서 [Image] → Adjustment → Curves를 실행하여 [Curves] 대화상자를 표시합니다.

❼ 커브 아래의 검은색 슬라이더와 흰색 슬라이더를 안쪽으로 이동해 가장 어두운 부분과 가장 밝은 부분에 맞게 줄입니다. ❽ 이 작업을 한 다음, Step 3, Step 4와 같은 방법으로 커브가 S 모양이 되도록 조정합니다.

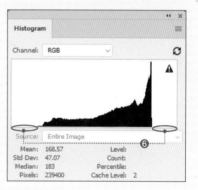

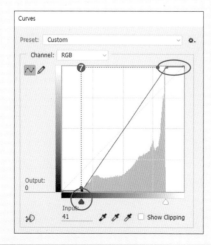
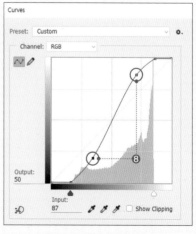

관련 Curves 사용하기 : P.178　채도를 변경하지 않고 콘트라스트 올리기 : P.196

피사체의 색을 선명하게 만들기

이미지의 색을 선명하게 만들려면 Hue/Saturation 조정 레이어를 사용합니다. Hue/Saturation을 사용하면 이미지 일부만 선명하게 만들 수도 있습니다.

Hue/Saturation 조정 레이어를 사용해 자동차 색을 선명하게 만들어 피사체가 돋보이도록 보정하겠습니다.

step 1

❶ [Layer] → New Adjustment Layer → Hue/Saturation을 실행하여 [New Layer] 대화상자를 표시한 후 그대로 〈OK〉 버튼을 클릭합니다.

> **Tip**
> ❷ 바로 아래 레이어에만 효과를 적용하고 싶다면 'Use Previous Layer to Create Clipping Mask'에 체크 표시합니다.

step 2

❸ Properties 패널 위쪽 풀다운 메뉴에서 'Reds'를 선택하고 ❹ Saturation을 '+60'으로 설정합니다.
❺ 이처럼 채도를 변경할 대상을 설정하는 것으로 아스팔트나 천장에 영향을 주지 않고 특정 채도만 변경할 수 있습니다.

Tip

❻ 대상 색을 설정하지 않고 Saturation을 '+60'으로 설정하면 자동차의 색이 선명해지고 돋보이게 되지만, 아스팔트 부분까지 녹색으로 변합니다.

Saturation 슬라이더가 '+100'에 가까워질수록 화면 전체의 채도는 높아지지만, 채도를 너무 올리면 입자가 거칠어지고 화질이 저하되거나 극단적으로 채도가 높아져 전체 컬러 밸런스가 무너질 수 있으므로 적당히 수치를 설정해야 합니다.

✦ Variation ✦

❼ Properties 패널 윗부분에 있는 화면 선택기 전환 아이콘을 클릭한 다음 ❽ 채도를 조정하려는 색상 부분을 좌우로 드래그하면 드래그를 시작한 부분의 색을 기준으로 채도를 제어할 수 있습니다.

이 방법을 사용하면 풀다운 메뉴에서 대략적으로 색을 선택하고 조정하는 것보다 정확하게 색을 조정할 수 있습니다.

관련 치우친 색 보정하기 : P.182 특정 색 보정하기 : P.190 하이라이트와 섀도 보정하기 : P.193

124 특정 색 보정하기

이미지의 특정 색을 보정하려면 Color Range 기능으로 보정할 색에만 선택 영역을 만듭니다.

개요

일반적으로 사진 한 장 안에는 여러 가지 색이 포함되어 있습니다. 그렇기 때문에 이미지 전체를 보정하면 어떤 색은 원하는대로 보정되지만, 다른 색은 부자연스러운 경우도 있습니다. 이처럼 전체 색 중 특정한 색만 보정하고 싶은 경우엔 원하는 색에 선택영역을 만들고 보정 작업을 진행합니다.

이 방법은 숲 사진 속의 나무나 풍경 사진의 하늘을 보정할 때 유용합니다.

예제에서는 오른쪽 이미지의 나무만 보정해보겠습니다.

step 1

메뉴에서 [Select] → Color Range를 실행해 [Color Range] 대화상자를 표시합니다.

Fuzziness를 1~5 사이로 설정합니다. ❶ 여기에서는 '1'로 설정했습니다.

❷ 선택 영역을 알아보기 쉽도록 Selection Preview를 'Quick Mask'로 지정합니다.

step 2

❸ 이미지에서 색을 보정할 부분(여기에서는 나무)을 클릭합니다.

그러면 그 부분과 같은 색인 영역이 퀵 마스크에서 제외되며 색이 바뀝니다. 이렇게 색이 바뀐 곳이 선택 영역이 됩니다.

step 3

[Color Range] 대화상자에서 ❹ 'Add to sample' 아이콘을 클릭하고 선택 영역으로 만들고 싶은 부분을 클릭해서 선택 영역을 만듭니다. ❺ 또한 선택 영역이 넘어가 버렸을 경우에는 'Subtract from sample' 아이콘을 클릭해서 선택 영역을 삭제합니다. ❻ 다음과 같은 선택 영역이 완성되었으면 〈OK〉 버튼을 클릭합니다. ❼ 이렇게 해서 나무를 중심으로 선택 영역이 지정되었습니다.

step 4

선택한 영역의 색상을 보정하기 위해 ❽ 메뉴에서 [Layer] → New Adjustment Layer → Hue/Saturation을 실행하여 [New Layer] 대화상자를 표시한 후 그대로 〈OK〉 버튼을 클릭합니다.

step 5

이미지를 확인하면서 Properties 패널에 값을 조절합니다. ❾ 이 예제에서는 Hue를 '−20', Saturation을 '+75', Lightness를 '+5'로 설정했습니다. 나무의 녹색 부분만 부분적으로 보정되었습니다.

관련 특정 색상 영역 선택하기 : P.109   피사체의 색을 선명하게 만들기 : P.188   이미지의 특정 색상 바꾸기 : P.192

{125} 이미지의 특정 색상 바꾸기

메뉴에서 [Layer] → New Adjustment Layer → Hue/Saturation을 실행하면 이미지 안의 특정 색만 변경할 수 있습니다.

개요

Hue/Saturation에서 편집할 색상 계통을 지정한 다음 색조와 채도를 변경하면 특정 계통 색상만 변경할 수 있습니다.
이번 예제에서는 오른쪽 그림의 자동차 색만 변경합니다.

step 1

❶ 메뉴에서 [Layer] → New Adjustment Layer → Hue/Saturation을 실행하여 [New Layer] 대화상자가 표시되면 그대로 〈OK〉 버튼을 클릭합니다.

step 2

❷ Properties 패널의 풀다운 메뉴에서 'Cyans'를 선택합니다. ❸ Hue 슬라이더를 움직이면 청록색을 중심으로 한 색만 변합니다. ❹ 색상을 변경할 때 기준이 되는 색상을 추가하거나 제거하려면 'Add to sample' 또는 'Subtract from sample' 아이콘을 클릭하고 이미지에서 추가 또는 삭제할 색상 부분을 클릭합니다.

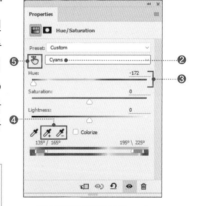

> **Tip**
> 메뉴에서 [Select] → Color Range를 실행하고 미리 선택 영역을 만들면(P.190) 더 정확하게 색상을 지정할 수 있습니다. ❺ Hue/Saturation 조정 레이어 화면 선택기 전환 아이콘을 클릭하면 화면을 드래그해서 색상을 변경할 수 있습니다 (P.189).

관련 피사체의 색을 선명하게 만들기 : P.188 특정 색 보정하기 : P.190 다시 수정할 수 있는 색 보정하기 : P.175

126 하이라이트와 섀도 보정하기

밝게 빛나는 부분(하이라이트)과 어두운 부분(섀도)을 부분적으로 보정하려면 Shadows/Highlights 기능을 사용합니다.

step 1

❶ 오른쪽 이미지는 하이라이트 부분이 너무 밝고 섀도 부분이 어둡게 침체되어 있습니다. Shadows/Highlights 기능을 사용해 이미지의 하이라이트와 섀도 부분을 보정합니다.

❷ 메뉴에서 [Image] → Adjustments → Shadows/Highlights를 실행하여 [Shadows/Highlights] 대화상자를 표시합니다.

step 2

❸ Shadows 항목에서 Amount를 '10%', Highlights 항목에서 Amount를 '5%'로 설정하고 〈OK〉 버튼을 클릭합니다.

❹ 이제 하이라이트와 섀도의 밸런스가 잘 맞는 이미지가 되었습니다.

❺ [Shadows/Highlights] 대화상자 아래쪽에 있는 'Show More Options'에 체크 표시하면 다음 표의 항목이 추가적으로 표시됩니다.

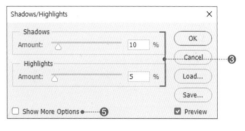

> **Tip**
> 각 설정값을 변경해도 가장 어두운 부분과 가장 밝은 부분은 변하지 않습니다. 또한, [Shadows/Highlights] 대화상자에서 설정하는 값은 이미지 Color Profile(P.336)에 따라 달라지므로 주의하기 바랍니다.

원본 이미지

보정 이미지

◎ [Shadows/Highlights] 대화상자 추가 옵션

항목	내용
Tone	Shadows, Highlights 영역 각각의 보정 범위를 0~100%로 설정합니다. 설정값을 높게 설정할수록 보정되는 범위가 확대됩니다. 100%에 가까울수록 화질에 영향을 주고 섀도와 하이라이트의 경계에 부자연스러운 선이 나타납니다. 그러나 확대되는 것은 중간 톤까지이며 만약 Shadows의 값을 100%로 설정해도 하이라이트의 톤은 변하지 않습니다.
Radius	Shadows, Highlights 함께 보정된 영역의 섀도와 하이라이트 경계선 윤곽을 조정합니다. 0~2500pixels 사이의 값을 지정할 수 있지만 값이 작아지면 섀도와 하이라이트의 경계선이 눈에 띄기 쉽고, 값이 너무 크면 전체적인 이미지 색상 톤에 영향을 줍니다.

제
4
장
리
터
치
·
색
상
보
정

관련 전체적인 색상 보정 이해하기 : P.172　콘트라스트가 약한 사진 보정하기 : P.184　이미지에 강약을 주어 선명한 이미지 만들기 : P.186　　●　**193**

127 모노톤 이미지 만들기

컬러 이미지를 모노톤으로 만드는 방법에는 몇 가지가 있으나 이번 예제에서 사용된 Channel Mixer는 그중에서도 노이즈가 적고 활용도가 높은 우수한 기능입니다.

step 1

오른쪽의 컬러 이미지를 Channel Mixer와 Color Balance를 사용해 모노톤으로 변경합니다.
❶ 메뉴에서 [Layer] → New Adjustment Layer → Channel Mixer를 실행하여 [New Layer] 대화상자가 표시되면 그대로 〈OK〉 버튼을 클릭합니다.

step 2

❷ Properties 패널에서 'Monochrome'에 체크 표시하고 ❸ Red를 '+65', Green을 '+30', Blue를 '+5'로 설정합니다(Total 값이 '+100%', Constant 값이 '0%'가 되도록 설정합니다).

> **Tip**
> 피사체의 붉은 부분을 하얗게 만들려면 Red 비율을, 녹색 부분을 하얗게 만들려면 Green 비율을 높입니다. 일반적으로 Green 비율을 높이면 이미지가 자연스러워 보이고, Red의 비율을 높이면 강약이 있는 이미지가 됩니다.

step 3

❹ Layers 패널에서 'Create new fill or adjustment layer' 아이콘을 클릭하고 ❺ Color Balance를 실행해 Properties 패널에 Color Balance를 표시합니다.
❻ Tone을 'Midtones'로 지정하고, ❼ Cyan-Red를 '+70', Magenta-Green을 '0', Yellow-Blue를 '-40'으로 설정합니다.
이 예제에서는 세피아 톤 이미지를 만들기 위해 Red와 Yellow 값을 올렸습니다.

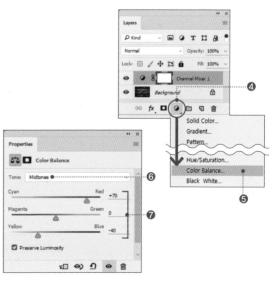

이미지가 모노톤으로 변경되었습니다. Tone을 'Midtones'로 지정하면 가장 어두운 부분과 가장 밝은 부분은 검은색과 흰색인 채 중간 톤만 색이 바뀝니다.

❖ Variation ❖

Channel Mixer의 설정값은 피사체에 따라 어느 정도 정해져 있습니다. 아래에 있는 설정값을 참고해서 설정하기 바랍니다.

나무 : 푸른 나무를 강조하는 경우엔 R을 '-10', G를 '120', B를 '-10'으로 설정하는 것을 기본으로 이미지에 맞게 조정합니다.

풍경 : 푸른 하늘이나 풀이 많은 자연 풍경은 R을 '20', G를 '70', B를 '10'으로 설정하는 것을 기본으로 이미지에 맞게 조정합니다. 초록색을 밝게 만들 경우 Green 채널 값을 높입니다.

인물 : 인물 사진처럼 사람의 피부가 많이 드러난 이미지는 R을 '75', G를 '25', B를 '0'으로 설정하는 것을 기본으로 이미지에 맞춰 조정합니다. Blue 채널 값은 반드시 '0'으로 설정합니다.

어둡고 노이즈가 있는 이미지 : 이미지에 어둡고 노이즈가 있는 효과를 주려면 R을 '30', G를 '0', B를 '70'으로 설정하는 것을 기본으로 이미지에 맞춰 조정합니다. 대부분의 경우 Blue 채널 값을 높게 설정합니다.

위에 나온 피사체에 해당하지 않는 경우에는 R을 '30', G를 '59', B를 '11'을 기준으로 조정하기 바랍니다. 이 RGB 값이 이미지가 가장 아름답게 보정되는 표준적인 모노톤 설정값입니다. 이 값은 NTSC(미국 텔레비전 방송 방식 표준화 위원회)가 연구하고 사용하고 있는 값이며 포토샵도 이를 준수하고 있습니다.

관련 조정 레이어 만들기 : P.175 채도가 낮은 이미지 만들기 : P.198 역광 사진 보정하기 : P.198

{128} 채도를 변경하지 않고 콘트라스트 올리기

채도를 변경하지 않고 이미지의 콘트라스트만 변경하려면 이미지의 색상 모드를 'Lab Color'로 바꾸고 Curves로 콘트라스트를 조절합니다.

개요

❶ 오른쪽 이미지를 히스토그램에서 확인해보면 하이라이트와 섀도 부분에 픽셀이 없다는 것을 알 수 있습니다.

보통 이런 이미지는 Curves 등으로 강약을 주어 보정하지만(P.178) Curves를 사용하면 이미지의 채도가 너무 높아지기 때문에 이번 예제에서는 Lab Color를 이용해 채도를 바꾸지 않고 콘트라스트를 올리는 방법에 대해 설명합니다.

step 1

❷ 메뉴에서 [Image] → Mode → Lab Color를 실행해 이미지 모드를 변경합니다. ❸ Lab Color 모드가 되면 Channels 패널의 채널 표시도 변경됩니다.

Lab Color 모드에서 이미지는 RGB 모드처럼 각 컬러가 톤에 따라 구성되어 있는 것이 아니라 밝기 채널 하나와 색상 채널 두 개로 구성되어 있습니다. 그렇기 때문에 채도를 변경하지 않고 콘트라스트만 조절할 수 있습니다.

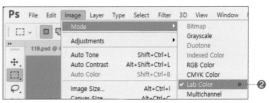

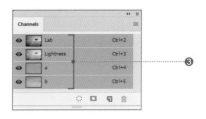

step 2

메뉴에서 [Layer] → New Adjustment Layer → Curves를 실행하고 [New Layer] 대화상자에서 〈OK〉 버튼을 클릭합니다. ❹ Properties 패널에서 커브 아래의 검은색 슬라이더와 흰색 슬라이더를 조절하고 커브에 ❺ 포인트를 추가해 오른쪽 이미지처럼 조정합니다.

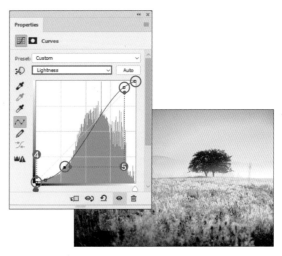

129 Curves로 붉은 노을 강조하기

조정 레이어의 Curves를 사용해 색 보정을 하면 원본 사진을 손보지 않고도 붉은 노을을 강조한 사진으로 보정할 수 있습니다.

개요

노을이 지는 풍경을 촬영해도 카메라의 색온도 보정
기능 때문에 결과물이 노을처럼 보이지 않는 경우가
있습니다.
이번 예제에서는 이미지의 색상과 콘트라스트를 동
시에 제어할 수 있는 Curves를 사용하여 노을을 강
조하겠습니다.

step 1

❶ 메뉴에서 [Layer] → New Adjustment Layer
→ Curves를 실행하고 [New Layer] 대화상자에서
⟨OK⟩ 버튼을 클릭합니다.

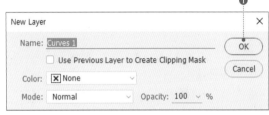

step 2

이미지의 콘트라스트를 조정합니다. Properties 패
널의 커브에서 ❷ 가운데보다 윗부분을 위로 살짝 올
리고, ❸ 같은 방법으로 왼쪽 아랫부분을 밑으로 내
립니다. 이렇게 하면 채도가 높고 색의 콘트라스트가
뚜렷한 이미지가 됩니다. 오른쪽 이미지와 같은 커브
를 그 모양을 본 따 S자 커브라고 부릅니다(P.179).

step 3

❹ 다음으로 노을을 더 붉게 만들기 위해서 풀다운
메뉴에서 'Red'를 선택합니다.
❺ 커브의 제일 오른쪽 윗부분을 왼쪽으로 이동시켜
서 가장 밝은 부분을 빨갛게 만듭니다.
❻ 이어서 중간 부분을 위로 올려서 전체 이미지를
붉게 만듭니다. 이렇게 해서 이미지의 콘트라스트와
색을 조정해 붉은 노을을 강조한 사진이 되었습니다.
만약 콘트라스트나 밝기를 더 조정하고 싶다면 'Red'
로 지정된 채널을 'RGB'로 되돌리고, Step 2와 같은
방법으로 조정합니다.

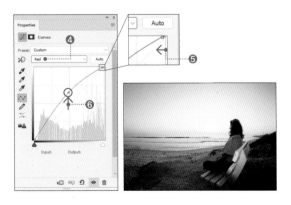

관련 전체적인 색상 보정 이해하기 : P.172   다시 수정할 수 있는 색 보정하기 : P.175   Curves 사용하기 : P.178

{130} 채도가 낮은 이미지 만들기

사진의 채도를 낮출 경우 대부분 강약이 사라집니다. 이 예제에서는 콘트라스트를 유지한 채로 채도를 낮추는 방법을 설명합니다.

step 1

일반적으로 색 보정을 할 때 밝기나 콘트라스트를 먼저 조정하지만 이번 예제에서는 이해하기 쉽도록 채도를 먼저 조정하겠습니다.
❶ 이미지를 열고 보정할 레이어를 선택합니다.

step 2

❷ 메뉴에서 [Layer] → New Adjustment Layer → Hue/Saturation을 실행하고 [New Layer] 대화상자에서 〈OK〉 버튼을 클릭합니다.
'Hue/Saturation 1' 조정 레이어가 추가되어 선택되면 Properties 패널에서 채도를 조절합니다. ❸ 예제에서는 Saturation을 '-65'로 설정했습니다. 설정값은 사진이나 취향에 따라 알맞게 조절합니다.

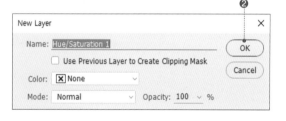

step 3

❹ 이미지의 채도가 낮아져 오른쪽 이미지처럼 되었습니다. 이 이미지를 보면 채도가 많이 내려갔기 때문에 이미지 전체의 강약이 약해진 것을 확인할 수 있습니다.

step 4

이미지의 강약을 조절합니다.

메뉴에서 **[Layer]** → **New Adjustment Layer** → **Brightness/Contrast**를 실행하여 [New Layer] 대화 상자를 표시합니다. ❺ 레이어 이름을 '전체 조정'으로 바꾼 다음 〈OK〉 버튼을 클릭합니다.

전체 조정 레이어가 추가되어 선택되면 Properties 패널에서 콘트라스트를 조절합니다. ❻ 예제에서는 Contrast를 '100'으로 설정했습니다.

step 5

❼ 콘트라스트를 유지한 채로 채도를 낮춘 이미지가 완성되었습니다.

Tip

예제에서는 'Brightness/Contrast' 조정 레이어를 사용했으나 콘트라스트를 더 세세하게 조정하고 싶다면 Curves를 사용합니다(P.178).

※ **Variation** ※

이미지 전체를 밝게 만드는게 아니라 인물을 중심으로 빛나는 것처럼 보정하고 싶다면 이미지 가장자리 부분을 어둡게 만듭니다.

❽ 오른쪽 예시에서는 Layers 패널의 가장 위에 Brightness가 '-60', Contrast가 '0'인 Brightness/Contrast 조정 레이어를 추가하고 ❾ 레이어 마스크를 사용하여 추가한 조정 레이어의 효과를 가장자리에만 적용했습니다(P.154).

❿ Size가 600px이고, Opacity가 50%인 브러시를 사용해 ⓫ 이미지 가운데 부분을 검은색으로 칠하면 조정 레이어의 적용 범위를 수정할 수 있습니다.

관련 Curves 사용하기 : P.178 레이어 마스크 : P.154 조정 레이어 : P.175

{131} 비네팅 효과 만들기

Edit in Quick Mask Mode를 실행하고 선택 영역을 흐리게 만든 다음 Curves를 조절하면 사진에 비네팅 효과를 만들 수 있습니다.

개요

비네팅 효과란 어두운 부분보다 밝은 부분에 집중하는 사람의 본성을 이용해서 더 자세히 보여주고 싶은 부분 이외의 부분을 어둡게 만들어 사진의 주제를 눈에 띄게 만드는 방법입니다. 일반적으로는 피사체가 이미지 가운데 배치되어있는 경우가 많기 때문에 가장자리를 어둡게 만듭니다.

왼쪽의 이미지에 비네팅 효과를 적용한 것이 오른쪽 이미지입니다. 이 사진의 주제인 여성이 보다 눈에 잘 띄는 사진이 되었다는 것을 알 수 있습니다.

원본 이미지

보정 이미지

❶ Tools 패널에서 원형 선택 도구를 선택하고, ❷ 주제가 될 대상보다 더 크게 선택 영역을 지정합니다.

❸ Tools 패널 가장 아래쪽에 있는 'Edit in Quick Mask Mode' 아이콘을 클릭해서 퀵 마스크 모드로 전환합니다(P.128).

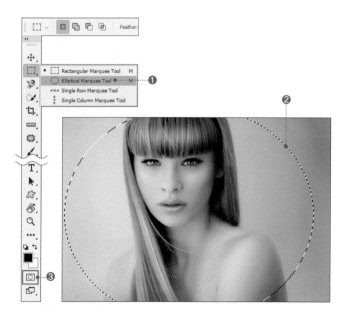

· · · · · step 3 ·

메뉴에서 [Filter] → Blur → Gaussian Blur를 실행
하여 [Gaussian Blur] 대화상자를 표시합니다.

❹ 화면에 표시된 마스크를 확인하면서 Radius 값을
조정합니다. 오른쪽 이미지처럼 화면의 긴 부분의 길
이가 800Pixels인 경우엔 60~100 정도의 값으로 설
정합니다.

이 부분은 나중에 수정할 수 있으므로 잘 모르는 경
우에는 Radius를 '80Pixels'로 설정합니다.

· · · · · step 4 ·

❺ 'Edit in Standard Mode' 아이콘을 클릭해 일반
선택 영역으로 돌아옵니다.

❻ 메뉴에서 [Layer] → New Adjustment Layer →
Curves를 실행하여 [New Layer] 대화상자가 표시되
면 〈OK〉 버튼을 클릭합니다.

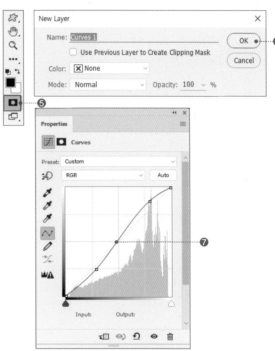

· · · · · step 5 ·

❼ Properties 패널에서 커브가 오른쪽 이미지처럼 S
자가 되도록 설정합니다.

Curves는 커브 아래쪽 면적이 늘어날수록 밝아지고,
커브의 각도가 올라갈수록 명암과 채도가 높아집니다.

❽ 화면을 보면서 이미지의 콘트라스트를 올립니다.
콘트라스트와 채도가 올라가면 이미지를 볼 때 자연
스럽게 주제에 시선이 가게 됩니다. 채도가 충분하지
않다고 생각되면 [Layer] → New Adjustment Layer
→ Hue/Saturation을 사용하여 조정합니다.

> **Tip**
> Curves는 콘트라스트(채도)와 밝기를 동시에 세세하게 설정
> 할 수 있는 유일한 도구입니다(P.178). 포토샵을 다루는 데 있
> 어서 필수적인 도구라고 해도 과언이 아닙니다. 다양한 이미지
> 에 Curves를 사용하여 조작 방법이나 이미지의 변화를 직접
> 확인하기 바랍니다.

· step 6 ···

메뉴에서 [Select] → Load Selection을 실행해
[Load Selection] 대화상자를 표시합니다.
❾ Document에 현재의 파일 이름을, Channel에 방
금 작성한 Curves 마스크를 지정합니다. ❿ 그리고
'Invert'에 체크 표시합니다. 〈OK〉 버튼을 클릭하면
지금까지 작업한 것과 반대된 선택 영역이 만들어집
니다.

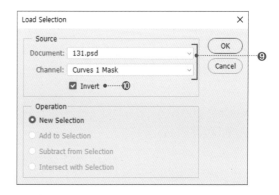

· step 7 ···

❶ 메뉴에서 [Layer] → New Adjustment Layer →
Curves를 실행해 [New Layer] 대화상자를 표시한
다음 〈OK〉 버튼을 클릭합니다.

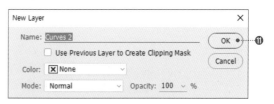

· step 8 ···

❶❷ Properties 패널에서 이번에는 오른쪽 위에 있는
하이라이트 포인트를 밑으로 내리고 커브도 전체적
으로 각도를 낮춰 조정합니다.

> **Tip**
> 커브를 조정할 때 경사가 심하면 가장자리 부분의 채도가 올
> 라가 강조해야 할 가운데 부분에 시선이 가지 않게 되므로 주
> 의합니다.

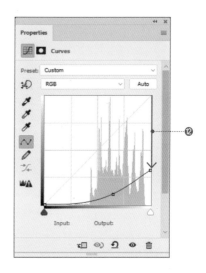

· step 9 ···

마지막으로 가장자리를 Curves로 조절하면 완성입
니다.
보정 전 이미지와 비교해보면 보정 후 이미지는 가장
자리 부분이 채도가 내려가고 어두워져 인물에게 더
집중이 잘 되는 것을 알 수 있습니다.

 관련 Curves 사용하기 : P.178 피사체의 색을 선명하게 만들기 : P.188 채도가 낮은 이미지 만들기 : P.198

132 잘못된 색조 수정하기

카메라 색조 설정이 잘못되어있는 이미지는 Camera Raw 필터로 확인하면서 보정합니다.

개요

촬영할 때의 상황에 따라 오른쪽 이미지처럼 카메라의 색조 보정 기능이 잘못 작동되어 원하지 않는 톤의 사진이 찍히는 경우가 있습니다. 이런 경우에는 Camera Raw를 사용해서 보정합니다.

이 방법을 사용하면 자동적으로 레이어가 병합되므로 주의가 필요합니다.

step 1

❶ 메뉴에서 [Filter] → Camera Raw Filter를 실행해 [Camera Raw] 대화상자를 표시합니다.

step 2

❷ White Balance 영역의 Temperature와 Tint를 제어해서 색조를 없앱니다. 예제에서는 Temperature를 '-35', Tint를 '-37'로 설정했습니다.

❸ Camera Raw는 색조 제거 전용 기능을 사용하고 있기 때문에 Curves를 사용하는 것보다 간단하게 색보정을 할 수 있습니다.

또한 Raw 이미지일 경우, 화질을 저하시키지 않고 보정할 수 있습니다.

> **Tip**
> 좀 더 세세하게 부분적으로 보정하고 싶은 경우에는 특정 색만 보정하는 방법(P.190)을 참고하기 바랍니다.

관련 치우친 색 보정하기 : P.182 색을 조정해 붉은 노을 강조하기 : P.197 특정 색 보정하기 : P.190

《133》 불필요한 개체 제거하기

스탬프 도구를 사용하면 사진에 찍힌 불필요한 부분을 지울 수 있습니다. 이 예제에서는 사진 아래쪽에 찍힌 날짜를 지워보겠습니다.

step 1

❶ Tools 패널에서 스탬프 도구를 선택하고, 옵션 바에서 브러시 형태를 설정합니다. 수정할 부분을 보고 그 부분에 알맞은 형태로 결정합니다.

예제에서는 ❷ 직경 '15px'의 ❸ 외곽이 부드러운 브러시를 선택하고, ❹ Hardness를 '70%'로 설정했습니다.

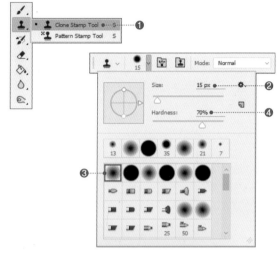

step 2

❺ 화면에서 수정할 부분 주변을 잘 살펴보고 지워야 할 부분과 비슷한 색상이나 패턴을 찾아 Alt (Option)를 누른 채 클릭합니다.

이제 복사할 소스 포인트가 지정되었습니다. 포인터를 이동하면 지정한 소스 포인트가 원형 브러시 안에 표시됩니다.

step 3

❻ 그대로 클릭하거나 드래그해서 소스로 지정한 이미지로 지울 부분을 덮습니다.

❼ 소스 포인트를 지정하고 스탬프 도구를 사용하는 것을 반복해서 날짜를 완전히 지웁니다.

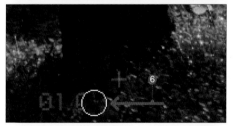

> **Tip**
> 한 번 스탬프 도구를 사용하면 포인터의 움직임에 맞춰서 소스 포인트도 함께 이동하기 때문에 넓은 범위를 수정할 때는 소스 포인트를 여러 번 다시 설정해야 합니다.

원본 이미지   보정 이미지

관련 미세한 흠집이나 먼지 제거하기 : P.205 패치 도구로 주름 없애기 : P.212 생기 있는 눈동자 만들기 : P.220

134 미세한 흠집이나 먼지 제거하기

사진 속의 미세한 흠집이나 먼지를 제거하려면 Dust & Scratches 필터를 사용합니다. 이 필터는 이미지에서 톤의 변화가 있는 부분을 찾아 그 부분을 주변의 픽셀로 덮습니다.

제
4
장
리
터
치
·
색
상
보
정

개요

❶ 오른쪽 이미지는 얼핏 보면 아무 문제없이 보이지만 확대해서 보면 미세하게 많은 먼지가 찍혀 있습니다. 이 먼지를 Dust & Scratches 필터를 사용해 제거하겠습니다.

step 1

❷ 메뉴에서 [Filter] → Noise → Dust & Scratches를 실행해 [Dust & Scratches] 대화상자를 표시합니다.

❸ 미리보기 창을 보면서 이미지 안의 먼지가 사라지도록 Radius로 덮을 픽셀의 크기를 설정하고 Threshold로 어느 정도 톤 차이가 있으면 덮을 것인지를 설정합니다.

❹ 예제에서는 Radius를 '1Pixels', Threshold를 '2levels'로 설정했습니다.

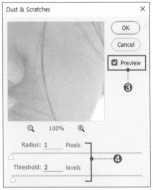

step 2

❺ 〈OK〉 버튼을 클릭하면 필터가 적용되어 먼지나 흠집이 깨끗하게 사라집니다.

Dust & Scratches 필터에 필요 이상의 값을 입력하면 세밀함이 사라질 수도 있습니다. 세밀함이 사라질 정도로 높은 값을 입력해야 할 때는 세밀함을 포기하고 Dust & Scratches 필터를 사용하거나 스탬프 도구를 이용해 먼지를 하나씩 지웁니다.

원본 이미지   보정 후 이미지

관련 불필요한 개체 제거하기 : P.204 경계선 얼룩 제거하기 : P.206 패치 도구로 주름 없애기 : P.212

{135} 경계선 얼룩 제거하기

[Layer] → Matting에서 Defringe, Remove Black Matte 또는 Remove White Matte를 이용하면 경계선에 남아있는 얼룩을 지울 수 있습니다.

개요

❶ 잘라낸 이미지를 'Background' 레이어 위에 배치하면 이미지 경계에 프린지라고 하는 얼룩이 남을 수 있습니다. 이런 얼룩을 그대로 두면 이미지의 품질이 떨어지므로 깔끔하게 정리할 필요가 있습니다.

step 1

얼룩을 없애려면 ❷ Layers 패널에서 인물 레이어를 선택하고, ❸ 메뉴에서 [Layer] → Matting → Remove White Matte를 실행합니다.

> **Tip**
> Matte Color란 안티 앨리어스의 가장자리나 반투명한 부분에서 기초가 되는 색입니다. Remove White Matte란 흰색 Matte Color를 지운다는 의미입니다.

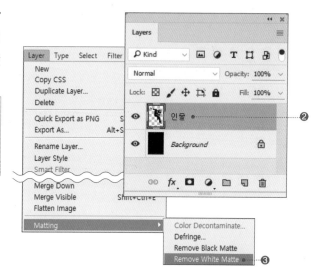

step 2

❹ 레이어 가장자리에 남아있던 부분이 없어지고 확대해도 어색하지 않은 이미지가 되었습니다.
이 예제에서는 프린지가 흰색이었기 때문에 Remove White Matte를 실행했으나, 프린지가 검은색일 경우 Remove Black Matte를 실행합니다.

136 보석을 반짝반짝 빛나게 하기

샤픈 도구, 닷지 도구, 번 도구를 사용하면 보석이나 금속류 개체를 빛나게 할 수 있습니다.

step 1

❶ 이미지를 열고, Tools 패널에서 샤픈 도구를 선택한 다음 ❷ 브러시 피커를 클릭하고 ❸ 외곽이 부드러운 브러시를 선택합니다. 예제에서는 ❹ Size를 '30px'로 ❺ Strength를 '50%'로 설정했습니다. Size나 Strength는 이미지에 따라 변경합니다.

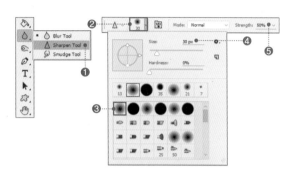

step 2

❻ 보석 부분을 살짝 드래그해 어떻게 변하는지 확인합니다. 브러시 강도가 너무 세면 노이즈가 발생하고 색이 변할 수 있습니다. 강도가 너무 세거나 약할 경우 Strength를 변경합니다.

흐렸던 보석이 선명해지면 현재 설정한 Strength 그대로 보석 위를 드래그합니다.

노이즈가 생긴 경우엔 색상 노드를 Lab Color로 변경한 후 'L' 채널에서 작업합니다(P.196). 그리고, 샤픈 도구 옵션 바에서 'Protect Detail'에 체크 표시합니다.

step 3

❼ Tools 패널에서 번 도구를 선택하고, ❽ Range를 'Midtones'로, Exposure를 '20%'로 설정해 보석에 명암을 줍니다.

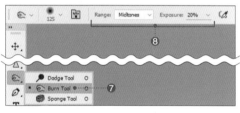

step 4

❾ Tools 패널에서 닷지 도구를 선택하고, 보석의 가장자리와 밝은 부분을 강조해 이미지에 강약을 줍니다. 이 작업을 반복해서 빛나는 보석 이미지를 완성합니다.

관련 Lab Color : P.196

{137} 흔들린 사진 보정하기

대부분의 흔들린 사진은 같은 방향으로 픽셀이 이동해 있기 때문에 흔들린 방향에 Smart Sharpen 필터를 사용하면 간단하게 보정할 수 있습니다.

개요

오른쪽 이미지처럼 살짝 흔들린 이미지는 Smart Sharpen 필터로 간단하게 보정할 수 있습니다.

step 1

메뉴에서 [Filter] → Sharpen → Smart Sharpen을 실행해 [Smart Sharpen] 대화상자를 표시합니다. 미리보기를 보면서 설정값을 조정하기 때문에 ❶ 확대 배율을 100% 이상으로 설정합니다.

❷ Amount를 '100%'로 고정하고, ❸ Radius에 적당한 값을 입력합니다. ❹ Remove에서 'Motion Blur'를 선택한 다음 미리보기 창을 확인하면서 ❺ 각도에 가장 흔들림이 적어 보이는 값을 입력합니다.

마지막으로 Radius를 조정하여 가장 흔들림이 적은 값을 설정합니다. 예제에서는 Amount를 '100%', Radius를 '5px', 각도를 '-23°'로 설정했습니다.

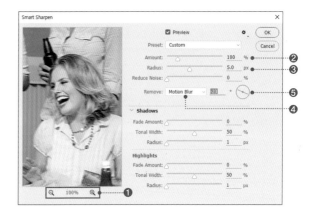

step 2

❻ 〈OK〉 버튼을 클릭해 필터 효과를 적용하면 흔들렸던 이미지가 훨씬 보기 좋아집니다.

◎ [Smart Sharpen] 대화상자 설정 항목

항목	내용
Amount	필터 효과의 세기를 지정합니다. 1~500% 사이 값을 조정할 수 있으나 대부분 150%에서 조금씩 값을 올려가며 지정합니다.
Radius	Sharpen 효과가 적용될 반경(가장자리 폭)을 설정합니다. 해상도를 기본으로 설정합니다(P.57).
Remove	Sharpen은 이미지의 윤곽을 감지하고 거기에 아주 작은 윤곽을 만듭니다. 이때 윤곽을 추출하는 방법을 선택할 수 있습니다. 일반적으로 Lens Blur 또는 Motion Blur를 사용합니다. 이번 예제처럼 흔들린 사진을 보정하는 경우엔 Motion Blur를 선택합니다.
각도	Motion Blur 옵션입니다. 흔들림을 보정할 방향을 지정합니다.

 관련 불필요한 개체 제거하기 : P.204 미세한 흠집이나 먼지 제거하기 : P.205 흐린 배경으로 원근감 강조하기 : P.210

138 번진 이미지 만들기

이미지를 부분적으로 왜곡할 수 있는 손가락 도구를 사용하면 이미지에 물감을 칠해 번진 것 같은 효과를 줄 수 있습니다.

step 1

오른쪽 이미지의 수면을 손가락 도구로 왜곡해 수면에 움직임을 주는 방법을 설명합니다.
❶ Tools 패널에서 손가락 도구를 선택하고, ❷ 옵션 바에서 Strength와 브러시 크기를 설정합니다.
이번 예제에서는 Strength를 50~80% 사이로 설정하고 강약을 조절하면서 작업합니다. 브러시 Size는 25~80px로 설정합니다.

제
4
장

리
터
치
·
색
상
보
정

step 2

❸ 수면 전체가 물결치는 것처럼 보이도록 손가락 도구로 수면을 드래그합니다.
예제에서는 브러시 Size를 '35px'로, Strength를 '50%'로 설정했습니다.
앞쪽에서는 브러시 크기를 크게 하고, 멀어질수록 브러시 크기를 줄이면서 자연스럽게 원근감을 연출합니다.

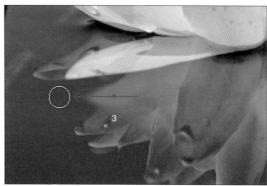

step 3

❹ 옵션 바에서 'Finger Painting'에 체크 표시하여 손가락 도구 효과에 전경색에 지정된 색상을 추가합니다.
❺ 왼쪽 이미지가 일반 손가락 도구를 이용한 예시이고, ❻ 오른쪽 이미지가 Finger Painting에 체크 표시하고 같은 방법으로 드래그한 예입니다. 여기에서는 전경색을 흰색으로 지정했기 때문에 Finger Painting에 체크 표시한 경우 왜곡된 부분이 흰색이 된 것을 확인할 수 있습니다.
Finger Painting 기능을 사용하면 이미지를 왜곡하는 것과 동시에 전경색도 추가되기 때문에 더 강한 효과가 나타납니다. 보다 자연스럽게 효과를 주고 싶다면 드래그 시작 위치의 색상을 전경색으로 지정합니다.

관련 픽셀 유동화 필터로 이미지 변형하기 : P.214　블러 도구로 부드러운 이미지 만들기 : P.218

{139} 배경 초점을 흐리게 하여 원근감 강조하기

사진 촬영 후에도 Lens Blur 필터를 사용하면 배경 초점을 흐리게 만들어 원근감을 강조할 수 있습니다.

· 개요 ·

오른쪽 이미지는 앞쪽의 인물부터 멀리 있는 탑까지 모두 초점이 맞은 상태입니다.

이대로도 훌륭한 사진이지만 원근감이 없고 평면적인 느낌이 들기 때문에 배경에만 초점을 흐리게 만들어 피사체 간의 거리감을 강조해 원근감이 돋보이는 입체적인 이미지로 보정하겠습니다.

· step 1 ·

❶ 인물을 제외한 배경 부분에 선택 영역을 만들고, 메뉴에서 [Select] → Modify → Smooth을 실행해 [Smooth Selection] 대화상자를 표시합니다.

· step 2 ·

❷ Sample Radius를 '1pixels'로 설정하고 〈OK〉 버튼을 클릭합니다.

· step 3 ·

❸ Channels 패널 아래쪽에 있는 'Save selection as channel' 아이콘을 [Alt]([Option])를 누른 채 클릭해 [New Channel] 대화상자를 표시합니다.

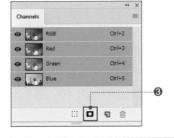

· step 4 ·

❹ Name을 '인물'로 지정하고 〈OK〉 버튼을 클릭합니다.

step 5 ·

메뉴에서 [Select] → Deselect를 실행해 선택 영역을 해제한 다음, ❺ 메뉴에서 [Filter] → Blur → Lens Blur를 실행해 [Lens Blur] 대화상자를 표시합니다.

step 6 ·

❻ Source 풀다운 메뉴에서 방금 저장한 인물 알파 채널을 선택하고 ❼ 'Invert'에 체크 표시합니다. ❽ Radius를 '25'로 설정하고 ⟨OK⟩ 버튼을 클릭합니다.

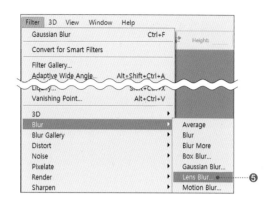

◎ [Lens Blur] 대화상자 설정 항목

항목	내용
Depth Map	Source에서 지정한 알파 채널과 Blur Focal Distance로 흐리게 만들지 않을 범위를 지정합니다.
Iris	이미지를 흐리게 만들 정도를 설정합니다. Radius로 효과 정도를, Shape 목록과 Blade Curvature, Rotation으로 렌즈 조리개의 형태에 의한 흐림 차이를 설정합니다.
Specular Highlights	흐림 효과가 적용된 부분을 빛나게 합니다. Brightness로 밝기를 설정하고 Threshold로 범위를 지정합니다.
Noise	흐림 효과가 적용된 부분에 노이즈를 추가합니다. 설정 방법은 P.53을 참조하시기 바랍니다.

step 7 ·

필터가 적용되면 배경이 흐려져 원근감이 강조됩니다. 이 이미지의 경우 흐려진 부분과 그렇지 않은 부분이 확연히 차이나지만 점점 흐려지는 효과를 주려면 그러데이션된 알파 채널을 Depth Map 영역의 Source 목록에서 선택합니다.

관련 이미지에 흐림 효과 주기 : P.52   Blur Gallery : P.54   주변을 흐리게 만들어 이미지 빛나게 만들기 : P.294   ● **211**

140 패치 도구로 주름 없애기

패치 도구를 사용하면 간단하고 자연스럽게 주름을 수정할 수 있습니다.

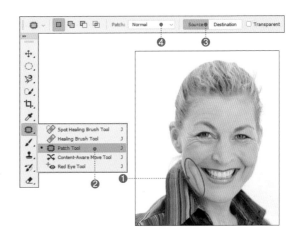

step 1

❶ 이 예제에서는 오른쪽 이미지의 붉은 원 안에 있는 주름을 없애 보겠습니다.
❷ Tools 패널에서 패치 도구를 선택하고, ❸ 옵션 바에서 'Source'를 선택합니다. ❹ 포토샵 CS6 이상은 Patch를 'Normal'로 지정합니다.

> **Tip**
>
> 포토샵 CS6 이후에는 옵션 바의 Patch에서 Content-Aware를 선택할 수 있습니다. Content-Aware를 선택하면 한층 더 자연스러운 패치 처리를 할 수 있습니다. 다만 이번처럼 비교적 변화가 적은 부분을 수정할 경우엔 'Normal'을 선택합니다. 수정할 곳이 넓고 복잡한 경우엔 'Content-Aware'를 사용하기 바랍니다.

step 2

❺ 수정할 범위를 드래그해서 선택 영역을 만들고 ❻ 주름이 없는 부분으로 선택 영역을 이동합니다. 드래그하면 이동한 부분의 선택 영역이 처음 선택했던 곳에 표시됩니다.

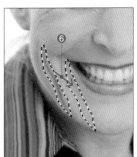

step 3

❼ 마우스에서 손가락을 떼어 드래그를 끝내면 샘플 부분이 확정되고 샘플 부분 이미지와 수정할 부분의 이미지가 합쳐져 주름이 보이지 않게 됩니다.
메뉴에서 [Select] → Deselect를 실행해 선택 영역을 해제하면 완성입니다.
❽ 다른 주름도 같은 방법으로 제거합니다.

{141} 이상적인 얼굴 형태 알아보기

인물 사진을 보정할 때 사람의 얼굴이 어떻게 하면 아름답게 보이는지 확인하고 사진을 보정하면 밸런스가 맞는 아름다운 얼굴과 표정을 만들 수 있습니다. 다만 너무 많이 수정하면 개성이 없는 얼굴이 되므로 어디까지나 인물의 특징을 살려 적절히 보정하는 것이 중요합니다.

제 **4** 장 **리터치 · 색상 보정**

●　**step 1**　●●●●●●●●●●●●●●●●●●●●●●●●●●●●

이목구비의 대략적인 위치는 오른쪽 그림과 같습니다. 이 때 각 부위를 아래 쓰여 있는 비율에 맞게 보정하면 반듯한 얼굴을 만들 수 있습니다.

❶ 헤어 라인, 눈썹 머리의 아래쪽 코끝, 턱 끝이 같은 비율
❷ 눈과 눈 사이가 눈 하나가 들어갈 정도
❸ 눈의 위치는 이마 끝부터 턱 끝까지 4 : 6 정도(4 : 6은 황금 비율의 근사치)
❹ 입술의 중심이 코끝에서 턱 끝까지를 4 : 6 정도로 나누어 위치
❺ 양쪽 눈 끝의 폭이 얼굴 폭의 60%
❻ 눈썹 머리, 눈시울, 콧방울 바깥쪽은 일직선상에 위치

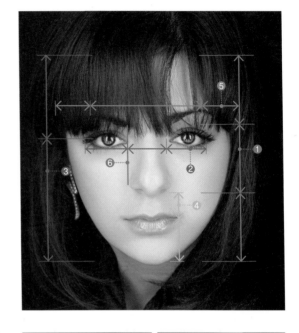

●　**step 2**　●●●●●●●●●●●●●●●●●●●●●●●●●●●●

오른쪽 그림은 조건 ❶을 따라 가이드 선을 만든 것입니다. 코의 위치가 기준 라인과 다르다는 것을 알 수 있습니다. 이 사진의 경우, 갸름한 얼굴이 어른스러운 이미지에 잘 어울리기 때문에 과장하지 않는 한도 내에서 이목구비를 가이드 선에 맞춥니다. 그러면 더 자연스러운 얼굴이 됩니다.

> **Tip**
> 모든 인물 사진이 위에서 말한 것처럼 정면에서 찍은 사진인 것은 아닙니다. 옆을 보고 있거나 위나 아래에서 촬영된 것도 있습니다. 그러나 위의 비율은 모든 경우에 사용할 수 있습니다. 여기에서 소개한 비율을 잘 기억하면서 보정해 봅니다.
> 그러나 여기에서 소개한 비율로 보정을 해도 모두가 아름답다고 느끼는 것은 아닙니다. 얼굴을 수정할 때 먼저 대략적인 기준으로 위의 비율을 사용해보고, 그 다음은 세밀하게 조정해서 본래의 개성을 살릴 수 있도록 수정해야 합니다.
> 또한 아름다움은 이목구비의 위치만으로 결정되는 것이 아니라 피부 톤이나 눈빛도 중요합니다.

관련 픽셀 유동화 필터로 이미지 변형하기 : P.214　생기 있는 눈동자 만들기 : P.220　깨끗한 피부 만들기 : P.216

{142} 픽셀 유동화 필터로 이미지 변형하기

픽셀 유동화 필터를 사용하면 이미지의 형태를 자유롭게 변형할 수 있습니다. 이 예제에서는 인물 사진을 사용했으나 여러 가지 이미지에 활용할 수 있습니다.

step 1

❶ 이미지를 열고, '가이드'라는 이름의 레이어를 새로 만든 다음 ❷ 원하는 윤곽 라인을 그립니다.
❸ 변형할 이미지를 복제한 후 헷갈리지 않도록 레이어 이름을 변경합니다.

step 2

복제한 레이어를 선택하고, 메뉴에서 **[Filter] → Liquify**를 실행합니다. ❹ CS6 이상에서는 'Advanced Mode'에 체크 표시합니다(포토샵 CS5에서는 이 단계가 필요하지 않습니다). ❺ [Liquify] 대화상자 왼쪽에서 Forward Warp 도구을 선택하고 ❻ Size를 '200', Density를 '70', Pressure를 '50'으로 설정합니다. ❼ 'Show Backdrop'에 체크 표시하고, Mode에서 'In Front'를 선택한 다음 Opacity를 '50'으로 설정합니다.

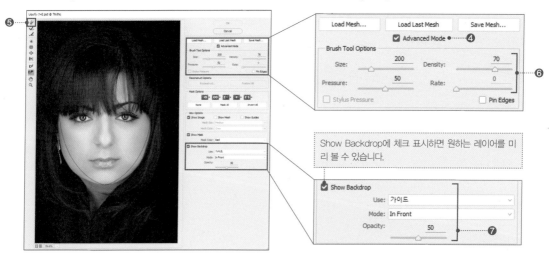

> Show Backdrop에 체크 표시하면 원하는 레이어를 미리 볼 수 있습니다.

◎ [Liquify] 대화상자 버튼

항목	내용
Load Mesh	Liquify 필터로 작업한 내용을 불러옵니다. 이미지 크기가 달라도 이미지의 비율이 같다면 같은 결과를 얻을 수 있습니다.
Load Last Mesh	마지막에 Liquify 필터로 작업했던 내용을 불러옵니다.
Save Mesh	Liquify 필터로 작업한 내용을 저장합니다.

step 3

❽ Forward Warp 도구을 사용해서 가이드 레이어의 선에 맞춥니다. 이때, 부자연스럽지 않도록 브러시 크기를 바꿔가면서 작업을 진행합니다.

❾ 작업을 진행하는 도중에 윤곽 라인이 울퉁불퉁해지면 Forward Warp 도구의 브러시 크기를 줄여 섬세하게 드래그하거나 조금씩 클릭해서 수정합니다.

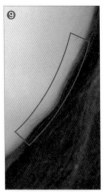

step 4

작업을 완료하면 대화상자의 〈OK〉 버튼을 클릭합니다. ❿ 이렇게 해서 완성입니다. 간단한 작업으로 얼굴의 윤곽이 자연스럽게 바뀐 것을 확인할 수 있습니다. Forward Warp 도구로 능숙하게 작업하려면 익숙해져야하지만 미리 가이드 레이어를 만들어놓으면 비교적 쉽게 이미지를 편집할 수 있습니다.

> **Tip**
> 이목구비의 밸런스가 무너진 경우 Forward Warp 도구와 Bloat 도구, Pucker 도구 등을 사용해 정리합니다.

원본 이미지   보정 이미지

◎ [Liquify] 대화상자 도구

도구	내용
Forward Warp 도구	클릭하거나 드래그한 위치를 손가락 도구처럼 밀어냅니다.
Reconstruct 도구	클릭하거나 드래그한 위치를 편집 전의 상태로 되돌립니다.
Smooth 도구	클릭하거나 드래그하여 적용된 효과를 부드럽게 만듭니다.
Twirl Clockwise 도구	클릭하거나 드래그한 위치를 오른쪽으로 회전합니다. [Alt]([Option])를 누르면 왼쪽으로 회전합니다.
Pucker 도구	클릭하거나 드래그한 위치를 브러시를 중심으로 축소합니다.
Bloat 도구	클릭하거나 드래그한 위치를 브러시를 중심으로 확장합니다.
Push Left 도구	위로 드래그하면 왼쪽으로, 아래로 드래그하면 오른쪽으로, 오른쪽으로 드래그하면 위로, 왼쪽으로 드래그하면 아래로 픽셀을 이동합니다.
Freeze Mask 도구	마스크를 추가합니다. 마스크된 부분은 변경되지 않습니다.
Thaw Mask 도구	마스크를 끕니다. 모든 마스크를 삭제하려면 Mask Options 영역에서 'None'을 클릭합니다.
Face 도구	자동으로 얼굴을 인식하여 눈, 코, 입과 얼굴 형태를 조정할 수 있습니다.
Hand 도구	드래그해서 화면을 이동합니다.
Zoom 도구	화면을 확대 혹은 축소합니다.

관련 이상적인 얼굴 형태 알아보기 : P.213 주름 없애기 : P.212 깨끗한 피부 만들기 : P.216 생기 있는 눈동자 만들기 : P.220

143 브러시로 깨끗한 피부 만들기

브러시 도구로 깨끗한 피부를 만들려면 스포이드 도구로 피부색을 추출하여 원하는 부분에 칠합니다. 피부의 톤이나 색에 맞춰서 불투명도를 조정하면 자연스럽게 보정됩니다.

· step 1 ·

이번 예제에서는 오른쪽 이미지에 있는 인물의 피부를 보정하겠습니다. ❶ 먼저 Layers 패널 오른쪽 아래에 있는 'Create a new layer' 아이콘을 클릭해서 이미지를 수정하기 위한 레이어를 만듭니다.

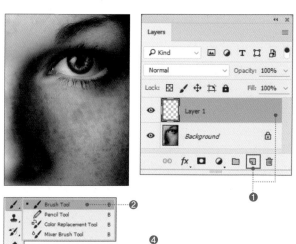

· step 2 ·

❷ Tools 패널에서 브러시 도구를 선택합니다. ❸ Brush 패널을 열고 'Blush Tip Shape' 영역을 선택한 다음 ❹ 외곽이 부드러운 브러시를 선택합니다. ❺ 그런 다음 Hardness가 '0%', Spacing이 '25%'로 설정되어 있는지 확인합니다.
설정이 맞지 않을 경우 슬라이더를 사용해 Hardness를 '0%', Spacing을 '25%'로 설정합니다.

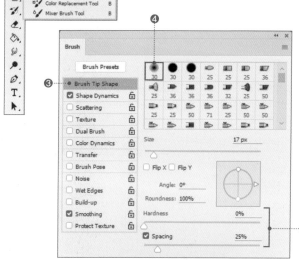

· step 3 ·

이미지상에서 Alt (Option)를 누르면 일시적으로 브러시 도구가 스포이드 도구로 변합니다. ❻ Alt (Option)을 누른 채로 화면을 클릭해 피부의 색을 추출합니다.
❼ 스포이드 도구로 추출한 색은 수시로 Tools 패널 아래쪽 전경색에서 확인할 수 있습니다.

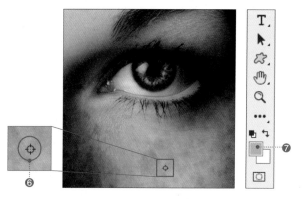

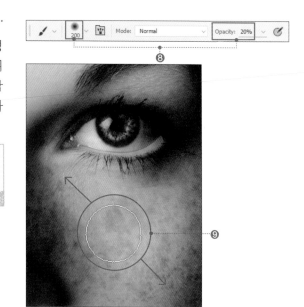

❽ 브러시 크기를 '200px', Opacity를 '20%'로 설정하고, 아까 만든 레이어 위를 칠합니다. ❾ 수정할 위치의 색상과 상태를 보면서 설정값을 바꿔가며 칠합니다. 이때 브러시 색을 자주 바꾸면서 브러시를 사용하면 깔끔하게 완성됩니다.

> **Tip**
> 작업 도중에 Alt Option 를 눌러 스포이드 도구로 브러시 색을 바꿔가면서 수정하기 바랍니다.

❿ 뺨처럼 면적이 넓은 부분일수록 브러시 크기를 키웁니다. 브러시 크기와 색을 바꿔가며 밝은 부분은 강하게 칠해갑니다. 브러시의 불투명도는 5~20%로 설정합니다.

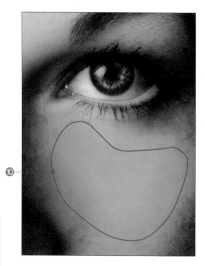

마지막으로 그림자 부분이나 세밀한 부분을 꼼꼼히 칠하여 완성합니다.

원본 이미지

보정 이미지

관련 부드러운 이미지 만들기 : P.218　생기 있는 눈동자 만들기 : P.220　자연스럽게 입체적인 피부 만들기 : P.222

144 블러 도구로 부드러운 이미지 만들기

이미지 일부를 부드럽게 만들고 싶은 경우엔, Tools 패널에서 블러 도구를 선택하고 화면을 드래그합니다. 드래그한 부분이 부드러워집니다.

개요

선명해서 피부가 거칠어 보이는 이미지를 머리카락 부분의 선명함은 남긴 채 피부 부분만 부드럽게 만들겠습니다.

step 1

❶ Tools 패널에서 블러 도구를 선택하고, ❷ 옵션 바에서 브러시 Size와 Hardness를 설정합니다. 브러시 Size를 20~300px, Hardness를 30~100% 사이로 설정해서 작업합니다. ❸ 'Sample All Layers'에 체크 표시합니다.
❹ 이어서 Layers 패널 오른쪽 밑에 있는 'Create a new layer' 아이콘을 클릭해 ❺ 새 레이어를 만듭니다.

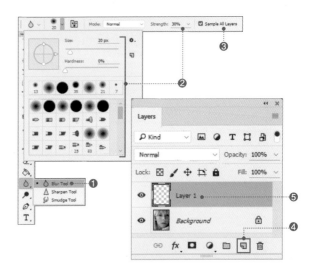

step 2

피부를 부드럽게 만들겠습니다. ❻ 새로 만든 레이어가 선택된 것을 확인하고 화면을 드래그합니다.
눈썹이나 머리카락 등 선명해야 할 부분은 피하면서 면적이 큰 부분을 중점적으로 드래그합니다. 넓은 부분의 작업이 끝나면 이미지를 확대하고 브러시 크기를 작게 설정하여 섬세하게 작업합니다.

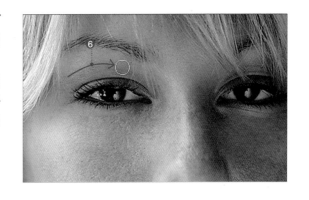

step 3

처음에 'Sample All Layers'에 체크 표시를 했기 때문
에 작업한 부분이 새로 만든 레이어에 복사됩니다.
❼ 'Background' 레이어를 잠시 숨기면 오른쪽 이미지
처럼 블러 도구를 사용한 부분만 확인할 수 있습니다.

> **Tip**
> 'Sample All Layers'에 체크 표시를 하지 않고 작업하면 선택
> 되어 있는 레이어에만 효과가 나타납니다.

step 4

❽ 브러시 크기와 Hardness를 바꿔가며 작업을 끝
내면 ❾ 거칠었던 피부가 매끄러워진 것을 확인할 수
있습니다.

원본 이미지

보정 이미지

관련 주름 없애기 : P.212 깨끗한 피부 만들기 : P.216 생기 있는 눈동자 만들기 : P.220 자연스럽게 입체적인 피부 만들기 : P.222

145 생기 있는 눈동자 만들기

번 도구를 사용해서 홍채 가장자리를 어둡게 만들고, 닷지 도구로 하이라이트를 주면 생기 있는 눈동자를 만들 수 있습니다.

step 1

❶ Tools 패널에서 번 도구를 선택합니다. 옵션 바에서 ❷ 외곽이 부드러운 브러시를 선택한 다음 ❸ 브러시 크기를 '9px'로 설정합니다.

❹ Range를 'Midtones', Exposure를 '20%'로 설정합니다(Exposure는 10∼30% 사이에서 조정합니다).

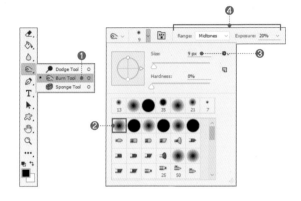

step 2

❺ 홍채 가장자리를 드래그해서 어둡게 만듭니다. 브러시 크기는 필요에 따라 바꿔가며 사용합니다.

눈꺼풀과 맞닿아 있는 부분이나 눈동자 윤곽, 검은색 눈동자 중심 부분도 같은 방법으로 드래그해서 어둡게 만듭니다.

눈동자에 번 도구를 사용하면 ❻ 같은 이미지가 됩니다.

step 3

❼ Tools 패널에서 닷지 도구를 선택합니다. 옵션 바의 설정을 Step 1과 똑같이 맞춥니다. ❽ 오른쪽 이미지에서 붉은 테두리 친 부분을 중심으로 번 도구를 사용했을 때의 반 정도 되는 크기의 브러시로 닷지 도구를 사용합니다.

· step 4 ·

❾ 홍채와 ❿ 동공 윗부분 총 세 군데에 닷지 도구를 사용합니다. 먼저 두 점을 대각선으로 배치해 닷지 도구를 사용합니다. 홍채 아랫부분에 더 밝게 하이라이트를 주면 더 빛나는 것처럼 보입니다.
닷지 도구를 사용하면 ⓫ 같은 눈동자가 됩니다.

· step 5 ·

⓬ 아래 눈꺼풀이 붉은 경우, 브러시 도구를 선택해 불투명도를 20% 정도로 설정한 후 흰색으로 칠해 밝아보이게 만듭니다.
⓭ 이 부분을 밝게 만들면 보다 또렷한 눈동자가 됩니다.

· step 6 ·

위에서 설명한 것처럼 번 도구, 닷지 도구, 브러시 도구를 사용하면 생기 있는 눈동자를 만들 수 있습니다.

> **Tip**
> 빛나는 눈동자를 만드는 방법에는 여러 가지가 있지만 어떻게 작업하든지 반드시 먼저 어두운 부분을 만들고 작은 브러시를 사용해 밝은 부분을 만듭니다. 이렇게 작업하면 눈 안의 하이라이트가 상대적으로 눈에 띄게 되므로 더 선명해 보이는 효과를 줄 수 있습니다.
> 또한, 밝은 부분과 어두운 부분의 가장자리는 가운데 부분을 제외하고 최대한 흐리지 않게 만듭니다. 그 밖에도 오른쪽 윗부분에 있는 반사광 대각선에 하이라이트를 주면 눈 전체가 빛나는 것처럼 보입니다.

관련 이상적인 얼굴 형태 알아보기 : P.213 깨끗한 피부 만들기 : P.216 이미지에 반짝이는 효과 넣기 : P.257

{146} 자연스럽게 입체적인 피부 만들기

얼굴에 하이라이트를 주면 입체적인 피부 표현이 가능하지만 과한 하이라이트는 부자연스러워 보입니다. 이번 예제에서는 얼굴의 입체감을 이용해 하이라이트를 주는 방법을 설명하겠습니다.

· **step 1** ·

❶ Channels 패널에서 'Red' 채널을 패널 아래쪽에 있는 'Create new channel' 아이콘으로 드래그하여 'Red' 채널을 복사해 새로 만듭니다.

❷ 채널을 복사하면 복제된 'Red copy' 채널이 이미지 창에 표시됩니다.

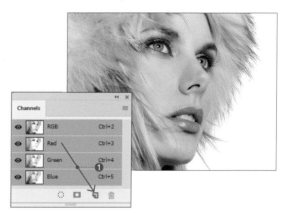

> **Tip**
> 채널을 사용해 피부를 보정할 때 'Red' 채널을 이용하면 가장 예뻐 보입니다. 사람 피부의 경우 'Red' 채널이 가장 노이즈가 적고 부드럽기 때문입니다. 반대로 가장 노이즈가 심한 것은 'Blue' 채널입니다.

· **step 2** ·

메뉴에서 [Image] → Adjustments → Curves를 실행해 [Curves] 대화상자를 표시합니다.

❸ 왼쪽 밑에 있는 포인트를 오른쪽으로 이동하고 ❹ 오른쪽 위에 있는 포인트를 살짝 왼쪽으로 이동합니다. ❺ 이때 피부의 콘트라스트가 두드러지고 하얗게 되도록 조정합니다. 오른쪽 이미지처럼 되면 〈OK〉 버튼을 클릭해서 채널에 적용합니다.

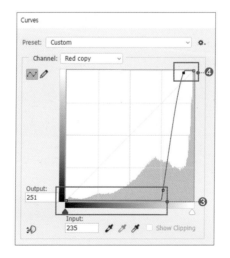

step 3

❻ Channels 패널에 표시된 'Red copy' 채널 섬네일
을 [Ctrl]([⌘])를 누르면서 클릭해 알파 채널을 선택 영
역으로 불러옵니다(P.118).

step 4

❼ Channels 패널에서 'RGB' 채널을 클릭해 이미지
를 컬러로 표시합니다.

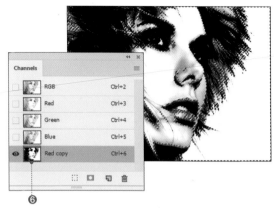

step 5

❽ 선택 영역을 남겨둔 채로 메뉴에서 [Layer] →
New → Layer Via Copy를 실행하여 ❾ 선택 영역
을 복사한 새 레이어를 만들고, Layers 패널에서 블
렌딩 모드를 'Screen'으로 변경합니다.

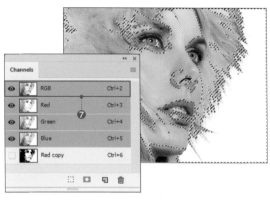

step 6

메뉴에서 [Filter] → Blur → Gaussian Blur를 실행
해 [Gaussian Blur] 대화상자를 표시합니다. ❿ 미리
보기로 흐린 정도를 확인하면서 Radius 값을 조정합
니다. 입체적으로 보이게 만들기 위해 피부의 가장
밝은 부분이 부드럽게 보이도록 합니다. 예제에서는
Radius를 '5Pixels'로 설정했습니다.

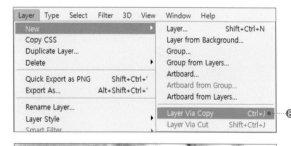

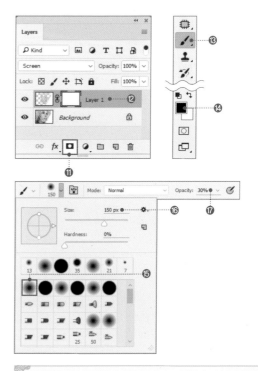

step 7 ··········

❶ Layers 패널 아래쪽의 'Add layer mask' 아이콘을 클릭해 ❷ 레이어 마스크를 추가합니다.

❸ Tools 패널에서 브러시 도구를 선택하고 ❹ 브러시를 검은색으로 설정합니다.

옵션 바의 프리셋에서 ❺ 외곽이 부드러운 브러시를 선택하고 뺨의 1/4~1/2 정도로 브러시 크기를 설정합니다. 예제에서는 ❻ 100~300px 정도의 크기로 설정하고 ❼ Opacity는 10~30%로 설정했습니다.

step 8 ··········

❽ 브러시 도구를 사용해 아래 이미지의 빨간색 테두리 부분 안쪽을 제외한 부분을 조금씩 덧칠해서 지나치게 밝아진 곳을 지웁니다.

이 작업을 하면 하이라이트가 남아 밝은 빨간색 테두리 부분과 마스크한 부분에 자연스럽게 톤 차이가 생겨 입체적인 피부가 됩니다.

❾ 이런 식으로 자연스러운 그러데이션 하이라이트를 추가해 피부에 자연스럽게 입체감을 표현할 수 있습니다. 보정 전 이미지와 비교해보면 훨씬 입체적으로 보이는 것을 확인할 수 있습니다.

> **Tip**
>
> 아래 이미지의 빨간색 테두리 부분, 특히 그중에서도 뺨 부분은 얼굴 형태를 크게 좌우하기 때문에 특별히 신경 써야 합니다. 뺨 부분의 형태를 세로로 길게 하느냐 가로로 길게 하느냐에 따라 얼굴의 분위기가 바뀔 수도 있습니다.
>
> 예를 들어, 가로 방향으로 하이라이트를 주면 부드러운 이미지가 되고, 반대로 세로로 길게 하이라이트를 주면 날렵한 얼굴이 됩니다.

보정 이미지

원본 이미지

{147} 소프트 포커스 효과 만들기

Diffuse Glow 필터를 사용하면 화면의 밝은 부분을 강조하고 바깥쪽으로 점차 흐려지게 만들어 사진을 한층 부드럽게 보정해 소프트 포커스 효과를 줄 수 있습니다.

· step 1 · ·

❶ 'Default Foreground and Background Colors' 아이콘을 클릭해 배경색을 흰색으로 바꿉니다. ❷ 그런 다음 Layers 패널에서 보정할 레이어를 선택합니다.

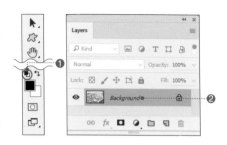

· step 2 · ·

❸ 메뉴에서 [Filter] → Filter Gallery를 실행해 [Filter Gallery] 대화상자를 표시하고, Distort 카테고리에서 'Diffuse Glow'를 선택합니다.

❹ Graininess를 '0', Glow Amount를 '5', Clear Amount를 '15'로 설정하고 〈OK〉 버튼을 클릭합니다. 이미지에 필터가 적용되어 소프트 포커스 효과가 만들어졌습니다.

> **Tip**
> 예제와 다른 이미지를 사용할 경우 이미지에 맞춰 수치를 조정합니다. 다만 부드러운 이미지를 만들려면 Graininess를 '0'으로 설정해야 합니다.

원본 이미지

보정 이미지

◎ [Diffuse Glow] 대화상자 설정 항목

항목	내용
Graininess	노이즈 양을 지정합니다. 값이 커질수록 질감 있는 빛이 됩니다. 보통 '0'으로 설정합니다.
Glow Amount	밝기 정도를 지정합니다. 이 항목은 지정한 배경색에 따라 수치를 지정해야 합니다. 값을 키울수록 하이라이트로 배경색이 쓰입니다.
Clear Amount	밝아질 부분을 지정합니다. Clear Amount의 값을 키우면 키울수록 밝은 부분 한정으로 효과가 적용됩니다. 값을 너무 작게 하면 어두운 부분에도 배경색이 영향을 주기 때문에 대부분 '15' 이상으로 설정합니다.

관련 소프트 포커스 렌즈 시뮬레이션하기 : P.226　블렌딩 모드 : P.148

148 소프트 포커스 렌즈 시뮬레이션하기

소프트 포커스 렌즈를 시뮬레이션하려면 특정 컬러 채널의 정보를 바탕으로 레이어를 복사하고 Gaussian Blur 필터를 실행합니다.

step 1

❶ Channels 패널에서 소프트 포커스 효과를 적용할 부분이 가장 밝은 채널을 선택하고, 'Create new channel' 아이콘으로 드래그하여 복사합니다. 예제에서는 'Red' 채널을 복사했습니다.

> **Tip**
> 이 Step에서는 빛나게 할 부분이 밝은 채널을 선택합니다. 만약 어떤 채널을 복사해야 할지 모를 경우 'Green' 채널을 복사합니다.

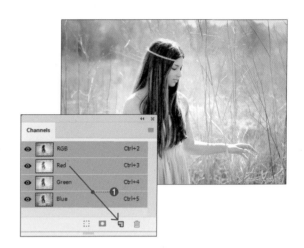

step 2

❷ 메뉴에서 [Image] → Adjustments → Curves를 실행하여 [Curves] 대화상자를 표시하고, ❸ 이미지를 확인하면서 하이라이트 부분이 하얗게 되도록 커브를 조정합니다.

이 작업을 하면 알파 채널 이미지가 크게 바뀌기 때문에 주저될 수도 있지만 다시 수정할 수 있으므로 이미지가 많이 바뀌더라도 작업을 계속합니다. 만일 마음에 들지 않는 결과가 나오면 이 Step부터 다시 수정하면 됩니다.

> **Tip**
> 메뉴에서 [Image] → Adjustments → Brightness/Contrast를 실행하여 비슷한 작업을 할 수 있지만 Curves를 사용하면 더 세세한 조정이 가능합니다.

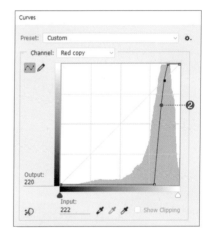

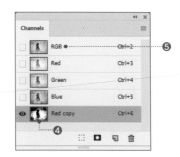

step 3

❹ 편집한 'Red copy' 섬네일을 Ctrl(⌘)을 누르면서 클릭해 알파 채널의 내용을 선택 영역으로 불러옵니다(P.118).

step 4

❺ RGB 채널을 클릭해 원본 레이어를 선택하고 ❻ 메뉴에서 [Layer] → New → Layer Via Copy를 실행해 선택 영역을 복사한 레이어를 만듭니다.

step 5

❼ Layers 패널에서 복사한 레이어를 선택하고, ❽ 블렌딩 모드를 'Screen'으로 변경합니다.
Screen 모드는 레이어가 겹쳐진 부분을 밝게 만듭니다. 하이라이트 부분을 복사한 다음 Screen 모드로 변경했기 때문에 하이라이트 부분이 강조된 이미지가 됩니다.

step 6

❾ 메뉴에서 [Filter] → Blur → Gaussian Blur를 실행해 [Gaussian Blur] 대화상자를 표시하고, 미리보기를 확인하며 가장 적절한 값을 Radius에 입력합니다. 예제에서는 Radius를 '10Pixels'로 설정했습니다.

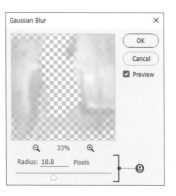

> **Tip**
> 이미지가 너무 밝은 경우에는 레이어의 불투명도(P.153)를 조정해 효과의 강도를 조절합니다. 또한, 부분적으로 밝은 경우에는 레이어 마스크(P.154)를 사용해 필터를 부분적으로 적용합니다.

〈OK〉 버튼을 클릭하여 이미지에 효과를 적용합니다. ❿ Gaussian Blur 필터를 적용해 소프트 포커스 렌즈를 시뮬레이션했습니다.

원본 이미지

보정 이미지

Tip

소프트 포커스 렌즈 시뮬레이션은 이 예제에서 소개한 방법 외에도 섀도 부분을 탁하고 부드럽게 만들어 적용할 수도 있습니다.

Step 2 전에 메뉴에서 [Image] → Adjustments → Invert를 실행하고, Step 5에서 Screen 모드 대신 Multiple 모드를 사용합니다. 이렇게 하면 예제와 정반대의 효과를 적용할 수 있습니다.

⟨ Variation ⟩

이 예제에서 설명한 소프트 포커스 렌즈 시뮬레이션은 앞에 나온 소프트 포커스 효과 만들기(P.225)와 비슷하지만 더 다양한 설정을 할 수 있기 때문에 여러 가지로 응용할 수 있습니다. 예를 들어, 이 예제에서는 Gaussian Blur 필터를 사용해 부드럽게 마무리했지만 필터를 사용하지 않으면 오른쪽 이미지처럼 하이라이트가 선명하게 빛나는 효과를 적용할 수 있습니다. 각 단계의 설정과 순서를 바꾸는 것만으로도 다양한 효과를 적용할 수 있으니 여러 가지 설정을 사용해 자신만의 방법을 찾아보세요.

원본 이미지

보정 이미지

{149} 왜곡된 사진 조정하기

Lens Correction 필터를 사용하면 촬영할 때 왜곡된 원근감을 수정할 수 있습니다.

제
4
장
**리
터
치
·
색
상
보
정**

step 1

❶ 오른쪽 이미지를 보면 건물이 왜곡되어 비스듬하
게 서 있는 것을 확인할 수 있습니다.
왜곡된 이미지를 수정하려면 메뉴에서 [Filter] →
Lens Correction을 실행해 [Lens Correction] 대화
상자를 표시합니다.

step 2

❷ [Lens Correction] 대화상자에서 'Auto Scale
Image'에 체크 표시하고, ❸ [Custom] 탭을 클릭합
니다.

> **Tip**
> 자르기 도구를 사용해도 같은 작업을 할 수 있습니다. 자르기
> 도구로 이미지를 수정하는 방법에 대해서는 이미지를 잘라 내
> 고 조정하기(P.35)를 참고하기 바랍니다.

step 3

Transform 영역의 기능을 사용해 왜곡된 이미지를
수정합니다.
❹ Vertical Perspective를 '-94', Angle을 '2.7°'로 설
정합니다. 〈OK〉 버튼을 클릭하면 이미지에 필터가
적용됩니다.

❺ 필터가 적용되면 기울어진 빌딩이 똑바로 수정됩니다.

원본 이미지   필터 적용 후

◎ [Lens Correction] 대화상자 설정 항목

항목	내용
Remove Distortion	옵션의 값을 마이너스로 설정하면 어안 렌즈처럼 이미지가 일그러집니다.
Chromatic Aberration	렌즈의 색수차를 시뮬레이션합니다. 색수차는 빛의 파장의 차이에 의해 발생하는 색 번짐입니다. 슬라이더를 움직이면 이미지의 윤곽 부분에 번진 것 같은 컬러 프린지가 발생합니다.
Vignette	화면 비네팅을 Amount와 Midpoint로 조정합니다. Amount 값을 조정해 밝기를 설정하고, Midpoint에서 중심으로부터 어느 정도 범위의 광량을 조정할 것인지 설정할 수 있습니다.
Transform	Vertical Perspective는 수직 방향의 왜곡에 대한 앙각을 제어합니다. 이번 사진처럼 올려다 본 구도의 사진을 수정하는 경우, 슬라이더를 마이너스 방향으로 움직입니다. Angle은 화면의 기울기를 수정합니다.

❖ Variation ❖

미리보기에 표시된 그리드 선의 굵기와 색상은 대화상자 아래쪽의 Color와 Size로 설정할 수 있습니다. 이미지 색상에 따라 확인하기 쉬운 그리드 선을 설정합니다.

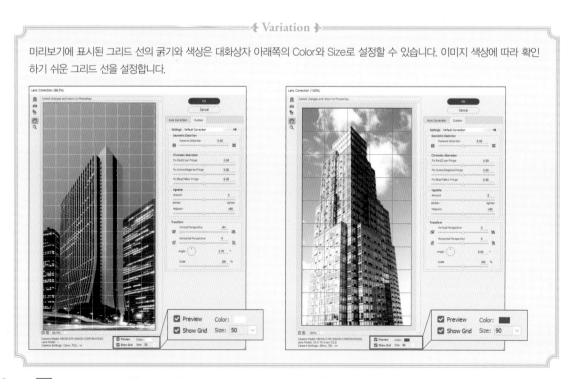

관련 이미지 자르기 : P.35 기울어진 이미지 수정하기 : P.38 이미지 내용에 따라 이미지 확대·축소하기 : P.63

제 **5** 장

이미지 합성

{150} 이미지 합성의 기초 이해하기

포토샵에서는 여러 가지 방법으로 이미지를 합성할 수 있습니다. 그중에서도 몇 가지 중요한 방법을 알아봅니다.

· 개요 ·

이미지 합성은 복잡해 보이지만 필요한 과정을 이해하면 그다지 복잡하지 않습니다. 중요한 것은 각 단계를 이해하고 이미지 특성에 맞는 방법을 선택하는 것입니다. 그렇게 하면 대부분의 합성은 간단하게 할 수 있습니다.
이미지를 합성하는 과정은 크게 '**합성 과정**'과 '**매칭 과정**' 두 가지로 나눌 수 있습니다.
이미지를 합성하는 방법에는 여러 가지가 있지만, 대부분의 방법이 두 단계로 구성되어 있습니다.
여기에서는 위의 과정별 구체적인 방법과 함께 이미지 합성의 개요를 설명합니다.

· step 1 ·

합성 과정에서 두 장 이상의 이미지가 하나로 합쳐집니다. 구체적으로 블렌딩 모드에 의한 합성, 레이어 마스크에 의한 합성, 자르기에 의한 합성 세 가지가 있습니다.

❖ 블렌딩 모드에 의한 합성

오른쪽 이미지는 흑백 이미지 ❶에 칠이 되어있는 이미지 ❷를 겹치고, 이미지 ❷의 블렌딩 모드를 'Color'로 바꾸어 합성한 것입니다.
이 방법을 이용하면 어려운 기술을 사용할 필요 없이 간단하게 이미지를 합성할 수 있습니다. 이 방법에서 가장 중요한 것은 레이어를 선택하는 것입니다.
블렌딩 모드에 의한 합성에 대해서는 P.234에서 자세하게 설명합니다.

❖ 레이어 마스크에 의한 합성

오른쪽 이미지는 이미지 ❸, ❹를 겹치고 레이어 마스크로 이미지 경계를 가려서 합성한 것입니다.
이 방법에서는 레이어 마스크를 어떻게 만드느냐에 따라 결과물이 결정됩니다. 이미지를 잘라서 합성하는 것과 마찬가지로 정확한 마스크를 만들어야 할 때도 있습니다.
레이어 마스크에 의한 합성에 대해서는 P.237에서 자세하게 설명합니다.

✤ 자르기에 의한 합성

오른쪽 이미지는 배경 이미지 ❺에 잘라낸 인물 이미지 ❻을 겹쳐서 합성한 것입니다.

깔끔하게 잘라낸 이미지를 겹쳐 놓은 가장 간단한 합성 방법이지만 이미지를 잘라내는 것 자체가 어렵기 때문에 대부분 레이어 마스크에 의한 합성 방법과 함께 사용합니다.

매칭 과정에서는 합성한 이미지가 자연스럽게 보일 수 있도록 편집합니다. 이 과정에서 합성한 이미지의 품질이 결정됩니다. 구체적으로는 가장자리 처리, 채도·불투명도 조절, 위치·형태 조절 등이 있습니다.

✤ 가장자리 처리

가장자리 처리는 잘라낸 이미지 가장자리 부분을 합성한 이미지의 배경에 맞춰 자연스러워 보이게 수정하는 것입니다. 예를 들어, ❼ 배경이 밝은 이미지를 잘라낸 다음 그대로 다른 이미지에 합성하면 가장자리가 어색해 보일 수 있기 때문에 ❽ 가장자리를 어둡게 조정합니다.

관련된 내용은 P.238에서 자세하게 설명합니다.

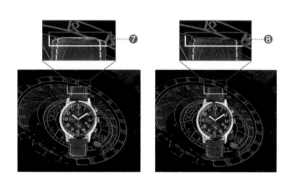

✤ 채도·불투명도 조절

오른쪽 이미지는 ❾ 들판 사진에 ❿ 구름 이미지를 'Screen' 모드로 합성한 다음 더 자연스러워 보이기 위해 불투명도를 '60%'로 조절했습니다. 합성한 사진이 어색해 보일 때는 먼저 색조와 채도를 중심으로 조절합니다.

관련된 내용은 P.240에서 자세하게 설명합니다.

✤ 위치·형태 조절

⓫ 합성용 일러스트를 가져다 붙인 것만으로는 깃발과 일체화되어 보이지 않습니다. ⓬ 대체 필터를 사용해서 원본 이미지 정보를 합성용 일러스트에 불러와 변형한 다음 레이어의 블렌딩 모드나 불투명도를 조절하면 훨씬 자연스럽습니다.

관련된 내용은 P.242에서 자세하게 설명합니다.

관련 블렌딩 모드 : P.148   Opacity : P.153   음식 사진에 김 합성하기 : P.244   사진에 역광 표현하기 : P.254

{151} 흑백 사진에 색 입히기

Fill 레이어나 일반 레이어에 색을 채워서 레이어 블렌딩 모드를 변경하면 흑백 이미지에 색을 입힐 수 있습니다.

개요

흑백 이미지를 컬러로 바꾸는 방법에는 Color Fill 레이어를 사용하는 방법과 일반 레이어를 사용하는 방법, 두 가지가 있습니다. 두 가지 방법 모두 블렌딩 모드를 Color나 Multiple, Screen 등으로 바꿔서 사용합니다.

Color Fill 레이어를 사용하면 컬러 피커로 색을 선택할 경우 자동적으로 레이어에 색이 채워지기 때문에 복잡한 컬러링은 불가능하지만 간단하게 사용할 경우 편리합니다.

일반 레이어를 사용하면 레이어를 나눠서 칠할 수 있기 때문에 복잡한 컬러링도 가능합니다.

step 1

오른쪽 풍경 사진의 하늘에 색을 입히겠습니다.

❶ 선택 도구를 사용해서 하늘에 선택 영역을 만들고 ❷ 메뉴에서 [Layer] → New Fill Layer → Solid Color를 실행하고 〈OK〉 버튼을 클릭합니다.

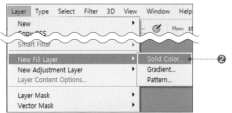

step 2

❸ [Color Picker] 대화상자에서 적당한 색을 선택합니다. 색은 나중에 변경할 수 있으므로 이 단계에서는 아무 색이나 골라도 상관없습니다.

❹ 〈OK〉 버튼을 클릭하면 선택 영역이었던 하늘에 색이 채워집니다.

❺ Layers 패널에서 'Color Fill' 레이어를 선택하고,
블렌딩 모드를 'Color'로 변경합니다.

블렌딩 모드를 변경한 후 색이 입혀진 부분을 ❻ 확
대해 보면 수정할 필요가 없는 것을 확인할 수 있습
니다.

수정이 필요한 경우 레이어 마스크(P.154)를 조정합
니다.

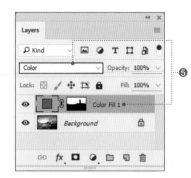

> **Tip**
>
> 블렌딩 모드는 Color 외에도 많은 종류가 있기 때문에 이것저
> 것 시도하면서 이미지에 가장 잘 맞는 블렌딩 모드를 선택합
> 니다.
> 이미지에 색을 입힐 때 자주 사용되는 것은 Color 모드 이외에
> Overlay, Multiple, Screen 모드 등이 있습니다(P.148).

Step 2에서 선택한 색을 변경합니다. ❼ Layers 패널
의 'Color Fill' 레이어 섬네일을 더블클릭하면 ❽ 다
시 [Color Picker] 대화상자가 표시되고 이미지를 확
인하면서 색을 선택할 수 있습니다.

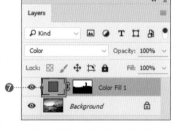

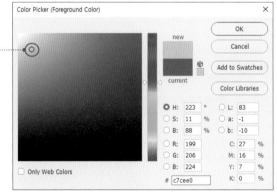

> **Tip**
>
> 'Color Fill' 레이어를 사용하면 선택한 색상이 직접 반영되기 때문에 이미지 상태를 보면서 색을 선택할 수 있어 편리합니다. 그러나 그러데
> 이션이나 여러 가지 색상을 동시에 사용할 수는 없기 때문에 상황에 따라 일반 레이어와 함께 사용해야 합니다.

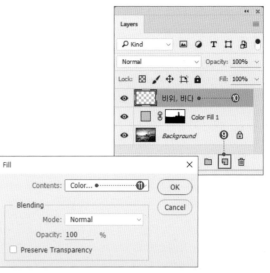

· step 5 ·

바위와 바다를 칠합니다. 이번에는 하늘과 다른 방법
으로 색을 입히겠습니다.

❾ Layers 패널에서 'Create a new Layer' 아이콘을
클릭하여 ❿ 새 레이어를 만들고, 수평선보다 앞쪽에
있는 부분(바위와 바다)에 선택 영역을 만듭니다.

· step 6 ·

새로 만든 레이어가 선택된 상태에서 ⓫ 메뉴에서
[Edit] → Fill을 실행해 [Fill] 대화상자를 표시하고
Contents를 'Color'로 지정합니다.
[Color Picker] 대화상자가 표시되면 갈색을 선택하
고 〈OK〉 버튼을 클릭합니다. 예제에서는 R을 '118',
G를 '104', B를 '79'로 설정했습니다.

· step 7 ·

⓬ Step 3과 같은 방법으로 레이어 블렌딩 모드를
'Color'로 변경하면 선택한 색이 이미지에 입혀집니다.

· step 8 ·

⓭ 현재 상태에서는 바다와 바위가 같은 색으로 채워
져 있기 때문에 지금까지 설명한 방법을 참고해서 바
다에도 색을 입히고 ⓮ 블렌딩 모드를 'Color'로 설정
하여 완성합니다.

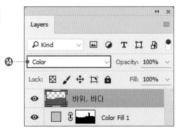

152 레이어 마스크와 그러데이션으로 합성하기

레이어 마스크와 그러데이션을 사용하면 두 장 이상의 이미지를 간단하고 깔끔하게 합성할 수 있습니다. 간단한 방법이지만 여러 가지 상황에서 유용하게 사용됩니다.

step 1

❶ Tools 패널에서 이동 도구를 선택한 후 ❷ 합성할 이미지를 원본 이미지 위에 끌어다 놓고 위치를 조정합니다. 그렇게 하면 두 장의 이미지가 하나의 파일에 합쳐지고 레이어가 두 개가 됩니다.

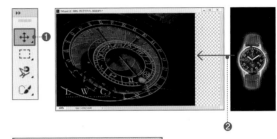

제 5 장 이 미 지 합 성

step 2

❸ 합성할 레이어를 선택하고, ❹ 'Add layer mask' 아이콘을 클릭해 레이어 마스크를 추가합니다.
❺ 레이어 마스크를 추가하면 레이어 마스크 섬네일 주변에 테두리가 생기면서 레이어 마스크가 선택됩니다.

step 3

❻ Tools 패널에서 그레이디언트 도구를 선택하고,
❼ 그러데이션 피커에서 'Black, White' 그러데이션을 선택합니다.

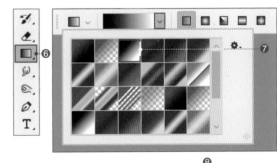

step 4

❽ 레이어가 겹쳐져 있는 부분을 드래그합니다. 레이어 마스크가 그러데이션으로 덮여 레이어 두 개가 깔끔하게 합성되었습니다.

관련 레이어 마스크 : P.154   그러데이션 넣기 : P.70   레이어 이동하기 : P.138

153 합성 후 어색한 가장자리를 깔끔하게 마무리하기

합성 후 부자연스러운 가장자리를 깔끔하게 마무리하려면 경계 부분의 흰색을 제거한 후 경계를 확장하고 흐리게 만든 다음 클리핑 마스크 레이어를 만들어 검게 칠합니다.

개요

❶ 오른쪽 이미지는 'Background' 레이어 위에 시계 레이어가 합성되어 있으나 잘라낸 이미지를 배치한 것뿐이라 가장자리에 약간 흰 부분이 남아있어 어색해 보입니다.

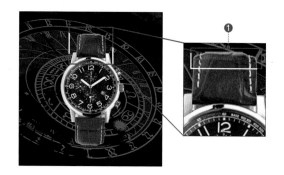

step 1

'시계' 레이어를 선택한 다음 메뉴에서 [Layer] → Matting → Defringe를 실행해 [Defringe] 대화상자를 표시합니다. ❷ Width를 '1'로 설정하고 〈OK〉 버튼을 클릭합니다.

step 2

시계의 윤곽에 검은색 테두리를 추가해 어색함을 없앱니다. 메뉴에서 [Select] → Load Selection을 실행해 [Load Selection] 대화상자를 표시합니다. ❸ Source 영역의 Channel 목록에서 합성한 이미지를 선택하고, Invert에 체크 표시한 후 〈OK〉 버튼을 클릭합니다.

step 3

❹ 메뉴에서 [Select] → Modify → Expand를 실행하고 [Expand Selection] 대화상자에서 Expand By를 '1'로 설정한 다음 〈OK〉 버튼을 클릭합니다.

step 4

❺ 메뉴에서 [Select] → Modify → Smooth를 실행하고 [Smooth Selection] 대화상자에서 Sample Radius를 '2'로 설정한 다음 〈OK〉 버튼을 클릭합니다.

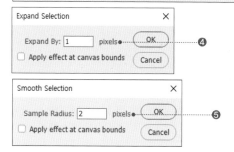

Tip

Photoshop CS5 이상 버전에서는 '불필요한 프린지 색상 제거'이나 '가장자리 다듬기' 등의 기능을 사용하여 보다 쉽게 프린지 색상을 제거할 수 있지만, 여기에서 소개하는 기본적인 과정이 다양한 작업에 응용할 수 있는 방법입니다.

· step 5 ·

메뉴에서 [Layer] → New → Layer를 실행해 [New Layer] 대화상자를 표시합니다. ❻ 'Use Previous Layer to Create Clipping Mask'에 체크 표시하고 〈OK〉 버튼을 클릭하여 새로운 레이어를 만듭니다.

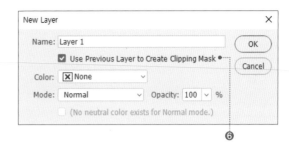

· step 6 ·

메뉴에서 [Edit] → Fill을 실행해 [Fill] 대화상자를 표시합니다. ❼ Contents에서 'Black'을 선택하고 〈OK〉 버튼을 클릭하면 검은색이 채워집니다.
메뉴에서 [Select] → Deselect를 실행해 선택 영역을 해제합니다.

· step 7 ·

❽ 시계 가장자리 부분이 검게 칠해졌습니다. 만들어 진 'Color Fill' 레이어를 보면 시계 이외의 부분도 까 맣게 채워져 있지만 레이어를 만들 때 'Use Previous Layer to Create Clipping Mask'에 체크 표시했기 때문에 시계 바깥쪽은 표시되지 않습니다.

· step 8 ·

❾ 마지막으로 이미지를 확인하면서 Layers 패널 오 른쪽 위에 있는 Opacity 값을 조절합니다. ❿ 어색했 던 시계 가장자리가 자연스러워졌습니다.

{154} 맑은 하늘에 구름 합성하기

Screen 모드로 새로운 레이어를 만들고, Clouds 필터를 적용하면 구름을 표현할 수 있습니다.

개요

오른쪽 이미지에 Clouds 필터를 적용해 구름을 합성합니다.

step 1

먼저 구름을 그려 넣을 레이어를 만듭니다. 메뉴에서 [Layer] → New → Layer를 실행해 [New Layer] 대화상자를 표시합니다.
❶ Name을 '구름', ❷ Mode를 'Screen'으로 설정한 다음 ❸ 'Fill with Screen-neutral color (black)'에 체크 표시합니다. 〈OK〉 버튼을 클릭합니다.

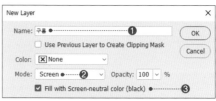

step 2

❹ Layers 패널에서 새로 만든 레이어의 섬네일을 보면 검게 채워져 있는 것을 알 수 있습니다. 그러나 대화상자에서 블렌딩 모드를 'Screen'으로 지정했기 때문에 화면에는 아무런 변화가 없습니다. Screen 모드에서는 어두운 색을 제외하고 밝은 색만 표시하기 때문입니다(P.149).

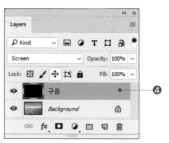

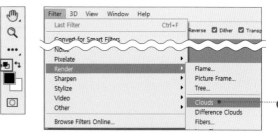

step 3

❺ Tools 패널 아래에 있는 'Default foreground and background' 아이콘을 클릭해서 전경색과 배경색을 초기화합니다.
❻ 메뉴에서 [Filter] → Render → Clouds를 실행합니다.
❼ 그러면 새로 만든 레이어에 구름 모양이 표시됩니다. Clouds 필터를 사용해 만든 구름 모양은 흰색과 검은색으로 구성되어 있으나 Screen 모드이기 때문에 흰색 부분만 화면에 표시됩니다.

step 4

❽ 메뉴에서 [Edit] → Free Transform을 실행하고
표시된 바운딩 박스의 가운데 조절점을 드래그해서
오른쪽 이미지처럼 가로로 길게 변형합니다.

> **Tip**
> Free Transform 작업을 완료하려면 Enter를 누릅니다.

step 5

❾ Layers 패널 아랫부분의 'Add layer mask' 아이콘
을 클릭해 레이어 마스크를 추가합니다.

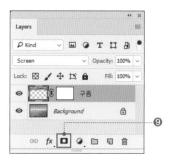

step 6

❿ Tools 패널에서 브러시 도구를 선택하고, ⓫ 브러
시 색을 검은색으로 설정합니다.
⓬ 옵션 바에서 외곽이 부드러운 브러시를 선택하고,
Size를 '80px'로 설정합니다. ⓭ 필요에 따라 브러시
Opacity를 '30~100%'로 변경합니다.

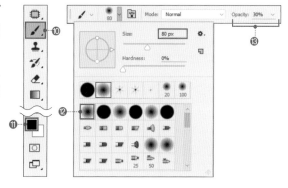

step 7

⓮ 브러시 색을 검은색으로 설정했기 때문에 구름 레
이어를 브러시 도구로 칠하면 그 부분의 구름이 사라
집니다. 레이어 마스크를 부분적으로 칠해 구름 모양
을 조정합니다.
⓯ 필요에 따라 구름을 추가하거나 레이어의 불투명
도를 조절해 자연스럽게 마무리합니다.

> **Tip**
> 흰색으로 설정한 브러시 도구로 구름 레이어를 칠하면 원래
> 상태로 되돌릴 수 있습니다.

관련 레이어 마스크 : P.154   브러시 도구 : P.66   Opacity : P.153   블렌딩 모드 : P.148

{155} 펄럭이는 깃발에 일러스트 합성하기

형태에 따라 일러스트를 합성하려면 Displace 필터를 사용합니다. Displace 필터를 사용하면 전면에 배치한 이미지를 후면에 배치한 이미지에 맞춰 변형할 수 있습니다.

step 1

합성할 이미지를 준비합니다. 이미지에 여러 레이어가 있는 경우에는 먼저 레이어를 병합해야 합니다(P.143). 이번 예제에서는 오른쪽 일러스트 로고를 흰색 깃발에 합성해보겠습니다.

Displace 필터를 적용할 때는 필요한 데이터로 이 이미지를 사용하기 때문에 합성 작업이 끝날 때까지 이미지를 저장하지 않습니다. 저장해야 할 때는 사본으로 저장합니다.

step 2

❶ 이동 도구를 사용해서 로고를 깃발 위로 이동합니다. ❷ 메뉴에서 **[Edit]** → **Free Transform**(P.62)을 실행해 로고를 깃발의 형태에 맞춰 변형하고, 어느 정도 여백을 두고 위치를 조정합니다.

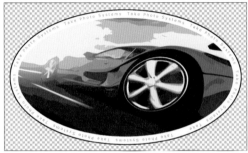

step 3

❸ Layers 패널에서 '일러스트' 레이어를 선택하고, ❹ 블렌딩 모드를 'Multiple'로 변경합니다.

Tip
이미지에 따라 Multiple 모드가 아닌 다른 블렌딩 모드도 시도해 보고(P.148) 그래도 잘 되지 않을 때는 합성할 일러스트의 톤을 조절합니다.

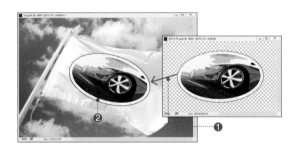

step 4

메뉴에서 [Filter] → Distort → Displace를 실행해 [Displace] 대화상자를 표시합니다. ❺ Horizontal Scale을 '15', Vertical Scale을 '15', ❻ Displacement Map을 'Stretch To Fit', ❼ Undefined Areas를 'Repeat Edge Pixels'로 지정합니다.
설정이 끝나면 〈OK〉 버튼을 클릭합니다.

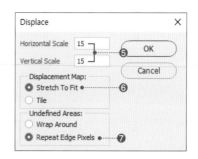

◎ [Displace] 대화상자 설정 항목

항목	내용
Horizontal Scale Vertical Scale	Displacement Map의 톤에 의해 변형되는 양을 설정합니다. 최대 128픽셀로 설정할 수 있고, 이미지 크기에 따라 설정을 변경합니다.
Displacement Map	'Stretch To Fit'을 선택하면 Displacement Map 크기가 이미지에 맞게 조정됩니다. 'Tile'을 선택하면 맵 크기는 변경되지 않고 맵에 반복해서 채워집니다.
Undefined Areas	'Wrap Around'를 선택하면 이미지 크기가 맞지 않는 경우 이미지의 반대쪽을 돌려서 표시합니다. 'Repeat Edge Pixels'를 선택하면 이미지 크기가 맞지 않는 경우 가장자리 픽셀 색상을 그대로 확장합니다.

step 5

〈OK〉 버튼을 클릭하면 Displacement Map 데이터를 선택하는 대화상자가 표시됩니다. ❽ 현재 작업을 하고 있는 깃발 파일을 선택하고 〈열기〉 버튼을 클릭합니다.

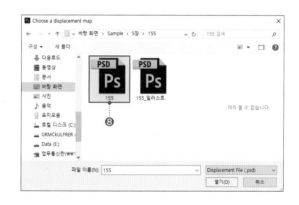

step 6

소재 이미지가 자연스럽게 깃발에 합성되었습니다. ❾ 깃발이 펄럭이는 곳을 보면 깃발 모양에 맞춰 일러스트 로고가 변형된 것을 확인할 수 있습니다.

{156} 음식 사진에 김 합성하기

음식 사진에 김을 합성하려면 Clouds 필터로 구름 모양을 만든 후, Polar Coordinates 필터와 Wave 필터를 이용해 모양을 변형하고, Levels와 브러시 도구로 수정하여 김 형태를 만듭니다.

 개요

이번 예제에서는 오른쪽 이미지에 Clouds 필터를 사용해 김을 만들고 합성하는 방법을 설명합니다. 따뜻한 음식 사진에 김 형태를 더하면 더 맛있어 보입니다. 김을 예쁘게 촬영하는 것은 어렵고 또 촬영할 때 김이 나오지 않는 경우도 있습니다.

step 1

메뉴에서 [Layer] → New → Layer를 실행하여 [New Layer] 대화상자를 표시합니다. ❶ Name을 '김', ❷ Mode를 'Screen', Opacity를 '100'으로 설정하고, 'Fill with Screen-neutral color (black)'에 체크 표시합니다. 설정이 끝나면 〈OK〉 버튼을 클릭하여 새 레이어를 만듭니다.

step 2

❸ Tools 패널에서 'Default foreground and background color' 아이콘을 클릭하고, 메뉴에서 [Filter] → Render → Clouds를 실행합니다. ❹ 그러면 화면에 불규칙적인 구름 모양이 만들어집니다.

step 3

메뉴에서 [Filter] → Distort → Polar Coordinates를 실행하여 [Polar Coordinates] 대화상자를 표시합니다. ❺ 'Polar to Rectangular'에 체크 표시하고 〈OK〉 버튼을 클릭합니다.

step 4 ⋯⋯⋯⋯⋯⋯⋯⋯⋯⋯⋯⋯⋯⋯⋯

메뉴에서 [Filter] → Distort → Wave를 실행하여
[Wave] 대화상자를 표시합니다. 다음과 같이 설정하
고 〈OK〉 버튼을 클릭합니다.

· Number of Generators : 5
· Wavelength : Min 50, Max 700
· Amplitude : Min 10, Max 100
· Scale : Horiz 100, Vert 100
· Type : Sine
· Undefined Areas : Repeat Edge Pixels

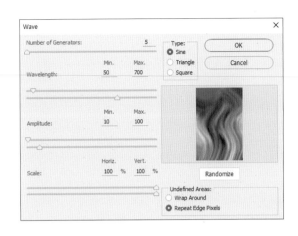

◎ [Wave] 대화상자 설정 항목

항목	내용
Number of Generators	만들 파동의 값을 설정합니다.
Wavelength	파동과 파동 간격을 설정합니다. 최소값과 최대값 사이에서 무작위로 설정할 수 있습니다.
Amplitude	파동 폭(높이)을 설정합니다. 최소값과 최대값 사이에서 무작위로 설정할 수 있습니다.
Scale	세로 방향과 가로 방향으로 일어나는 파동의 양을 각각 설정합니다.
Type	파동 형태를 설정합니다. 'Sine'으로 지정하면 일반적인 파도 형태가 됩니다. 'Triangle'로 지정하면 파동 봉우리와 계곡에 해당하는 부분이 심하게 휩니다. 'Square'로 지정하면 곡선 없이 90° 직각으로 된 파동입니다.
Undefined Areas	변형한 결과 화면 바깥쪽으로 이동한 픽셀의 처리 방법을 선택합니다. 일반적으로 'Repeat Edge Pixels'를 선택합니다. 이 방법은 이미지 가장자리를 따라 지정된 방향으로 픽셀이 확장됩니다.

step 5 ⋯⋯⋯⋯⋯⋯⋯⋯⋯⋯⋯⋯⋯⋯⋯

Polar Coordinates 필터와 Wave 필터 효과로 구름
모양이 이미지처럼 변경되었습니다.

step 6 ⋯⋯⋯⋯⋯⋯⋯⋯⋯⋯⋯⋯⋯⋯⋯

메뉴에서 [Image] → Adjustments → Levels를 실
행해 [Levels] 대화상자를 표시합니다.
히스토그램 아래쪽에 있는 슬라이더 두 개를 움직
여 조절합니다. 이 이미지의 경우 중간 톤 슬라이더
로 김의 진하기를 조절하고, Shadow 슬라이더로 김
의 밝은 부분 양을 조정합니다. ❻ Shadows를 '12',
Midtones를 '0.34'로 설정하고 〈OK〉 버튼을 클릭합
니다.

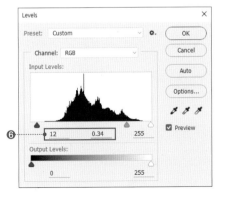

· **step 7** ·

❼ 메뉴에서 [Edit] → Free Transform을 실행하고 바운딩 박스를 조절해 오른쪽 이미지처럼 변형합니다.

❽ 김이 적은 경우나 더 변형해야 할 경우 '김' 레이어를 복사해서 변형합니다.

· **step 8** ·

마지막으로 브러시 도구를 사용해 김 형태를 정돈합니다. ❾ Tools 패널에서 브러시 도구를 선택하고 ❿ 색을 검은색으로 설정합니다.

브러시 설정 창을 열고 ⓫ 외곽이 부드러운 브러시를 선택한 다음, ⓬ Size를 '200px', Hardness를 '0%'로 설정합니다. 브러시 형태나 크기는 적당히 변형해가며 작업합니다.

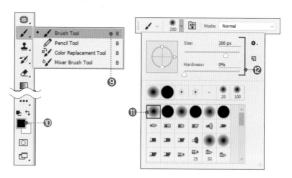

· **step 9** ·

⓭ 화면 위를 브러시로 드래그해서 부분적으로 김을 지웁니다. '김' 레이어는 'Screen' 모드로 되어 있기 때문에 밝은 부분만 화면에 표시됩니다. 검은색 브러시로 칠하면 김이 사라지고 투명해집니다.

· **step 10** ·

불필요한 부분을 지워 전체를 정돈하면 완성입니다. ⓮ 합성 전 이미지와 비교해보면 김이 있는 이미지 쪽이 더 맛있어 보입니다.

원본 이미지

합성 후 이미지

{157} 제품에 엠보싱 추가하기

제품에 엠보싱 효과를 추가하려면 Layer Via Copy를 사용하여 선택 영역을 복사한 레이어에 레이어 스타일을 적용합니다.

---

step 1

❶ 이동 도구를 사용해 패턴을 엠보싱 효과를 적용할 이미지 위로 드래그합니다.

> **Tip**
> 패턴 이미지는 개체 이외의 부분이 투명해야 합니다. 배경이 투명하지 않은 경우 엠보싱할 형태대로 선택 영역을 만듭니다.

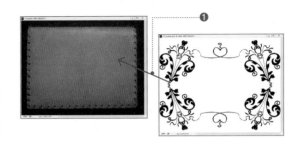

제 5 장
이미지 합성

---

step 2

❷ Layers 패널에서 방금 가져온 패턴 레이어를 선택하고, 메뉴에서 [Edit] → Free Transform을 실행합니다. 표시된 바운딩 박스를 조작해(P.62) 오른쪽 이미지 패턴이 이미지와 겹치게 변형하고 위치를 조절합니다.

---

step 3

메뉴에서 [Select] → Load Select를 실행해 [Load Selection] 대화상자를 표시합니다. ❸ Document에 현재 파일 이름을, Channel에서 패턴 레이어 이름을 선택합니다.
❹ 'New Selection'을 선택하고 〈OK〉 버튼을 클릭하면 개체 부분이 선택 영역으로 지정됩니다.

---

step 4

❺ Layers 패널에서 패턴 레이어 섬네일 왼쪽에 있는 눈 아이콘을 클릭해 표시되지 않는 상태로 만들거나,
❻ 삭제합니다.

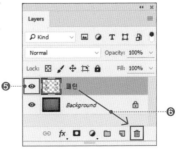

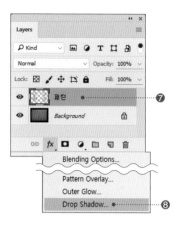

step 5

'Background' 레이어를 선택하고, 메뉴에서 [Layer] → New → **Layer Via Copy**를 실행합니다. 이렇게 하면 선택 영역이 복사되어 새 레이어가 만들어집니다. ❼ 각 레이어를 구별하기 위해 레이어 이름을 변경합니다. 예제에서는 '패턴'으로 지정했습니다.

❽ Layers 패널 아랫부분에서 'Add a layer style' 아이콘을 클릭하고 **Drop Shadow**를 실행해 [Layer Style] 대화상자를 표시합니다.

step 6

❾ 왼쪽의 Styles 목록에서 'Drop Shadow'를 선택하고 ❿ Blend Mode를 'Screen', Opacity를 '25%', Distance를 '1px', Size를 '1px'로 설정합니다. ⓫ 어두운 색에 제품의 밝은 부분의 색을 지정하면 엠보스가 들어간 부분의 가장자리에 하이라이트 효과를 줄 수 있습니다. 그 외의 설정값은 기본값인 채로 둡니다. 아직 〈OK〉 버튼을 클릭하지 않습니다.

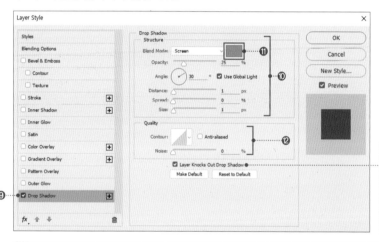

'Layer Knocks Out Drop Shadow'는 Fill의 불투명도가 설정되어 있는 경우 레이어가 있는 부분에 그림자를 표시할 것인지 아닌지에 관한 설정입니다. 여기에 체크 표시하면 표시되어 있지 않은 레이어의 그림자가 숨겨집니다. 보통은 체크 표시를 해 둡니다.

Tip

⓬ Drop Shadow의 Quality 항목에서는 그림자 형태를 설정할 수 있습니다. Contour를 클릭하면 [Contour Editer] 대화상자가 표시됩니다. Drop Shadow 레이어 스타일로 만들어진 그림자는 레이어에서 멀어질수록 서서히 옅어집니다. 이 곡선은 오른쪽 위가 그림자의 어두운 부분을, 왼쪽 아래가 그림자의 옅은 부분을 나타냅니다. 일반적으로는 기본값으로 사용하지만 기본 설정 외에도 다양한 프리셋이 준비되어 있습니다.

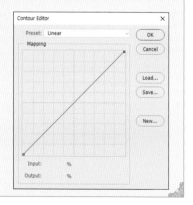

step 7 •

⑬ 왼쪽의 Styles 목록에서 'Bevel & Emboss'를 선택하고 ⑭ Structure 항목에서 Depth를 '100%', Size를 '1px'
로 설정합니다. ⑮ Shading 항목의 Highlight Mode에서 Drop Shadow 효과로 지정했던 것과 같은 색을 설정
하고 ⑯ Shadow Mode에서는 제품의 어두운 부분 색을 설정합니다. 그 외 설정값은 기본값으로 설정합니다.
설정이 끝나면 〈OK〉 버튼을 클릭해 [Layer Style] 대화상자를 닫습니다.

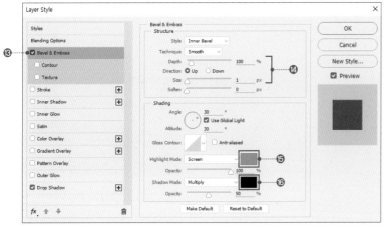

제 5 장 이 미 지 합 성

step 8 •

⑰ 마지막으로 Layers 패널에서 레이어의 블렌딩 모
드를 'Multiple'로 지정하고 ⑱ Fill을 '60%'로 설정합
니다. 이때 Opacity와 Fill을 헷갈리지 않도록 주의합
니다.

❧ **Variation** ❧

레이어의 Fill이나 레이어 스타일 설정을 변경하면 여러 가지 효과를 간단하게 만들 수 있습니다.
오른쪽 예시에서는 레이어의 Fill을 '0%'로 설정해서 원래 엠보스를 표시하지 않고 레이어 스타일
설정을 변경해서 조각한 것 같은 효과를 표현하였습니다. 자세한 것은 예제 파일을 확인하기 바
랍니다.

레이어 스타일 : P.159   블렌딩 모드 : P.148   자유 변형 : P.62   Opacity와 Fill : P.163

158 자동 정렬 기능으로 필요한 부분만 합성하기

자동 정렬 기능으로 여러 이미지에서 필요한 부분만 합성하려면 먼저 이미지를 각각의 레이어로 배치한 다음 Auto-Align Laters를 실행하고 레이어 마스크를 추가합니다.

 개요

다음 세 장의 이미지는 각각 촬영 위치가 미묘하게 다르기 때문에 개체가 찍힌 위치가 다릅니다. 합성해서 손이 나오지 않은 이미지를 만들어보겠습니다.

step 1

❶ 이미지 세 장을 같은 파일에 배치하고 Layers 패널에서 레이어를 전부 선택합니다.

> **Tip**
> 여러 레이어를 함께 선택하려면 Ctrl (⌘)를 누른 채 레이어를 클릭합니다.

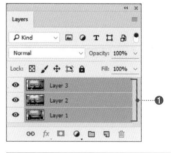

step 2

메뉴에서 [Edit] → Auto-Align Layers를 실행해 [Auto-Align Layers] 대화상자를 표시합니다.
❷ Projection에서 'Auto'를 선택하고 〈OK〉 버튼을 클릭합니다. ❸ 캔버스 크기가 변경되고 레이어도 변형되어 자동적으로 레이어 세 개가 알맞게 겹쳐집니다.

> **Tip**
> ❹ Lens Correction 항목의 Vignette Remove와 Geometric Distortion은 여러 장의 사진을 합성해서 파라노마 사진을 만들 때 외에는 별로 사용하지 않습니다. 이번 예제에서도 이 옵션은 선택하지 않습니다.

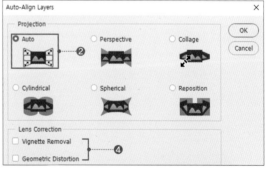

step 3

❺ Layers 패널에서 가장 위에 있는 레이어를 선택하고, 패널 아랫부분의 'Add layer mask' 아이콘을 클릭해 ❻ 레이어 마스크를 만듭니다.

step 4

❼ Tools 패널에서 브러시 도구를 선택하고, ❽ 색을 검은색으로 설정합니다.
❾ 브러시로 가장 위에 있는 레이어에서 지울 부분을 칠해서 밑에 겹쳐진 레이어를 표시합니다.
레이어 마스크로 불필요한 부분을 지우면 아래 레이어의 불필요한 부분이 보이는 경우도 있으나 그대로 작업을 진행합니다.

> **Tip**
> 레이어 마스크에서는 검은색으로 칠한 부분이 투명해지고, 흰색으로 칠한 부분이 불투명해집니다(P.154).

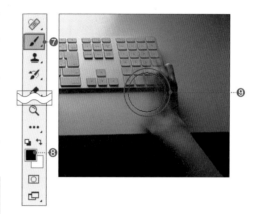

step 5

❿ 가장 위에 있는 레이어에서 불필요한 부분을 전부 지웠으면 그 바로 밑의 레이어에서 앞에서 했던 것과 같은 방법으로 불필요한 부분을 지웁니다.
불필요한 부분이 전부 지워지면 이미지에서 필요한 부분만 잘라내서 완성합니다.

159 바닥에 비쳐 보이는 효과 만들기

이미지가 바닥에 비쳐 보이는 것 같은 효과를 만들려면 레이어를 복제해서 반전한 다음 바로 밑에 배치하고 그러데이션을 넣습니다.

개요

오른쪽 이미지처럼 바닥에 아무것도 없는 이미지에 비쳐 보이는 효과를 만들어보겠습니다.

step 1

Layers 패널에서 복제할 레이어를 선택한 다음, 메뉴에서 [Layer] → Duplicate Layer를 실행하여 [Duplicate Layer] 대화상자를 표시합니다.
❶ As에 원하는 이름을 입력하고 〈OK〉 버튼을 클릭합니다.

step 2

❷ Layers 패널에서 복제한 레이어를 선택하고, 메뉴에서 [Edit] → Transform → Flip Vertical을 실행해 레이어를 반전합니다.

step 3

❸ Tools 패널에서 이동 도구를 선택하고 ❹ 복제한 레이어를 원본 레이어 아래로 이동합니다. 이때, Shift를 누르면서 드래그하면 수직으로 이동할 수 있습니다.

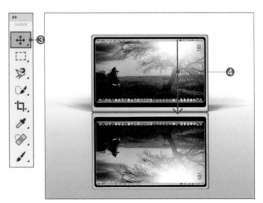

step 4

현재 상태에서는 아래에 있는 이미지가 너무 선명해서 반사된 것처럼 보이지 않습니다. 반사 레이어에 부드러운 그러데이션을 추가하겠습니다.
❺ Layers 패널 아래쪽에 있는 'Add layer mask' 아이콘을 클릭하여 ❻ 레이어 마스크를 추가합니다.

step 5

❼ Tools 패널에서 그레이디언트 도구를 선택하고
❽ 옵션 바에서 'Linear Gradient'를 선택합니다.
❾ edit gradient를 클릭해 [Gradient Editor] 대화상자를 표시합니다.

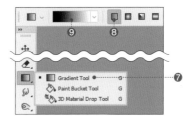

step 6

❿ 'Black, White' 그러데이션을 선택하고 〈OK〉 버튼을 클릭합니다.

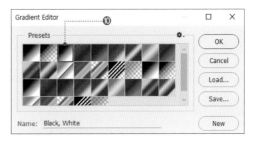

step 7

⓫ Shift를 누르면서 밑에서부터 위로 곧장 드래그합니다. 바닥에 비친 것처럼 만들어지면 됩니다.
실패하더라도 수정할 수 있으니 원하는 상태가 될 때까지 시도합니다.

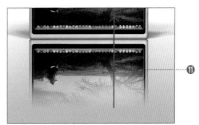

step 8

⓬ 반사된 분위기를 내기 위해 Layers 패널에서 복제한 레이어의 Opacity를 '30%'로 설정합니다.

관련 Opacity : P.153 레이어를 상하좌우로 반전하기 : P.139 그러데이션 사용 방법 : P.70

160 사진에 역광 표현하기

브러시 도구로 광원을 만들고, 손가락 도구로 광선을 더하면 빛나는 역광을 표현할 수 있습니다.

step 1

❶ Layers 패널에서 'Create a new layer' 아이콘을 클릭하여 빛을 만들 레이어를 만듭니다.

step 2

메뉴에서 [Edit] → Fill을 실행하여 [Fill] 대화상자를 표시합니다. ❷ Contents에서 'Black'을 선택하고 〈OK〉 버튼을 클릭합니다.

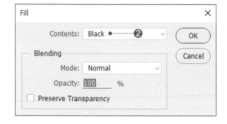

step 3

❸ Layers 패널에서 색을 채운 레이어의 블렌딩 모드를 'Screen'으로 지정합니다.

Screen 모드로 바꾸면 검은색이 표시되지 않기 때문에(P.149) ❹처럼 배경 이미지 위에 검은색으로 채운 레이어를 배치해도 아무 변화가 없습니다.

> **Tip**
> 히스토리가 최대 수를 초과해도 작업 정보는 기록되어 있기 때문에 레이어마다 작업을 다시 할 수 있습니다.

step 4

빛 형태를 그리겠습니다.

❺ Tools 패널에서 브러시 도구를 선택하고, ❻ Tools 패널 아래에 있는 'Default Foreground and Background Colors' 아이콘을 클릭한 다음 ❼ 'Switch Foreground and Background Colors' 아이콘을 클릭하여 전경색을 흰색으로 지정합니다.

옵션 바에서 브러시 편집 창을 표시하고 ❽'Soft Round' 브러시를 선택한 후 ❾ Size를 '800px', Hardness를 '0%'로 설정합니다.

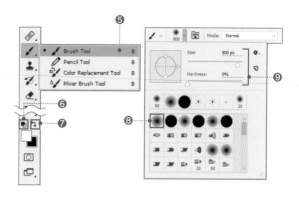

step 5

❿ 새로 만든 레이어가 선택되어 있는지 확인한 다음 빛을 넣을 부분을 한 번 클릭합니다.

빛이 부족하면 마우스를 움직이지 않은 채로 몇 번 더 클릭합니다. 그래도 커지지 않을 때는 브러시 크기를 변경해서 작업합니다.

step 6

⓫ Tools 패널에서 손가락 도구를 선택하고, ⓬ 옵션 바에서 브러시 Size를 '100px', Hardness를 '0%'로 설정합니다. ⓭ Strength를 '100%'로 설정합니다.

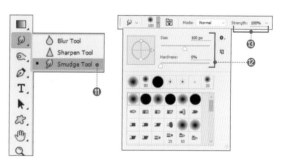

step 7

⓮ 손가락 도구로 빛의 중심부터 외곽으로 드래그하면 드래그한 부분이 길어져 빛줄기처럼 됩니다.

렌즈가 반사된 것처럼 더 자연스럽게 표현하려면 손가락 도구의 브러시 크기를 바꾸며 여러 번 드래그합니다.

관련 손가락 도구 : P.209 브러시 도구 : P.66 블렌딩 모드 : P.148 색이 있는 빛 만들기 : P.256

161 색이 있는 빛 만들기

[Layer] → Adjustments → Color Balance 명령으로 클리핑 마스크를 만들면 색이 있는 빛을 표현할 수 있습니다.

개요

오른쪽의 ❶과 ❷를 'Screen' 블렌딩 모드로 합성하면 ❸과 같은 이미지가 됩니다. 이 방법은 사진에 역광 표현하기(P.254)에서 한 것과 같은 방법입니다.
이 이미지는 블렌딩 모드를 'Screen'으로 지정했기 때문에 밝은 부분만 이미지에 반영되어 있으나 실제로는 검은색과 흰색의 그레이스케일로 되어 있습니다. 이번 예제에서는 그레이스케일에 색을 입힙니다.

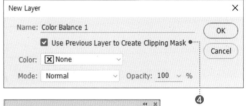

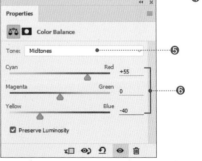

step 1

빛 레이어를 선택하고, 메뉴에서 [Layer] → New Adjustment Layer → Color Balance를 실행하여 [New Layer] 대화상자를 표시합니다. ❹ 'Use Previous Layer to Create Clipping Mask'에 체크 표시하고 〈OK〉 버튼을 클릭합니다.

step 2

❺ Properties 패널에서 Tone을 'Midtones'로 설정하고 ❻ 컬러 슬라이더 세 개를 다음과 같이 설정합니다.

- Cyan/Red : '+55'
- Magenta/Green : '0'
- Yellow/Blue : '-40'

step 3

색을 조절하면 오른쪽 이미지처럼 빛의 색이 바뀝니다. 이번 예제에서는 Color Balance를 이용해 색을 조절했지만 더 세밀하게 색을 지정할 경우에는 Curves를 사용합니다.

162 이미지에 반짝이는 빛 효과 넣기

브러시의 설정값을 조절하여 하이라이트를 만들면 이미지에 반짝이는 빛 효과를 표현할 수 있습니다.

step 1

이미지에 반짝이는 빛을 표현하기 위해 브러시를 설정합니다.

❶ Tools 패널에서 브러시 도구를 선택하고, ❷ 색을 흰색으로 설정합니다.

❸ Brush 패널을 표시하고 'Brush Tip Shape'를 선택한 다음 ❹ 브러시 프리셋에서 'Star 14 pixels'을 선택합니다.

❺ Spacing을 '50%'로 설정합니다.

> **Tip**
> 작업 화면에 Brush 패널이 없는 경우 메뉴에서 [Window] →
> **Brush**를 실행하면 표시할 수 있습니다. 브러시 형태는 Brush
> Preset 패널에서도 선택할 수 있습니다(CS6 이상).

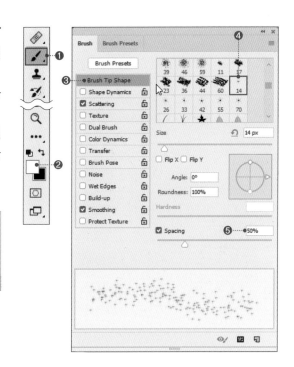

step 2

❻ 'Scattering'에 체크 표시하고 ❼ 'Both Axes'에 체크 표시한 다음 '400%'로 설정합니다.

❽ Count를 '4', Count Jitter를 '20%'로 설정합니다.

❾ Control 설정은 'Off'인 채로 둡니다.

◎ 'Scattering' 설정 항목

항목	내용
Scatter	범위와 불규칙 정도를 설정합니다.
Count	분포할 양을 설정합니다.
Count Jitter	브러시 밀도의 불규칙 정도를 설정합니다.
Control	Scatter와 Count Jitter의 불규칙 정도나 양이 무엇에 의해 결정되는지를 설정합니다. 'Off'로 지정하면 완전히 무작위로 됩니다.

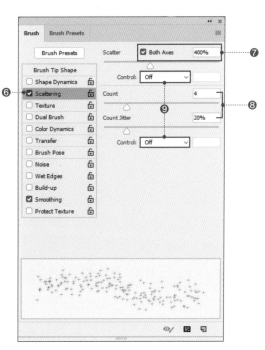

❿ Layers 패널 오른쪽 아래에서 'Create a new layer' 아이콘을 클릭해 새 레이어를 만듭니다.

브러시를 사용해 새로 만든 레이어에 반짝이는 효과를 그립니다. ⓫ 흰색으로 설정한 브러시 크기를 4~12px 사이로 조절하면서 하이라이트를 넣을 부분을 부드럽게 드래그합니다. 하이라이트 부분이 진하거나 삐져 나오 더라도 그대로 작업합니다. 왼쪽이 보정 전, 오른쪽이 보정 후 이미지입니다.

원본 이미지   보정 이미지

⓬ 면적이 넓은 부분은 브러시 크기를 키워서 새기듯이 칠합니다. 예제에서는 크기가 45px 이상인 브러시를 사 용했습니다. 칠한 곳이 너무 진하거나 삐져 나와도 상관없습니다. 왼쪽이 보정 전, 오른쪽이 보정 후 이미지입 니다.

원본 이미지   보정 이미지

❸ Tools 패널에서 지우개 도구를 선택하고 ❹ 빛이 너무 강한 곳이나 삐져 나온 곳을 살짝 지웁니다. 새로 만든 레이어에 레이어 마스크를 만들어서(P.154) 검은색 브러시로 칠해도 같은 효과를 얻을 수 있습니다. 지우개 도구나 레이어 마스크를 이용해 수정을 마칩니다.

제 5 장

이 미 지 합 성

⁕ Variation ⁑

이미지에 반짝이는 빛을 추가한 것과 마찬가지로 햇살을 추가할 수 있습니다.
새 레이어를 만들고 햇살을 추가할 위치에 빛을 그려서 작업을 진행합니다.

1. 메뉴에서 [Filter] → Blur → Gaussian Blur를 실행하고
    ❺ Radius를 '3.5Pixles'로 설정합니다.
2. 메뉴에서 [Filter] → Blur → Motion Blur를 실행하고
    ❻ Angle을 '35°', Distance를 '120Pixels'로 설정합니다.

나뭇잎 사이로 비치는 햇살이 완성되었습니다. 다음 이미지는 검은색 레이어 위에 하이라이트를 표시해 하이라이트가 들어간 방향을 확인할 수 있습니다.

관련 브러시 도구 : P.66   레이어의 기본 조작 : P.132   레이어 마스크 : P.154   Blur Gallery : P.54

163 입체적인 형태에 이미지 합성하기

입체적인 형태의 이미지에 평면 이미지를 합성하려면 Vanishing Point 필터를 사용합니다. Vanishing Point 필터는 이미지의 원근감이나 입체적인 형태를 읽고 원근감을 자동으로 조절하는 필터입니다.

개요

Vanishing Point 필터를 사용해 왼쪽 흰색 상자에 이미지를 합성하겠습니다.
이미지를 합성하기 위해 먼저 새 레이어를 만들고 작업을 진행합니다.

step 1

❶ 합성할 띠 이미지를 열고 선택 영역을 만든 다음 [Ctrl]([⌘])+[C]를 눌러 클립보드에 복사합니다.

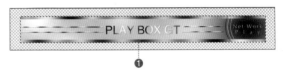

step 2

입체 형태인 흰색 상자 이미지를 열고, 메뉴에서 [Filter] → **Vanishing Point** 실행해 [Vanishing Point] 대화상자를 표시합니다.
만들어 놓은 새 레이어를 선택합니다.
❷ Create Plane 도구를 선택하고, ❸ 상자 모서리를 클릭합니다. 그러면 그 면에 맞춰서 메쉬가 만들어집니다.
메쉬가 상자에 맞지 않는 경우 ❹ Edit Plane 도구를 선택해서 수정합니다. Edit Plane 도구는 선택 영역이나 레이어를 변형할 때와 같은 방법으로 조작합니다.

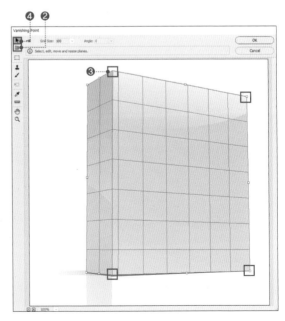

· step 3 · ·

❺ Ctrl(⌘)을 누르면서 옆에 있는 조절점을 드래그해
옆쪽 메쉬를 만듭니다. 면이 제대로 맞지 않은 경우
아까처럼 Edit Plane 도구로 수정합니다.

· step 4 · ·

❻ Ctrl(⌘)+V를 눌러서 Step 1에서 클립보드에 복
사한 이미지를 붙여넣고, Transform 도구를 선택합
니다.
붙여넣은 이미지를 원하는 곳에 배치하고 크기를 알
맞게 조절한 후 〈OK〉 버튼을 클릭하면 이미지 합성
이 완료됩니다.

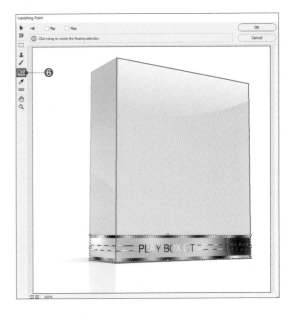

> **Tip**
> Transform 도구의 사용 방법은 선택 영역이나 레이어를 자유
> 변형할 때와 동일합니다(P.62). 붙여넣은 이미지를 확대하거나
> 축소, 회전, 변형, 이동 등의 작업을 할 수 있습니다.

· step 5 · ·

같은 방법으로 이미지 붙여넣기를 반복하면 최종적
으로 오른쪽 이미지가 완성됩니다.

> **Tip**
> [Vanishing Point] 대화상자에서 ❼ Marquee 도구를 선택하면
> ❽ 대화상자 윗부분 Heal 풀다운 메뉴에서 붙여넣은 이미지의 혼
> 합 방법이나 Opacity, Feather 등을 설정할 수 있습니다.

편리한 단축키 목록

기능	Windows	Mac OS X
Open	Ctrl+O	⌘+O
Browse in Bridge	Ctrl+Shift+O	⌘+Shift+O
Save	Ctrl+S	⌘+S
Save As	Ctrl+Shift+S	⌘+Shift+S
New	Ctrl+N	⌘+N
Color Setting	Ctrl+Shift+K	⌘+Shift+K
Snap	Ctrl+Shift+;	⌘+Shift+;
가이드 표시/숨기기	Ctrl+;	⌘+;
Free Transform	Ctrl+T	⌘+T
Delete Layer	Delete	Delete
Content-Aware Scale	Ctrl+Alt+Shift+C	⌘+option+Shift+C
Last Filter	Ctrl+F	⌘+F
Inverse	Ctrl+Shift+I	⌘+Shift+I
Feather Selection	Ctrl+Alt+D	⌘+option+D
Layer Via Copy	Ctrl+J	⌘+J
Deselect	Ctrl+D	⌘+D
New Layer	Ctrl+Shift+N	⌘+Shift+N
Merge Down	Ctrl+E	⌘+E
Group Layers	Ctrl+G	⌘+G
Ungroup Layers	Ctrl+Shift+G	⌘+Shift+G
Curves	Ctrl+M	⌘+M
Hue / Saturation	Ctrl+U	⌘+U
Keyboard Shortcuts and Menus	Ctrl+Alt+Shift+K	⌘+option+Shift+K
Preferences	Ctrl+K	⌘+K
Print	Ctrl+P	⌘+P
File Info	Ctrl+Alt+Shift+I	⌘+option+Shift+I
Levels	Ctrl+L	⌘+L
전경색으로 채우기	Alt+Delete	option+Delete
배경색으로 채우기	Ctrl+Delete	⌘+Delete
Fill	Shift+Delete	Shift+Delete
Tools 패널 이외 표시하지 않기	Shift+Tab	Shift+Tab
모든 패널 표시하지 않기	Tab	Tab
브러시 크기 축소	[	[
브러시 크기 확대	]	]
브러시 Hardness 감소	Shift+[	Shift+[
브러시 Hardness 증가	Shift+]	Shift+]
화면 확대	Ctrl++	⌘++
화면 축소	Ctrl+-	⌘+-
화면 크기를 최대로	Ctrl+0	⌘+0

제 **6** 장

아트워크

{ 164 } 빠르게 컬러 필터 효과 주기

Styles 패널의 패널 메뉴에서 Photographic Effects를 실행해 레이어 스타일 목록을 변경한 다음, 원하는 스타일을 클릭하면 손쉽게 컬러 필터 효과를 적용할 수 있습니다.

· 개요 ·

이번 예제에서는 레이어 스타일을 사용해 오른쪽 이미지에 손쉽고 간단하게 컬러 필터를 적용하겠습니다. 'Background' 레이어에는 레이어 스타일을 적용할 수 없기 때문에 미리 일반 레이어가 맞는지 확인해야 합니다. 레이어 스타일을 적용할 레이어가 'Background' 레이어인 경우 Layers 패널에서 'Background' 레이어 섬네일을 더블클릭해 일반 레이어로 변환합니다. 또한, 레이어 하나에 여러 개의 스타일을 적용할 수는 없습니다. 레이어 스타일을 적용할 레이어에 이미 레이어 스타일이 적용되어 있지 않은지 확인합니다.

· step 1 ·

❶ Styles 패널에서 패널 메뉴를 표시한 다음 목록에서 **Photographic Effects**를 실행합니다.

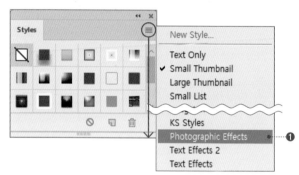

· step 2 ·

❷ 현재 스타일 목록을 Photographic Effects로 바꿀지 확인하는 대화상자가 표시되면 〈OK〉 버튼을 클릭합니다.
〈OK〉 버튼이 아닌 〈Append〉 버튼을 클릭하면 스타일 목록에 Photographic Effects 스타일이 추가됩니다.

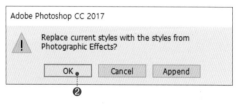

· step 3 ·

Styles 패널에 표시된 스타일 목록이 Photographic Effects로 변경되면 ❸ 목록에서 'Overlay With Gold'를 선택합니다.

· step 4 · · · · · · · · · · · · · · · · ·

레이어 스타일을 적용하면 오른쪽 이미지처럼 컬러
필터 효과가 적용됩니다.

이 컬러 필터 효과는 이미지에 적용된 레이어 스타일
이기 때문에 레이어 스타일의 효과를 수정하면 컬러
필터의 색을 변경할 수도 있습니다(아래의 Variation
참고).

⟨ Variation ⟩

컬러 필터의 색을 변경하려면 Color Overlay 레이어 스타일을
재설정합니다.

· step 1 · ·

❹ 먼저 Layers 패널에 표시된 'Color Overlay'를 더블클릭해
[Layer Style] 대화상자를 표시합니다.

· step 2 · ·

❺ Color Overlay 영역에서 Blend Mode와 Color, Opacity
를 재설정하여 컬러 효과를 변경합니다.

· step 3 · ·

컬러 필터의 색이 변경되어 이미지에 적용됩니다.

예제에서는 Blend Mode를 'Soft Light'로 변경해 컬러 효
과를 약하게 했습니다. 이 효과는 [Layer Style] 대화상자의
Color Overlay 항목에 설정되어 있는 색으로 채워진 레이어를
Overlay로 원본 이미지에 합친 경우와 같습니다.

{165} Warp 변형과 그림자로 이미지 합성하기

이미지를 자연스럽게 합성하려면 이동 도구와 Free Transform, Warp, Fill, Brightness/Contrast 등을 사용합니다.

개요

이번 예제에서는 Warp 변형과 Brightness/Contrast
를 사용해서 왼쪽 책상 이미지에 오른쪽 폴라로이드
사진을 자연스럽게 합성하는 방법을 설명합니다.
예제 이미지는 'Background' 레이어밖에 없습니다.
합성할 이미지에 레이어가 여러 장 있을 경우 Layers
패널 메뉴에서 **Flatten Image**를 실행해 모든 레이어
를 Background 레이어에 합칩니다.

step 1

❶ Tools 패널에서 이동 도구를 선택하고 ❷ 합성할
이미지를 책상 이미지 위로 드래그하여 추가합니다.

step 2

Layers 패널을 확인해보면 ❸처럼 되어 있습니다.
❹ 메뉴에서 [Edit] → **Free Transform**을 실행하여
바운딩 박스를 표시하고 배경 이미지에 맞게 사진을
변형하고 배치합니다.

단축키	Free Transform
Win Ctrl + T	**Mac** ⌘ + T

> **Tip**
> Free Transform에 의해 이미지를 변형하는 방법에 대해서는
> P.62를 참고하기 바랍니다.

step 3

❺ Layers 패널에서 사진 레이어를 'Create a new layer' 아이콘 위로 드래그하여 레이어를 복제합니다.

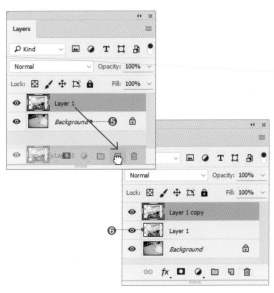

step 4

❻ 레이어를 복제하면 자동적으로 복제된 레이어가 선택되기 때문에 다시 원본 레이어를 클릭해서 선택합니다. 이 레이어를 검은색으로 채워 그림자로 표현할 것입니다.

step 5

메뉴에서 [Edit] → Fill을 실행해 [Fill] 대화상자를 표시합니다.
❼ Contents를 'Black'으로 지정하고 ❽ 'Preserve Transparency'에 체크 표시한 다음 〈OK〉 버튼을 클릭합니다.

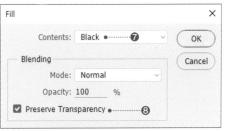

step 6

❾ Layers 패널에서 새로 복제한 레이어를 선택합니다.

step 7

❿ 메뉴에서 [Edit] → Transform → Warp를 실행해 바운딩 박스를 표시합니다.

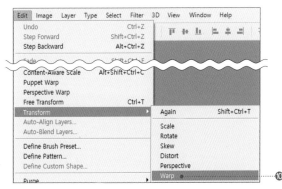

⓫ 바운딩 박스를 오른쪽 이미지처럼 조절하고 사진 오른쪽 아랫부분을 안쪽으로 이동합니다.

이 레이어 밑에는 검은색으로 채운 레이어가 겹쳐져 있기 때문에 원래 형태를 확인하면서 변형합니다.

사진이 자연스러워 보이도록 콘트라스트를 조정합니다.

메뉴에서 [Image] → Adjustments → Brightness/Contrast를 실행하여 대화상자를 표시합니다. 사진 레이어가 배경 이미지와 잘 어울리는지 확인하면서 콘트라스트를 조절합니다. ⓬ 예제에서는 Contrast를 '-9'로 설정했습니다.

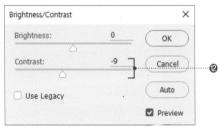

> **Tip**
> 예제에는 Brightness/Contrast를 사용했지만 Curves(P.178)을 사용해 하이라이트에 색을 주어 보정하면 더 사실적으로 작업할 수 있습니다.

⓭ Layers 패널에서 밑에 있는 레이어를 선택하고, 메뉴에서 [Filter] → Blur → Gaussian Blur를 실행해 [Gaussian Blur] 대화상자를 표시합니다.

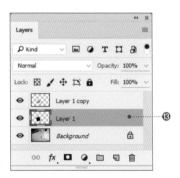

⓮ 이미지 창과 대화상자의 미리보기를 보면서 적절한 값을 입력하여 Blur 효과를 줍니다. 여기에서는 Radius를 '4.0Pixels'로 설정하고 〈OK〉 버튼을 클릭했습니다.

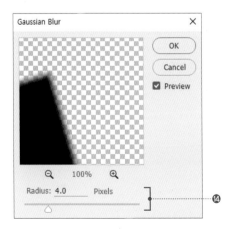

step 12

⓯ Gaussian Blur 필터를 적용하면 그림자가 흐려지면서 이미지에 어우러지게 되어 한층 더 자연스러워집니다.

step 13

⓰ Layers 패널 오른쪽 위에 있는 Opacity를 '30%' 정도로 낮춥니다.

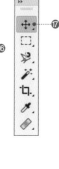

step 14

⓱ Tools 패널에서 이동 도구를 선택하고, ⓲ 그림자 레이어를 드래그해 약간 이동합니다. 이때 주변 개체의 그림자를 보면서 자연스럽게 그림자 방향을 조절합니다.

step 15

그림자 위치를 적절하게 조절하면 완성입니다. 앞에 배치한 이미지가 배경 이미지에 잘 어우러져 어색하지 않게 이미지를 합성했습니다.

관련 레이어 패널의 기본 조작 : P.132   Opacity : P.153   자유 변형 : P.62

166 부드럽고 자연스러운 사진 만들기

일반적인 사진에 Diffuse Glow 필터를 적용한 다음, Hue/Saturation과 Curves 조정 레이어로 색상을 보정하면 부드럽고 따뜻한 자연스러운 사진을 만들 수 있습니다.

개요 ···

오른쪽 사진에 빛나는 듯한 효과를 적용한 다음 넓은 면적을 차지하고 있는 색의 채도를 올리고 평면에 가깝게 커브를 올리면 전체적으로 부드럽고 따뜻한 톤의 자연스러운 사진이 됩니다.

step 1 ···

Diffuse Glow 필터를 사용하기 위해 ❶ Tools 패널 아랫부분의 'Default Foreground and Background Colors' 아이콘을 클릭해서 전경색과 배경색을 초기화합니다. 메뉴에서 [Filter] → Filter Gallery를 실행하고 Distort 카테고리의 Diffuse Glow를 표시합니다. Glow Amount에 최소값을 설정하여 하이라이트에 최소한의 빛을 준 다음, Clear Amount를 낮춰 넓은 영역이 고르게 밝아지도록 설정합니다. ❷ 예제에서는 Graininess를 '0', Glow Amount를 '2', Clear Amount를 '12'로 설정했습니다. 설정이 끝나면 〈OK〉 버튼을 클릭해 이미지에 필터를 적용합니다.

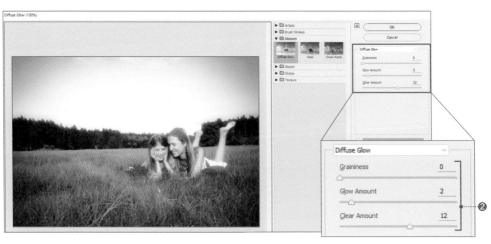

step 2 ···

❸ 메뉴에서 [Layer] → New Adjustment Layer → Hue/Saturation을 실행해 [New Layer] 대화상자를 표시한 다음 그대로 〈OK〉 버튼을 클릭합니다.

step 3

Properties 패널에서 이미지에서 가장 큰 부분을 차
지하고 있는 부분의 채도를 최대치까지 올립니다.
❹ 하늘의 채도를 높이기 위해 Yellows의 채도를
'+50', ❺ Blues의 채도를 '+60'으로 설정합니다.

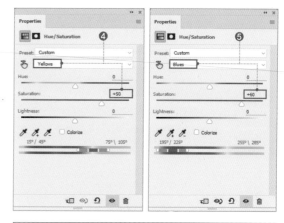

step 4

❻ 메뉴에서 [Layer] → New Adjustment Layer →
Curves를 실행해 [New Layer] 대화상자를 표시한
다음 그대로 〈OK〉 버튼을 클릭합니다.

step 5

❼ Properties 패널에서 Curves 전체를 위로 올리고
포인트를 추가해 평면에 가까워지게 조정합니다.
Curves를 오른쪽 이미지처럼 조절하면 콘트라스트
가 낮고 명암을 강조한 이미지가 됩니다.

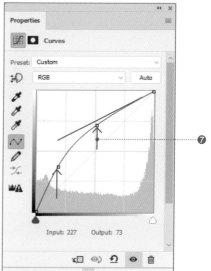

step 6

Curves를 사용해 채도가 낮아진 경우 Hue/Saturation
조정 레이어의 Master 채도를 올립니다.

관련 조정 레이어 : P.175　Curves 사용하기 : P.178　Hue/Saturation : P.188

167 빛바랜 사진 만들기

Add Noise 필터와 Hue/Saturation 조정 레이어, Color Balance 조정 레이어를 사용하면 이미지를 빛이 바랜 것처럼 보정할 수 있습니다.

개요

이번 예제에서는 오른쪽 사진처럼 예쁜 색의 사진을 Add Noise 필터와 Color Balance 조정 레이어를 사용해 빛이 바랜 것 같은 분위기가 있는 사진으로 만듭니다.

step 1

❶ Layers 패널에서 원하는 레이어를 선택하고, 메뉴에서 [Filter] → Noise → Add Noise를 실행해 [Add Noise] 대화상자를 표시합니다.

step 2

미리보기를 확인하면서 설정값을 조정합니다. ❷ Amount를 '3'으로 설정하고 ❸ Distribution에서 'Uniform'을 선택합니다. ❹ 'Monochromatic'에도 체크 표시합니다.
각 항목을 설정하고 〈OK〉 버튼을 클릭합니다.

◎ [Add Noise] 대화상자 설정 항목

항목	내용
Amount	전체 이미지에 추가할 노이즈의 비율을 퍼센테이지로 설정합니다.
Distribution	노이즈의 분류 방법입니다. 같은 수치여도 'Uniform'을 선택하면 노이즈가 눈에 덜 띄게 되고, 'Gaussian'을 선택하면 자연스러운 노이즈가 됩니다.
Monochromatic	체크 표시를 하면 무채색의 노이즈가 됩니다.

step 3

❺ 메뉴에서 [Layer] → New Adjustment Layer→ Hue/Saturation을 실행해 [New Layer] 대화상자를 표시하고 〈OK〉 버튼을 클릭합니다.

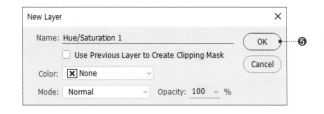

· **step 4** ·

Properties 패널에서 Saturation과 Lightness 값을
낮춰 오래된 사진의 색감을 표현합니다.
❻ 예제에서는 Saturation을 '–40', Lightness를
'–15'로 설정했습니다.

· **step 5** ·

❼ 메뉴에서 [Layer] → New Adjustment Layer →
Color Balance를 실행해 [New Layer] 대화상자를
표시한 다음 〈OK〉 버튼을 클릭합니다.

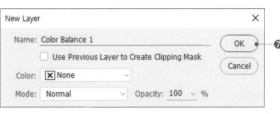

· **step 6** ·

❽ Properties 패널에서 Tone을 'Midtones'로 선택
하고 ❾ 'Preserve Luminosity'에 체크 표시를 해제
한 후 세 개의 슬라이더에 값을 설정합니다. 슬라이
더 박스에 입력한 값이 합계가 마이너스가 되도록 설
정합니다.
먼저 Yellow/Blue 값을 부자연스럽지 않게 내리고
Magenta/Green과 Cyan/Red를 조정해 이미지 전체
에 붉은 빛이 돌도록 설정합니다.
❿ 예제에서는 Yellow/Blue를 '–100', Magenta/
Green을 '–25', Cyan/Red를 '25'로 설정합니다.
Magenta/Green과 Cyan/Red는 플러스와 마이너스
를 바꾸기만 한 비슷한 값을 입력합니다.

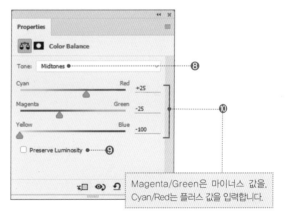

Magenta/Green은 마이너스 값을,
Cyan/Red는 플러스 값을 입력합니다.

· **step 7** ·

세월의 변화로 색이 바랜 것 같은 사진을 재현했습니
다. Step 4에서 Lightness를 낮췄기 때문에 Midtones
를 조정하는 것만으로도 이미지에서 가장 흰 부분이
붉은 노란빛이 되어 빛바랜 것 같은 분위기를 낼 수
있습니다.

관련 조정 레이어 : P.175   Hue/Saturation : P.188   토이 카메라 사진 만들기 : P.274

{168} 토이 카메라 사진 만들기

Hue/Saturation, Diffuse Glow, Lens Correction, Gaussian Blur 효과를 사용하면 토이 카메라로 찍은듯한 사진을 만들 수 있습니다.

개요

토이 카메라는 러시아의 LOMO 등으로 대표되는 저렴한 카메라입니다. 이 카메라들은 간단하게 만들어져 있기 때문에 카메라 종류에 따라 예상을 벗어나는 재미있는 사진을 찍을 수 있어 인기를 끌고 있습니다.

이번 예제에서는 오른쪽 이미지에 토이 카메라로 찍은 사진의 대표적인 특징인 선명한 색이나 렌즈 반사에 의한 흔들린 초점, 비네팅 효과를 재현합니다.

step 1

이미지의 채도를 조정하기 위해 메뉴에서 [Image] → Adjustments → Hue/Saturation을 실행하여 [Hue/Saturation] 대화상자를 표시합니다. ❶ 선명한 색을 위해 Saturation에 높은 값을 입력합니다. 예제에서는 '45'로 설정하고 〈OK〉 버튼을 클릭했습니다.

> **Tip**
> Saturation을 너무 올리면 중간 색조가 없어져 버리기 때문에 주의합니다.

step 2

❷ Tools 패널의 'Set background color' 아이콘을 클릭해 [Color Picker] 대화상자를 표시한 후 R을 '230', G를 '240', B를 '255'로 설정합니다. 이 배경색은 Diffuse Glow 필터를 사용해 만들 하이라이트 부분의 색이 됩니다. 이미지에 맞춰 원하는 색을 설정합니다.

step 3 ·······················

메뉴에서 [Filter] → Filter Gallery를 실행해 Distort 카테고리의 Diffuse Glow를 선택합니다.

미리보기를 보면서 다소 과장되어 보이게 값을 조정합니다. ❸ Graininess를 '0', Glow Amount를 '4', Clear Amount를 '15'로 설정하고 〈OK〉 버튼을 클릭합니다.

step 4 ·······················

메뉴에서 [Filter] → Lens Correction을 실행해 [Lens Correction] 대화상자를 표시합니다. ❹ [Custom] 탭을 선택하고 ❺ Vignette를 '-100'으로 설정해 토이 카메라 특유의 비네팅 효과를 재현합니다.

〈OK〉 버튼을 클릭해서 이미지에 적용합니다.

예제에서는 Lens Correction 필터를 사용했지만 더 정확하게 설정하려면 선택 영역과 Curves를 사용합니다(P.318).

step 5 ·······················

마지막으로 부드럽게 흔들린 초점을 재현하기 위해서 Lens Blur 필터를 적용합니다.

메뉴에서 [Filter] → Blur → Lens Blur를 실행해 [Lens Blur] 대화상자를 표시합니다.

Iris 영역의 Radius와 Specular Highlights 영역의 Brightness를 설정해서 이미지를 흐리게 만듭니다. ❻ Radius를 '4', Brightness를 '3'으로 설정한 후 〈OK〉 버튼을 클릭합니다.

step 6 ·······················

토이 카메라 특유의 느낌을 살린 사진이 완성되었습니다. 각 설정값은 어디까지나 참고용이므로 실제 작업할 때는 Filter Gallery의 미리보기로 효과를 확인하면서 작업하기 바랍니다.

관련 채도 높이기 : P.188   소프트 포커스 효과 만들기 : P.225   비네팅 효과 만들기 : P.200   Lens Correction : P.229

169 희미하고 부드러운 분위기로 보정하기

Curves로 섀도 부분을 조정하면 전체적으로 희미하고 부드러운 분위기가 됩니다.

개요

오른쪽 이미지의 섀도 부분을 Curves로 조절해 부드러운 이미지를 만듭니다. 다양한 사진에 활용할 수 있어 유용한 방법입니다.
콘트라스트가 너무 높거나 어두운 사진의 경우 이 방법으로 마무리하면 효과적입니다.

step 1

Layers 패널에서 보정할 레이어를 선택하고, ❶ 메뉴에서 [Layer] → New Adjustment Layer → Curves를 실행해 [New Layer] 대화상자를 표시한 다음 〈OK〉 버튼을 클릭합니다.

step 2

Properties 패널에서 Curves를 변경합니다.
먼저 이미지의 가장 어두운 부분을 청록색으로 만들어 희미한 분위기를 표현합니다.
❷ Channels를 'Red'로 지정하고 ❸ Curves 가운데 포인트를 밑으로 이동합니다. ❹ 이때 Curves 가운데 포인트를 클릭한 다음 패널 아래쪽 입력란에 Input을 '140', Output을 '125'로 입력해도 됩니다.

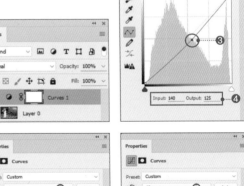

step 3

❺ Channels를 'Green'으로 지정하고 ❻ Curves 가운데 포인트를 위로 이동하거나 Input을 '130', Output을 '145'로 설정합니다.
❼ 마지막으로 Channels를 'Blue'로 지정하고 ❽ Curves 왼쪽 아래의 포인트를 위로 이동하거나 Input을 '0', Output을 '75'로 설정합니다.

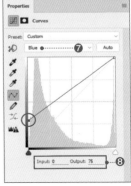

❾ 어두운 부분을 중심으로 이미지 전체가 옅어지고 청록색을 띤 사진이 되었습니다.

❿ 채도 조정을 마무리하기 위해 Channel을 'RGB'로 지정하고 밝기와 콘트라스트를 조정합니다.

⓫ 이 이미지의 경우 콘트라스트를 낮추고 밝은 이미지로 만들기 위해 커브의 왼쪽 아래에 있는 포인트를 위로 이동하고 중심부를 위로 올립니다. 여기에서는 왼쪽 아래의 포인트는 Input을 '0', Output을 '45', 가운데 포인트는 Input을 '140', Output을 '195'로 설정했습니다.

⓬ 이것으로 완성입니다. 이미지에 따라 마지막 커브를 변경해 여러 가지 느낌으로 보정할 수 있습니다.

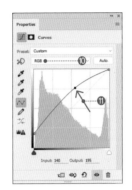

Tip

예제에서는 마지막 마무리로 커브를 포물선 모양으로 만들었기 때문에 콘트라스트가 낮고 밝은 이미지가 되었습니다. 콘트라스트를 높이고 싶은 경우 S자 커브를 만들면 됩니다(P.179). 커브를 S자 형태로 조정하면 콘트라스트가 높고 선명한 이미지가 됩니다. 자세한 것은 예제 파일을 참고하기 바랍니다.

❖ Variation ❖

예제에서는 Curves를 사용해 효과를 주는 방법을 설명했으나, Fill 레이어를 사용해도 똑같은 효과를 얻을 수 있습니다.

본문 Step 1의 Curves 조정 레이어를 만드는 부분에서 [Layer] → New Fill Layer → Solid Color를 실행해 Fill 레이어를 만듭니다.

그런 다음 색을 'R:40, G:55, B:125'로 설정합니다. 그리고 Fill 레이어의 블렌딩 모드를 'Linear Dodge (Add)'로 변경합니다. 이렇게 하면 본문과 비슷한 이미지를 만들 수 있습니다. (이 방법에서는 가장 밝은 부분에도 색이 입혀집니다.)

또한, 이때 레이어의 블렌딩 모드를 'Color Dodge'나 'Lighten'으로 변경하면 다른 분위기의 사진을 만들 수 있습니다.

관련 Curves 사용하기 : P.178　Fill 레이어 : P.234　토이 카메라 사진 만들기 : P.274

170 부드럽게 흐르는 머리카락 만들기

Oil Paint 필터를 사용해 부드럽게 흐르는 이미지를 만듭니다. 이 예제의 포인트는 이미지의 디테일을 살리기 위해 Oil Paint 필터를 나누어 사용하는 것입니다. Oil Paint 필터는 Photoshop CC 2014 버전부터 사용할 수 없게 되었습니다. 본 예제는 포토샵 CS6 버전에서 작업을 진행합니다.

개요

Oil Paint 필터는 방향성이 있는 브러시로 덧그린 것 같은 효과를 주는 필터입니다.

이번 예제에서는 오른쪽 이미지에 Oil Paint 필터를 적용해 아름답게 흐르는 머리카락을 표현합니다.

다만 눈이나 입, 코와 같은 세부사항과 전체 이미지에 필요한 디테일이 다르므로 부분적으로 필터를 나누어 사용합니다.

원본 이미지

step 1

원본 레이어는 나중에 보정할 때에도 쓰이기 때문에 ❶ 먼저 'Background' 레이어를 Layers 패널의 'Create a new layer' 아이콘으로 드래그해 레이어를 복제합니다.

❷ 그런 다음 복제한 레이어를 선택하고, 메뉴에서 [Filter] → Stylize → Oil Paint를 실행해 [Oil Paint] 대화상자를 표시합니다.

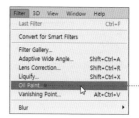

step 2

❸ Stylization과 Cleanliness 이외의 값을 최소값으로 설정하고 ❹ Cleanliness를 '1'로 설정합니다.

그런 다음 이미지를 보면서 Stylization의 값을 눈, 입, 코 등의 세세한 부분의 형태가 어색해지지 않는 한도 안에서 가장 크게 설정합니다. ❺ 예제에서는 Stylization을 '5.5'로 설정했습니다. 설정값은 이미지에 따라 달라지지만 Cleanliness를 설정한 다음 Stylization을 조절하면 원하는 값을 더 쉽게 찾을 수 있습니다. 이목구비 등 세세한 부분에 Oil Paint 필터가 적용된 이미지가 완성되었습니다.

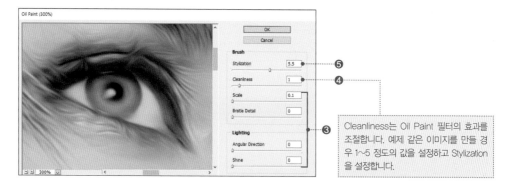

Cleanliness는 Oil Paint 필터의 효과를 조절합니다. 예제 같은 이미지를 만들 경우 1~5 정도의 값을 설정하고 Stylization을 설정합니다.

·　**step 3**　· ·

이미지 전체에 Oil Paint 필터를 제대로 적용합니다.

❻ 'Background' 레이어를 복제하고, 복제한 레이어
를 Layers 패널 제일 위로 이동합니다. 그런 다음 메
뉴에서 [Filter] → Stylize → Oil Paint를 실행해 [Oil
Paint] 대화상자를 표시합니다.

❼ 이번에는 Stylization과 Cleanliness 값을 최대치
로 설정하고, 그 이외의 항목들은 최소값으로 설정합
니다. 이렇게 하면 디테일이 사라지지만 Oil Paint 필
터의 효과는 극대화됩니다.

·　**step 4**　· ·

이목구비의 디테일이 손상되었기 때문에 디테일이
필요한 부분의 효과를 없앱니다.

❽ 먼저 제일 위에 있는 레이어를 선택하고, ❾ 'Add
layer mask' 아이콘을 클릭해 레이어 마스크를 추가
합니다(P.154).

·　**step 5**　· ·

현재 레이어 밑에 있는 세밀함이 남은 레이어를 부분
적으로 표시합니다.

❿ Tools 패널에서 브러시 도구를 선택하고, ⓫ 브러
시 색을 검은색으로 설정합니다.

옵션 바에서 ⓬ 외곽이 부드러운 브러시를 선택한 다
음 ⓮ Opacity를 80~100%로 설정합니다. 예제에서
는 Opacity를 '100%'로 설정하고, 브러시 크기는 이
미지에 맞춰 '60px'로 설정했습니다.

·　**step 6**　· ·

브러시 설정이 끝나면 눈, 코, 입 등 어색한 부분을
드래그합니다. 레이어 마스크를 드래그하면 밑에 있
는 레이어가 부분적으로 표시됩니다.

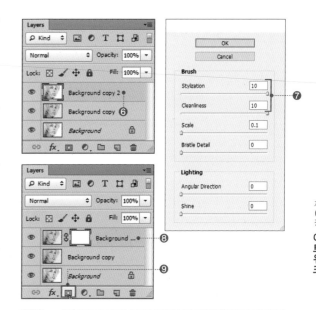
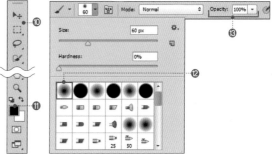

⓮ 이 과정을 반복하면 브러시로 덧그린 것처럼 부드러운 이미지가 완성됩니다. Oil Paint 필터를 나누어서 사
용했기 때문에 원본의 특성을 살린 이미지가 되었습니다.

Oil Paint 필터를 사용하면 콘트라스트가 낮아질 수 있으므로 Curves 조정 레이어를 사용해 콘트라스트를 조정
하고 작업을 마무리합니다(P.178).

관련 레이어 마스크 사용하기 : P.154　Curves 사용하기 : P.178　　　　　　　　　　　　● **279**

171 무지갯빛으로 빛나는 야경 만들기

이미지를 흑백으로 변환하고 색을 입힌 레이어를 추가하면 무지갯빛으로 빛나는 야경을 연출할 수 있습니다.

개요

오른쪽 야경 사진을 무지갯빛으로 만들겠습니다. 오른쪽 그림처럼 여러 가지 색으로 이루어진 이미지를 원하는 색으로 바꾸려면 흑백 이미지로 변환한 다음, 다른 레이어에 색상 정보를 추가하고 레이어의 블렌딩 모드를 변경합니다. 일반적으로 이미지에 다른 색을 추가할 때는 Color나 Multiple 모드를 사용하지만 이번 예제에서는 Overlay 모드를 사용하여 빛을 강조합니다.

step 1

❶ 편집할 이미지를 열고, 메뉴에서 [Layer] → Duplicate Layer를 실행한 다음 이름을 '필터'로 입력하여 복제합니다.

step 2

메뉴에서 [Filter] → Other → Maximum을 실행해 [Maximum] 대화상자를 표시합니다. 이미지의 밝은 부분이 확장됩니다. ❷ Radius를 '18Pixles', Preserve를 'Squareness'로 설정한 다음 〈OK〉 버튼을 클릭합니다.

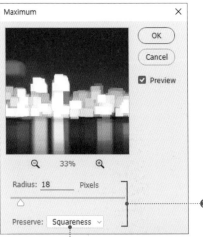

Preserve를 'Squareness'로 지정하면 밝은 픽셀이 사각형으로 확장됩니다. 'Roundness'로 지정하면 원형으로 확장됩니다. 위, 아래로 흐림 효과를 줄 예정이므로 수평, 수직으로 필터 효과가 발생하는 'Squareness'를 선택했습니다.

step 3

메뉴에서 [Filter] → Blur → Motion Blur를 실행해 [Motion Blur] 대화상자를 표시합니다. ❸ Angle을 '90°', Distance를 '140Pixels'로 설정하고 〈OK〉 버튼을 클릭합니다.

step 4

빛나는 부분 가장자리를 부드럽게 만들기 위해 ❹ 메뉴에서 [Filter] → Blur → Gaussian Blur를 실행해 [Gaussian Blur] 대화상자를 표시한 다음, Radius를 '7Pixels'로 설정하고 〈OK〉 버튼을 클릭합니다. ❺ 가장자리가 부드럽게 흐려집니다.

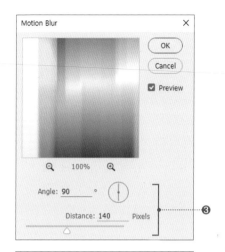

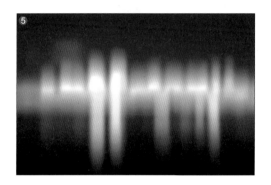

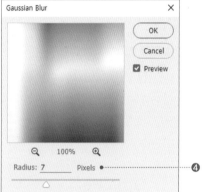

step 5

지금까지 만든 빛 효과를 연하게 만들어서 원본 이미지에 합칩니다.

❻ Layers 패널에서 필터 레이어를 선택하고 블렌딩 모드를 'Overlay', Opacity를 '40%'로 지정합니다.

❼ 여기까지 모든 단계를 거치면 야경 사진은 오른쪽 이미지처럼 됩니다.

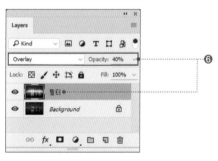

> **Tip**
>
> Overlay는 Screen과 Multiple을 합친 것 같은 블렌딩 모드입니다. 기본색(아래 레이어의 색)에 따라 색을 곱합니다. 50% 회색보다 밝은 부분은 더 밝아지고, 어두운 부분은 더 어두워집니다. 이 효과에 의해 강약 있는 이미지를 만들 수 있습니다.

step 6

선택 영역과 Fill을 사용해 수면에 빛나는 부분을 만듭니다.

❽ 새로운 레이어('하이라이트' 레이어)를 추가하고, ❾ Tools 패널에서 다각형 선택 도구를 선택한 다음 옵션 바에서 Feather를 '5px'로 설정합니다.

step 7

❿ 해안에서 앞쪽으로 커다란 선택 영역을 만듭니다.
⓫ Feather를 '30px'로 변경하고 Shift + Alt (Shift +option)를 누른 상태로 빌딩 주위에 선택 영역을 만듭니다.

이렇게 하면 기존의 선택 영역과 새로운 선택 영역이 겹친 부분만 선택 영역으로 남게 되고 해안 쪽과 앞쪽의 Feather 크기가 다른 선택 영역이 됩니다(해안쪽은 5px, 앞쪽은 30px).

step 8

⓬ 메뉴에서 [Edit] → Fill을 실행해 [Fill] 대화상자를 표시한 다음 Contents를 'White'로 선택해 레이어를 채웁니다.

그런 다음 하이라이트 레이어의 Opacity를 '70%'로 변경합니다. Ctrl + D를 눌러 선택 영역을 해제합니다.

step 9

이미지를 흑백으로 바꿉니다.

메뉴에서 [Layer] → New Adjustment Layer → Channel Mixer를 실행해 [New Layer] 대화상자를 표시하고 〈OK〉 버튼을 클릭합니다.

Properties 패널에서 ⓭ 'Monochrome'에 체크 표시를 하고 ⓮ Red를 '30', Green을 '59', Blue를 '11'로 설정합니다.

Channel Mixer 조정 레이어 아래에 있는 레이어가 전부 흑백으로 표시됩니다.

Red를 '30%', Green을 '59%', Blue를 '11%'로 설정하면 이미지의 명도 정보만 표시됩니다. 이 설정이 가장 기본적인 흑백 이미지입니다.

· **step 10** ·

❶❺ 흑백 이미지에 색을 입히기 위해 '컬러'라는 이름으로 새 레이어를 만들고, 블렌딩 모드를 'Overlay'로 변경합니다. ❶❻ Tools 패널에서 브러시 도구를 선택하고 ❶❼ 전경색을 클릭해 [Color Picker] 대화상자를 표시합니다.

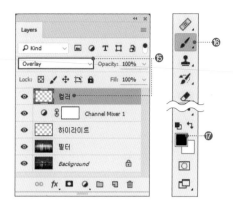

· **step 11** ·

HSB 컬러를 설정합니다. ❶❽ H를 '300°', S를 '75%', B를 '50%'로 설정하고 〈OK〉 버튼을 클릭합니다.

> **Tip**
> HSB에서는 H(색조), S(채도), B(명도) 세 가지로 색을 지정합니다. H는 0~359°(360) 중에서 지정합니다. 붉은색은 0°, 초록색은 120°, 파란색은 240°입니다.

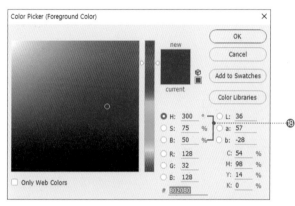

· **step 12** ·

❶❾ 외곽이 부드러운 '200px' 크기의 브러시로 ❷⓿ 레이어에 색을 칠합니다. 브러시 크기는 이미지에 맞춰서 조정하며 사용합니다.

· **step 13** ·

마찬가지로 색을 변경하고 이미지를 칠한 다음 ❷❶ Curves 조정 레이어로 이미지 전체를 조정하면 완성입니다.

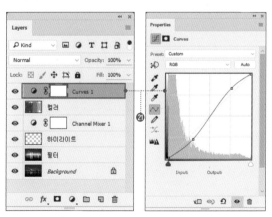

관련 Curves 사용하기 : P.178 조정 레이어 : P.175 블렌딩 모드 : P.148 브러시 도구 : P.66

172 HDR 이미지처럼 보정하기

일반 이미지를 HDR(High Dynamic Range) 이미지처럼 보정하려면 HDR Toning 기능을 사용합니다. 이 기능을 사용하면 간단하게 HDR 이미지를 만들 수 있습니다.

 개요

HDR 이미지란 밝기가 다른 여러 장의 이미지로 콘트라스트를 최대화한 이미지입니다.

일반적으로 HDR 이미지를 만들려면 밝기를 바꿔서 촬영한 사진을 여러 장 가지고 있어야 합니다. 하지만 HDR Toning 기능을 사용하면 한 장의 사진으로 HDR 이미지를 만들 수 있습니다. 이 예제에서는 오른쪽 이미지를 사용해 HDR 이미지를 만들어보겠습니다.

 step 1

HDR Toning을 사용하려면 메뉴에서 [Image] → Adjustments → HDR Toning을 실행해 [HDR Toning] 대화 상자를 표시합니다. ❶ Edge Glow 영역에서 Strength를 '2'로 설정하고 'Smooth Edges'에 체크 표시합니다. 'Smooth Edges'에 체크 표시하면 이미지의 콘트라스트가 올라가 더 HDR 같은 이미지가 됩니다. ❷ Tone and Detail 영역에서 Detail을 '+300'으로 설정합니다. 이 설정에 의해 세밀한 부분이 강조되어 HDR다운 세밀함이 표현됩니다. 다음으로 이미지를 확인하면서 ❸ Edge Glow 항복의 Radius 값을 조정합니다. 이미지의 밝은 부분과 어두운 부분이 선명해지지 않는 한도 안에서 가장 큰 값을 설정합니다. 예제에서는 '38px'로 설정했습니다.

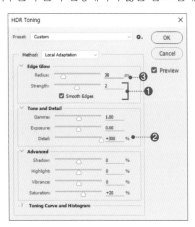

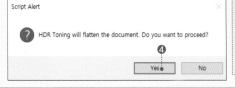

Tip

HDR Toning을 실행했을 때 선택되어있는 이미지가 'Background' 레이어가 아니거나, 레이어가 여러 장일 경우 경고 메시지가 표시됩니다. ❹ 〈Yes〉 버튼을 클릭해 대화상자를 닫습니다.

〈Yes〉 버튼을 클릭하면 레이어가 병합됩니다(P.143). 필요에 따라 이미지 파일을 따로 복사해둡니다.

◎ [HDR Toning] 대화상자 설정 항목

항목	내용
Method	촬영 시의 모든 톤을 표현하려면 'Highlight Compression'을, 이 항목에서 소개한 것 같은 HDR 이미지를 만들려면 'Local Adaptation'을 선택합니다.
Edge Glow 영역	Local Adaptation에서는 밝기 차가 있는 이미지를 합성하기 위해 그 톤 차이를 어떻게 처리할지 지정합니다. Radius에서는 밝은 부분과 어두운 부분을 번지게 하는 영역을 지정합니다. Strength는 톤 차이가 어느 정도 있을 때 Edge Glow를 발생시킬 것인지 지정합니다.
Tone and Detail 영역	밝기와 세밀함의 선명도를 지정합니다.
Advanced 영역	셰도나 하이라이트의 밝기 조정과 채도를 조정합니다. 채도를 조정할 때는 Vibrance를 먼저 지정합니다.

step 2

현재 상태는 이미지 가장자리 부분이 너무 흐려져 부자연스러워 보이기 때문에 마지막으로 흐림 정도를 조절합니다.

이미지를 확인하면서 Edge Glow 영역의 값을 낮춥니다. ❺ 예제에서는 Strength를 '1.5'로 설정했습니다. 마찬가지로 이미지가 부자연스러워지지 않는지 확인하면서 Advanced 영역의 Saturation 값을 올립니다.

❻ Saturation을 '70%'까지 올렸습니다. 채도를 올리면 자연스럽고 동적인 이미지가 완성됩니다.

◈ **Variation** ◈

예제에서 소개한 HDR Toning으로 만든 이미지를 흑백 이미지로 바꾸면(P.194) 선명한 흑백 사진을 만들 수 있습니다. 이때, Edge Glow 영역의 설정은 낮춥니다. 이미지를 흑백으로 만드는 방법은 여러 가지가 있으나 여기에서는 Channel Mixer로 R을 '30%', G를 '59%', B를 '11%'로 설정하고 'Monochrome'에 체크 표시했습니다. Channel Mixer를 사용하는 방법은 '127 이미지 그대로 모노톤으로 전환하기'의 Variation을 참고하기 바랍니다.

관련 HDR 이미지 만들기 : P.286

173 HDR 이미지 만들기

여러 가지 밝기로 촬영한 사진을 합성해 일반 이미지로 표현할 수 없는 톤의 HDR 이미지를 만듭니다.

개요

HDR 이미지에는 여러 가지 표현 방법이 있습니다. 이번 예제에서는 밝기가 다른 다섯 장의 이미지를 사용해 환상적인 분위기의 이미지를 만들어보겠습니다.

step 1

사용할 이미지를 모두 연 상태에서 메뉴에서 [File] → Automate → Merge to HDR Pro를 실행해 [Merge to HDR Pro] 대화상자를 표시하고 ❶ 〈Add Open Files〉 버튼을 클릭합니다. ❷ 그러면 아까 열었던 이미지가 리스트에 추가됩니다. 〈OK〉 버튼을 클릭합니다.

> **Tip**
> [Manually Set EV] 대화상자가 표시되면 좌우 화살표를 눌러 이미지를 확인한 후 〈OK〉 버튼을 클릭합니다.

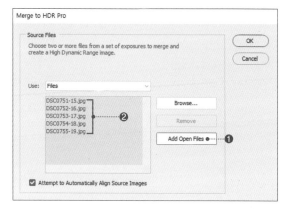

step 2

❸ Merge to HDR Pro의 설정 화면이 표시되면 Mode에서 '16Bit'와 'Local Adaptation'을 선택합니다. 이어서 다음 항목을 설정합니다.

- Radius : 330px
- Strength : 1.6   ❹
- Gamma : 1.5
- Exposure : 0   ❺
- Detail : 140%

- Shadow : 0%
- Highlight : −30%
- Vibrance : 0%   ❻
- Saturation : 20%

설정이 끝나면 〈OK〉 버튼을 클릭합니다. 그러면 자동적으로 HDR 이미지가 만들어지고 새로운 이미지로 표시됩니다.

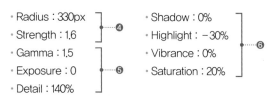

항목	내용
Edge Glow	밝기 차가 있는 이미지를 합성했을 때 생기는 톤의 갭을 어느 정도로 처리할지 지정합니다.
Tone and Detail	이미지 밝기와 선명도를 설정합니다. Gamma와 Exposure는 밝기에 관련된 설정입니다. Detail에서는 이미지를 어느 정도로 선명하게 할 것인지 지정합니다. 이번처럼 환상적인 이미지를 만들 경우에는 다소 강하게 설정합니다.
Advanced	Shadow와 Highlight의 밝기 조정과 채도를 조정합니다.

· step 3 ·

기본적인 HDR 이미지를 완성하고 마지막 마무리로 포인트가 될 색의 채도를 높인 다음 불필요한 색의 채도를 낮춥니다.

새로 HDR 이미지가 표시되면 메뉴에서 [Layer] → New Adjustment Layer → Hue/Saturation을 실행해 Hue/Saturation 조정 레이어를 만듭니다.

❾ Properties 패널에서 'Blues'를 선택하고 ❿ Saturation을 '+50'으로 설정한 다음 ⓫ 'Reds'를 선택하고 ⓬ Saturation을 '-100'으로 설정합니다.

· step 4 ·

필요 이상으로 붉었던 부분을 없애고 푸른 하늘을 더 선명하게 만들어 HDR 이미지를 완성했습니다.

관련 HDR 이미지처럼 보정하기 : P.284 Hue/Saturation : P.188 블렌딩 모드 : P.148

제 6 장 아트워크

{174} 파노라마 사진 만들기

따로따로 촬영한 여러 장의 사진을 이어서 한 장의 사진으로 만들려면 Photomerge 기능을 사용합니다.

개요

아래에 있는 다섯 장의 사진을 사용해서 파노라마 사진을 만듭니다. 각 사진마다 다섯 장씩 촬영한 다음 HDR 이미지로 만들고(P.286) 그 사진을 파노라마 합성합니다. 소재 사진을 직접 촬영할 경우 주의사항이 있습니다.

- 각 이미지의 25~40%가 겹치도록 촬영하기
- 노출, 초점 거리 등 촬영 조건을 통일하기
- 카메라를 수평으로 유지하고 같은 위치에서 촬영하기
- 왜곡이 있는 렌즈의 사용을 피하기

step 1

❶ 파노라마에 사용할 이미지를 모두 열고, 메뉴에서 [File] → Automate → Photomerge를 실행해 [Photomerge] 대화상자를 표시합니다. 예제에서는 HDR 이미지를 사용했으나 꼭 HDR 이미지일 필요는 없습니다.

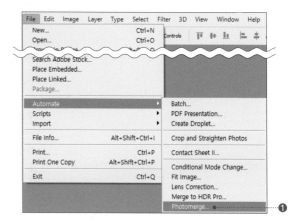

step 2

❷ 〈Add Open Files〉 버튼을 클릭해
❸ 이미지를 추가합니다. 이때, 경고 메
시지가 뜰 수 있으나 신경 쓰지 말고
〈OK〉 버튼을 클릭합니다.
❹ Layout에서 'Auto'를 선택하고 ❺
'Blend Images Together'와 'Vignette
Removal'에 체크 표시합니다. 설정이
끝나면 〈OK〉 버튼을 클릭합니다.

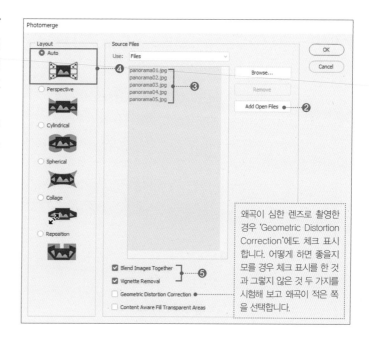

왜곡이 심한 렌즈로 촬영한
경우 'Geometric Distortion
Correction'에도 체크 표시
합니다. 어떻게 하면 좋을지
모를 경우 체크 표시를 한 것
과 그렇지 않은 것 두 가지를
시험해 보고 왜곡이 적은 쪽
을 선택합니다.

step 3

파노라마 합성이 모두 끝나면 이런 이미지가 표시됩니다.

step 4

❻ 마지막으로 Tools 패널에서 자르기 도구를 선택해 불필요한 부분을 잘라내면 완성입니다.

관련 이미지 자르기 : P.36 HDR 이미지 : P.286 Lens Correction : P.229

175 일러스트 같은 사진 만들기

Cutout 필터를 사용하면 원본 이미지의 느낌을 살린 일러스트 이미지를 간단하게 만들 수 있습니다.

step 1

필터를 사용하기 때문에 먼저 원본 이미지를 복사합니다. 이미지를 열고, 메뉴에서 [Layer] → Duplicate Layer를 실행해 [Duplicate Layer] 대화상자를 표시합니다. ❶ As에 원하는 이름을 입력하고 〈OK〉 버튼을 클릭합니다. 새로운 레이어가 만들어져 ❷ 같은 레이어 목록이 됩니다.

원본 이미지

step 2

메뉴에서 [Filter] → Filter Gallery를 실행해 Filter Gallery를 엽니다. ❸ Artistic 범주에서 'Cutout' 필터를 선택하고 ❹ 필터 옵션에서 Number of Levels를 '6', Edge Simplicity를 '5', Edge Fidelity를 '1'로 설정합니다. 〈OK〉 버튼을 클릭해 필터 효과를 이미지에 적용하면 아래 이미지처럼 됩니다. 필터 옵션에서 Edge Simplicity 슬라이더 값을 줄이면 더 사실적인 이미지가 됩니다.

보정 이미지

{176} Camera Raw Filter로 색 온도 바꾸기

포토샵 CC에서 새롭게 추가된 Camera Raw Filter를 사용하면 Raw 파일 이미지가 아니어도 간단한 조작을 통해 자유자재로 사진의 색 온도를 변경할 수 있습니다.

· **step 1** ·

❶ 이미지를 열고, 메뉴에서 [Filter] → Camera Raw Filter를 실행합니다.

> **Tip**
> Camera Raw Filter에서는 RAW 이미지와 비슷하게 색 온도를 조정합니다. 하지만 실제 RAW 이미지처럼 색 온도를 켈빈 단위로 지정하거나 정보의 손실이 없게 조정하진 못합니다. 이 점을 주의하기 바랍니다.

· **step 2** ·

Camera Raw 기능과 비슷한 화면이 표시됩니다. ❷ Temperature 슬라이더나 Tint 슬라이더를 움직여 원하는 느낌의 이미지가 되도록 조정합니다.
색 온도가 낮은 상태(노을 같은 상태)를 표현하려면 Temperature 슬라이더와 Tint 슬라이더를 플러스 방향으로 이동합니다. 반대로 색 온도가 높은 상태를 표현하려면 Temperature 슬라이더와 Tint 슬라이더를 마이너스 방향으로 이동합니다.

· **step 3** ·

❸ Temperature를 '+50', Tint를 '+65'로 설정하면 오른쪽 같은 이미지가 됩니다. 자유자재로 색 온도를 변경할 수 있으니 여러 가지 방법으로 조작해봅니다.

> **Tip**
> ❹ 화면 왼쪽 위에 있는 White Balance 도구를 선택해서 원하는 포인트를 클릭하면 그 포인트를 바탕으로 화이트 밸런스를 조절할 수 있습니다.
>
>

White Balance를 'Auto'로 지정하면 이미지 전체의 컬러 밸런스가 자동적으로 분석되어 Temperature와 Tint가 자동 조정됩니다.

177 수채화 느낌의 이미지 만들기

포토샵 CC에서 개선된 Maximum과 Minimum 기능을 사용해 평범한 사진을 수채화처럼 만드는 방법을 소개합니다. 이 방법을 응용해 여러 가지
표현을 할 수 있습니다.

• step 1 • • • • • • • • • •

❶ 이미지를 열고, 메뉴에서 [Layer] → Duplicate
Layer를 실행해 원본 이미지를 네 번 복사합니다.
이번 예제에서는 각 레이어 이름을 적용할 필터 이
름으로 설정했습니다. 위에서부터 '윤곽2', '윤곽1',
'Minimum', 'Maximum'으로 설정합니다. 이렇게 해
두면 필터를 잘못 적용하는 실수를 하지 않을 수 있
습니다.

단축키	레이어 복제하기(Duplicate Layer)
Win Ctrl + J **Mac** ⌘ + J	

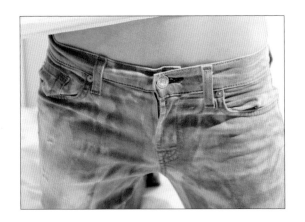

• step 2 • • • • • • • • • •

Maximum 레이어를 선택한 후 메뉴에서 [Filter] →
Other → Maximum을 실행해 [Maximum] 대화상자
를 표시합니다.
이미지의 윤곽이 애매해지지 않을 정도로 Radius 값
을 설정합니다. ❷ Radius를 '10Pixels', Preserve를
'Roundness'로 지정했습니다. Roundness를 선택하
면 이미지의 밝은 부분이 원형으로 확장되는 것처럼
설정됩니다.

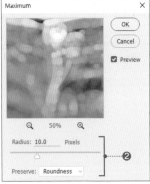

• step 3 • • • • • • • • • •

❸ '윤곽2' 레이어와 '윤곽1' 레이어의 눈 아이콘을 꺼
두고, ❹ 'Minimum' 레이어를 선택한 다음 블렌딩
모드를 'Hard Light'로 설정합니다.
이어서 메뉴에서 [Filter] → Other → Minimum을 실
행해 [Minimum] 대화상자를 표시하고 ❺ Radius를
'10Pixels', Preserve를 'Roundness'로 설정합니다.

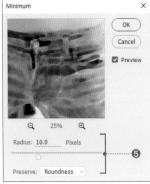

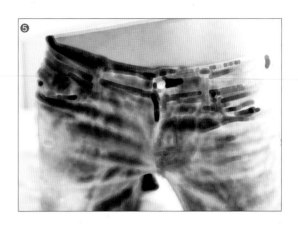

- **step 4** ·

❻ 여기까지의 작업으로도 충분히 수채화 느낌이 나지만 아직 윤곽이 애매하기 때문에 블렌딩 모드와 다른 필터를 사용해 윤곽을 만들어줍니다.

> **Tip**
> 수채화 물감이 번진 것 같은 효과를 더 강조하고 싶거나 진한 부분을 더 진하게 하고 싶은 경우엔 Minimum을 크게 설정합니다.

- **step 5** ·

❼ '윤곽1' 레이어와 '윤곽2' 레이어를 표시하고 ❽ '윤곽2' 레이어를 선택한 후 블렌딩 모드를 'Divide'로 변경합니다. ❾ 메뉴에서 [Filter] → Blur → **Radial Blur**를 실행하고 Amount를 '30', Blur Method를 'Spin', Quality를 'Best'로 설정합니다.
블렌딩 모드를 'Divide'로 설정하고 레이어를 흐리게 하면 이미지에 밝기 차이가 있는 부분만 표시됩니다.

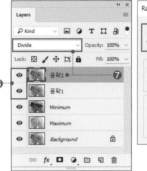

- **step 6** ·

❿ 메뉴에서 [Layer] → **Merge Down**을 실행해 '윤곽1' 레이어와 '윤곽2' 레이어를 합치고 ⓫ 새로운 '윤곽1' 레이어의 블렌딩 모드를 'Darken'으로 지정합니다. ⓬ 이렇게 해서 완성입니다. 이미지에 세밀함이 추가되어 섬세한 이미지가 되었습니다.
이번처럼 필터를 많이 사용할 경우 반드시 원하는 이미지에서 벗어나 있지 않은지 확인하면서 작업합니다.

> **Tip**
> 수채화 분위기를 강조하려면 모든 레이어를 합친 다음, 메뉴에서 [Filter] → Filter Gallery를 실행하고 Texture 범주의 'Texturizer'를 선택합니다. Texture를 'Sandstone'으로 선택하고 Scaling을 '200%', Relief를 '1', Light를 'Top'으로 설정하면 이미지에 텍스처가 적용되어 더 수채화 같은 이미지가 됩니다. Filter Gallery를 사용하면 다양한 필터를 함께 사용할 수 있습니다. 예를 들어, Dry Brush를 필터를 적용하면 거친 느낌을 연출할 수 있습니다. 원하는 느낌이 되도록 여러 가지 방법을 시도해 보기 바랍니다.

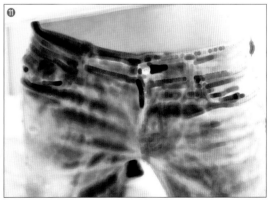

관련 이미지에 흐림 효과 주기 : P.52   필터 갤러리 : P.58   Diffuse Glow 필터 : P.225

{178} 조리개 효과를 재현해 환상적인 이미지 만들기

Lens Blur 필터를 사용하면 렌즈의 여러 가지 기능을 간단하게 시뮬레이션할 수 있습니다.

· 개요 ·

조리개의 반짝임을 표현하려면 역광 사진을 사용하는 것이 좋습니다. 역광 사진을 사용하면 반짝임이 강조될 뿐 아니라 원본 이미지를 보정해도 어색하지 않습니다.

· step 1 ·

먼저 이미지에 포함된 레이어를 복제합니다.
❶ Layers 패널에서 'Background' 레이어를 'Create a new layer' 아이콘으로 드래그하면 ❷ 레이어가 복제됩니다.

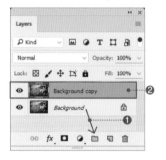

· step 2 ·

Lens Blur를 사용하면 이미지의 밝고 작은 픽셀을 빛나게 할 수 있습니다. 예제에서는 그 반짝임을 강조하기 위해 브러시 도구로 밝은 픽셀을 그려줍니다.
❸ Tools 패널에서 브러시 도구를 선택한 다음 ❹ 브러시 색을 'R:255, G:255, B: 230'으로 설정합니다.
❺ 동그랗고 Hardness가 '100'인 브러시를 사용합니다(P.300 Step 7 참조). ❻ 브러시 크기를 3~15px, Opacity를 '100%'로 설정합니다.
❼ 설정이 끝나면 이미지에서 반짝임을 주고 싶은 부분이나 빛이 부족해 보이는 부분을 클릭해 반짝이는 점을 찍어줍니다. ❽ 밑에 검은색 레이어를 놓고 클릭한 점만 표시하면 반짝이는 점이 늘어난 것을 확인할 수 있습니다.

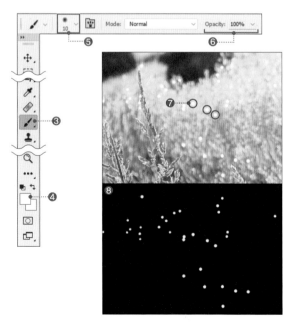

메뉴에서 [Filter] → Blur → Lens Blur를 실행해 [Lens Blur] 대화상자를 표시합니다.

❾ Radius를 '25', Brightness를 '100'으로 설정한 후 이미지를 확인하며 Threshold를 최대값부터 조금씩 낮춰 갑니다. ❿ Threshold를 '243'으로 설정했습니다. 이 설정값들 외에는 전부 '0'이나 기본값대로 둡니다.

설정이 끝나면 〈OK〉 버튼을 클릭해 필터를 적용합니다.

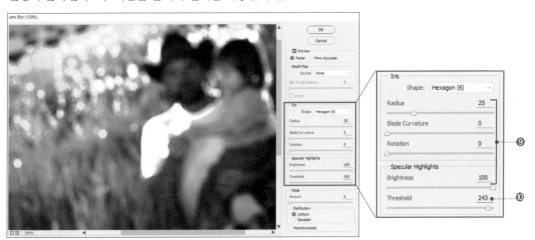

이미지 전체에 필터가 씌어있는 상태이기 때문에 가장 위에 있는 레이어를 선택한 채로 ⓫ Layers 패널의 'Add layer mask' 아이콘을 클릭해 ⓬ 레이어 마스크를 추가합니다.

외곽이 부드러운 브러시를 선택하고 색을 검은색, 크기를 '400px', Opacity를 '80~100%'로 설정합니다.

⓭ 브러시 설정이 끝나면 인물을 중심으로 선명하게 표현해야 할 부분을 드래그하고 작업을 마칩니다. 드래그한 부분이 마스크되어 밑에 있는 원본 레이어가 부분적으로 표시됩니다.

관련 레이어 마스크 : P.154

179 레이어 스타일로 눈이나 비가 오는 이미지 만들기

눈이나 비가 오는 이미지를 만들려면 Styles 패널의 메뉴에서 Image Effects를 선택해 효과를 추가합니다.

개요

Styles 패널의 초기 목록에는 눈이나 비를 표현할
수 있는 레이어 스타일이 없습니다. 패널 메뉴에서
Image Effects를 실행해 스타일을 추가하거나 바꾸
고 표시된 스타일 중에 원하는 스타일을 선택해야 합
니다.
이번 예제에서는 오른쪽 이미지에 레이어 스타일을
적용해 눈이 오는 장면을 연출합니다.
❶ 레이어 스타일은 'Background' 레이어에 사용할
수 없기 때문에 미리 스타일을 적용할 레이어가 일반
레이어인지 확인합니다. 'Background' 레이어일 경
우엔 일반 레이어로 변환합니다(P.133).
또한, 하나의 레이어에 여러 가지 레이어 스타일을
적용할 수 없기 때문에 레이어에 다른 레이어 스타일
이 적용되어 있지 않은지도 확인합니다.

step 1

❷ Styles 패널 오른쪽 위에 있는 패널 메뉴를 클릭한
다음 목록에서 **Image Effects**를 실행합니다.

step 2

❸ 현재 스타일을 Image Effects 스타일로 바꿀 것인
지 확인하는 대화상자가 표시되면 〈OK〉 버튼을 클
릭합니다.
스타일 목록을 바꾸지 않고 추가하고 싶은 경우에는
〈Append〉 버튼을 클릭합니다.

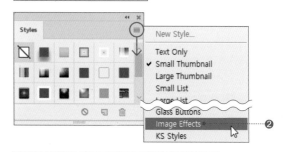

step 3

Styles 패널에 표시된 스타일 목록이 바뀌었습니다.
❹ 그중에서 'Snow'를 선택하면 눈이 오는 것 같은
스타일이 만들어집니다.

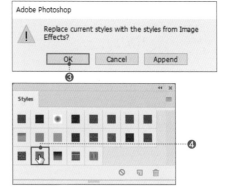

step 4

눈을 더 크고 선명하게 만듭니다. ❺ Layers 패널에
서 Pattern Overlay를 더블클릭해 [Layer Style] 대화
상자를 표시합니다.

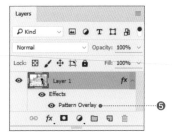

step 5

❻ [Layer Style] 대화상자에서 아래 항목들을 설정하
고 눈의 불투명도와 크기를 변경하면 완성입니다.

• Blend Mode : Screen
• Opacity : 100%
• Scale : 875%
• Link with Layer에 체크 표시

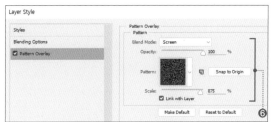

제
6
장

**아
트
워
크**

═╡ **Variation** ╞═

Snow 프리셋과 마찬가지로 Image Effects 스타일에서 'Rain'을 선택해 적용하면 왼쪽 원본 이미지가 오른쪽 이미지처럼 됩니다.

원본 이미지

보정 이미지

180 모노그램 패턴 만들기

모노그램이란 여러 문자를 합쳐서 하나의 도안으로 만든 디자인입니다. 모노그램 패턴을 만들려면 메뉴에서 [Filter] → Other → Offset을 실행합니다.

개요

이번 예제에서는 오른쪽 이미지의 고급 브랜드 같은 모노그램 디자인을 만듭니다. ❶의 800×800 픽셀 부분이 디자인을 구성하는 최소 단위입니다.

모노그램 구조를 설명하면 ❷와 같은 그림이 됩니다. 200×200 픽셀의 격자를 따라 규칙적으로 배치되어 있는 것을 알 수 있습니다.

기본적으로 메인 모노그램 A 하나에 도형 B1과 B2를 하나씩 나열함으로서 모노그램을 구성합니다.

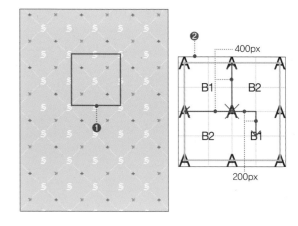

step 1

❸ 패턴의 최소 구성 크기와 똑같이 800×800 픽셀의 이미지를 새로 만들고 Fill 레이어를 만들어 원하는 색으로 채웁니다(P.234).

❹ 모노그램으로 만들 문자를 입력합니다.

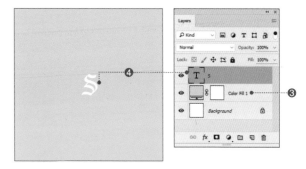

step 2

배치한 문자를 이미지로 변환합니다. ❺ Layers 패널에서 문자 레이어를 마우스 오른쪽 버튼으로 클릭하고 메뉴에서 Rasterize Type을 실행합니다.

모노그램이 될 레이어를 이미지의 중심에 배치해 두어야 하기 때문에 메뉴에서 [Select] → All을 실행한 후 [Layer] → Align Layers to Selection의 Vertical Centers와 Horizontal Centers를 실행해 모노그램 레이어를 사용할 이미지 중앙에 배치합니다.

· **step 3** ·

❻ 메뉴에서 [Layer] → New → Layer Via Copy를
실행해 문자 레이어를 복제합니다.

· **step 4** ·

복제한 레이어를 선택하고, 메뉴에서 [Filter] →
Other → Offset을 실행해 [Offset] 대화상자를 표시
합니다. ❼ Horizontal을 '400pixels right', Vertical
을 '400pixels down'으로 설정한 다음 ❽ 'Wrap
Around'에 체크 표시하고 〈OK〉 버튼을 클릭합니다.
화면 모서리에 모노그램이 만들어집니다.

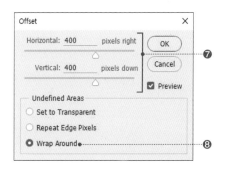

· **step 5** ·

만든 레이어를 복제하고 Offset 필터로 모노그램의
위치를 변경합니다. 좌우 중앙에 있는 모노그램에는
Horizontal을 '400pixels right', Vertical을 '0pixels
down'으로 설정합니다. ❾ 또 같은 방법으로 Step 4
에서 만든 레이어를 복제하고, 가운데 위에 있는 모
노그램은 Horizontal을 '0pixels right', Vertical을
'-400pixels right'으로 설정합니다. 이제 모노그램
이 균등하게 배치되어 반복이 가능한 패턴이 만들어
졌습니다.
❿ 모노그램과 같은 방법으로 두 종류의 도형 네 개
도 Offset 필터로 배치합니다. 예제에서는 아래 수치
대로 배치했습니다.

- 왼쪽 위 Horizontal : -200, Vertical : -200
- 오른쪽 아래 Horizontal : +200, Vertical : +200
- 오른쪽 위 Horizontal : +200, Vertical : -200
- 왼쪽 아래 Horizontal : -200, Vertical : +200

· **step 6** ·

모노그램과 도형을 잇는 점선을 만듭니다. ⓫ Tools
패널에서 펜 도구를 선택하고, 화면 왼쪽 위와 오른
쪽 아래를 각각 클릭해 패스를 만듭니다.

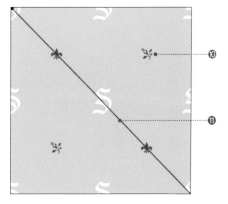

step 7

⓬ Tools 패널에서 브러시 도구를 선택하고 ⓮ 브러시 색을 흰색으로 설정합니다. ⓮ Brush 패널에서 Hardness를 '100%', Size를 '10px', Spacing을 '246%'로 설정해 같은 간격으로 점선을 그릴 준비를 합니다.

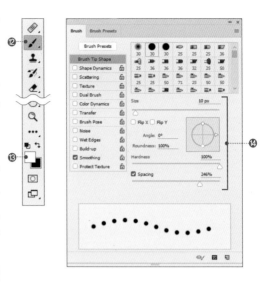

step 8

새로 레이어를 만들고, ⓯ Paths 패널에서 아까 만들었던 'Path 1'을 'Stroke path with brush' 아이콘으로 드래그합니다. 이렇게 하면 대각선을 따라 한쪽 점선이 만들어집니다.

그런 다음 방금 만든 점선 레이어를 복제하고, 메뉴에서 [Edit] → Transform → Flip Horizontal을 실행해 복제한 레이어를 반전합니다. ⓰ 그러면 다른 한쪽으로도 대각선이 그려져 오른쪽 이미지같이 됩니다.

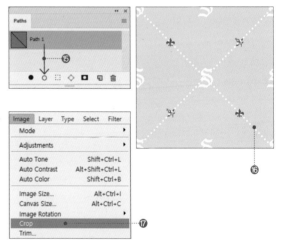

step 9

캔버스 밖에 이미지나 개체가 빠져나와 있으면 모노그램을 펼칠 때 문제가 생길 수 있으므로 지워줍니다.
⓱ 메뉴에서 [Select] → All을 실행하고, 계속해서 [Image] → Crop을 실행합니다.

이제 캔버스 외부에 있는 이미지나 개체가 전부 삭제되었습니다.

step 10

⓲ 지금 상태에선 점선이 모노그램이나 도형과 겹쳐져 있기 때문에 마무리로 겹치는 부분을 레이어 마스크에 숨깁니다(P.154).
패턴을 일정하게 배치하면 모노그램이 완성됩니다.

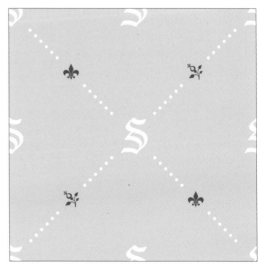

181 폴라로이드 사진 만들기

사진에 흰색 테두리를 추가하여 폴라로이드 사진처럼 만들려면, 자르기 도구로 이미지를 자르고 Canvas Size로 여백을 만듭니다.

· **step 1** ·····················

❶ Tools 패널에서 자르기 도구를 선택하고 ❷ 이미지를 정사각형으로 자릅니다(P.35).

> **Tip**
> CS6 이상 버전에서는 왼쪽이나 오른쪽 핸들을 [Alt]([option])를 누르면서 드래그합니다. 왼쪽이나 오른쪽 어느 쪽을 드래그하든지 다른 한쪽 핸들도 똑같이 이동합니다. CS5 버전에서는 [Shift]를 누르면서 드래그하여 정사각형을 만듭니다.

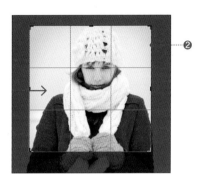

제 6 장 **아트워크**

· **step 2** ·····················

❸ Layers 패널에서 이미지가 'Background' 레이어인지 확인합니다. 'Background' 레이어가 아닌 일반 레이어일 경우엔 메뉴에서 [Layer] → New → Background from Layer를 실행해 'Background' 레이어로 변환합니다.

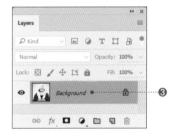

· **step 3** ·····················

메뉴에서 [Image] → Canvas Size를 실행해 [Canvas Size] 대화상자를 표시합니다. ❹ Width와 Height에 각각 '108%'를 입력하고, Canvas extension color를 'White'로 지정한 다음 〈OK〉 버튼을 클릭합니다.
다시 한 번 메뉴에서 [Image] → Canvas Size를 실행하고 ❺ Height에만 '112%'를 입력한 다음 ❻ Anchor를 위쪽 가운데로 설정합니다.
〈OK〉 버튼을 클릭하면 아래 이미지처럼 폴라로이드 사진 같은 여백이 만들어집니다. 끝으로, 손글씨 폰트를 사용해 문구를 넣어주면 더 분위기를 낼 수 있습니다.

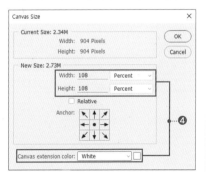
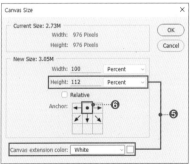

{182} 빛이 들어오는 효과 만들기

Motion Blur 필터와 Lighten 모드를 사용하면 창문을 통해 빛이 들어오는 효과를 만들 수 있습니다.

step 1

❶ 이미지를 열고, 편집할 레이어가 한 장인지 확인합니다. 만약 편집할 이미지가 여러 장의 레이어로 되어있다면 Layers 패널 메뉴에서 **Merge Down**를 실행해 하나로 합칩니다.

step 2

❷ 편집할 레이어를 선택하고, 메뉴에서 [Layer] → **Duplicate Layer**를 실행해 레이어를 복제합니다. 여기에서는 복제한 레이어에 '빛'이라는 이름을 붙여줍니다. ❸ 이어서 복제한 레이어를 선택하고, 블렌딩 모드를 'Lighten'으로 변경합니다.

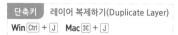

단축키 레이어 복제하기(Duplicate Layer)
Win Ctrl + J　**Mac** ⌘ + J

Lighten 모드는 위에 있는 레이어와 아래 있는 레이어를 비교해서 더 밝은 레이어를 표시하는 블렌딩 모드입니다. 그렇기 때문에 똑같은 이미지를 겹치면 겉보기에는 아무런 변화가 없습니다.

step 3

한 방향으로 들어오는 빛을 만들겠습니다.
메뉴에서 [Filter] → Blur → Motion Blur를 실행합니다. 표시된 [Motion Blur] 대화상자에서 이미지를 확인하면서 Angle과 Distance에 값을 입력합니다.
❹ 예제에서는 Angle을 '-57°', Distance를 '136Pixels'로 설정했습니다.

> **Tip**
> Angle에는 본인이 가장 적합하다고 생각하는 값을 입력해도 상관없습니다. 예제에서는 창문에서 들어오는 빛과 바닥의 빛이 일직선이 되도록 각도를 설정했습니다.

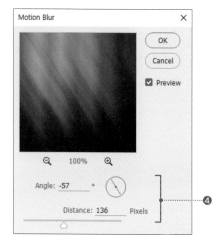

- **step 4**

❺ Motion Blur 필터를 적용하면 오른쪽 이미지처럼 빛이 한 방향으로 비치는 이미지가 됩니다. ❻ 다만 빛이 위를 향해서도 비치고 있기 때문에 이 부분을 수정합니다.

- **step 5**

❼ Tools 패널에서 이동 도구를 선택하고, ❽ 이미지를 오른쪽 아래를 향하도록 드래그해서 ❾ 빛이 아래쪽으로 비치는 것처럼 표현합니다.

이 단계에서 이미지 모서리 부분이 부자연스러워질 수도 있지만 지금은 일단 신경 쓰지 말고 본인이 놓고 싶은 곳까지 이미지를 드래그해 끌어옵니다.

- **step 6**

빛 레이어를 부분적으로 감추어 이미지의 부자연스러운 곳을 수정하겠습니다.

❿ '빛' 레이어를 선택하고 Layers 패널 아래쪽의 'Add layer mask' 아이콘을 클릭해 ⓫ 레이어 마스크를 추가합니다.

- **step 7**

레이어 마스크를 사용해 불필요한 부분을 수정합니다. ⓬ Tools 패널에서 전경색을 검은색으로 바꾸고 ⓭ 브러시 도구를 선택합니다. ⓮ 옵션 바에서 외곽이 부드러운 브러시를 선택하고 ⓯ Size를 '150px', ⓰ Opacity를 '100%', Flow를 '100%'로 설정합니다. ⓱ 이미지의 어두운 부분이나 원본 이미지에서 빛이 보이지 않는 곳을 드래그합니다. 드래그한 부분이 사라져 깔끔하게 마무리됩니다.

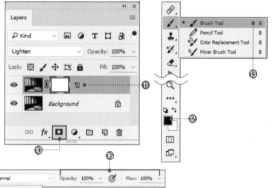

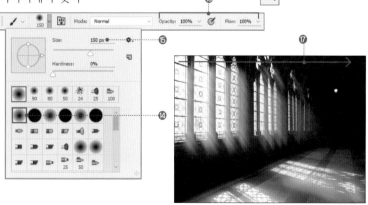

관련 필터 사용하기 : P.51   브러시 도구 : P.66   레이어 마스크 사용하기 : P.155

《183》 자연스러운 불꽃 만들기

자연스러운 불꽃을 만들려면 브러시 도구로 불꽃의 바탕이 되는 그래픽을 그리고, 그러데이션 맵 효과를 적용한 후 손가락 도구를 사용합니다.

· step 1 ·

❶ 메뉴에서 [File] → New를 실행해 [New] 대화상자를 표시하고 '1000×1500pixel(300dpi)'의 검은색 배경 이미지를 만듭니다(P.23).
❷ Tools 패널에서 브러시 도구를 선택하고, ❸ 브러시 색을 흰색으로 설정합니다.

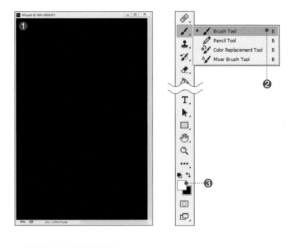

· step 2 ·

❹ Brush Presets 패널의 패널 메뉴에서 Special Effect Brushes를 실행합니다. 아래 대화상자가 표시되면 ❺ 〈Append〉 버튼을 클릭합니다.

Adobe Photoshop CC 2017

⚠ Replace current brushes with the brushes from Special Effect Brushes?

OK　　Cancel　　Append ●──❺

· step 3 ·

❻ 브러시 중에서 'Scattered Wild Flowers'를 선택하고 ❼ Size를 '45px'로 설정합니다. ❽ 설정한 브러시로 불꽃의 형태를 그립니다.

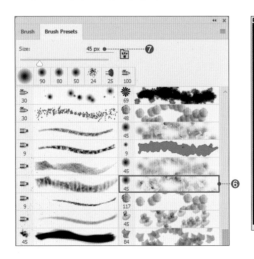

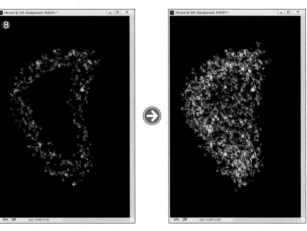

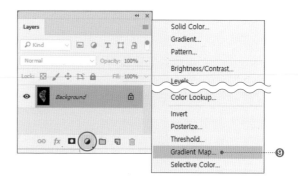

step 4

❾ 불꽃 형태를 다 그렸으면 Layers 패널 아래쪽에서 'Create new fill or adjustment layer' 아이콘을 클릭 해 표시되는 메뉴에서 **Gradient Map**을 실행합니다.

step 5

❿ Properties 패널에서 edit gradient를 클릭해 [Gradient Editor] 대화상자를 표시합니다.

step 6

[Gradient Editor] 대화상자에서 다음 항목을 설정합니다.

- ⓫ 왼쪽 Color Stop [Location : 0%, Black]
- ⓬ 왼쪽에서 두 번째 Color Stop [Location : 35%, R : 240, G : 20, B : 0]
- ⓭ 왼쪽에서 세 번째 Color Stop [Location : 90%, R : 255, G : 250, B : 40]
- ⓮ 오른쪽 Color Stop [Location : 100%, White]

step 7

⓯ 〈OK〉 버튼을 클릭하면 아까 그린 형태의 색이 아래 이미지처럼 바뀝니다.

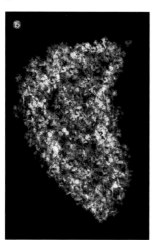

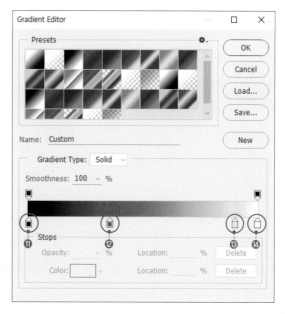

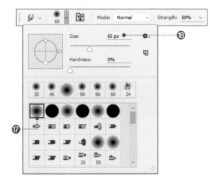

step 8

Layers 패널에서 아까 브러시로 그린 그래픽 레이어를 선택하고, ⑯ Tools 패널에서 손가락 도구를 선택합니다.

⑰ 옵션 바에서 외곽이 부드러운 브러시를 선택하고 ⑱ 크기를 '65px' 정도로 설정합니다.

step 9

⑲ 오른쪽 왼쪽으로 크게 흔들리듯이 드래그하면 드래그한 부분이 불꽃처럼 변합니다. 브러시 크기를 바꿔가면서 가장자리를 중심으로 드래그합니다.

⑳ 가장자리 부분이 불꽃처럼 되면 가운데를 하얗게 칠합니다. 맨 처음 배경에 칠했던 흰색 브러시 패턴이나 손가락 도구, 마지막 흰색 브러시 조합에 따라 여러 가지 불꽃을 표현할 수 있습니다.

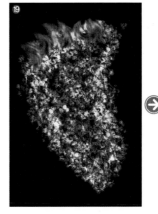
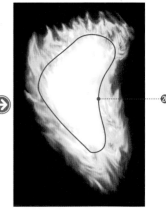

step 10

Layers 패널에서 두 장의 레이어를 선택하고, ㉑ 패널 메뉴에서 Flatten Image를 실행해 이미지를 병합합니다. 레이어를 다른 이미지에 드래그하고 위치를 조정한 다음 Layers 패널에서 블렌딩 모드를 'Screen'으로 변경하여 작업을 마무리합니다(P.148).

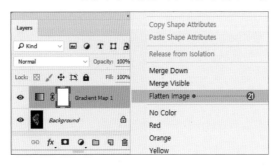

184 포토 모자이크 이미지 만들기

포토 모자이크 이미지를 만들려면 모자이크 소재를 이미지에 겹쳐놓고 레이어의 블렌딩 모드를 변경한 다음 Mosaic 필터를 사용합니다.

제
6
장
아트워크

step 1

포토 모자이크란 작은 사진을 모아서 하나의 거대한 사진으로 만드는 이미지 표현 방법입니다. 일반적으로는 많은 시간을 들여 수작업으로 이미지를 배치하지만 여기에서는 간단하게 정밀한 이미지를 만드는 법을 소개합니다.

먼저 포토 모자이크 작업을 할 기본 이미지와 모자이크 소재 이미지를 엽니다.

> **Tip**
> 기본 이미지에 레이어가 여러 장일 경우 Layers 패널의 패널 메뉴에서 **Flatten Image**를 실행합니다(P.143). 나중에 작업할 때 이미지가 실수로 움직이는 것을 방지할 수 있습니다.

기본 이미지

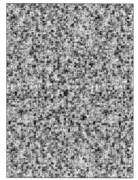

모자이크 소재 이미지

step 2

Layers 패널에 표시된 소재 이미지를 기본 이미지에 끌어다 놓고 두 장의 이미지를 하나로 모읍니다.

소재 이미지 레이어를 이동하면 대상 이미지의 레이어 구조는 ❶처럼 됩니다.

> **Tip**
> 이동 도구를 사용해서 이미지를 끌어다 놓으면 두 장의 이미지를 한 장으로 모을 수 있습니다.

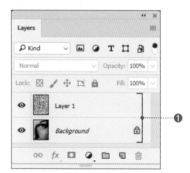

step 3

❷ Tools 패널에서 이동 도구를 선택하고, ❸ 소재 레이어를 드래그해서 모자이크 경계를 창 왼쪽 위에 맞춥니다.

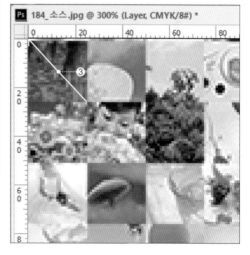

· step 4 ·

❹ Tools 패널에서 사각형 선택 도구를 선택하고, ❺ 화면을 드래그해 모자이크 셀 한 개만큼 선택 영역을 만듭니다.

· step 5 ·

선택 영역을 만든 다음 Info 패널에서 단위를 pixel 로 지정하고 크기를 확인합니다(P.327). ❻ 모자이크 셀이 한 번에 25pixel인 정사각형이라는 것을 확인 할 수 있습니다.

> **Tip**
> 이 책의 예제 파일을 이용할 경우 25pixel로 되어 있기 때문에 따로 확인할 필요가 없습니다.

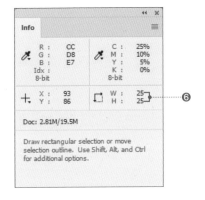

· step 6 ·

❼ Layers 패널에서 소재 레이어를 선택하고 ❽ 블렌 딩 모드를 'Soft Light'로 변경합니다(P.148).
❾ 이제 소재 레이어가 아래 레이어와 합성되어 포토 모자이크처럼 표현되었습니다.
하지만 이대로는 소재 이미지를 투명하게 만들어 기 본 이미지를 보여주는 것뿐이기 때문에 포토 모자이 크라고 할 수 없습니다. 더 포토 모자이크처럼 만들 기 위해 'Background' 레이어에 필터 효과를 적용합 니다.

> **Tip**
> 이미지로서는 이대로가 더 보기 편하기 때문에 이후의 단계는 일부분 건너뛰어도 상관없습니다.

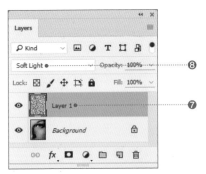
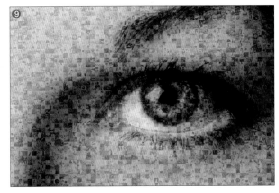

· step 7 · ·

❿ Layers 패널에서 'Background' 레이어를 선택하고, ⓫ 메뉴에서 [Filter] → Pixelate → Mosaic를 실행합니다.

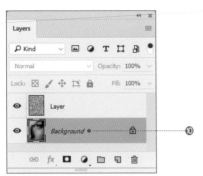

· step 8 · ·

⓬ [Mosaic] 대화상자가 표시되면 Cell Size에 Step 5에서 확인했던 값을 입력합니다. 예제에서는 '25'를 입력하고 〈OK〉 버튼을 클릭합니다.
모자이크 효과를 준 배경과 모자이크 소재의 셀 크기가 일치해 오른쪽 같은 포토 모자이크가 완성됩니다.

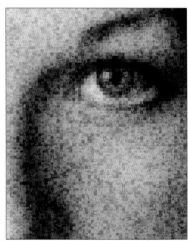

◈ **Variation** ◈

이번 예제에서는 모자이크 소재의 블렌딩 모드를 변경했기 때문에 원본 이미지의 색이 바뀌었습니다. ⓭ 만약 이미지의 밝기나 콘트라스트를 조정하고 싶은 경우 기본 이미지와 모자이크 소재 이미지 사이에 조정 레이어(P.175)를 만들어 색조를 조정합니다.
더 간단하게 밝기나 콘트라스트를 조정하려면 'Background' 레이어를 복제해서 레이어의 블렌딩 모드를 변경하는 방법도 있습니다.

{185} 소프트 포커스 효과 만들기

이번 예제에서는 소프트 포커스를 디지털적으로 재현합니다. 블렌딩 모드와 Gaussian Blur 필터를 사용합니다.

개요

소프트 포커스란 이미지 전체가 밝아지고 밝은 부분
이 어두운 부분에 스며 나오는 현상입니다. 이번 예
제에서는 오른쪽 이미지를 포토샵 기능을 사용해 소
프트 포커스 풍으로 보정해보겠습니다. 여기에서 설
명하는 방법을 사용하면 레이어를 조합하고 불투명
도를 변경하는 것만으로 소프트 포커스 효과의 강약
을 조절할 수 있습니다.

step 1

❶ 이미지를 열고, 보정할 이미지의 레이어가 한 장
인지 확인합니다. 만약 여러 장으로 구성되어 있을
경우엔 메뉴에서 [Layer] → Flatten Image를 실행해
레이어를 한 장으로 합칩니다.

step 2

보정할 레이어를 선택하고, ❷ 메뉴에서 [Layer] →
Duplicate Layer를 실행해 레이어를 복제합니다. 예
제에서는 레이어 이름을 '소프트 포커스 레이어'로 설
정했습니다.

step 3

❸ 복제한 레이어를 선택하고 ❹ 블렌딩 모드를
'Screen'으로 변경합니다.

step 4

필터를 적용해 흐림 효과를 줍니다.

메뉴에서 [Filter] → Blur → Gaussian Blur를 실행해 [Gaussian Blur] 대화상자를 표시합니다. 이미지를 확인하면서 Radius 값을 조절합니다. ❺ 예제에서는 Radius를 '8Pixels'로 설정했으나 이 값은 이미지에 따라 조정합니다.

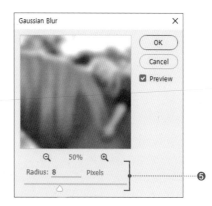

step 5

❻ 소프트 포커스 효과가 만들어졌습니다. ❼ 전체적으로 밝아진 경우 필터를 적용한 레이어의 Opacity를 변경합니다.

━━✦ Variation ✦━━

❽ 소프트 포커스 효과를 더 강하게 하고 싶은 경우엔 필터를 적용한 레이어의 불투명도를 '100%'로 되돌린 다음 레이어를 복제합니다. ❾ 그러면 필터가 적용된 레이어가 이중이 되기 때문에 필터 효과가 200%가 됩니다.

레이어를 더 복제해서 겹치거나 각 레이어의 불투명도를 조정해서 소프트 포커스 효과를 제어할 수 있습니다.

오른쪽 이미지는 두 번째 레이어의 불투명도를 '50%'로 설정했습니다. 그렇기 때문에 효과의 세기는 '150%'가 됩니다.

186 부드럽게 빛나는 선 그리기

패스, 브러시, 레이어 스타일 기능을 사용해서 부드럽게 빛나는 선을 그리는 방법을 소개합니다. 기본적인 내용을 알게 되면 여러 가지 형태의 선을 만들 수 있습니다.

개요

패스 도구를 사용해서 만들고 싶은 형태의 선을 그립니다. 이번 예제에서는 오른쪽 그림 같은 나선형의 패스를 사용했습니다. 이 패스에 부드럽게 빛나는 효과를 만들겠습니다.

step 1

❶ Layers 패널 아래에 있는 'Create a new layer' 아이콘을 클릭해 패스를 만들기 위한 레이어를 만듭니다.

step 2

❷ Tools 패널에서 브러시 도구를 선택하고 ❸ 브러시 색을 흰색으로 설정합니다.
❹ Brush Presets 패널에서 'spatter (24pixel)'를 선택합니다.

step 3

❺ Brush 패널에서 'Shape Dynamics' 영역을 선택하고 ❻ Control 목록에서 'Pen Pressure'를 선택한 다음 그 외 설정은 전부 '0'으로 둡니다.

step 4

❼ 사용할 패스를 선택하고, 패널 메뉴에서 Stroke Path를 실행해 [Stroke Path] 대화상자를 표시합니다.

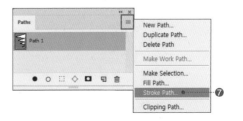

❽ Tool 목록에서 'Brush'를 선택하고 ❾ 'Simulate Pressure'에 체크 표시합니다. 〈OK〉 버튼을 클릭하면 선택한 패스가 브러시로 그려집니다.

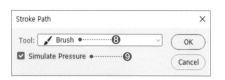

선에 빛 효과를 주겠습니다.
❿ Layers 패널 아래쪽의 'Add a layer style' 아이콘을 클릭하고 **Outer Glow**를 실행해 [Layer Style] 대화상자를 표시합니다. ⓫ Opacity를 '100%', Size를 '25px'로 설정하고 ⓬ Set color of glow에서 색을 설정합니다. ⓭ 예제에서는 R을 '50', G를 '100', B를 '255'로 설정했습니다.

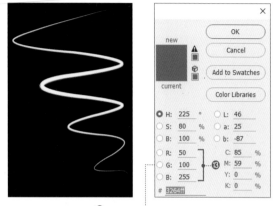

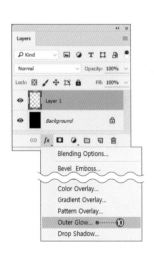

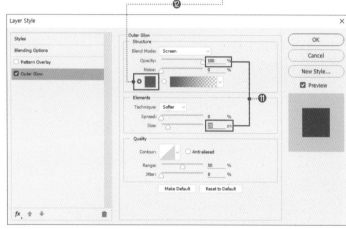

〈OK〉 버튼을 클릭하면 패스에 빛나는 효과가 적용됩니다.
오른쪽 이미지는 예제에서 만든 레이어를 인물 레이어에 합치고 레이어 마스크를 사용해 응용한 예입니다.

관련 레이어의 기본 조작 : P.132　레이어 스타일 : P.159

｛187｝ Puppet Warp로 개체 변형하기

Puppet Warp 기능을 이용하면 레이어 외형을 변형할 수 있습니다. 인물 포즈나 동물 형태를 촬영 후에 바꿀 수 있는 편리한 기능입니다.

개요

Free Transform 기능이나 Liquify 필터는 레이어 안의 이미지를 변형하지만 Puppet Warp는 레이어의 외형을 변형합니다. 변형할 때 레이어 안의 이미지 패턴이 자동적으로 읽혀져 위화감 없이 변형되기 때문에 Liquify 필터에서 불가능한 변형도 가능합니다. 촬영 후에 인물 포즈를 바꾸거나 동물 형태를 바꿀 때 자주 사용합니다.

다만 Puppet Warp를 사용할 때는 변형할 레이어의 배경이 투명해야 합니다. ❶ 배경이 있는 경우 변형할 부분을 잘라서 다른 레이어로 만든 다음 작업합니다.

step 1

Puppet Warp를 사용할 때는 Layers 패널에서 변형할 레이어를 선택하고, ❷ 메뉴에서 [Edit] → Puppet Warp를 실행합니다. 선택된 레이어에 메쉬가 표시됩니다.

❸ 변형할 기점이 될 곳을 클릭해 핀이라고 불리는 포인트를 배치합니다.

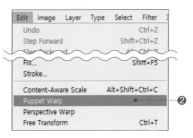

step 2

의도하지 않은 부분이 움직이지 않도록 오른쪽 그림처럼 핀을 배치합니다.

❹ 이 상태에서 핀을 드래그하면 드래그한 대로 이미지가 변형됩니다. 두 개 이상의 핀을 동시에 이동할 때는 Shift 를 누른 채 순서대로 핀을 클릭한 다음 드래그합니다.

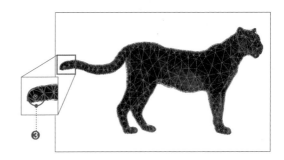

step 3

❺ Alt (option)를 눌러서 선택되어 있는 핀을 회전할 수 있습니다. 부분적으로 회전할 경우 이 방법을 사용하면 편리합니다(핀 회전은 마우스를 조작하는 것뿐만 아니라 옵션 바에서도 할 수 있습니다).

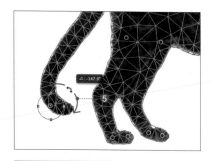

step 4

❻ 오른쪽 그림처럼 이미지가 다른 부분과 겹칠 경우 ❼ 옵션 바의 'Pin Depth' 아이콘으로 ❽ 핀이 있는 부분을 앞뒤로 이동할 수 있습니다.

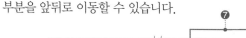

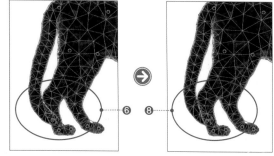

step 5

예제에서는 위에서 설명한 방법을 토대로 평범하게 서 있던 표범 이미지를 뛰는 형태로 변형했습니다.

Tip

Puppet Warp의 움직임은 옵션 바에서 상세하게 설정할 수 있습니다.

◎ Puppet Warp 옵션 바 설정 항목

항목	내용
Mode	Normal : 기본 설정입니다. 핀이 움직이는 방향으로 레이어가 이동해서 변형됩니다. Rigid : Normal과 같은 동작을 하지만 보다 세밀하게 픽셀을 제어해서 변형시킵니다. Distort : 핀을 이동시키면 이동과 동시에 핀을 중심으로 레이어가 확대됩니다.
Density	More Points : 이미지를 변형할 때의 정밀도는 올라가지만 처리가 느려집니다. Fewer Points : 메쉬의 밀도가 낮아지기 때문에 변형할 때의 정밀도는 낮아지지만 처리가 빨라집니다.
Expansion	메쉬 외곽선 크기를 설정합니다. 기본값은 2px입니다(레이어 크기보다 2px 큽니다). 일반적으로는 0~2px 사이로 설정하지만 이 항목에서는 핀의 전후 관계를 알기 쉽게 설명하기 위해 3px으로 설정했습니다.
Show Mesh	체크 표시를 해제하면 메쉬가 표시되지 않지만 핀은 항상 표시됩니다.

{188} 이미지에서 특정 개체 지우기

Content-Aware 기능을 사용하면 이미지에서 큰 면적을 차지하는 불필요한 개체를 삭제할 수 있습니다.

개요

Fill 명령의 Content-Aware 기능을 사용해서 오른쪽 이미지에서 가운데 있는 여자아이를 지우겠습니다.

이미지에서 큰 면적을 차지하는 개체를 지울 때는 스탬프 도구나 패치 도구, 복원 도구 등을 사용하는 방법도 있습니다. 그러나 이 방법들은 각 작업을 수작업으로 해야 하기 때문에 작업하는 사람의 스킬에 따라 결과물이나 작업 시간에 큰 차이가 납니다.

여기서 소개하는 Content-Aware 기능을 사용하면 쉽게 원하는 이미지를 만들 수 있습니다.

step 1

❶ 제거할 부분에 선택 영역을 만듭니다. 여기에서는 빠른 선택 도구로 인물을 선택한 다음(P.108) [Shift]를 누른 채 다각형 선택 도구로 그림자 부분에 선택 영역을 추가했습니다(P.102).

개체에 선택 영역이 딱 맞으면 문제가 생길 수도 있으므로, 선택 영역을 2px 정도 확장합니다. 메뉴에서 [Select] → Modify → Expand를 실행헤 [Expand] 대화상자를 표시하고 '2px'을 입력한 다음 〈OK〉 버튼을 클릭합니다.

step 2

❷ 선택 영역이 완성되면 메뉴에서 [Edit] → Fill을 실행하여 [Fill] 대화상자를 표시합니다.

❸ Contents에서 'Content-Aware'를 선택하고 〈OK〉 버튼을 클릭합니다.

❹ 이때 다른 설정값은 변경하지 않습니다. Mode가 'Normal', Opacity가 '100%'인 것을 확인하고 〈OK〉 버튼을 클릭합니다.

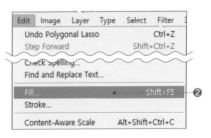

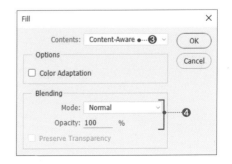

step 3

불필요한 인물이 지워졌습니다.

하지만 모든 이미지의 불필요한 개체를 깔끔하게 지울 수 있는 것은 아닙니다. 이 방법으로 잘 지워지지 않은 경우 스탬프 도구 등을 사용해 수정합니다.

또한 선택 영역 크기가 너무 작거나 너무 큰 경우에도 실패할 수 있기 때문에 선택 영역 크기를 조절해서 다시 시도합니다.

✤ Variation ✤

부분 복원 도구의 옵션 바에 Content-Aware라는 항목이 있습니다. 이 기능을 사용해도 본문과 같은 작업을 할 수 있습니다.

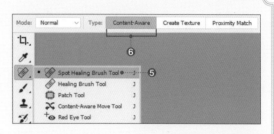

step 1

❺ Tools 패널에서 부분 복원 도구를 선택하고 ❻ 옵션 바에서 'Content-Aware'를 선택합니다.

step 2

❼ 지울 부분을 드래그해서 검은색으로 칠합니다.

step 3

전부 칠한 다음 ❽ 드래그를 멈추면 칠한 부분이 지워집니다.

이 기능을 사용해도 Fill 명령의 Content-Aware와 같은 작업을 할 수 있으나 이미지에 따라 이 두 가지 기능의 효과가 다른 경우도 있기 때문에 주의해야 합니다.

먼저 부분 복원 브러시를 시험해보고 만족스러운 결과가 나오지 않으면 Content-Aware 기능을 사용하는 것이 좋습니다.

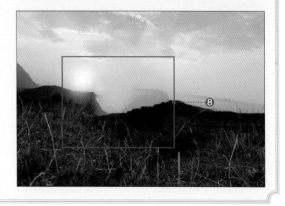

관련 빠른 선택 도구 : P.108 다각형 선택 도구 : P.102 불필요한 개체 제거하기 : P.204

《189》 풍경 사진을 미니어처 이미지로 만들기

비스듬히 위쪽에서 촬영된 풍경 사진을 미니어처 이미지로 만들려면 Hue/Saturation 조정 레이어와 Surface Blur 필터, Len Blur 필터를 사용합니다.

개요

이번 예제에서는 일반 풍경 사진을 미니어처처럼 보정합니다.

미니어처 이미지처럼 보이려면 이미지 채도를 높여서 장난감 같은 느낌을 주고 이미지의 위, 아래를 흐리게 표현하면 됩니다. 또, 이미지를 흐리게 표현해서 장난감 같은 느낌을 강조합니다.

step 1

메뉴에서 [Layer] → New Adjustment Layer → Hue/Saturation을 실행해 [New Layer] 대화상자를 표시하고 ❶ 〈OK〉 버튼을 클릭합니다.

step 2

❷ Properties 패널에서 Saturation 슬라이더를 움직이거나 값을 입력해 Master의 채도를 올립니다.
여기에서는 이미지를 확인하면서 채도를 올립니다.
Saturation을 '+50'으로 설정했습니다.

step 3

이어서 화면에서 큰 비중을 차지하고 있는 색의 채도를 올립니다.
이 이미지의 경우엔 밝은 식물이 많기 때문에 ❸ 'Yellows'를 선택하고 ❹ Saturation을 '+30'으로 설정합니다.
채도를 너무 높이면 이미지가 깨질 수 있으므로 이미지를 확인하면서 작업합니다. 또한, 이미지에 따라 Green쪽의 채도를 올려야 하는 경우도 있으니 이미지에 맞게 활용합니다.

많은 비중을 차지하지 않더라도 포인트가 될만한 색을 선택해 채도를 올립니다.

❺ 'Cyans'을 선택하고 Saturation을 '+30'으로 설정합니다. 아까와 같은 방법으로 이미지를 확인하며 작업합니다.

부분적으로 채도를 높이는 것만으로도 미니어처 같이 표현할 수 있습니다.

· step 5 ·····································

여기까지 작업을 마치면 오른쪽 이미지 같은 사진이 됩니다. 원본 이미지와 비교해보면 초록색이나 붉은 색, 깃발에 있는 청록색이 선명해지고 팝한 느낌이 강해져 장난감 같은 느낌이 되었습니다.

· step 6 ·····································

이미지에 필터를 적용합니다.

❻ Layers 패널에서 'Background' 레이어를 선택하고, 메뉴에서 [Filter] → Blur → Surface Blur를 실행해 [Surface Blur] 대화상자를 표시합니다. 각 설정값을 조절해서 세밀한 텍스처를 없앱니다. ❼ 여기에서는 Radius를 '1Pixels', Threshold를 '20levels'로 설정했습니다.

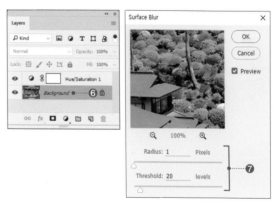

> **Tip**
> Surface Blur 대신에 Dust & Scratches나 Reduce Noise 필터를 사용해도 같은 효과를 얻을 수 있습니다.

· step 7 ·····································

사용할 필터 마스크를 만듭니다.

❽ Tools 패널에서 그러데이션 도구를 선택하고, ❾ 옵션 바에서 edit gradient를 클릭해 [Gradient Editor] 대화상자를 표시합니다.

step 8

[Gradient Editor] 대화상자에서 다음 항목을 설정합니다.

- ⑩ 왼쪽 Color Stop [R : 255, G : 255, B : 255]
- ⑪ 가운데 Color Stop [Location : 25%, R : 0, G : 0, B : 0]
- ⑫ 오른쪽 Color Stop [R : 255, G : 255, B : 255]

설정이 끝나면 〈OK〉 버튼을 클릭해 원래 화면으로 돌아갑니다.

step 9

⑬ Channels 패널 오른쪽 아래에 있는 'Create new channel' 아이콘을 클릭해 새 알파 채널을 만듭니다.

step 10

⑭ 새로 만든 알파 채널을 선택하고, 그러데이션 도구로 위에서 아래로 드래그해서 오른쪽 이미지 같은 그러데이션을 만듭니다.

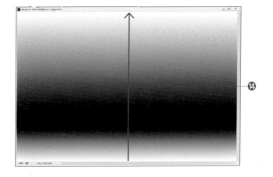

step 11

⑮ 그러데이션을 완성했으면 원래 상태로 돌아가기 위해 Channels 패널에서 'RGB'를 클릭해 선택합니다.

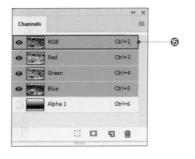

step 12 ‧‧

메뉴에서 [Filter] → Blur → Lens Blur를 실행해 [Lens Blur] 대화상자를 표시합니다. ⑯ Depth Map의
Source 목록에서 그러데이션을 만든 'Alpha 1'을 선택하고 ⑰ Iris 영역에서 Radius를 '20'으로 설정합니다.
⑱ Specular Highlights 영역에서 Threshold를 '255'로 설정합니다.
Source를 알파 채널로 선택했기 때문에 화면 위, 아래만 흐리게 표시됩니다. 미리보기 창에는 채도를 높이기
전 이미지가 표시되어 있으나 이미지에는 조정 레이어가 반영되어 있습니다.

제 6 장 **아트워크**

◎ [Lens Blur] 대화상자 설정 항목

항목	내용
Preview	미리보기의 정밀도를 Faster와 More Accurate 중에 선택합니다.
Depth Map	Source에서 지정한 알파 채널과 Blur Focal Distance를 이용해 흐리게 만들지 않을 범위를 설정합니다. Blur Focal Distance에서 지정한 알파 채널의 밝은 부분을 중심으로 흐려지지 않습니다.
Iris	이미지의 흐림 상태를 설정합니다. Shape 목록과 Blade Curvature, Rotation으로 렌즈 조리개의 형태에 따라 다른 흐림을 설정합니다. 잘 모르겠는 경우엔 Radius만 설정합니다.
Specular Highlights	흐려진 부분을 빛나게 하는 효과를 설정합니다. Brightness로 흐려진 부분의 밝기를 설정하고, Threshold로 빛날 영역을 지정합니다. Threshold의 값이 작을수록 빛나는 범위가 넓어집니다.
Noise	이미지가 흐려져 입체감이 손상된 경우에 노이즈를 사용해 자연스럽게 마무리할 수 있습니다.

step 13 ‧‧

설정이 끝나면 〈OK〉 버튼을 클릭해 필터 효과를 이
미지에 적용합니다. 이것으로 완성입니다.

> **Tip**
> 이번 예제에서는 이미지의 앞쪽과 뒤쪽을 흐리게 할 때 앞쪽
> 부터 35%의 위치에 초점이 오도록 설정했습니다. 이것은 소재
> 의 위치에 따라 정해지는 것이지만 카메라의 경우에도 초점이
> 맞지 않는 영역은 앞보다 뒤가 넓기 때문에 이번처럼 피사체
> 가 앞에 있는 경우에는 뒷부분의 길이를 더 길고 흐리게 하여
> 미니어처 같은 느낌을 강조할 수 있습니다.

관련 오리지널 그러데이션 만들기 : P.71 채도 높이기 : P.188

190 풍경 사진에 비눗방울 넣기

블렌딩 모드 중 하나인 Screen을 사용해 풍경 사진에 비눗방울을 합성합니다. 반투명한 개체를 이미지에 합성할 때 사용할 수 있는 방법 중 하나입니다.

개요

오른쪽 이미지에 비눗방울을 합성하겠습니다.

step 1

먼저 이미지의 분위기를 비눗방울이 떠 있는 풍경에 맞추기 위해 이미지 전체를 밝고 경쾌한 느낌으로 보정합니다.

메뉴에서 [Layer] → New Fill Layer → Solid Color 를 실행해 [New Layer] 대화상자를 표시합니다.

❶ Mode를 'Linear Dodge (Add)'로 선택하고 〈OK〉 버튼을 클릭합니다.

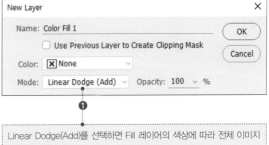

Linear Dodge(Add)를 선택하면 Fill 레이어의 색상에 따라 전체 이미지가 밝아집니다.

step 2

Fill 레이어는 [Color Picker] 대화상자에서 지정한 색으로 전체 레이어가 채워집니다. ❷ R을 '30', B를 '40', G를 '90'으로 지정합니다.

> **Tip**
> 색상(색조)을 조정하려면 HSB에서 H를 변경하고, 선명함(채도)을 조정하려면 S를 변경합니다. 또한 밝기(명도)를 조정하려면 B를 변경합니다.

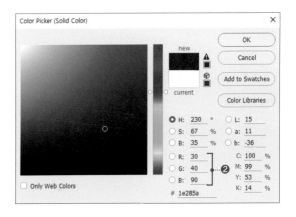

· **step 3** ·

❸ [Color Picker] 대화상자에서 〈OK〉 버튼을 클릭
하면 오른쪽 그림처럼 밝고 경쾌한 분위기의 이미지
가 됩니다.

> **Tip**
>
> 예제에서는 Fill 레이어와 Linear Dodge(Add) 모드를 사
> 용해서 이미지의 색을 조정했지만 더 세밀하게 조정하려면
> Curves를 사용합니다(P.276).

· **step 4** ·

❹ 배경이 검은색인 비눗방울 이미지를 풍경 사진에
드래그합니다. 이때 Shift 를 누르면 비눗방울 레이어
가 이미지 가운데에 배치됩니다.

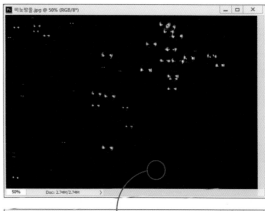

· **step 5** ·

❺ 비눗방울 레이어를 선택하고 ❻ 블렌딩 모드를
'Screen'으로 지정합니다.
비눗방울의 배경에 있던 검은색 부분이 투명해지고
비눗방울만 보이게 됩니다.

> **Tip**
>
> 비눗방울처럼 반투명한 이미지를 다른 이미지에 합성할 경우에는 위에서 언급한 대로 검은색 이미지를 사용합니다. 이번에 설정한 Screen
> 모드는 이미지의 검은색 부분을 투명하게 만들어주는 블렌딩 모드입니다. 비눗방울 자체는 투명하기 때문에 블렌딩 모드를 Screen으로 변
> 경하면 이미지의 검은색 부분만 투명하게 바뀌고, 검은색보다 투명한 비눗방울은 표시됩니다.

❼ 풍경 사진에 비눗방울을 합성했습니다. 마지막으로 비눗방울의 위치와 크기를 조정하겠습니다.
비눗방울 레이어를 선택하고, 메뉴에서 [Edit] → Free Transform을 실행합니다. ❽ 이미지 주변에 바운딩 박스가 표시되면 모서리의 핸들을 드래그해서 위치와 크기를 변경합니다. Shift를 누른 채 핸들을 움직이면 레이어의 가로 세로 비율은 유지된 채로 크기만 변경할 수 있습니다. ❾ 적당한 크기가 되면 편집한 내용을 확정하고 작업을 마무리합니다.

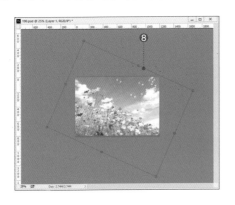

Tip

이미지의 색 정보는 Info 패널에서 확인할 수 있습니다(P.42). ❿ 비눗방울 배경이 온전한 검은색(R:0, B:0, G:0)이 아닐 경우 희미하게 배경이 남을 수 있습니다.

⓫ 그런 경우 Curves를 실행하고 커브 왼쪽 아래 포인트를 오른쪽으로 이동시켜서 검은색이 아닌 부분을 'R:0, B:0, G:0'인 완전한 검은색으로 바꿉니다.

또한, 검은색 부분만 변경되지 않으면 비눗방울 밝기를 변경할 수 있습니다. 그 경우에도 커브를 조작해 밝기를 조절합니다.

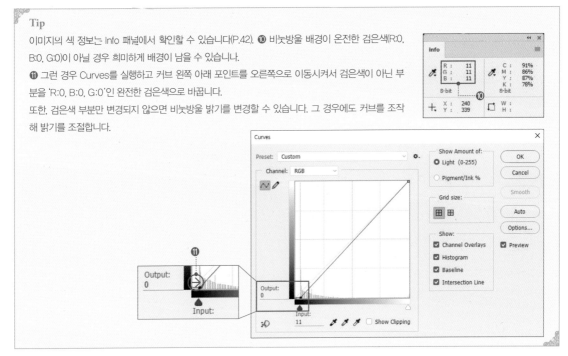

제 7 장

환경 설정·색상 관리

{191} 작업 영역 저장하기

패널, 단축키, 메뉴 등을 작업 내용에 따라 바꾸거나 저장하면 보다 신속하고 편리하게 작업을 진행할 수 있습니다.

step 1

❶ 메뉴에서 [Window] → Workspace → New Workspace를 실행해 [New Workspace] 대화상자를 표시합니다.

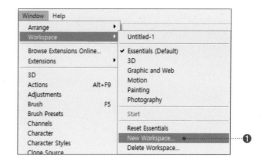

step 2

❷ 원하는 이름을 입력하고 ❸ 필요한 곳에 체크 표시한 후 〈Save〉 버튼을 클릭하면 작업 영역이 저장됩니다.

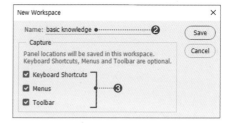

◎ [New Workspace] 대화상자 설정 항목

항목	내용
Keyboard Shortcuts	체크 표시하면 키보드 단축키가 저장됩니다.
Menu	체크 표시하면 메뉴 설정이 저장됩니다.
Toolbar	체크 표시하면 도구 상자 설정이 저장됩니다.

step 3

❹ 작업 영역을 바꾸려면 메뉴에서 [Window] → Workspace를 실행하고 저장한 작업 영역을 선택합니다.

❺ 포토샵에는 Motion, Painting, Photography라는 각각의 작업에 최적화된 작업 영역이 기본적으로 준비되어 있습니다. 이 작업 영역을 사용하는 것도 가능합니다.

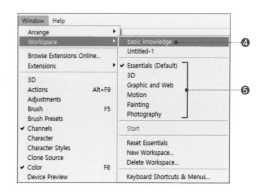

192 단위 변경하기

단위는 [Window] → Info를 실행해 Info 패널에서 변경할 수 있습니다. 작업 내용에 맞춰 단위를 바꾸면 효율적으로 작업을 진행할 수 있습니다.

---

step 1

❶ 메뉴에서 [Window] → Info를 실행해 Info 패널을 표시합니다.

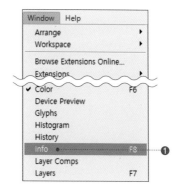

제 7 장 **환경 설정 · 색상 관리**

step 2

❷ Info 패널 왼쪽 밑에 있는 X와 Y 사이의 표시를 클릭해 ❸ 단위를 선택합니다.
예제에서는 단위를 'Centimeters'로 변경했으나 단위는 보이는 부분에 표시되어 있지 않기 때문에 주의가 필요합니다.

> **Tip**
> 단위는 메뉴의 [Edit] → Preference → Units & Rulers에서도 변경할 수도 있지만 Info 패널에서 변경하는 게 빠르고 간단합니다.

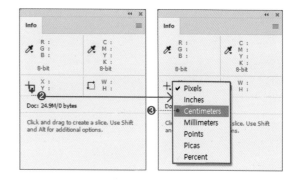

step 3

단위와 같은 방법으로 이미지의 색 정보에 표시되는 색상 모드도 변경할 수 있습니다.
❹ 색 정보에 있는 스포이드를 클릭합니다. ❺ 이미지에 맞춰 RGB로 표시되어 있는 것을 Web Color로 변경했습니다.

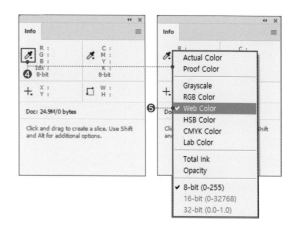

관련 캔버스 크기 변경하기 : P.34   이미지 해상도 변경하기 : P.33

193 다시 조작할 수 있는 횟수 늘리기

초기 설정값의 히스토리 수는 20입니다. 그 수를 넘으면 자동적으로 히스토리 목록에서 사라집니다. 세세한 작업이 많을 경우엔 히스토리 수를 늘려 효율적으로 작업합니다.

개요

❶ 보통 히스토리는 파일을 여는 것부터 시작되지만 오른쪽 그림은 히스토리 수가 20을 초과했기 때문에 작업 중간까지밖에 돌아갈 수 없습니다.

이 문제는 새 스냅 샷을 저장하면 해결할 수 있지만 (P.49) 이 방법만으로는 유효하지 않을 수도 있습니다. 브러시를 많이 사용하거나 세세한 작업이 많을 경우 히스토리 수를 늘리는 것이 가장 좋은 방법입니다.

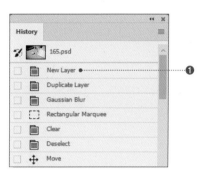

step 1

히스토리 수를 늘리려면 메뉴에서 [Edit] → Preferences → Performance를 실행해 [Preferences] 대화상자의 Performance를 엽니다.

❷ History & Cache 항목의 History States에 1~1000까지 원하는 값을 입력합니다. 예제에서는 '80'으로 설정했으나 설정한 값에 따라서 ❸ Let Photoshop Use 설정도 바꿔야 합니다.

❹ 히스토리 수를 늘리면 20가지 이상의 작업을 해도 지정된 수만큼 기록할 수 있습니다.

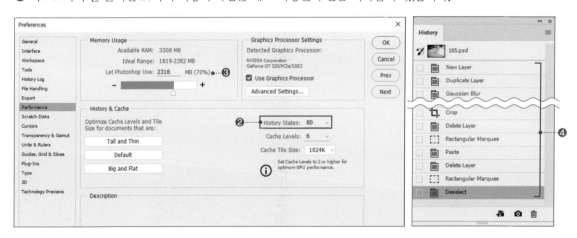

> **Tip**
> 히스토리 수를 늘리면 오래된 기록 내역까지 되돌아갈 수 있지만 그만큼 메모리도 많이 소비합니다. 또 히스토리 수가 많아질수록 작업 양도 많아지기 때문에 특정 히스토리를 빨리 찾을 때 불편한 경우도 있습니다. 이런 경우 스냅 샷에서 새 파일을 만드는 방법(P.49)을 사용합니다.

194 메모리 용량과 화면 표시 속도 설정하기

메모리 사용량 및 이미지 캐시 설정은 [Edit] → Preferences → Performance에서 합니다. 이러한 설정을 변경하면 포토샵 성능을 향상시킬 수 있습니다.

---

step 1

❶ 메뉴에서 [Edit] → Preferences → Performance
를 실행해 [Preferences] 대화상자를 표시합니다.

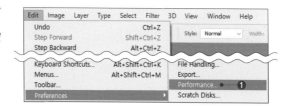

제 7 장　환경 설정 · 색상 관리

---

step 2

❷ Memory Usage 항목의 Let Photoshop Use에 값을 입력하거나 슬라이더를 움직입니다. 유효한 사용량은 OS나 다른 프로그램, 처리할 이미지 용량에 따라 다릅니다.

❸ History & Cache 항목의 Cache Levels를 4~8 이상으로 설정하면 렌더링 속도가 빨라집니다. 초기 설정값은 '6'입니다. Web 용의 작은 이미지를 처리할 경우 '1~2'로 설정하면 불필요한 메모리의 사용을 줄일 수 있습니다.

❹ 설정하려면 〈OK〉 버튼을 클릭하고 포토샵을 다시 시작합니다.

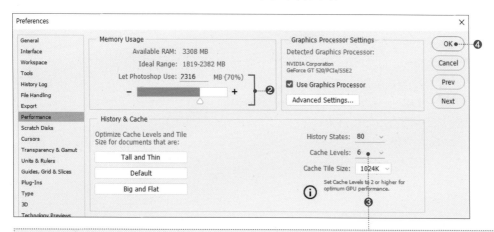

> Cache Levels를 올리면 렌더링 속도는 빨라지지만 이미지를 여는 속도는 느려집니다. 또한 캐시를 사용한 스크린 표시가 1pixel 정도 어긋나 표시되어 실제 데이터와 차이가 발생할 수 있습니다. 그런 경우 화면을 '100%'로 표시하면 정확한 이미지를 확인할 수 있습니다.

Tip

일반적인 메모리 사용량은 다음 식으로 구할 수 있습니다.

(전체 메모리 – OS에 필요한 메모리 – 다른 프로그램 메모리) × 0.8

많은 메모리를 사용하면 쾌적한 작업이 가능하지만 메모리를 너무 많이 배분하면 OS가 사용할 수 있는 메모리가 부족해져 시스템이 불안정해질 수 있습니다.

관련 다시 조작할 수 있는 횟수 늘리기 : P.328　불필요한 메모리 지우기 : P.331

{195} 마우스 포인터 모양 바꾸기

마우스 포인터 모양은 [Edit] → Preferences → Cursors에서 변경할 수 있습니다. 작업에 맞게 설정해 봅니다.

· step 1 · ·

❶ 메뉴에서 [Edit] → Preferences → Cursors를 실행해 [Preferences] 대화상자를 표시합니다.

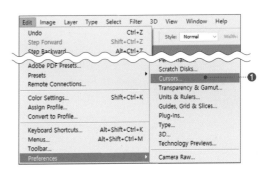

· step 2 · ·

Painting Cursors 항목과 Other Cursors 항목으로 나누어져 있습니다.
❷ Painting Cursors 항목에서 'Normal Brush Tip'이나 'Full Size Brush Tip'을 선택하면 직감적으로 페인팅 작업을 할 수 있습니다. ❸ 'Show Crosshair in Brush Tip'에 체크 표시하면 브러시 중심이 표시되는데 상하좌우가 비대칭인 브러시를 사용할 때 중심을 알기 쉽게 해주는 효과도 있습니다. 어떤 것을 선택할지 잘 모를 경우에는 'Normal Brush Tip'을 선택합니다.
❹ Other Cursors 항목에서 'Precise'를 선택하면 정확한 작업이 가능합니다. 특별한 이유가 없는 이상 'Precise'를 선택합니다.

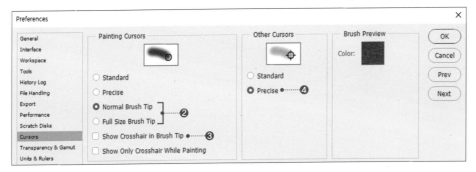

· step 3 · ·

❺는 Painting Cursors 항목에서 'Normal Brush Tip'을 선택해 사용한 예시입니다. 브러시 크기를 알기 쉬워 직감적인 작업이 가능해졌습니다.
❻은 Other Cursors 항목에서 'Precise'를 선택해 선택 영역을 만든 예시입니다. 선택 영역의 가장자리가 알기 쉽고 작업을 진행하기 편하게 되었습니다.

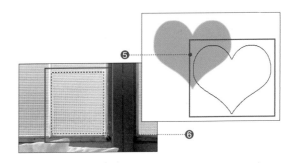

196 불필요한 메모리 지우기

허용치 이상의 메모리가 필요해지면 메모리 대신에 가상 메모리 디스크(하드 디스크)가 사용되므로 포토샵 처리 속도가 현저히 느려집니다.

step 1

지금 작업하고 있는 파일이 하드 디스크를 사용하고 있는지 확인합니다. 열려있는 파일 창 ❶ 아랫부분에 있는 상태 표시줄에서 화살표를 클릭하여 **Efficiency** 를 실행합니다. ❷ 이때 Efficiency가 '90%' 밑으로 내려가 있는 경우에는 메모리 사용량을 늘려야 합니다.

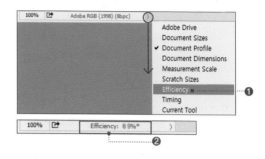

step 2

❸ 메모리 사용량을 늘리려면 [Edit] → Preferences → **Performance**를 실행해 [Preferences] 대화상자를 표시한 다음 Let Photoshop Use 값을 변경합니다. 메모리의 사용량을 늘리면 포토샵 처리속도가 향상되지만 OS나 다른 프로그램에 영향을 줍니다. 일반적으로 포토샵에는 최대 80% 정도의 메모리를 사용할 수 있습니다.

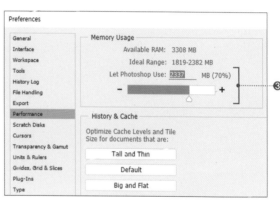

step 3

메모리를 과다하게 사용해 성능이 떨어지는 경우 불필요한 메모리를 지웁니다. ❹ 메뉴의 [Edit] → Purge에서 원하는 항목을 선택합니다. 메모리를 지우면 History와 Clipboard의 내용이 전부 삭제되기 때문에 주의가 필요합니다.

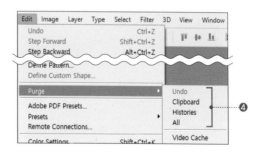

◎ Purge 선택 항목

항목	내용
Undo	이전 작업을 메모리에서 삭제합니다. [Edit] → Undo를 사용할 수 없습니다. History 패널에서는 이전 작업으로 돌아갈 수 있습니다.
Clipboard	클립보드 내용을 삭제합니다. 포토샵에서 복사, 붙여넣기가 아닌 레이어 이동이나 레이어 복제를 사용하는 경우 이 항목을 사용할 필요는 없습니다.
Histories	히스토리 내용을 삭제합니다. 스냅 샷은 삭제되지 않습니다.
All	위의 세 항목이 전부 지워집니다.
Video Cache	비디오 히스토리가 지워집니다.

관련 메모리 용량과 화면 표시 속도 설정하기 : P.329   다시 조작할 수 있는 횟수 늘리기 : P.328

제 7 장 환경 설정 · 색상 관리

{197} 키보드 단축키 변경하기

키보드 단축키는 메뉴의 [Edit] → Keyboard Shortcuts에서 변경할 수 있습니다. 각 패널의 단축키를 추가하거나 바꿀 수도 있습니다.

· **step 1** ·

❶ 메뉴에서 [Edit] → Keyboard Shortcuts를 실행해 [Key board Shortcuts and Menus] 대화상자를 표시합니다.

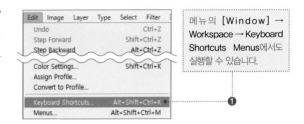

메뉴의 [Window] → Workspace → Keyboard Shortcuts Menus에서도 실행할 수 있습니다.

· **step 2** ·

❷ [Keyboard Shortcuts] 탭을 클릭하고, ❸ Shortcuts For 목록에서 설정 대상을 선택합니다. 예제에서는 'Application Menus'를 선택했습니다.

❹ 가운데 해당하는 목록이 표시되므로 필요한 그룹을 선택해 자세히 확인합니다.

❺ 이어서 단축키를 추가, 변경하고 싶은 명령 목록을 클릭해 원하는 단축키를 입력합니다.

❻ 만일 입력한 단축키가 다른 단축키와 중복되면 경고 메시지가 표시됩니다. 그대로 작업을 진행하면 자동적으로 기존에 지정되어 있던 단축키는 삭제됩니다.

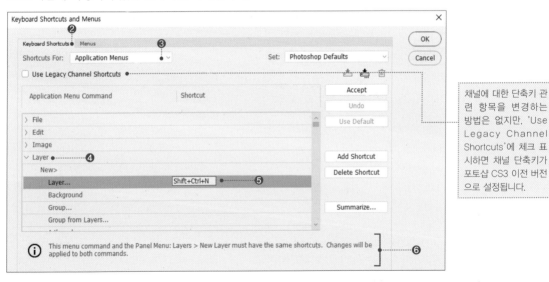

채널에 대한 단축키 관련 항목을 변경하는 방법은 없지만, 'Use Legacy Channel Shortcuts'에 체크 표시하면 채널 단축키가 포토샵 CS3 이전 버전으로 설정됩니다.

◎ Shortcuts For 목록 설정 항목

항목	내용
Application Menus	Application Menus를 선택하면 메뉴 바에 표시되어 있는 항목의 단축키를 설정할 수 있습니다.
Panel Menus	패널 옵션의 단축키를 설정할 수 있습니다.
Tools	Tools 패널의 단축키를 설정할 수 있습니다.

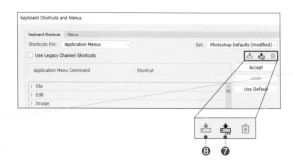

· step 3 ·

❼ 설정한 단축키를 저장하려면 'Create a new set based on the current set of shortcuts' 아이콘을 클릭합니다. 저장하지 않아도 자동적으로 변경된 단축키는 반영되지만 단축키 설정을 저장하면 다른 PC에 간단하게 적용할 수 있습니다.

❽ 'Save all changes to the current set of shortcuts' 아이콘을 클릭하면 오리지널 단축키 설정을 만들 수 있습니다.

· step 4 ·

❾ [Summarize] 버튼을 클릭하면 ❿ 단축키 목록 데이터를 HTML로 내보낼 수 있습니다. HTML로 내보낼 때 포토샵 사용 중에 변경한 내용을 쉽게 확인할 수 있습니다.

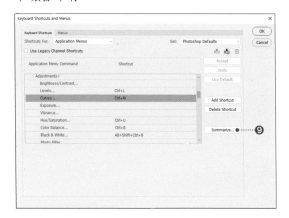

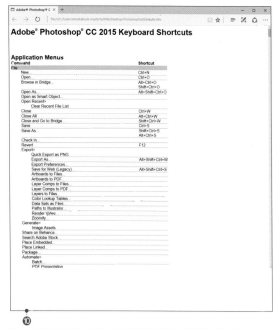

Tip

❶ [Menus] 탭을 클릭하면 어플리케이션 메뉴 표시 설정과 색상을 설정할 수 있습니다.

이 기능을 이용하면 단축키와 메뉴 표시를 결합하거나 불필요한 기능에 제한을 둘 수 있습니다. 예를 들어, 화면에 출력할 때 컬러 시뮬레이션을 하는 색상 교정 기능은 대부분의 경우 On이나 Off에 놓고 작업을 진행합니다. 미리 단축키를 삭제하면 실수로 설정이 바뀌어 버리는 일을 방지할 수 있습니다.

{198} 채널 표시 색 변경하기

알파 채널은 기본적으로 반투명한 붉은색으로 표시됩니다. 알파 채널 표시 색을 변경하려면 Channel Options를 실행하여 설정값을 변경합니다.

개요

알파 채널은 기본적으로 반투명한 붉은색으로 표시되어 있기 때문에 붉은색 이미지를(왼쪽 사진) 사용할 경우 알파 채널을 표시해도(오른쪽 사진) 원본 이미지와 알파 채널을 표시한 이미지에 큰 차이가 없습니다. 이런 경우에는 이미지에 맞춰 알파 채널의 표시 색을 변경합니다.

step 1

알파 채널의 표시 색을 변경하려면 ❶ Channels 패널에서 표시 색을 변경할 채널을 선택하고, ❷ 패널 메뉴에서 **Channel Options**를 실행하여 [Channel Options] 대화상자를 표시합니다.

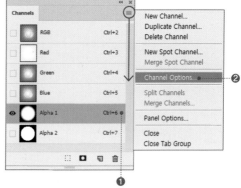

step 2

❸ Color 항목의 컬러 피커를 클릭해 표시 색을 변경합니다. 〈OK〉 버튼을 클릭하면 알파 채널의 표시 색이 변경됩니다.

step 3

이번 예제에서는 하늘색을 선택했기 때문에 오른쪽 이미지처럼 알파 채널이 하늘색으로 표시됩니다.

199 작업 화면 색상 테마 변경하기

포토샵 작업 화면의 색상 테마를 변경하려면 메뉴에서 [Edit] → Preference → Interface를 실행하여 원하는 밝기를 선택합니다.

개요

포토샵 작업 화면의 밝기는 작업 환경이나 용도, 개인 취향에 맞춰 조정이 가능합니다. 포토샵 CS6 이상 버전부터는 기본적으로 작업 화면이 짙은 회색으로 나타납니다. 여기에서는 포토샵을 처음 실행했을 때 나타나는 인터페이스의 색상을 가장 밝은 색으로 변경해봅니다.

▲ 가장 어두운 색

▲ 짙은 회색

▲ 회색

▲ 가장 밝은 색

제 7 장 환경 설정·색상 관리

---

step 1

❶ 메뉴에서 [Edit] → Preferences → Interface를 실행해 [Preferences] 대화상자를 표시합니다.

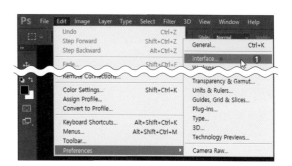

---

step 2

❷ Color Theme 항목의 네 가지 테마 중 가장 오른쪽의 가장 밝은 색을 선택하여 인터페이스 색상을 변경합니다.

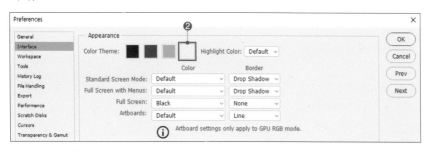

> **Tip**
> 포토샵 CS5까지는 기본 인터페이스 색상이 회색이었으나, CS6 버전부터는 작업 화면이 선명하게 보이도록 짙은 회색으로 변경되었습니다.
> 이 책에서는 메뉴가 잘 보이도록 가장 밝은 테마를 사용하고 있습니다.

200 컬러 매니지먼트의 모든 것

이미지를 제대로 다루려면 컬러 매니지먼트에 대한 지식이 필요합니다. 컬러 매니지먼트를 적절히 하지 않으면 다른 사람과 데이터를 주고받는 중에 원하는 품질을 내지 못할 수도 있습니다.

개요

각 디바이스(모니터, 프린터 등)는 고유의 색을 가지고 있기 때문에 아무것도 설정하지 않은 상황에서 각 장치에 표현되는 색이 다릅니다. 예를 들어, 선명한 초록색을 모니터 A와 모니터 B에서 표시했다고 가정합시다. 이때 모니터에 표시되는 초록색은 각 모니터 초록 색재의 색입니다.

메이커나 기종마다 모니터가 가진 순수한 단색은 모두 다르기 때문에 결과적으로 모니터 A와 모니터 B의 색은 다른 색으로 표시됩니다. 프린터 및 상업 인쇄에서도 마찬가지입니다.

컬러 매니지먼트는 이런 문제를 해결할 수 있는 수단입니다.

컬러 스페이스

컬러 매니지먼트는 각 기기에서 출력할 수 있는 색상을 정량적으로 측정할 수 있도록 인간의 눈에 보이는 모든 색을 포함한 CIE XYZ라는 컬러 스페이스를 사용합니다. 컬러 스페이스는 색을 시각적으로 표현한 공간입니다. 색을 나타내려면 색상, 명도, 채도와 빨강, 초록, 파랑 등 적어도 세 가지 값을 합쳐야하며 이를 그래프로 나타내면 3차원이 되기 때문에 컬러 스페이스(색 공간)라고 부릅니다.

포토샵에서는 주로 sRGB나 Adobe RGB 같은 컬러 스페이스를 사용합니다. sRGB는 일반적인 모니터에서 재현할 수 있는 범위를 상정한 컬러 스페이스이며, Adobe RGB는 인쇄 및 색상 교정을 상정한 컬러 스페이스입니다. 프린터 등에서 각 기기가 표현할 수 있는 범위를 컬러 스페이스로 기록하는 것도 가능합니다. 또한 모니터와 프린터의 색 공간을 기록한 데이터를 ICC 프로파일이라고 하며, Adobe RGB 같은 포토샵에서 작업하기 위해 컬러 스페이스를 기록하는 데이터를 컬러 스페이스 프로파일이라고 합니다.

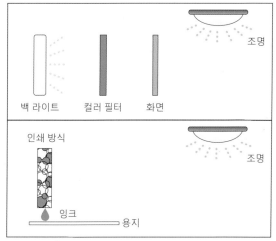

출력물의 색과 각 장치의 잉크나 컬러 필터 색은 원래 색보다 조명과 같은 외부 환경에 영향을 받습니다.

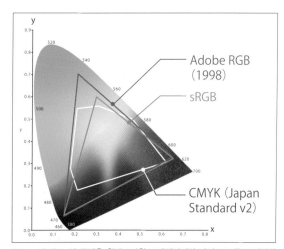

CIExy 색 좌표. 색 공간은 원래 3차원 그래픽이지만 밝기 요소를 무시하여 색을 2차원으로 나타냈습니다.

> **Tip**
> 컬러 매니지먼트는 주로 이해하기 어려운 것으로 생각하지만 기초적인 구조와 절차를 미리 알아두면 어느 상황에서도 적절히 대응할 수 있습니다. 이 책에서 기본을 탄탄히 다져 봅시다.

❖ 컬러 설정

포토샵에서 컬러 매니지먼트를 하려면 이미지 처리를 하는 작업용 컬러 스페이스를 설정하고 어떤 경우에 ICC 프로파일을 변경, 변환할지 정해둘 필요가 있습니다. 이런 설정을 하는 것이 컬러 설정입니다 (P.338).

컬러 설정할 기본이 되는 컬러 스페이스를 작업 공간이라고 하며, 컬러 스페이스가 다른 경우 어떻게 처리할지 설정하는 것을 컬러 매니지먼트 폴리시라고 합니다(P.339).

❖ ICC 프로파일 변경, 변환

ICC 프로파일은 프린터나 모니터가 어떤 색을 재현할 수 있는지 설명하는 데이터입니다.

ICC 프로파일에는 컬러 스페이스 정보가 포함되어 있으며, 컬러 스페이스를 다른 컬러 스페이스로 변환하는 것을 프로파일 변환이라고 합니다(P.340). 프로파일 변환할 때는 이미지를 유지하기 위해 이미지의 RGB 값이 변환됩니다.

❖ 캘리브레이션

특정 모니터가 출력할 수 있는 컬러 스페이스를 측정하고 기록하여 모니터의 ICC 프로파일을 만드는 것을 캘리브레이션이라고 합니다.

캘리브레이션 하는 방법에는 두 가지가 있습니다.

○ 전용 장비를 사용하는 방법
○ OS 표준 기능을 사용하는 방법(오른쪽 Tip 참조)

컬러 매니지먼트는 Lab 컬러라는 컬러 스페이스를 통해 다른 컬러 스페이스 간의 색상 변환을 처리합니다.
Lab 컬러는 앞 페이지의 색 좌표와 같은 색을 처리할 수 있는 컬러 스페이스입니다.(모든 색상을 다룰 수 있습니다.)
포토샵에서는 이미지의 RGB 값과 이미지에 설정되어 있는 컬러 스페이스를 곱하여 Lab 컬러 값을 산출합니다.

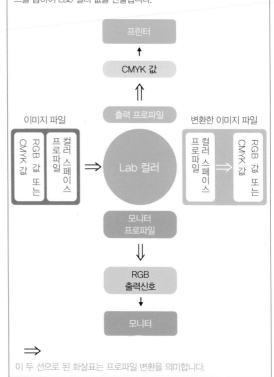

이 두 선으로 된 화살표는 프로파일 변환을 의미합니다.

> **Tip**
> 캘리브레이션 OS의 표준 기능을 사용하는 경우 그 방법은 OS마다 다릅니다. Windows의 경우 제어판에서 '색 관리'를 선택하고 Mac OS X의 경우 시스템 환경 설정에서 '디스플레이'→'컬러'를 선택합니다.

◎ 컬러 매니지먼트 작업 항목

항목	내용
① 컬러 스페이스 이해	이미지에 설정되어있는 컬러 스페이스를 파악합니다. 작업 중에 컬러 스페이스가 변환되지 않도록 주의하여 작업을 진행합니다.
② 컬러 설정	포토샵의 색상 설정 대화상자에서 ICC 프로파일을 지정해 이미지가 사용하는 컬러 스페이스를 설정합니다. 또한 다른 사람으로부터 받은 이미지의 색상 정보 관련 취급을 결정합니다(P.338).
③ ICC 프로파일 변환, 변경	작업용 컬러 스페이스 변환, 변경하거나 캘리브레이션에 의해 만들어진 프로파일을 사용합니다(P.340, P.341, P.342).
④ 캘리브레이션	모니터나 프린터 등이 데이터에서 지시한 색상을 표시하도록 각 기기를 조정하고 장비가 가진 고유의 컬러 스페이스를 기록하는 작업입니다. 정확하게 작업하려면 전용 장비가 필요합니다.

관련 [Embedded Profile Mismatch] 대화상자 : P.343 [Missing Profile] 대화상자 : P.345

제 7 장 **환경 설정 · 색상 관리**

201 RGB 작업용 스페이스 설정 방법

일반적으로 색상의 정확도를 유지하기 위해 이미지 컬러 매니지먼트를 해야 합니다. 컬러 매니지먼트를 하기 위해 RGB 작업용 스페이스를 설정합니다.

· step 1 · ···

RGB 작업용 스페이스를 설정하려면 메뉴에서 [Edit] → Color Settings를 실행해 [Color Settings] 대화상자를 표시합니다.

Settings 목록에서 미리 준비되어 있는 환경을 선택하면 작업 스페이스가 모두 설정됩니다. ❶ 다음 이미지처럼 'Japan Web/Internet'을 선택하면 ❷ RGB에 표준 컬러 스페이스인 sRGB IEC61966-2.1이 설정됩니다(색의 품질 저하를 막으려면 RGB에서 Adobe RGB (1998)을 선택합니다).

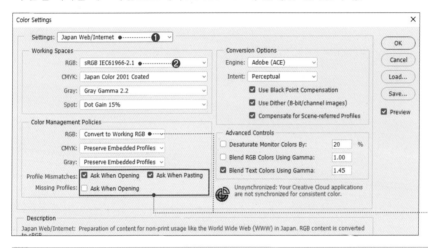

> Color Management Polices 항목의 RGB를 'Convert to Working RGB'로 지정하고 Missing Profiles 이외의 항목에 체크 표시를 모두 해제하면 프로파일이 있는 RGB 이미지는 전부 Adobe RGB로 변환됩니다.

> **Tip**
> 위 이미지처럼 CC에서는 기본 설정 상태에서 Conversion Options와 Advanced Controls가 표시되어 있지만 ❸ CS6 이전 버전에서 이 옵션을 표시하려면 대화상자 오른쪽에 있는 〈More Options〉 버튼을 클릭합니다.

◎ Working Spaces 항목 RGB 설정 항목

항목	내용
Adobe RGB (1998)	고품질을 위한 컬러 스페이스입니다. 재현 가능한 범위가 넓고 현재 시판되고 있는 프린터나 모니터 중 하이엔드 제품이라면 대부분 Adobe RGB를 재현할 수 있습니다.
sRGB IEC61966-2.1	가장 일반적으로 사용되는 컬러 스페이스이며 어떤 환경에서도 거의 100% 색을 재현할 수 있습니다. 다만 선명한 초록색이나 빨간색은 잘 재현하지 못하기 때문에 고품질의 프린터에는 적합하지 않습니다.
Pro Photo RGB	고품질을 위한 컬러 스페이스이지만 이 컬러 스페이스를 볼 수 있는 환경이 많지 않기 때문에 넓은 컬러 스페이스가 필요하면 Adobe RGB 1998을 선택합니다.
Other	위에서 설명한 컬러 스페이스 이외는 특별한 이유가 없는 한 지정하지 않습니다.

{202} Color Management Polices 설정

Color Management Polices는 [Color Setting] 대화상자의 Color Management Polices 항목에서 설정합니다. 작업 전에 반드시 확인하도록 합니다.

step 1

Color Management Polices란 작업용 컬러 스페이스와 화면의 컬러 스페이스가 다른 경우 어떻게 처리할지 정하는 것입니다. Color Management Polices를 설정해두면 작업용 컬러 스페이스와 다른 컬러 스페이스 이미지가 열릴 때 자동적으로 변환되기 때문에 매번 새로 설정할 필요가 없습니다.

❶ Color Management Polices를 설정하려면 메뉴에서 [Edit] → Color Settings를 실행해 [Color Settings] 대화상자를 표시합니다.

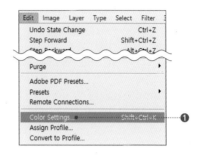

step 2

❷ Profile Mismatches에서 체크 표시를 모두 해제하고 ❸ Color Management Polices 항목의 RGB, CMYK, Gray 각 색상 모드 목록으로 처리 방법을 선택합니다.

❹ 'Missing Profile'에 체크 표시를 하지 않으면 컬러 매니지먼트되지 않은 상태에서 이미지가 열리기 때문에 반드시 체크 표시해야 합니다.

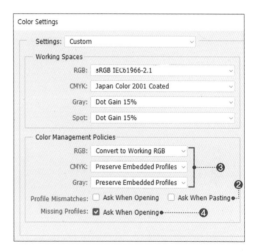

제 7 장 **환경 설정 · 색상 관리**

◎ Color Management Polices 설정 항목

항목	내용
Off	Color Management Polices를 설정하지 않는 경우에 선택합니다.
Preserve Embedded Profiles	프로파일이 일치하지 않을 때 원본 이미지에 포함된 컬러 스페이스를 사용할 경우 선택합니다.
Convert to Working RGB	프로파일이 일치하지 않을 때 자동적으로 컬러 스페이스를 작업 영역으로 일치시키는 경우에 선택합니다. CMYK에서는 'Convert to Working CMYK', Gray에서는 'Convert to Working Gray'를 선택합니다. 색조를 조작하는 경우 사용합니다.
Profile Mismatches	체크 표시하면 이미지를 열 때나 다른 이미지에서 레이어를 복사해올 때 프로파일이 일치하지 않는 경우 프로파일을 어떻게 처리할지 확인하는 대화상자가 표시됩니다.
Missing Profiles	체크 표시하면 이미지를 열 때 프로파일이 포함되어 있지 않은 경우 프로파일을 어떻게 처리할지 확인하는 대화상자가 표시됩니다.

관련 컬러 매니지먼트의 모든 것 : P.336　RGB 작업용 스페이스 설정 방법 : P.338

203 프로파일 변환하기

프로파일을 변환하려면 메뉴에서 [Edit] → Convert to Profile을 실행합니다. 이 작업에서는 프로파일에 맞춰 이미지의 RGB 값이 변경되기 때문에 이미지 색이 변하지 않습니다.

step 1

프로파일을 변환하려면 메뉴에서 [Edit] → **Convert to Profile**을 실행해 [Convert to Profile] 대화상자를 표시합니다.

❶ Destination Space 항목의 Profile에서 바꾸고 싶은 프로파일을 선택하고 각 항목을 설정합니다.

다만 Convert to Profile을 실행하면 프로파일 변환 엔진이 이미지의 RGB 값을 변경하기 때문에 색은 변하지 않지만 같은 색이라도 컬러 스페이스에 따라 RGB 값이 차이가 많이 나는 경우가 있습니다.

◎ Convert to Profile 설정 항목

항목	내용
Destination Space	변환한 프로파일을 지정합니다. 잘 모르겠으면 Adobe RGB를 사용합니다.
Engine	변환 방식을 선택합니다. 어느 방식을 선택하든 큰 차이가 없는 것으로 알려져 있지만 주로 OS에 영향을 받지 않는 Adobe (ACE)를 선택합니다.
Intent	색 공간을 변환할 때의 계산 방법을 지정합니다. Perceptual은 변환 후에도 사람의 눈에 자연스럽게 보이도록 각 색상의 차이에 중점을 둔 방식입니다. 사진 등 다양한 색상이 포함된 이미지에 적합하며 표준적인 변환 방식입니다. 무엇을 선택해야할 지 모르는 경우 이 방식을 선택합니다. Saturation은 변환된 색 공간에서 채도가 높아지는 것에 중점을 둔 변환 방식입니다. 그래프와 같이 서류에 첨부할 이미지에 사용합니다. Relative Colorimetric은 변환 전의 가장 밝은 부분과 변환 후 가장 밝은 부분의 차이를 비교해 그 차이만큼 색상을 이동합니다. Perceptual에 가까운 결과를 얻을 수 있지만 Perceptual보다 원래 색상을 유지하기 쉬운 방식입니다. Absolute Colorimetric은 절대 색상을 최대한 유지하고 색상 영역을 벗어나는 색은 유사한 색으로 설정됩니다. 기업 로고 등 색을 고정해야 할 필요가 있는 경우에 사용합니다.
Use Black Point Compensation	색 변환을 한 뒤에 가장 어두운 부분이 가장 어두워지지 않았을 경우 자동적으로 가장 어둡게 만들고 최고 농도를 유지하는 기능입니다. 특별한 이유가 없는 한 체크 표시합니다.
Use Dither	색상 공간을 변환한 뒤에 재현되지 못한 색을 Dither를 사용해 재현합니다. 잘 모르는 경우에 체크 표시해둡니다.
Flatten Image to Preserve Appearance	레이어를 결합해서 컬러 스페이스를 변환해 보다 정확한 색 변환을 합니다. 색을 변환한 뒤에 자동적으로 레이어가 결합됩니다. 이 옵션을 선택해도 색이 크게 바뀌는 일은 없기 때문에 특별히 필요하지 않은 이상 체크 표시하지 않습니다.

Convert to Profile 대화상자

Source Space
Profile: Adobe RGB (1998)

Destination Space
Profile: sRGB IEC61966-2.1 ●·········· ❶

Conversion Options
Engine: Adobe (ACE)
Intent: Perceptual
☑ Use Black Point Compensation
☑ Use Dither
☐ Flatten Image to Preserve Appearance

OK | Cancel | ☑ Preview | Advanced

관련 컬러 매니지먼트의 모든 것 : P.336 프로파일 변경하기 : P.341 프로파일 삭제하기 : P.342

204 프로파일 변경하기

이미지에 설정되어 있는 프로파일을 변경하려면 Assign Profile에서 사용할 프로파일을 지정합니다. 프로파일 변환(P.340)과는 달리 색이 변할 수 있습니다.

step 1

프로파일을 변경하려면 메뉴에서 **[Edit]** → **Assign Profile**을 실행해 [Assign Profile] 대화상자를 표시합니다.

❶ 경고 메시지가 표시되면 〈OK〉 버튼을 클릭합니다.

❷ Profile에서 변경할 프로파일을 선택합니다.

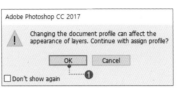

step 2

〈OK〉 버튼을 클릭한 후 파일을 닫고 저장한 파일을 열어 색상 차이를 비교합니다.

제 7 장 환경 설정 · 색상 관리

Tip

컬러 매니지먼트된 이미지의 색상은 이미지 데이터와 프로파일을 곱하여 표현됩니다. 따라서 프로파일을 바꾸면 대부분의 경우 표시되는 색이 바뀝니다. 예를 들어, 오른쪽 예시에서는 표현할 수 있는 색상 영역이 좁은 sRGB를 색상 영역이 가장 넓은 Pro Photo RGB로 변경했기 때문에 전체적으로 선명한 색이 되었습니다.

그러나 Assign Profile은 이미지 데이터 자체가 변경되진 않기 때문에 실제 RGB 값과 CMYK 값은 바뀌지 않습니다. 이 점이 프로파일 변환(P.340)과 가장 큰 차이점입니다.

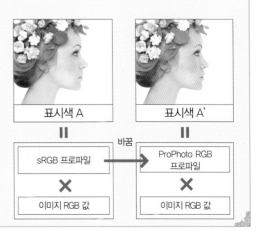

표시색 A ∥ 표시색 A' ∥

바꿈

sRGB 프로파일 → ProPhoto RGB 프로파일

× ×

이미지 RGB 값 이미지 RGB 값

관련 컬러 매니지먼트의 모든 것 : P.336 프로파일 변환하기 : P.340 프로파일 삭제하기 : P.342

〔205〕 프로파일 삭제하기

프로파일을 삭제하려면 [Assign Profile] 대화상자에서 컬러 매니지먼트를 하지 않는 설정을 선택합니다.

· step 1 ·

컬러 매니지먼트된 상태에서 프로파일을 삭제하는 일은 거의 없습니다. 그러나 최근에는 사용하지 않는 환경에서 인쇄를 하는 경우 등 프로파일을 삭제한 데이터가 필요한 경우엔 프로파일을 삭제해야 합니다.
프로파일을 삭제하려면 [Edit] → Assign Profile을 실행해 [Assign Profile] 대화상자를 표시합니다.
❶ 경고 메시지가 표시되면 〈OK〉 버튼을 클릭합니다.
❷ 'Don't Color Manage This Document'를 선택합니다.

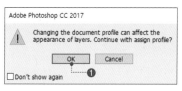

· step 2 ·

〈OK〉 버튼을 클릭하면 파일이 열립니다. ❸ 창 아랫부분 상태 표시줄에서 프로파일이 삭제된 것을 확인합니다.
표시된 이미지를 확인하면 프로파일을 변경한 경우 (P.341)와 동일하게 색이 바뀔 수도 있으나 프로파일을 삭제한 것이기 때문에 RGB나 CMYK 값은 변하지 않습니다.

❸

Tip

컬러 매니지먼트에서는 이미지의 RGB 값과 프로파일을 곱하여 정확한 색상을 표현하기 때문에 프로파일이 없으면 정확한 색을 재현할 수 없습니다.
프로파일을 알 수 없게 된 경우나 프로파일을 삭제한 다음 이미지를 편집한 경우엔 다시 Assign Profile을 실행해(P.341) ❹ Working RGB나 Working CMYK를 선택하시기 바랍니다. Working RGB나 Working CMYK는 Color Settings의 Working Spaces 영역에서 지정한 프로파일과 같습니다.

206 [Embedded Profile Mismatch] 대화상자 설정 방법

[Embedded Profile Mismatch] 대화상자가 표시될 때 설정 방법을 모르는 경우에는 'Convert document's colors to the working space'를 선택합니다.

····· **step 1** ·····················

[Embedded Profile Mismatch] 대화상자는 메뉴에서 [Edit] → Color Settings를 실행하면 표시되는 [Color Settings] 대화상자에서 'Profile Mismatches : Ask When Opening'이 선택되어 있을 때 표시됩니다.

[Embedded Profile Mismatch] 대화상자가 표시된 경우 Use the embedded profile (instead of the working space), Convert document's colors to the working space, Discard the embedded profile (don't color manage) 세 가지 중에서 처리할 내용을 선택합니다.

❶ 보통 가장 원본 이미지와 비슷하게 처리되는 'Convert document's colors to the working space'를 선택합니다.

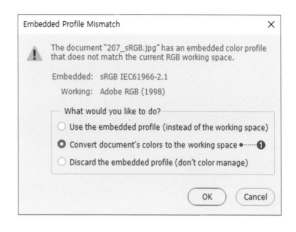

◎ [Embedded Profile Mismatch] 대화상자 설정 항목

항목	내용
Use the embedded profile (instead of the working space)	포함된 프로파일을 유지한 채 파일을 엽니다. 이 방법은 원본 이미지를 최대한 변경하지 않는 방법입니다. 색상을 변경하지 않으려면 이 옵션을 선택합니다. 그러나 모니터 및 설정에 따라 정확한 색상을 표시할 수 없기 때문에 주의가 필요합니다.
Convert document's colors to the working space	포함된 프로파일을 토대로 색상을 변환합니다. 가장 일반적인 설정입니다.
Discard the embedded profile (don't color manage)	컬러 매니지먼트를 하지 않은 채 이미지를 엽니다. 일반적으로 선택하지 않습니다.

····· **step 2** ·····················

〈OK〉 버튼을 클릭하면 파일이 열립니다. ❷ 창 아랫부분 상태 표시줄에서 프로파일이 변경된 것을 확인합니다.

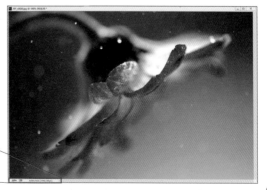

❷

step 3

❸ 문서의 프로파일을 유지할 경우 'Use the embedded profile (instead of the working space)'을 선택합니다. 이미지에 포함된 프로파일대로 파일을 열 수 있습니다.
❹ 예제에서는 작업 영역의 Adobe RGB가 아닌 이미지에 포함된 sRGB 이미지로 파일을 열었습니다.

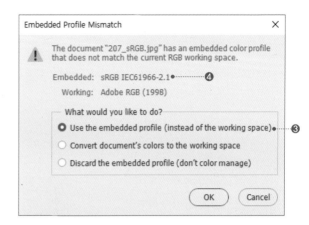

step 4

❺ 창 아랫부분 상태 표시줄에서 작업용 컬러 프로파일이 아닌 이미지에 포함된 프로파일을 사용한 것을 확인할 수 있습니다.

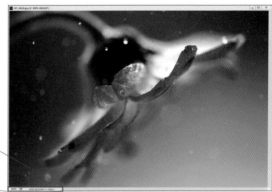

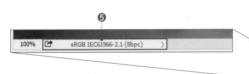

◈ Variation ◈

Embedded Profile Mismatch 대화상자가 표시되지 않게 설정하려면 ❻ [Edit] → Color Settings를 실행하고 ❼ Color Management Polices 항목의 Profile Mismatches에서 'Ask When Opening' 체크 표시를 해제합니다.
체크 표시를 해제하면 Color Management Polices 설정에 따릅니다. Color Management Polices 설정이 Off인 경우 Working RGB로 변환됩니다.

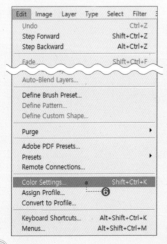

207 [Missing Profile] 대화상자 설정 방법

[Missing Profile] 대화상자가 표시되었을 때 설정 방법을 잘 모르는 경우 'Assign working RGB'를 선택합니다.

step 1

메뉴에서 [Edit] → Color Settings를 실행하면 표시되는 [Color Settings] 대화상자에서 'Missing Profile : Ask When Opening'에 체크 표시를 하면 프로파일이 포함되어 있지 않은 이미지를 열 때 [Missing Profile] 대화상자가 표시됩니다.

이 대화상자가 표시된 경우 Leave as is, Assign working RGB, Assign profile 세 가지 중 선택해야 합니다. ❶ 일반적으로 'Assign working RGB'를 선택합니다.

오른쪽 이미지는 Assign working RGB : Adobe RGB(1998)로 되어 있으나 콜론 다음의 이름은 현재 작업 영역에 따라 달라집니다.

step 2

〈OK〉 버튼을 클릭하면 파일이 열립니다. ❷ 창 아랫 부분 상태 표시줄을 확인해보면 지정한 프로파일로 파일이 표시된 것을 확인할 수 있습니다.

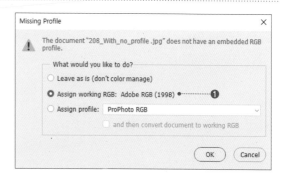

❦ Variation ❦

Missing Profile은 Profile Mismatches와 달리 체크 표시를 하지 않으면 프로파일이 변환되지 않은 채 열리므로 주의하시기 바랍니다.
❸ [Color Settings] 대화상자의 Missing Profile에서 'Ask When Opening'을 확인하고 체크 표시가 되어있지 않은 경우 체크 표시하는 것을 권장합니다.

관련 컬러 매니지먼트의 모든 것 : P.336 [Embedded Profile Mismatch] 대화상자 설정 방법 : P.343

Column 렌즈 왜곡 자동 보정하기

광각 렌즈나 줌 렌즈로 촬영하면 왜곡이 생길 수 밖에 없습니다. 왜곡이 적은 렌즈라도 색수차(색상의 차이)가 화면 모서리에 표시될 수도 있습니다. 이전 버전에서는 이런 왜곡과 색수차를 수정할 수 없었지만 포토샵 CS5 이후 포함된 Lens Correction 필터를 사용하면 자동으로 수정할 수 있습니다(CC 버전은 Camera Raw 필터에서도 같은 작업을 실행할 수 있습니다).

보정 전

보정 후

✧ Lens Correction 필터 사용법

Lens Correction 필터에는 Lens Profile이라고 불리는 렌즈의 왜곡 정보가 등록되어 포토샵은 이 정보를 바탕으로 자동 보정을 실행합니다.

❶ 메뉴에서 [Filter] → Lens Correction을 실행하고 [Lens Correction] 대화상자를 표시합니다. ❷ Correction 영역에 전부 체크 표시하고 ❸ Edge 목록에서 'Edge Extension'을 선택합니다. Lens Profile 영역에 사용 렌즈가 표시됩니다. 사용한 렌즈가 포토샵에 등록되어 있지 않은 경우 메뉴에서 [Help] → Updates를 실행해 포토샵을 최신 버전으로 업데이트합니다. 이 기능을 사용하려면 이미지에 렌즈 정보가 포함되어 있어야 하므로 트리밍된 이미지와 새로 만든 이미지는 사용할 수 없습니다.

제 **8** 장

인쇄·Web

208 이미지 프린트하기

이미지를 프린트하려면 메뉴에서 [File] → Print를 실행해 표시된 [Photoshop Print Settings] 대화상자에서 각 항목을 설정합니다.

---

step 1

❶ 메뉴에서 [File] → Print를 실행해 [Photoshop Print Settings] 대화상자를 표시합니다.
[Photoshop Print Settings] 대화상자에서 각 항목을 설정하고 〈Print〉 버튼을 클릭합니다.

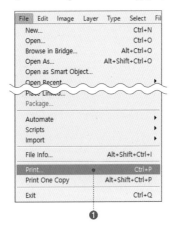

[Photoshop Print Settings] 대화상자의 항목 이름은 포토샵 버전에 따라 조금씩 다르지만 설정할 수 있는 내용은 동일합니다. 아래 표의 설명을 참고해서 사용하는 버전의 항목으로 적절하게 대체하기 바랍니다.

◎ [Photoshop Print Settings] 대화상자 설정 항목

번호	항목	내용
❷	프린터	출력에 사용할 프린터를 선택합니다.
❸	용지 방향과 크기	용지의 방향과 크기를 설정합니다. 용지 방향만이라면 Layout에서 설정할 수 있으나, 용지 크기를 설정할 경우 〈Print Settings〉 버튼을 클릭합니다.
❹	컬러 매니지먼트	프린트 시 컬러 매니지먼트를 설정합니다(P.336). 매칭 방법에 관해서는 P.340을 참고합니다.
❺	위치와 크기	출력할 이미지의 크기와 위치를 설정합니다. 왼쪽의 미리보기 영역에서 이미지를 직접 조작할 수 있습니다. 용지에 딱 맞게 프린트하고 싶은 경우 'Scale to Fit Media'에 체크 표시합니다. 다만 용지 방향은 다시 설정할 수 없기 때문에 주의가 필요합니다.
❻	〈Print〉 버튼 〈Done〉 버튼	〈Print〉 버튼을 클릭하면 프린트 드라이버가 실행되며 출력이 시작됩니다(설정이 끝나지 않은 경우나 드라이버에 따라서 [Photoshop Print Settings] 대화상자가 표시됩니다). 출력하지 않고 설정을 저장할 경우 〈Done〉 버튼을 클릭합니다.

209 보기 좋게 인쇄하기

이미지를 보기 좋게 인쇄하려면 프린터 제조업체가 제공하는 프린터 드라이브에서 자동 설정을 이용하거나 사용자 설정을 사용합니다.

· **step 1** ·

❶ 보기 좋게 인쇄하려면 메뉴에서 [File] → Print 를 실행해 [Photoshop Print Settings] 대화상자를 표시하고 'Printer Manages Colors'를 선택합니다. 이 대화상자는 포토샵 대화상자이기 때문에 Printer Manages Colors를 선택하면 컬러 매니지먼트에 (P.336) 관련된 항목을 선택할 수 없게 되는 경우도 있으나 보통은 설정을 변경하지 않고 그대로 진행합니다.

❷ 다음 설정 항목으로 진행하려면 〈Print Settings〉 버튼이나 〈Print〉버튼을 클릭합니다.

· **step 2** ·

여기서부터는 프린터 대화상자이기 때문에 PC 환경에 따라 설정이 다를 수 있습니다.

대화상자 목록에서 인쇄에 관련된 설정을 선택합니다. ❸ 예제에서는 [품질] 탭을 선택했습니다.

· **step 3** ·

인쇄 시 색상과 관련된 설정을 선택합니다. ❹ 예제에서는 색상 선택에서 '자동 컬러'를, 색상 설정에서 '사진'을 선택했습니다.

❺ 밝기나 색조를 세부적으로 설정하려면 [화질 조정] 버튼을 클릭합니다.

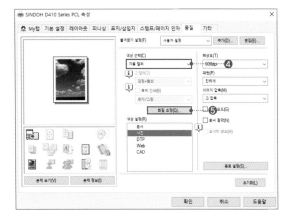

관련 이미지 프린트하기 : P.348 콘택트 시트 만들기 : P.351

제 8 장 **인쇄 · Web**

210 캡션을 입력하여 프린트하기

[File] → File Info에서 Description에 글을 입력하면 간단하게 이미지에 캡션을 입력하여 프린트할 수 있습니다.

step 1

프린트할 이미지를 열고, 메뉴에서 [File] → File Info
를 실행해 파일 정보 대화상자를 표시합니다.
❶ Description에 캡션 글을 입력합니다. 입력할 수
있는 글자 수는 최대 150자입니다.
모두 입력한 후 〈OK〉 버튼을 클릭합니다.

step 2

메뉴에서 [File] → Print를 실행해 [Photoshop Print
Settings] 대화상자를 표시합니다.
❷ Printing Marks 영역의 'Description'에 체크 표시
합니다(CS6 이상).

step 3

❸ 〈Print〉 버튼을 클릭하면 이미지 아랫부분 가운데
에 Description에 입력한 글이 같이 프린트됩니다.

211 이미지를 목록으로 인쇄하기

여러 장의 이미지를 목록으로 인쇄하려면 어도비 브리지의 PDF 출력 기능을 사용합니다.
단, 어도비 브리지 CC 버전에 따라서는 출력 기능을 제공하지 않을 수도 있습니다. 이번 예제는 어도비 브리지 CS6 버전으로 작업했습니다.

step 1

포토샵의 부속 어플리케이션인 어도비 브리지에는 자동으로 여러 이미지를 나열하고 PDF 출력할 수 있는 기능이 있습니다.

❶ 이미지를 목록으로 인쇄하려면 브리지를 시작하고 이미지가 저장된 폴더를 열어 인쇄할 이미지를 Ctrl(⌘)를 누른 채 클릭하여 추가합니다. 예제에서는 여덟 장의 사진을 선택했습니다. ❷ 오른쪽 윗부분의 ▼를 클릭하고 'Output(출력)'을 선택합니다.

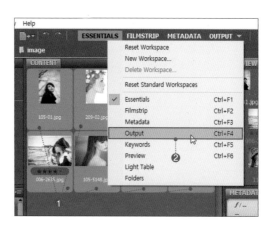

step 2

❸ OUTPUT 영역에서 'PDF'를 선택합니다.

❹ Document에서 출력하고 싶은 크기를 선택합니다. 예제에서는 페이지 프리셋을 국제 표준 용지로, 크기를 'A4'로 설정하고 해상도를 '300ppi'로 설정했습니다. ❺ 이번에는 여덟 장의 이미지를 선택했기 때문에 이미지 배치에서 'Across First(By Poow)'을 선택하고, 열을 '4'로, 행을 '2'로 설정합니다.

❻ 설정이 끝나면 〈Refresh Preview〉 버튼을 클릭하여 미리보기를 업데이트합니다. 출력 미리보기 영역에 작업한 미리보기가 표시됩니다.

step 3

〈Save〉 버튼을 클릭해 콘택트 시트를 PDF로 저장합니다. ❼ 저장된 PDF 파일을 열어 작업한 내역을 확인합니다.

제8장 인쇄 · Web

212 이미지 크기를 프린트용 크기로 바꾸기

이미지를 특정 크기에 트리밍해서 리사이징하려면 자르기 도구를 사용합니다. 옵션 바에서 크기를 지정해서 이미지를 정렬할 수 있습니다.

· 개요 ·

이번 예제에서는 오른쪽 이미지를 A4 용지 크기인
210mm × 297mm로 자르는 방법을 설명합니다.

· step 1 ·

❶ CC에서는 Tools 패널에서 자르기 도구를 선
택하고 ❷ 옵션 바의 풀다운 메뉴에서 'W × H ×
Resolution'을 선택한 다음 ❸ 폭을 '210mm', 높이
를 '297mm', 해상도를 '300px/in'으로 설정합니다.
(CS6 이전 버전 방법에 대해서는 아래 Tip 참고)

Tip

❹ CS6 버전에서는 목록에서 'Size & Resolution'을 선택해
[Crop Image Size Resolution] 대화상자를 표시해 크기를 지
정합니다. CS5에서는 CC와 같은 방법으로 옵션 바에서 크기와
해상도를 입력합니다.

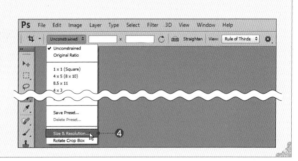

◆ Variation ◆

❺ 자르기 도구의 추가 옵션에서 'Enable Crop Shield'에 체크 표시하면 잘릴 부분 주
변이 어둡게 표시되기 때문에 자를 영역을 쉽게 확인할 수 있습니다. 체크 표시가 되어
있지 않은 경우에는 체크 표시합니다.

❻ 화면을 드래그하거나 표시된 여덟 개의 핸들을 조작해 자를 영역을 지정합니다. ❼ 자를 영역과 크기를 정하면 'Commit Current Crop Operation' 아이콘을 클릭해 이미지를 자릅니다(선택 영역 안을 더블클릭해도 이미지를 자를 수 있습니다).

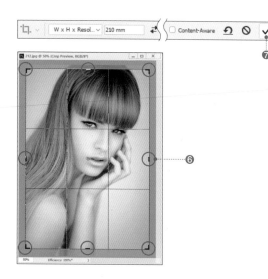

Tip

폭이나 높이에는 원하는 단위를 지정할 수 있습니다. 지정할 수 있는 단위는 px(픽셀), cm(센티미터), in(인치), p (포인트), pica(파이카)입니다. %는 지정할 수 없습니다. px 이외의 단위는 근사값으로 지정됩니다.

step 3

이미지를 자르면 지정한 크기로 리사이징되어 표시됩니다. ❽ 자르기 도구를 사용하면 이미지 트리밍과 리사이징을 동시에 할 수 있습니다. 여러 장의 이미지를 전부 같은 크기로 정렬할 수 있기 때문에 레이아웃이나 인쇄 전에 준비 작업으로 사용할 수 있습니다.

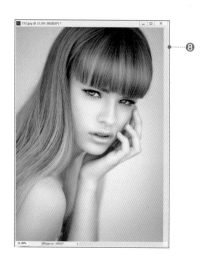

❖ **Variation** ❖

자르기 도구를 사용하면 기울어진 이미지를 원하는 각도로 조정할 수 있습니다.

❾ 우선 대략적으로 크기를 맞추고 세부 조정을 할 때 모서리 핸들보다 바깥쪽을 드래그하고 이미지를 자릅니다. ❿ 기울기가 수정됩니다. CS6 이상에서는 이미지가 회전하지만 CS5 이전 버전에서는 자르기 영역이 회전합니다. CS6 이상 버전을 CS5 이전의 작업 방식으로 되돌리려면 자르기 도구 추가 옵션에서 'Use Classic Mode'에 체크 표시합니다.

관련 이미지 자르기 : P.35   연속해서 이미지 자르기 : P.80

제 8 장 인쇄 • Web

｛213｝ 이미지를 Web 용으로 저장하기

사진을 Web 용으로 저장하려면 Save for Web(Legacy) 메뉴에서 JPEG 형식으로 저장합니다. [Save for Web] 대화상자에서 이미지 상태를 미리보기로 확인할 수 있습니다.

step 1

Web 용으로 이미지를 저장할 경우 이미지에 맞춰 크기나 저장 방식을 설정합니다.
❶ 메뉴에서 [File] → Export → Save for Web을 실행해 [Save for Web] 대화상자를 표시합니다.

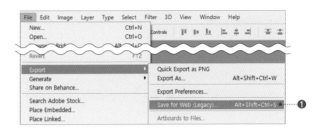

step 2

❷ 원본 이미지와 압축된 이미지를 비교하기 위해 [2-Up] 탭을 클릭하고 ❸ Preset 영역에서 'JPEG'를 선택한 다음 ❹ 'Optimized'와 'Embed Color Profile'에 모두 체크 표시합니다.
❺ Quality와 Blur는 미리보기 화면에서 원본 이미지와 비교하여 가장 적당한 값을 설정합니다. Quality는 0~100 사이의 값을 설정합니다.
❻ 저장 후의 파일 크기는 대화상자 왼쪽 아래 영역에서 확인할 수 있습니다. ❼ 예제에서는 'Convert to sRGB'에 체크 표시했습니다.
❽ 이미지 크기를 설정하여 변경한 후 저장할 수 있습니다. ❾ 설정이 완료되면 〈Save〉 버튼을 클릭합니다.
〈Save〉 버튼을 클릭하면 [Save Optimized As] 대화상자가 표시됩니다. 파일 이름과 위치를 설정하고 Format 목록에서 'Images Only'를 선택한 다음 〈Save〉 버튼을 클릭하여 완성합니다.

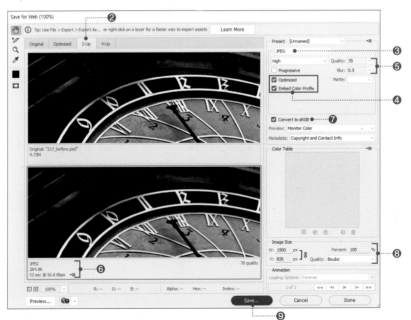

관련 투명한 이미지를 Web 용으로 저장하기 : P.356 투명한 이미지를 GIF 형식으로 저장하기 : P.355

214 투명한 이미지를 GIF 형식으로 저장하기

투명한 이미지를 PNG 형식보다 용량이 적게 드는 GIF 형식으로 저장하는 방법을 알아봅니다. GIF 형식으로 저장할 때는 Colors와 Dither를 지정합니다.

step 1

메뉴에서 [File] → Export → Save for Web을 실행해 [Save for web] 대화상자를 표시합니다.

원본 이미지와 파일 포맷을 변경한 이미지를 비교하기 위해 ❶ [2-Up] 탭을 클릭하고 ❷ Preset 영역에서 'GIF'를 선택합니다. ❸ 'Transparency'에 체크 표시합니다.

❹ 그 외 목록은 미리보기 창을 확인하면서 설정합니다. 설정을 확인하고 ❺ 〈Save〉 버튼을 클릭합니다.

> **Tip**
> GIF 형식은 [File] → Save As에서도 지정할 수 있으나 더 여러 가지 항목을 설정할 수 있는 것은 Save for Web입니다.

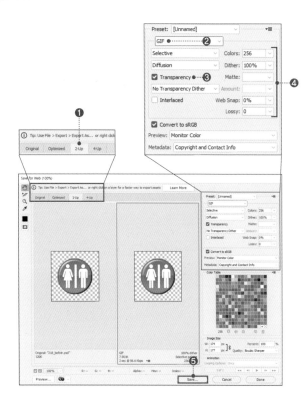

제 8 장 인쇄 · Web

step 2

[Save Optimized As] 대화상자가 표시되면 파일 이름과 위치를 설정하고 ❻ Format 목록에서 'Images Only'를 선택합니다.

〈저장〉 버튼을 클릭하고 경고 메시지가 표시되면 〈OK〉 버튼을 클릭합니다.

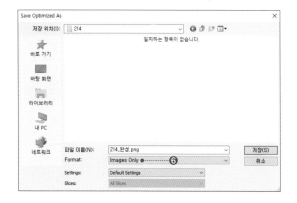

관련 이미지를 Web 용으로 저장하기 : P.354　투명한 이미지를 Web 용으로 저장하기 : P.356

〔215〕 투명한 이미지를 Web 용으로 저장하기

투명한 이미지를 다루는 Web 용 파일 형식에는 PNG와 GIF가 있습니다. 여기서는 PNG 형식으로 파일을 저장하는 방법을 알아봅니다.

step 1

메뉴에서 [File] → Export → Save for Web을 실행하여 대화상자를 표시합니다.

원본 이미지와 포맷을 변경한 이미지를 비교하기 위해 ❶ [2-Up] 탭을 클릭하고 ❷ Preset 영역에서 'PNG-24'를 선택합니다. ❸ 그런 다음 'Transparency'에 체크 표시합니다.

Matte 컬러를 설정하고 싶은 경우에는 ❹ Matte를 클릭해 컬러를 설정하기 바랍니다.

예제에서는 ❺ 'Convert to sRGB'에 체크 표시되어 있는데 표준적인 PC 컬러 매니지먼트가 sRGB로 설정되어 있기 때문입니다. ❻ 설정을 확인한 다음 〈Save〉 버튼을 클릭합니다.

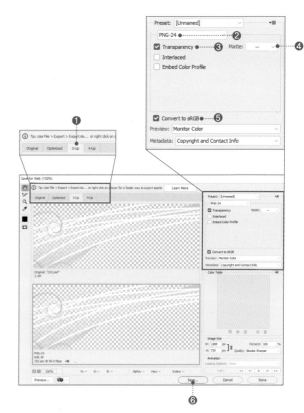

> **Tip**
> Web 용 이미지에서는 특별한 이유가 없는 한 sRGB를 사용합니다.

step 2

[Save Optimized As] 대화상자가 표시되면 파일 이름과 위치를 설정하고 ❼ Format 목록에서 'Images Only'를 선택합니다.

〈저장〉 버튼을 클릭하면 파일 이름과 위치가 한글로 작성되어 있는 경우 경고 메시지가 표시될 수도 있습니다. 〈OK〉 버튼을 클릭합니다.

〔216〕 이미지에 슬라이스 만들기

슬라이스 도구를 사용해 선택 영역을 만들 때와 같은 방법으로 화면 위를 드래그하면 화면에 슬라이스를 만들 수 있습니다.

step 1

메뉴에서 [View] → Show → Slice를 실행해 슬라이스가 표시되도록 설정합니다. 오른쪽 이미지에는 아직 슬라이스가 만들어지지 않았기 때문에 ❶ 슬라이스 아이콘이 회색으로 표시되어 있습니다.

step 2

❷ Tools 패널에서 슬라이스 도구를 선택하고 ❸ 선택 영역을 만드는 것과 같은 방법으로 이미지에서 원하는 곳을 드래그합니다. 드래그한 영역이 User Slice가 됩니다.

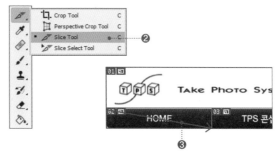

step 3

슬라이스를 편집할 경우 ❹ 슬라이스 선택 도구를 선택하고 슬라이스를 클릭해 선택합니다. ❺ Free Transform과 같은 방법으로 여덟 개의 핸들을 드래그해서 슬라이스를 원하는 모양으로 변형합니다.
예제에서는 위의 단계를 반복해서 이미지에 네 개의 슬라이스를 만들었습니다.

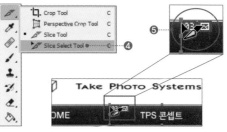

Tip
만들어지지 않은 슬라이스를 User Slice로 변경하려면 ❻ 화면 창 왼쪽 위에 표시된 슬라이스 아이콘을 마우스 오른쪽 버튼으로 클릭하고 **Promote to User Slice**를 실행합니다.

제 8 장 **인쇄 · Web**

관련 레이어를 슬라이스로 만들기 : P.358 슬라이스 저장하기 : P.359

217 레이어를 슬라이스로 만들기

레이어가 포함된 이미지의 경우 New Layer Based Slices를 실행해 간단하게 슬라이스된 이미지를 만들 수 있습니다.

step 1

레이어를 슬라이스로 만들려면 ❶ Layers 패널에서 Ctrl(⌘)을 누른 채 슬라이스로 만들 레이어를 클릭해서 모두 선택합니다.

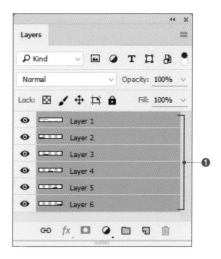

step 2

❷ 메뉴에서 [Layers] → New Layer Based Slices를 실행합니다.

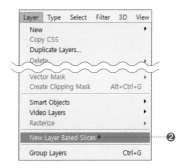

step 3

❸ 자동으로 선택된 모든 레이어에서 슬라이스가 만들어집니다.

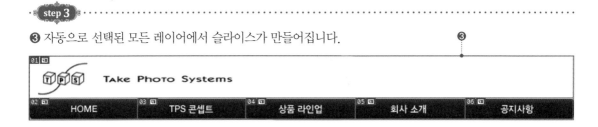

218 슬라이스 저장하기

슬라이스된 이미지를 저장하려면 [Save for Web] 대화상자에서 이미지의 품질 등을 설정하여 저장합니다.

· step 1 ·

메뉴에서 [File] → Export → Save for Web을 실행해 [Save for web] 대화상자를 표시합니다.

❶ Preset 영역에서 슬라이스 이미지 포맷과 Quality를 용도에 맞게 설정합니다.

❷ 대화상자 왼쪽 위에 있는 슬라이스 선택 도구를 선택해 미리보기에 표시되어 있는 이미지에서 원하는 슬라이스를 선택하면 슬라이스만 포맷이나 Quality를 설정할 수 있습니다.

설정이 끝났으면 ❸ 〈Save〉 버튼을 클릭합니다.

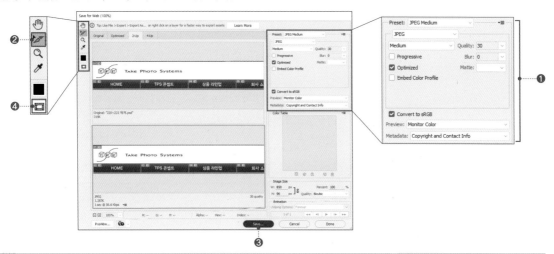

제
8
장

인
쇄
·
Web

Tip

[Save for Web] 대화상자의 Tools 패널에서 ❹ 'Toggle Slices Visibility' 아이콘을 클릭하면 슬라이스가 보이지 않는 상태로 전환할 수 있습니다.

슬라이스 표시   슬라이스 비표시

· step 2 ·

[Save Optimized As] 대화상자가 표시되면 파일 이름과 위치를 설정하고 ❺ Format 목록에서 'Images Only'를 선택합니다.

〈저장〉 버튼을 클릭하고 경고 메시지가 표시되면 〈OK〉 버튼을 클릭합니다.

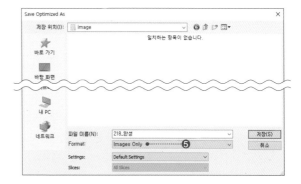

관련 이미지에 슬라이스 만들기 : P.357   레이어를 슬라이스로 만들기 : P.358

색인

독자 지원 센터

책을 읽다가 막히는 부분이 있나요?

책을 읽다가 막히는 부분이 있으면, 길벗출판사 홈페이지의 '자료검색/내용문의/요청하기' 게시판에 질문을 올려보세요. 길벗출판사 직원들과 〈무작정 따라하기〉 시리즈 저자들이 친절하게 답변해 드립니다.

1단계   길벗출판사 홈페이지(www.gilbut.co.kr)로 찾아오세요.

2단계   '자료검색/내용문의/요청하기' 게시판을 이용하려면, 길벗출판사 홈페이지의 회원으로 가입해야 합니다. '회원가입'을 클릭해 무료 회원으로 가입한 후 회원 ID와 비밀번호를 입력해 로그인하세요.

3단계   '독자지원/자료실 → 자료/문의/요청' 메뉴를 클릭해 게시판을 열고, 도서 검색에서 "Photoshop, 10년 사용할 수 있는 테크닉 사전"를 입력한 다음 〈검색〉 버튼을 클릭하세요.

베타테스터가 되고 싶어요

여러분도 길벗의 베타테스트에 참여해 보세요!

길벗출판사는 독자의 소리와 평가를 바탕으로 더 나은 책을 만들려고 합니다. 원고를 미리 따라 해보면서 잘못된 부분은 없는지, 더 쉬운 방법은 없는지 길벗과 함께 책을 만들어 보면서 여러분의 소중한 의견을 전달해 주세요.

1단계   길벗출판사 홈페이지(www.gilbut.co.kr)로 찾아오세요.

2단계   '독자광장 → 베타테스터' 게시판을 이용하려면, 길벗출판사 홈페이지의 회원으로 가입해야 합니다. '회원가입'을 클릭해 무료 회원으로 가입한 후 회원 ID와 비밀번호를 입력해 로그인하세요.

3단계   '독자광장 → 베타테스터' 메뉴를 클릭해 게시판을 열고, 원하는 도서를 선택한 후 신청하세요.